全国高等职业教育规划教材·旅游与酒店管理专业

旅游学概论

臧良运　主编

孙　悦　王永倩　副主编

李辉作　主审

電子工業出版社

Publishing House of Electronics Industry

北京·BEIJING

内 容 简 介

本书共9章，分别讲述旅游概述、旅游的产生与发展、旅游者、旅游资源、旅游业、旅游市场、旅游的影响、旅游组织和旅游的可持续发展。

本书内容新颖、实用、可操作性强，力图体现旅游学概论的最新发展。书中选编了大量的案例、图片、表格和有趣的小资料等，增加了教材的可读性。每章后的复习思考题形式多样，内容都紧扣教材内容和导游员资格考试大纲，案例分析和实训练习对提高学生的实践技能有很大的帮助。

适合于高职、高专院校旅游管理、酒店管理等相关专业的教学，也适合于导游员资格考试的应试培训和自学，并对喜欢旅游的相关人员也有实践指导意义。

图书在版编目(CIP)数据

旅游学概论／臧良运主编.—北京：电子工业出版社，2009.1
全国高等职业教育规划教材·旅游与酒店管理专业
ISBN 978-7-121-07885-9

Ⅰ. 旅… Ⅱ. 臧… Ⅲ. 旅游－高等学校：技术学校－教材 Ⅳ. F590

中国版本图书馆CIP数据核字（2008）第184102号

策划编辑：张云怡
责任编辑：宋兆武
印　　刷：北京七彩京通数码快印有限公司
装　　订：北京七彩京通数码快印有限公司
出版发行：电子工业出版社
　　　　　北京市海淀区万寿路173信箱　邮编　100036
开　　本：787×1 092　1/16　印张：16　字数：410千字
版　　次：2009年1月第1版
印　　次：2022年9月第17次印刷
定　　价：25.00元

凡所购买电子工业出版社图书有缺损问题，请向购买书店调换。若书店售缺，请与本社发行部联系，联系及邮购电话：（010）88254888，88258888。

质量投诉请发邮件至zlts@phei.com.cn，盗版侵权举报请发邮件至dbqq@phei.com.cn。

本书咨询联系方式：（010）88254573，zgz@phei.com.cn。

前　言

《旅游学概论》是全国报考导游员资格考试人员的必考科目，是国内多所院校开设的旅游管理、酒店管理等专业的核心主干课程。

本书依据高职、高专财经类各专业教学计划及教育部颁发的关于《高职高专院校人才培养工作水平评估方案》（试行），贯彻和落实教育部16号文件精神，针对当前职业教育改革对实用教材的需要而编写的。本书共9章，主要内容包括：旅游概述、旅游的产生与发展、旅游者、旅游资源、旅游业、旅游市场、旅游的影响、旅游组织和旅游的可持续发展。

本书借鉴近年的导游员资格考试内容，以及国内外相关教材的写作优点和思路，采用案例导入问题，围绕基本理论阐述具体实务操作技巧，使内容通俗易懂，增强教材的可读性和实用性。构建了以学习要点、导入案例、小资料、小结、复习思考题、案例分析和实训练习为主要内容的复合型教材模式，以适应教师精讲、学生参与、师生互动、提高技能的新型教学理念和教学方法。

本书由臧良运任主编，并负责拟订编写提纲、统稿和定稿，孙悦、王永倩任副主编。具体编写分工如下：第1章、第2章由陕西财经职业技术学院王永倩编写，第3章由齐齐哈尔大学臧良运编写，第4章、第5章由齐齐哈尔大学刘伟国编写，第6章、第7章由黑龙江旅游职业技术学院孙悦编写，第8章、第9章由山西财贸职业技术学院王枫编写。全书由齐齐哈尔大学李辉作主审。

本书适用于旅游管理、酒店管理等专业四年制应用型本科和二、三年制高职、高专学生，还可供其他人员自学参考。

本书编写过程中参考了大量相关领域的文献，列于书后的参考文献部分，但可能仍有遗漏。在此谨向参考文献的作者们表示诚挚的谢意！

由于编者水平所限，书中难免疏漏和不妥之处，敬请广大读者和专家批评指正，以期不断改进。

编　者
2008年9月

目　录

第1章

旅游概述

【学习要点】

- 旅游的定义
- 旅游的性质与基本属性
- 旅游活动的性质和特点
- 旅游的基本类型
- 旅游学研究的对象和任务

导入案例

“台湾游”不再是梦想

大陆居民赴台湾地区旅游首发团将于2008年7月4日从上海、厦门、广州等地同时出发。北京、上海、福建等地赴台旅游报名预约十分火暴，“台湾游”已成为这个夏天最热门的旅游线路。对于隔着“一湾浅浅的海峡”期盼多年的大陆同胞来说，台湾游，我们可以游些什么呢？台湾地区有三大特色可游：一游美丽的宝岛自然风光，二游同根同源的人文传统，三游淳朴多姿的台湾风情。

2008年7月4日前，各地获得组团资格的旅行社推出的台湾游线路大多已经初步编制完成。据福建省旅游公司介绍，该公司已就台湾游初步制定出3条线路，出游时间分别为7月6日、8日和10日，为顺时针或逆时针方向的环岛线路。

赴台10日游线路行程安排：大陆游客抵达台北后，一路经花莲、台东向南，至台湾最南端的垦丁公园，往高雄，再向北行上阿里山，下日月潭，经台中游逢甲夜市，最后返回台北。这条线路自北向南连缀起日月潭、阿里山、太鲁阁、鹿港古镇、鹅銮鼻灯塔、台北故宫博物院和台北101金融大楼等大陆游客耳熟能详的著名景点，以及一些代表性建筑。

各旅行社推出的台湾游线路略有不同，但阿里山和日月潭绝对是所有线路的“必选项”。去阿里山访神木、赏樱花、看云海、观日出；去日月潭饱览环湖皆山、湖中有岛、水中有山、波光岚影的美景，应该可以满足游客的需求。一首《阿里山的姑娘》唱得家喻户晓，对于许多大陆游客来说，阿里山和日月潭就是美丽宝岛的象征。

台湾游的另一个可游之处是历史人文景观。台北故宫内珍藏了近70万件中华文物，每次展出约5000件，每3个月更换一次，件件皆为无价之宝，见证了两岸同根同源的历史与一脉相承的文化。此外，感受地道的台湾风情是赴台游的又一特色。到景色如画的阳明山泡温泉，到有30多年历史的逢甲夜市品台湾风味小吃，到百年鹿港小镇体验台湾乡土风情，到阿里山感受原住民的风土民俗，游高雄看爱河夜幕低垂渔火闪烁……

对于我们来说，台湾既熟悉又陌生，既神秘又亲切，分离多年又似曾相识。台湾游不是单纯地游玩，它承载了更多的难以言说的情感内涵和无法割断的两岸情缘。

（资料来源：广西新闻网——广西日报）

人们为什么喜欢去台湾旅游？人们进行旅游的目的是什么？在旅游过程中，旅游者得到了哪些收获？你喜欢旅游吗？你对旅游都有哪些认识？究竟什么是旅游呢？旅游都包括哪些内容，是如何产生和发展的？有什么性质和特点呢？你对上述问题感兴趣吗？本章将引领你学习旅游的基础知识，帮助你解决和回答上述问题。

1.1 旅游的概念

世界就像一本书，不去旅行的人只读到了其中的一页。

——圣·奥古斯丁

旅游活动在历史上已经有成千上万年，但是把旅游作为一个研究领域，却只有几十年的历史。目前人们对旅游概念的界定在一定程度上达成共识，但由于学科体系还不够完善，所以定义没有统一，分歧依然存在。最好的办法还是来追溯这些定义的历史渊源。本章是旅游专业课程学习的起点，将会阐述旅游学的基本概念。

1.1.1 旅游概念的形成

1. 旅游的溯源

“旅游”一词在我国最早出现于南北朝时期，南朝诗人沈约（441—513）的《悲哉行》一诗：“旅游媚年春，年春媚游人。徐光旦垂彩，和露晓凝津。时嘤起稚叶，蕙气动初频。一朝阻旧国，万里隔良辰。”这是迄今所知的“旅游”一词记载于中国文献的开始。从沈约的诗看，旅游一词在当时就已经包含有外出游览的意思了。在这之前，中国古代所表现旅游活动和旅游现象的“旅”和“游”两词是独立的字，各表现独立的概念。《周易》中有“旅”卦、《诗经》中有“微我无酒，以熬以游”。按照唐孔颖达《周易正义》对“旅”和“游”的解释是：“旅者，客寄之名，羁旅之称；失其本居，而寄他方，谓之为旅；谓闲暇无事于之游。”这可以说是我国最早关于旅行、游览的定义了。中国古代的游就是指以旅游审美为目的的那种逍遥、自由自在的精神境界和由此而来的对待世界的无为态度。旅游这个含义在后来的文学作品中得到了进一步的运用，例如，《全唐诗》中“旅游”一词出现22次。其中，韦应物《送姚孙河中》的“上国旅游罢，故园生事微”，高适《别韦五》的“相识仍远别，欲归翻旅游”，白居易《宿桐庐馆同崔存度醉后作》的“江海漂漂共旅游，一尊相劝散穷愁”，张籍《岭表逢故人》的“过岭万余里，旅游经此稀”，以及其他人的作品如贾岛的《旅游》、李昌的《旅游伤春》等。其意义和今天旅游的含义已十分接近。

2. 旅游的定义是历史的产物

在国外，“旅游”一词是在第二次世界大战以后才被广泛使用，现代英语中的 tourism 出现在 1811 年的《牛津字典》中，以前使用的是 travel 一词是由 travail 转换过来的。也就是说，“旅游”一词在我国文献中出现比西方国家的“tourism”出现早 1300 多年。然而，中国从古至今对旅游的理解，却在“旅游”一词从国外传来时被泛化了。

长期以来，国内外学者对“旅游”的定义很多，国外有学者曾说：“有多少人从事旅游研究，便会有多少个旅游概念。”各国旅游者和不同的国际旅游组织处于不同需要、不同标准，因此对旅游做出了不同的解释。

1.1.2　旅游概念的类型

1. 国外有关旅游的定义

国外有关旅游的定义很多，下面仅列举几种最有代表性的定义。

（1）法国学者对旅游的定义。1966 年，法国学者让·梅特森认为：“旅游是一种休闲活动，它包括旅行或到离定居地点较远的地方逗留。其目的在于消遣、休息或为了丰富个人经历和文化教育”，这个解释是人们因消遣性原因或目的而离家外出旅行的活动。

（2）英国学者对旅游的定义。英国学者伯卡特和梅特利克认为：“旅游发生于人们前往和逗留各种旅游地的流动，是人们离开他平时居住和工作的地方，短期前往一个旅游目的地运动和逗留在该地的各种活动”，该定义强调旅游的一个明显特征——人的流动。

（3）美国学者对旅游的定义。1979 年，美国学者马丁·普雷认为：“旅游是为消遣而进行的旅行”，强调旅游的目的性，如消遣、求知、审美等。1980 年，美国学者罗伯特·麦金托什认为：“旅游可以定义为在吸引和接待旅游及其访问者的过程中，由于游客、旅游企业、东道国政府及东道国各地区居民的相互作用而产生的一切现象和关系的总和”，罗伯特·麦金托什强调旅游活动的综合性或旅游活动所涉及和产生的广泛社会关系。

（4）瑞士学者对旅游的定义（艾斯特定义）。1942 年，瑞士学者汉泽克尔和克拉普夫合著了《普通旅游学纲要》，在该著作中，他们给旅游下的定义是：“旅游是非定居者的旅行和暂时逗留而引起的现象和关系的总和。这些人不会长期定居，并且不会牵涉任何赚钱的活动”，该定义在 20 世纪 70 年代被“旅游科学专家联合会”采用，由于这个组织的法文名称是：Association Internationale D’experts Scientifiques Du Tourism，简称 AIEST，故又称为“艾斯特”定义。这个定义并不是把旅游看做是某种单纯的活动，而是强调了旅游活动中必将产生的相关的经济和广泛的社会关系，即旅游者、旅游者之间、旅游目的地、旅游企业等之间存在的经济联系，同时也发生了相应的社会关系。

（5）世界旅游组织和联合国统计委员会对旅游的定义（WTO 定义）。世界旅游组织（World Tourism Organization，WTO）和联合国统计委员会将旅游定义为：“旅游是人们为了休闲、商务和其他目的，离开他们惯常的环境，到某些地方去并在那些地方停留的活动。其访问的主要目的不应是所从事的活动从访问地获取报酬，并且暂时停留的时间不超过一年”。这一定义有三个特征：一是为了解决实际中的统计问题，满足法律和行业上的需要，明确了“在外地的暂时停留不超过一年”的标准这样一个技术性定义，同时也表明了旅游的暂时性；二是说明旅游包括商务旅游，把艾斯特定义中的“不从事任何赚钱活动”去掉了；三是强调了异地性，即离开他们惯常的环境。但是目前一些学者对此定义也提出了质疑，认为该定义自相矛盾，既强调“旅游是人们为了休闲、商务和其他目的”，又强调“旅游的主要目的不应是所从事的活动从访问地获取报酬”，而商务活动必然与从访问地获取报酬有关联。

世界旅游组织（World Tourism Organization）和世界贸易组织（World Trade Organization）都简称 WTO。注意区别啊！

2．国内有关旅游的定义

目前，国内有代表性的旅游的定义主要有以下两种。

（1）谢彦君对旅游下的定义。谢彦君认为，目前国内外对旅游所下的定义存在泛化和经济化的问题，所以在其专著《基础旅游学》一书中提出：“旅游是人们以前往异地寻求愉悦为主要目的的一种具有社会、休闲和消费属性的短暂经历。”该定义不仅强调旅游的根本目的是在于“寻求愉悦体验”，并认为这是旅游本质的规定性，是旅游的内核；同时强调“旅游是一种个人行为，至少在某个环节上表现为个人有目的、有计划、能加以自主决策的主动行为”，也就是说，旅游属于个人自由、自主范围；最后，强调“旅游是种经历，是种活动，而不是它所引起的‘关系总和’、‘综合现象’”。

（2）李天元对旅游下的定义。李天元在其编著的《旅游学概论》中将旅游定义为“旅游是人们出于移民和就业任职以外的其他原因离开自己的长住地前往异国他乡的旅行和逗留活动，以及由此引起的现象和关系的总和。”他强调旅游活动的综合性或旅游活动所涉及和产生的广泛社会关系。

1.1.3 旅游的概念

以上是国内外学者对旅游所下的定义。基于对旅游概念的分析，依据现代旅游发展的客观实际，我们对旅游给出如下定义：“旅游是人们出于审美、娱乐和社会交往等目的，暂时离开自己的惯常居住地前往旅游目的地作短暂停留所引起的各种社会现象关系之总和。”

1.2 旅游的本质与基本属性

1.2.1 旅游的本质

目前，学术界普遍存在一个问题，就是关于“旅游”这一学科核心的界定问题。

旅游表现的是一种社会个体的行为或活动，是一个人离开惯常居住地前往旅游目的地进行一段时间的访问，具有空间流动的特点。但是，旅游的本质究竟是什么呢？20 世纪 90 年代初，旅游学界曾经对旅游本质进行了一次争论，这次争论聚集的焦点是：旅游究竟是经济的还是文化的，随着旅游业的发展，越来越多的旅游学者都注意到旅游的非经济性本质。

旅游本质表现在不同的层次上。从其内在本质的审美、愉悦，到旅游所展示的一般属性，到其外部特征，应在不同层面上阐述旅游的本质。在这里我们引用了谢彦君教授对于旅游本质认识的框架来认识旅游本质，如图 1.1 所示。

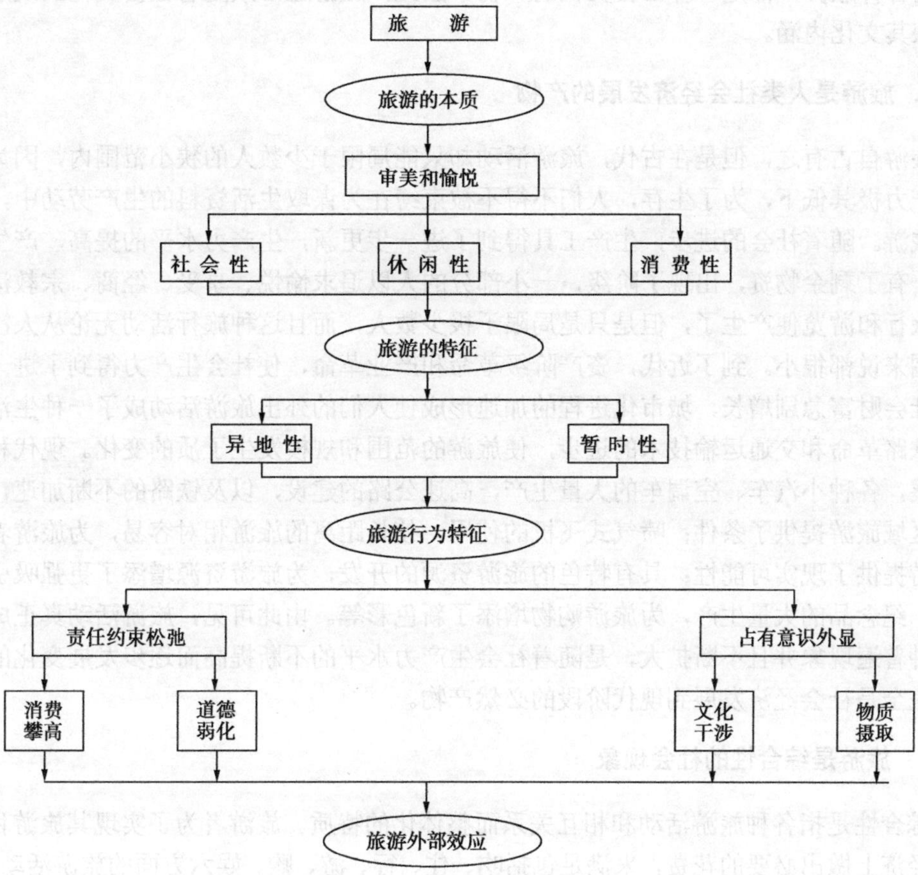

图 1.1　旅游的本质

1. 旅游是人类社会文化的产物

在旅游的整个发展和完善的过程中，所进行的一系列的活动中，都与社会文化有着不可分割的联系。

旅游者是在一定的社会文化背景下产生的。一个人能否成为旅游者，除了具有足够的货币支付能力和闲暇这些经济因素外，旅游提供的可能性，还必须有出外旅游的需求和欲望，这属于文化因素，也就是说，旅游者出行需要有产生旅游动机的文化背景。这个文化背景，既包括旅游者本人的文化素质，也包括吸引旅游者的社会文化环境。

旅游资源是吸引旅游者旅游的吸引物，是旅游者游览的对象。旅游资源也是一定社会文化环境的化身，它包括自然旅游资源和人文旅游资源。人文旅游资源包括政治、经济、宗教、历史、艺术、民俗等，而这些都属于社会文化因素，它们必然具有地区文化色彩。自然旅游资源虽然是天然的，即自然景观，但是要把这些自然景观变成可供旅游者直接参与观赏的客体，还需要经过人类的劳动进行开发改造并添加相应的设施。在整个改造过程中，离不开人类的社会意识，特别是在向旅游者展示过程中，旅游从业人员的言谈举止都要表现出该国或该地区居民的文化素养。

所以，不论是旅游者的产生，还是旅游资源的开发和旅游设施的建设，或者是对旅游者提供的各种服务，都是一种社会文化的产物。因此，旅游业必须随着社会文化的发展而丰富和加深其文化内涵。

2．旅游是人类社会经济发展的产物

旅游自古有之，但是在古代，旅游活动却只能局限于少数人的狭小范围内，因为那时社会生产力极其低下，为了生存，人们不得不被束缚在为谋取生活资料的生产劳动中，没有闲暇去旅游。随着社会的进步，生产工具得到了进一步更新，生产力水平的提高，产生了贫富差距，有了剩余物资，出现了阶级，一小部分的人以追求愉悦、享受、经商、宗教活动而外出的旅行和游览便产生了，但是只是局限于极少数人，而且这种旅行活动无论从人次或者地域范围来说都很小。到了近代，资产阶级革命和产业革命，使社会生产力得到了进一步的提高，社会财富急剧增长，城市化进程的加速形成使人们的外出旅游活动成了一种生活方式。随着铁路革命和交通运输技术的进步，使旅游的范围和规模发生了质的变化。现代科学技术的发展，各种小汽车、空调车的大量生产，高速公路的建设，以及铁路的不断加速，为人们开展区域旅游提供了条件；喷气式飞机的使用，使长距离的旅游相对容易，为旅游者的远距离旅游提供了现实可能性；具有特色的旅游资源的开发，为旅游资源增添了更强吸引力；工艺品、纪念品的大量生产，为旅游购物增添了新色彩等。由此可见，旅游活动真正成为社会的一种普遍现象并且不断扩大，是随着社会生产力水平的不断提高而逐步发展变化的，现代旅游完全是社会经济发展到现代阶段的必然产物。

3．旅游是综合性的社会现象

综合性是指各种旅游活动和相互关系而整体化的特质。旅游者为了实现其旅游目的，必须在经济上做出必要的花费，来满足包括吃、住、行、游、购、娱六方面的旅游活动的需要，这些活动主要属于经济范畴内的供应、需求和消费行为。在旅游活动中，有旅游者与旅游服务行业之间的关系，有旅游服务行业之间协调的关系，有政府和有关部门的支持、协调和控制的关系。除此之外，旅游者在旅游活动中要接触到来自各地的游客、旅游目的地的居民，以及旅游服务机构中的人员，主客之间在旅游活动中往往会产生较为密切的交往沟通。这种人际交往沟通，实际上就是不同民族文化之间的交往和沟通，因为旅游者本身就承载着自己本民族文化的特征。这种人际之间的沟通产生了文化上的碰撞，会对目的地的文化、社会和物质环境产生深远的影响。

在整个旅游活动过程当中，任何单项活动都不能构成旅游。旅游过程中的各项经济活动互为条件、相互影响，必须综合为一个整体，这样才能构成旅游。同时，旅游又是一项涉及政治、经济、文化等各个方面的社会活动，每年都有几十亿的人在世界范围内大规模地流动着，不仅发生大量的经济往来活动，而且涉及政治、经济、文化等方面的问题。

因此，旅游不是纯粹的经济活动，也不是单纯的社会文化活动，而是以经济形式表现出来的一种综合性的社会活动。

4．旅游是人类超出生存需要的消费形式

在旅游活动中，必然会涉及吃、住、行、游、购、娱等多种活动，每一项活动的发生都是一种消费行为。在整个过程中，旅游活动既不向社会也不向旅游者创造可供消费的资料，相反却侵占了旅游者的积蓄和一些他人的劳动成果。当然，由于旅游本身的特征，旅游消费与人们的日常消费存在诸多差异。旅游消费是一种“间歇性消费”，两次相邻的消费之间相隔较长一段时间。而日常消费则是一种“连续性消费”，日复一日、年复一年重复发生。而且，旅游消费在短暂的旅游活动过程中消费的额度大，非理智消费较多；而日常消费则比较理性，表现形式是精打细算。源于旅游的消费是一种心理体验过程，它谋求精神上的愉悦。当然旅游消费也不可能完全脱离日常消费。

对于个人而言，旅游是一种较高层次的消费活动。人类具有最基本的生存需要，诸如饿了要吃、渴了要喝、冷了要保暖这样的原始本能需要。同时，人也有自我发展的需要，有对知识、才能和个性拓展的需求。这种超出了生存需要的生活就具有享受性，是基于生存需要之上的自我发展的需要。只有当人们的生存需要得到满足，无忧温饱，并对享受和自我发展有进一步的需求时，才会出现具有以愉悦为目的的旅游活动。同时，旅游作为一种高级消费，主要针对的是消费水平和消费结构而言。一般来说，旅游消费包括物质消费和精神消费。物质消费主要包括吃、住、行等需要，精神消费主要是指游览、娱乐，以及在旅游过程中所享受到的具有无形效用的服务消费。旅游的主要目的是追求身心上的愉悦和放松式的游览，但不能忽视衣、食、住、行等方面的物质消费，必须和游览、娱乐、服务消费有机结合，才能实现完美的旅游愿望。整个旅程中的消费都是在满足人们基本生活之上的享受和个性完善的消费。

由此可见，旅游活动是高于一般生活消费的消费形式，是人们生活水平提高后，超出生存需要的一种社会活动。

1.2.2　旅游的社会属性

旅游是以经济形式表现出来的一种综合性的社会活动，同时又是一种社会文化现象。它不仅对社会经济产生影响，而且对社会政治和文化发生作用，既有积极的一面，又有消极的一面。

1．旅游的经济属性

根据前面所述，虽然旅游的本质是人类的一种精神文化享受活动，但是天下没有免费的午餐，人们外出旅游是要消费的，旅游者与旅游企业的交换过程，体现了旅游的经济性特征。旅游者要完成旅游活动，就要支付由此引起的交通、住宿、餐饮，以及景点门票、购物等产生的各种费用，旅游企业在为旅游者提供这些服务的过程中，也获得了经济利润。

2．旅游的文化属性

旅游活动本身就是一种文化现象。如前所述，从本质和功能上说，旅游活动本身具有文化属性。虽然它必须以支付必要的花费为前提——以经济形式表现出来，但从本质上说，“旅游者在旅游过程中所追求的是文化享受”，经济在旅游活动中仅起到保障作用，“文化和精神享受才是主要目的”，“旅游的主旨和内涵，主要是文化”。因此，旅游活动实际上是一种以一定的经济支出为前提的文化行为。

旅游资源的文化特征也是吸引旅游者的主要因素。自然资源主要体现为艺术性和美学价值；人文旅游资源则体现接待地的传统文化和人文精神，反映东道文化的区域性，对旅游者最能起到文化的诱导作用，也是东道文化与客源文化交流与融合的重要内容。

1.3 旅游活动的构成与特点

1.3.1 旅游活动的要素

在我国的旅游学研究过程中，大多的学者和从业人员比较认可“三要素论”和“六要素论”，分别从旅游综合体的角度和从活动角度进行界定。

1. 三要素

“三要素论”也称为“三主体论”。三要素分别是：旅游主体——旅游者，旅游客体——旅游资源，旅游媒体——旅游企业（连接旅游主体和旅游客体之间起桥梁作用）。可以用主体、客体、媒体三个方面的因素来概括旅游学的研究对象。

（1）旅游主体——旅游者。旅游者又称游客，指离开自己的居住地到旅游目的地作旅游访问的人。旅游的发展历史证明，旅游是先有旅游者的旅游活动，然后才有为旅游者服务的旅游从业队伍的。旅游者是旅游活动的主导性因素，他们的数量、消费水平、旅游方式是决定旅游业内部各种比例关系及其相应协调的主要因素。因而旅游者是旅游活动中最活跃的因素，居于主体地位。

（2）旅游客体——旅游资源。旅游资源是指客观存在于自然环境和人文环境中的能对旅游者产生一定吸引力的事物和现象。在旅游活动的各个构成要素中，旅游资源处于客体、对象的地位。当一个人有了足够用于旅游的金钱和时间后，他首先考虑的必然是去哪一个国家或地区才能满足自己的旅游需求。这时，吸引旅游者的决定因素就是合乎其口味的旅游资源了。当一个人准备去某国或某地区旅游时，同时也会考虑到那里的生活条件和服务设施，但这只是第二、第三位的需要。那些具有不同民族特色和地区特色的旅游资源，没有别的办法可以替代，其观感也不是靠别人的介绍或纸上的字画就能真切感受到的，必须旅游者自己亲临其境才能获得真正的精神满足。所以，旅游资源是旅游活动的客观基础，是一个国家、一个地区招徕客源、开拓市场、发展旅游的重要的物质基础和条件。

对旅游客体的研究的意义在于：研究旅游景观、旅游设施和社会环境与旅游活动的产生和发展的相互关系、旅游市场的供给能力和发展规律，为吸引旅游者和发展旅游业，以及为旅游开发方面的工作献计献策。

（3）旅游媒体——旅游业。主要研究在旅游主体和旅游客体之间架起桥梁的旅游企业，还要研究作为旅游企业，如何更好地服务旅游者并且取得较好的经济效益。旅游业是以旅游者为对象，为旅游活动创造便利条件并提供其所需商品和服务的综合性产业。旅游业的范围极为广泛，涉及许多经济部门和非经济部门，其中最直接的部门是旅行社、旅游饭店和交通运输部门等。

旅游业是联系旅游主体和旅游客体之间的媒体、桥梁和纽带。在现代旅游活动中，旅游者对旅游服务的需求，主要通过旅游业来提供。在现代大众旅游阶段，旅游者都利用旅游业提供的旅游服务。虽然使用旅游业提供的旅游服务并非旅游者的旅游目的，但旅游业在客源地与目的地之间，以及在旅游动机与旅游目的的实现之间架起了一座便利的桥梁。在已经具备需求条件的前提下，旅游者不必再为旅游过程中可能遇到的各种困难而担心，他们的旅程生活和活动都可以由有关的旅游企业为他们安排。旅游业的这种便利作用对旅游活动的发展无疑是一个重要刺激，它使得旅游活动的规模越来越大，并且使人们外出旅游的距离也越来越远。

旅游主体、客体、媒体三者并不是孤立存在的，而是在一个有机整体中共生共存，形成了相互促进、相互作用的稳定关系。其中一个要素的变动必然引起其他要素的相应变动，比如，旅游者的旅游兴趣和决策直接影响旅游目的地的选择；旅游者的客流量和流向及旅游者的时空变化，则会影响旅游地的开发规划和规模、服务设施的规模和档次需求；如果旅行社的旅游宣传很有特色，旅游地本身又具有吸引力，就会反过来影响游客流向和流量的变化，旅游地开发规划、环境保护、旅游媒体的交通运输、服务也会相应发展和变化。因此，三大要素构成一项旅游活动的整体。

2. 六要素论

六要素是指从“吃、住、行、游、购、娱”六类活动概括旅游业的主要特征，并用以代表旅游业和旅游研究的主要矛盾。六要素反映了直接与旅游者接触的因素，如旅游接待服务、游览和娱乐服务。由于这些要素是直接与旅游者接触的，这些因素对旅游活动产生的影响是不能忽视的。目前，在各类政府文件、研究报告中都存在着六要素论的概念。

实际上，六要素仅仅反映了直接与旅游者接触的因素，但是有些直接与旅游者接触的因素还没能完全概括进去，诸如目的地营销，以及在旅游过程中接触到的自然环境、文化环境等。这些因素对旅游活动产生的影响有时也是不能忽视的。

1.3.2 旅游活动的特征

旅游活动是在具体的社会环境中进行的。从人类旅行、旅游的历史和发展过程，特别是现代旅游业的迅速崛起及其整个发展趋势中可以看出：旅游是旅游者进行的暂时的以消遣为主的综合性社会现象。旅游是一项形式多种多样、内容丰富多彩、涉及范围极其广泛的综合性社会活动。它区别于一般的社会活动。人类的旅游活动是从古至今从未中断的一种社会现象，只是古代旅游在物质上、审美上受到极大的局限，而随着时代的进步，旅游被赋予不同的时代特征。但是，还需要明确旅游本身最本质的特点，即异地性、暂时性、审美性，这些特点贯穿于人类旅游活动的始终。

1. 异地性

旅游活动是人类的一种空间活动，是人们的一种空间移动，离开日常生活地到另一个地方作短期逗留，观赏异地风光，体验异国情调，同目的地的人进行交往，并参与那里的活动，作为旅游活动的主体——旅游者必须发生位移，从自己长期居住地前往另一地，使身体和精神得到放松和休息。

旅游的异地性决定了旅游活动的空间流动，因为旅游者为了实现旅游的目的，需要依靠自身的转移，并通过汽车、轮船、飞机等交通工具实现从惯常居住地到旅游目的地的转移，从一个景点到另一个景点的转移，这些转移就产生了流动。从系统工程的观点来看，旅游活动是一个完整的运动过程。旅游者在整个活动过程中始终处于移动状态。产生了流动，游览活动才能获得更为广阔的空间形式。

旅游活动为什么要离开自己的惯常居住地前往异地呢？有一位社会学家说，旅游者的心理中有“求新、求知、求乐”这样三条需求，这是旅游者心理的共性。还有，就是人们对“远方崇拜”的天性。当人们长期生活在一种环境中，对自己所熟悉的环境就会感到平淡无奇和乏味，于是人们就憧憬着去现有生活环境中看不到、体验不到的远方世界的生活。正是由于人们的这种憧憬、遐想、感知、求索的精神，促使人们产生了开拓前进的动力。从心理学角度来说，人们长期生活在某种环境中，冲淡了人们对身边事物的美感体验，而对于一个陌生的地方和事物产生了特殊的遐想。因此，当人们具备了一定的条件时，就想改变一下自己的生活环境，旅游者不远千里而来，渴望欣赏、领略异地的陌生的风光和生活，来开阔眼界，增长见识，获得在惯常居住地得不到的新知识、新感受、新风光，获得平时不易得到的知识与快乐，这是旅游具有异地流动性的显著特点。

一般来说，异地性越强对旅游者吸引力就越大，旅游者的感受就越深刻，该地区的旅游产业会得到更加兴旺的发展。

2. 暂时性

暂时性是指旅游的时间特点。旅游活动的整个过程是从离家外出到结束旅游返回家中。旅游者在旅游目的地的逗留活动是短暂的，不同于移民和永久居留。旅游现在已经成为人们的一种生活方式。生活在惯常居住地一段时期后，就要离开自己的住所和居留地到异地他乡作短暂停留。人们就会计划和安排时间外出旅游，还要按计划规定的时间返回原居住地。外出旅游的这段时间不同于正常的生活时间，所以是种特殊的生活方式。对于目的地而言，旅游者是来去匆匆的过客。

人们能够用于休闲的闲暇只占全部时间的很少一部分，旅游对于每个人来说只能是短期行为。旅游仅是旅游者人生时间波谱中某一小段的行为，所以这段时间被看做对正常生活时间的一种逸出。

3. 审美性

旅游是一种高级的精神享受，是在物质生活条件获得基本满足后出现的一种追享欲求，是一种追求愉悦、获取审美享受的活动，是一种积极、健康的休闲活动。

随着工业化水平的提高，生活节奏不断加快，城市化速度的急剧加快等，人口密集程度不断加大，人们生活的空间却越来越小，加上污染和气候的变化，人们需要在工作之余放松心情、呼吸新鲜空气等来消除身心的疲劳和紧张。所以，追求身心愉悦、获取最大的审美享受是每个外出旅游者的愿望。在旅游活动中，大自然中的美、服务过程中的美融为一体，并贯穿于整个旅游活动过程中。大自然赋予我们的名山大川、松柏梅竹、大漠孤烟、小桥流水……还有戏剧、壁画、音乐舞蹈、特色建筑……处处都表现着美、洋溢着美，旅游者的心灵得到陶醉、放松和感染。总之，旅游者在欣赏了自然之美、艺术之美，以及生活之美，感受到万物的存在，做到了物我相容，最终得到心灵的慰藉。由此，在保护、开发、利用旅游资源上要突现审美观，同时，在对艺术文化和旅游商品的开发上也要遵循美的旋律，在提高服务水平和管理水平上也要贯穿美学理念。

图 1.2　鹳鱼石斧图

1978 年在河南省临汝县阎村出土的陶缸的画面——鹳鱼石斧图，如图 1.2 所示。它是我国发现的最早绘画作品之一，在我国绘画史上不仅代表萌芽时期的艺术风格，而且以其宏伟的气势，体现我国新石器时代美术创作上的最高成就。鹳鱼石斧图属仰韶文化，早在远古时期，我们的先民就有了很高的艺术造诣和追求。

1.4 旅游的基本类型

旅游业从无到有，到今天已经取代了石油、钢铁、汽车等传统行业成为全球第一大产业。随着旅游产业的蓬勃发展，旅游发展到今天也越来越大众化、普及化，旅游项目也日益繁多，形式更加丰富多彩。但是和旅游定义一样，目前对旅游还没有一个统一的分类方式。

1.4.1 旅游类型的划分标准

在旅游活动中，由于旅游者的年龄、性别、收入、旅游动机、活动范围等因素的影响，不同的旅游者通常有不同的欲望和需求，表现出来的旅游形式和类型也不同。因此，旅游活动类型可以按照不同的标准来划分。

目前，国内外旅游学者对旅游活动类型的划分尚无统一的标准，人们往往根据自己的研究目的，选用不同的划分方法，因而所划分出来的旅游类型也是结果各异，同时应用任何一种标准所划分出来的任何一种旅游类型，都会同使用其他标准划分出来的类型发生相互交叉和联系。这从另一个侧面说明了旅游的复杂性和多样性，旅游类型的划分因素很多，可概括为地理环境因素、人口特点因素、旅游心理因素、旅游内容因素等，大多数学者认可的是按地理范围和旅游活动内容划分旅游类型。

1.4.2 按地理范围划分的旅游类型

根据地理因素划分旅游类型，是一种非常传统的而且至今仍普遍使用的标准。这种划分方式比较简单易行，而且容易收集资料。因此，了解一个国家或地区的地理环境因素对划分旅游类型起着重要的作用。按地域范围可分为国内旅游和国际旅游两种类型。

1. 国内旅游

国内旅游是指人们在居住国境内开展的旅游活动，通常是指一个国家的居民离开自己的常住地到本国境内其他地方去进行的旅游活动。根据世界旅游组织（WTO）的解释，并不属于本国居民的常住性外国人在所在国境内进行的旅游活动也属于国内旅游。国内旅游可以根据在目的地的停留时间，划分为过夜旅游和不过夜一日游。国内旅游又可以根据旅游活动范围的大小，划分为地方性旅游、区域性旅游、全国性旅游三种形式。

（1）地方性旅游。一般是当地居民在本区、本县、本市的范围内的旅游。这实际上是一种短时间、近距离的参观游览活动，多数和节假日的娱乐性相结合，时间短、活动项目少，常是亲朋好友或家庭、小集体自发组织的旅游方式。

（2）区域性旅游。指离开居住地到邻近地区的风景名胜点的旅游活动。例如，北京旅游部门组织的承德避暑山庄五日游，上海组织的苏州三日游、杭州五日游，以及厦门组织的武夷山七日游等。

（3）全国性旅游。是跨多个省份的旅游，主要是指到全国重点旅游城市和具有代表性的著名风景胜地的旅游活动。例如，从广州经桂林、西安、北京、上海的旅游路线，或从北京经南京、苏州、上海、杭州、福建武夷山、厦门等线路的旅游活动，都属于全国性旅游。

2. 国际旅游

国际旅游是指一个国家的居民跨越国界到另一个或几个国家去访问的旅游活动。根据旅游者的流向，又可分为入境旅游和出境旅游。根据国际旅游的范围大小，又可分为跨国旅游、洲际旅游和环球旅游三种具体形式。

（1）跨国旅游。泛指离开居住国到另一个国家或多个国家进行的旅游活动。以不跨越洲界为限。例如，亚洲本区内的中国游客到日本、韩国的出国旅游就属于这一类。

（2）洲际旅游。指跨越洲际界限的旅游活动。例如，北美国家的旅游者到欧洲的旅游活动，或美国人到中国（亚洲）、日本人（亚洲）到美国的夏威夷（北美）的旅游活动，都属洲际旅游。

这种旅游受制约的因素较多，如交通运输的发展状况、语言障碍，以及文化上的差异等。但正是这种障碍、差异才产生了巨大的吸引力，吸引了游客跨洲旅游，去认识不同的文化，欣赏不同的景色。

（3）环球旅游。指以世界各洲的主要国家（地区）的港口风景城市为游览对象的旅游活动。例如，英国的“伊丽莎白女王二世号”游船，号称“千人百日游全球”的旅游活动，属于环球旅游。环球旅游消费大，多数属于经济宽裕人士的度假观光旅行或科学考察和探险性旅游。

【案例 1.1】

中国的入境旅游

太平洋亚洲旅游协会（PATA）和 Visa 国际组织亚太区共同发布的“2007 年亚洲旅游意向调查报告”，显示 2008 年北京奥运会期间，将有 90%的人在观看奥运会比赛以后会到中国各地和香港特区，以及其他亚洲国家旅游。“北京 2008 奥运会不仅是北京吸引游客的一张王牌，同时也将为中国其他地区乃至周边国家和地区带来更多的入境游客。”太平洋亚洲旅游协会总裁兼首席执行官 Peter de Jong 说。据北京市旅游局提供的数字，从 2001 年北京获得了 2008 年奥运会主办权开始，前来北京的海外游客数量每年平均递增 7%。另外，奥运共同主办城市青岛、香港、天津、上海、秦皇岛和沈阳也将迎来更多的游客。报告还显示，有五分之一的人表示北京奥运会是吸引他们的最主要原因，另一个原因是“中国是购物的理想选择”。Visa 自 1986 年开始一直是奥运会唯一指定的支付卡品牌，其 TOP 独家赞助权益将持续到 2012 年，包括 2008 年北京奥运会和残奥会。Visa 国际组织亚太区执行副总裁兼中国区总经理张楷淳说：“作为北京 2008 奥运会的唯一指定支付品牌 TOP 赞助商，Visa 希望把多年积累的在支付和旅游业方面的经验带给北京 2008 奥运会。我们正在积极努力与相关部门开展合作，希望进一步支持国内奥运旅游目的地的支付环境建设，提高银行卡受理环境，确保北京 2008 奥运会的观众消费支付需求。”Visa 国际组织最近研究发现，2006 年第 4 季度，国际支付卡持有人在中国境内的开销已增至 9.07 亿美元(约合 71 亿人民币)，比 2005 年同期上升了 14%。“中国有着悠久的历史和文化，Visa 希望通过我们对北京奥运会的支持，能够让世界更加了解中国，喜爱中国。Visa 将致力于提供有价值的旅游相关信息，助力中国旅游事业的发展。”张楷淳补充道。据悉，Visa 于 2003 年 12 月与中国国家旅游局签订了为期五年的战略合作协议，旨在通过多项国际营销计划，在海外积极帮助中国推广入境旅游。

资料来源：人民网

1.4.3 按旅游活动内容划分的旅游类型

按旅游者主要目的来划分，旅游可分为观光型、保健型、公务型、宗教型、购物型、休闲型、求知型和猎奇型等几种主要类型。

1. 观光型

观光型即以游览观光为主要目的，是最普通和常见的旅游活动类型。目前观光型主要表现为访名胜古迹旅游、观自然风光旅游、寻根旅游、探亲访友旅游、参观重大建设成就旅游等方式。在国外，被称为世界七大奇观之一的埃及金字塔，以及希腊的古迹、瑞士的风光等，早已成为世界各国旅游者心目中的观光旅游圣地。中国北京故宫和万里长城、杭州西湖、西安兵马俑等，已成为大多数观光旅游者的必到之地。

2. 保健型

保健型旅游主要是为了回避炎热或严寒，调节环境，寻求幽静的生活，欢乐轻松地度假，治疗某些慢性疾病，以达到消除疾病有益于健康的最终目的。这种保健型旅游的表现形式，主要有疗养旅游、森林旅游、温泉旅游、度假村旅游、治疗疾病旅游等。例如，人们到黑龙江的五大连池进行的冷矿泉疗养和辽宁兴城的温泉疗养等都属于这一类。

3. 公务型

公务型即出于职业的需要，以办展览，进行贸易和商务洽谈，出席会议或进行某些科学文化交流为主要目的的旅游项目。这类旅游的特点是以公务为主兼顾观光游览的旅游方式。其表现形式主要有商务旅游、会议旅游、讲学旅游等，地点一般都选择在旅游胜地或风景文化历史名城。

从事工商贸易实务的商人占的比例最大，他们出行的频率比较高，出行次数比较频繁。

4. 宗教型

宗教旅游主要是以朝圣、拜佛、求法、取经或宗教考察为主要目的的旅游活动。一些宗教信徒或出自对各种神灵、佛祖的虔诚，或由于对名山古寺、教堂圣殿，以及丰富多彩的古代宗教建筑形式的迷恋，都热衷于这种既能达到宗教目的又能通过游览活动获得审美乐趣的宗教旅游活动。中国的峨眉山、五台山等常常吸引来自各地的虔诚佛教信仰者的朝拜。

5. 购物型

购物旅游是一种以购买异地商品为主要目的的旅游活动。它是随着社会经济发展，交通发达，人们生活水平提高而逐渐发展起来的一种购物与观光游览相结合的旅游方式。

【案例 1.2】

香港地区购物游方兴未艾

香港地区素来被中外游客称做“购物天堂”，在香港购物、不论是货品种类、价格还是服务，都是世界知名的。

香港地区店铺销售着世界各地不同特色的货品，从国际顶级品牌到地方特色小商品，你都可以找到。因香港特别行政区政府采取低税率政策，在香港出售的大部分商品都不征税，所以在香港购物，货品价钱相应较低（普遍低于其他国家和地区），因此吸引了大量的中外旅客前往香港购物及旅游。加上香港的零售商铺每年都有多次换季减价的促销活动，为顾客提供额外的优惠。香港的服务员大多受过专业的优质顾客服务训练，态度殷勤友善，服务以客为先。故来香港旅游必能享受到称心满意的购物经历。

许多著名的香港购物街是把同类商店集中在一处，路边小摊和露天市场也是香港购物中一道亮丽的旅游风景线。例如，中上环一带聚集了一些海味干货市场和多个专门产品街，尖沙嘴加连威老道以女士服饰及化妆品为主，九龙弥敦道以金饰为主，旺角西洋菜街以电子产品及影像音响器材为主，还有油麻地的庙街夜市、玉器市场，以及赤柱市场等。

6. 休闲型

这是以紧张工作后的心身松弛为目的，为求消遣快乐和新型的体育锻炼以及追求愉悦的生活，而日益发展起来的旅游方式，成为调节人们生活节奏所不可缺少的环节。在欧美许多国家，“享受一下临时变换环境所带来的愉悦”，已成为一些旅游者的口头禅。这种以追求乐趣的休闲型旅游，因个人爱好不同而有不同的内容。世界上正在盛行的登山旅游、打猎旅游、野营旅游、钓鱼旅游、欣赏民间音乐旅游、结婚旅游等，大致属于这一类型。我国已在这方面办起一些有当地特色的项目，例如，杭州枇杷尝鲜旅游、太湖钓鱼旅游、哈尔滨观冰灯旅游、洛阳牡丹花节旅游、苏州沿古运河旅游、内蒙草原骑马旅游等，都使游客感到情趣盎然，颇有乐趣。

【案例 1.3】

冰雪游再度升温

2008 年黑龙江省再次成为全国旅游热点地区，省内各大旅行社、景点接待游客量均比 2007 年同期增加 20%以上，且与往年相比，呈现更多新亮点。游客更加推崇黑龙江省的冰雪旅游知名品牌，改变了以往省外游客东北全线游占主导而仅在黑龙江省短期停留的方式，旅游团队中有六成以上的游客选择在黑龙江一地游，游客逗留时间也增至四五天左右。由于多年的宣传积累，冰雪大世界、雪雕博览会、亚布力滑雪场、吉华滑雪场、大海林雪乡等重点旅游景点，已成为南来游客点名必去的旅游景点。入冬以来，亚布力滑雪场接待滑雪游客 3 万多人，同比增长 70%，其中滑雪发烧友增幅高达 90%。哈尔滨吉华滑雪场入冬以来接待国内外游客 4 万多人，同比增长 20%多。游客消费质量提高，据了解，与以往相比，2008 年游客的消费质量普遍提高，其需求也更显个性化。很多游客要求旅行社安排四星级以上酒店居住，70%以上的游客在滑雪时请滑雪教练单独对其进行培训。据吉华滑雪场负责人介绍，2007 年冬该滑雪场旅游收入的增长幅度首次超过游客接待量的增长幅度。

7. 求知型

现代科学技术的日益发达，人们文化素质的日益提高，意识观念的不断更新，反映在旅游生活中表现为追求文化和知识的欲求越来越强烈。在某种意义上说，有不少旅游者就是为了增长自然、历史、地理、文化、艺术、经济、科技方面的见识而在某些地区旅行和逗留。要求通过旅游增长知识、观赏未知物、开阔眼界、充实精神生活，便是这种浓厚的“求知味”的表现。这种类型的旅游形式主要有：考古旅游，文化旅游，地质、生物考察旅游，电影节、音乐节旅游，专业学习旅游，工业旅游，民族风貌考察旅游等。

8．猎奇型

当代旅游者中的有些人有着特殊的爱好，专爱他心目中认为最出奇的内容，其心情犹如地质勘探人员乐于去考察、发掘最有价值的稀有名贵矿藏一样。参加的游客一般青壮年占绝大多数，主要有探险旅游、奇观旅游、原始地旅游等。例如，约旦的观沙漠奇景旅游，旅客骑在骆驼上，一路上可看到部落人在骄阳下放鹰狩猎的情景，夜间住帐篷吃烤羊肉，听《天方夜谭》的故事消遣长夜，每年能吸引 10 多万游客；而在英国的乘气球旅游，游客经过短期训练后，可以乘坐飘动着的大气球，依据自己的兴趣，进行观景、摄影、歌唱、跳舞等活动。这些旅游形式都属于猎奇型旅游。

除此以外，旅游的类型还可以按组织形式划分为团体旅游、散客旅游等；按旅行方式划分为航空旅游、铁路旅游、汽车旅游、游船旅游、徒步旅游等；按计价方式划分为包价旅游、非包价旅游等；按年龄特征划分为儿童旅游、青年旅游、中年旅游、老年旅游等。

【案例 1.4】

老年旅游市场的开发

据相关数据显示，我国老年人旅游的比例已占到旅游市场的20%左右，在旅游淡季，这一份额达到 50%以上。以各种主题开展的老年休闲游、疗养游、纪念游、健身游、养生游等一些有老年特色的旅游项目和旅游线路受到广大老年消费者的欢迎。

我国有近 70%的老年人有出门旅游的愿望，其中 17%的老年人经济条件宽裕，希望参加高档次的旅游。按照我国目前的退休制度，大多数老年人在退休后还有十几年到二十几年的休闲时光。据中国老龄科学研究中心的一项调查显示，城市老年人中有 42.8%的人拥有储蓄存款，到 2010 年我国退休金将增加到 8383 亿元。另外，现在 60 岁以上的老年人，是社会养老保险制度的受益者，每月能领到一定金额的退休金和养老保险金，同时其子女在有条件的情况下也会资助。目前，我国有 20 多家旅行社专设了“老年部”。随着人们生活水平的提高，将会有更多的老年人有条件出门旅游，老年旅游市场发展前景广阔。

1.5　旅游学的研究对象与任务

1.5.1　国外旅游学研究概况

国外旅游学研究的发展大致经历了三个阶段。

第一阶段，20 世纪 60 年代之前，人们主要是从经济学的角度去研究旅游问题。

第二阶段，20 世纪 60 年代中期到 80 年代末期，随着大众旅游和旅游业的迅速发展，旅游研究也进入全面发展阶段。现代旅游概念的形成，以及对旅游学科的探讨也都发生于这一时期。突出表现两个特点：一是实践性更加鲜明，旅游学研究的理论、问题和观念都来自旅游活动的实践，又反过来为旅游发展服务；二是旅游研究的多学科倾向鲜明，即旅游活动渗透到各个领域，各个学科都从不同的侧面来研究旅游，组成了一个完整的旅游学科体系。

第三阶段，20 世纪 90 年代以来，继续对旅游进行全面研究的同时，西方旅游学研究的重点开始向非经济领域倾斜，其目的是如何使旅游和旅游业持续、健康的发展。

1.5.2 我国旅游学研究的发展

在我国，旅游学是一门新兴的学科，1978 年以前，没有真正意义的现代旅游及旅游业。自 1978 年，随着我国现代旅游业的快速发展，旅游研究和旅游教育蓬勃发展起来。

从 1978 年开始，国家旅游局成立了政策研究室，集中了一批专家和实践工作者，深入研究国际旅游市场的发展方向及发展规律，同时结合中国旅游发展的实际情况，制定了具有中国特色的旅游业的方针政策，并随之出版了相应的杂志、书籍、文章等。

旅游教育也随之稳步发展。到 2000 年年末，全国共有高等旅游院校及开设旅游系（专业）的普通高校 252 所，中等职业学校 943 所，在校学生共 32.79 万人。这些从事旅游教育的高等院校既是人才培养的基地，又是旅游研究的中心。在此期间，我国的旅游学研究取得了重大成果，大量高水平的专题论文、专著对旅游和旅游业的发展进行了广泛的研究，对实际工作具有一定的指导作用。

20 世纪 80 年代，由于我国的经济体制以及从国外引进的教材大多来自社会主义国家，导致旅游经济研究多是借鉴政治经济学，其中计划经济痕迹比较明显。90 年代后，为了适应建立社会主义市场经济的需要，人们开始借鉴西方经济学的研究方法来研究旅游活动中的经济问题。到了 90 年代末期，由于旅游业发展的需要，我国将旅游学科调整为管理学门类。人们开始从管理的角度来研究旅游科学，极大地促进了旅游学的发展。饭店管理、旅行社经营管理、旅游景区管理等一大批学科获得了进一步的发展。

进入 21 世纪，我国从欧美一些西方国家引进了许多旅游类经典教材。“九五”期间是我国旅游业发展历史上最好的时期，旅游业在国民经济中的地位和作用日益增强，中国成为实际旅游大国。中央经济工作会议也将旅游业列为国民经济新的增长点，全国各地旅游业发展速度空前高涨。进入 21 世纪后，国家旅游局提出“建设世纪旅游强国，培育新兴支柱产业”的目标，2001 年 1 月国务院在北京召开全国旅游发展工作会议，全国 24 个省、自治区、直辖市把旅游业作为“支柱产业”来发展。

在对旅游研究过程中，由于研究时间短等原因，我国的旅游研究还存在着理论滞后于实践和规范性分析不足的问题。目前旅游虽已经成为一个新型的支柱产业，但是我们也应该认识到：旅游理论还不够成熟，包括国际上在理论研究上的突破并不多；旅游研究是多学科的交叉综合研究，要形成一个完整的科学体系还有一定的难度的，今后还需开拓研究范围，改进研究方法，逐步地完善和发展我国的旅游研究工作。

1.5.3 旅游学研究对象与研究内容

1. 旅游学的研究对象

从世界范围看，旅游学研究开始于现代社会，相对于其他比较成熟的学科，属于十分年轻的学科。因而，对旅游学的研究对象、学科性质、学科体系、研究方法等基础理论问题还有很多争议，旅游学研究在历时不过一个世纪的发展历史中，也取得了许多可喜的成果，不论在研究内容的认定和研究方法的运用，还是在研究内容的组合或理论与概念的构架上，都逐渐从单纯发展到丰富，从浅薄发展到深刻，从旅游现象的描述到旅游内涵的探索，尽管到今天仍不能说已经成熟，但是旅游学已经成为富有生命力的新兴学科。

研究对象的确定是学科成立的前提。毛泽东有一个著名的论断：“科学研究的区分，就是根据科学对象所具有的特殊的矛盾性。因此，对某一现象领域所特有的某一矛盾的研究，构成某一门学科的对象。”在旅游现象中，根本矛盾是什么、在何处，大家并未得到一致的意见。表现为对旅游学研究对象的种种不同的说法，这是旅游学在学科发展过程中面临的重要的问题之一。

旅游学的研究对象是什么？旅游学者有着不同的认识。林南枝认为，旅游学是研究旅游最一般的规律的科学，是旅游活动之综合概括，包括旅游史、旅游业、旅游文化、旅游经济等；李天元认为，旅游学是研究旅游者、旅游业以及双方活动对旅游接待地区的社会文化、经济、环境之影响的科学；马勇认为，旅游学是研究旅游者、旅游管理者、旅游资源、旅游设施的基本特征和相互之间的关联及其运行规律的科学；明庆忠认为，旅游学是以旅游现象和过程为对象，研究旅游复合体产生、演化运行规律以及旅游活动运动规律的一门科学；田里认为，旅游学是以世界范围为统一整体，以旅游的社会经济条件为特点，研究各类旅游的发生、发展及活动规律的科学。

多数人比较认可的旅游学研究对象：一是从旅游活动角度分析的六要素论——吃、住、行、游、购、娱；二是从旅游综合体角度分析的三要素论——主体、客体、媒体。这两种方法被称为“要素论”。以要素论为旅游学研究对象，是以旅游过程为主线，但在实际上并没有核心矛盾存在。这三要素、六要素之间根本矛盾是什么呢？第一，旅游学的研究对象应该是对存在的矛盾的性质、形态、结构、运动的研究，而不只仅仅研究要素之间的相互关联作用和运行规律。第二，把三要素论中的主体、客体、媒体界定为旅游学研究对象过于一般化，没能体现出旅游的特殊性。第三，要素论是从旅游业来审视旅游现象的，在这种情况下，人们就只关注物质构成，因此认识就停留在表面上。总之，需要一条能把这些要素整合到一起的主线。

那么，究竟旅游学研究的对象是什么呢？笔者比较倾向于东北财经大学谢彦君教授在《基础旅游学》中的观点。旅游学以研究旅游现象的基本矛盾为核心，研究这些矛盾发生的基础、原因、性质、形态、结构及其运动规律，研究这些矛盾形成的复杂影响。旅游现象的基本矛盾存在于整个旅游活动中，因此，旅游学要以旅游活动所展示的矛盾为研究对象。而旅游活动既包括旅游者活动，也包括旅游业活动，而这两种活动恰好构成了旅游现象的基本矛盾，并且由此衍生出旅游期望与旅游感受、旅游动机与旅游体验、旅游需求与旅游供给、旅游容量与旅游流量等一系列矛盾形式和矛盾运动。这些矛盾展示的旅游现象，就是旅游学开展研究的对象。

仅由研究对象来研究旅游的本质还是不够的，作为一个学科，还需要对研究对象和内容进行必要的扩展。

所以，旅游学是把旅游活动作为一种综合的社会现象，以世界范围为统一体，以旅游活动中的矛盾因素为研究对象，研究旅游的本质特点、社会作用、内外条件和发生及发展活动规律的新兴学科。旅游学的任务，就是要通过研究来认识这些矛盾的性质、原因、结构、运动规律，以及它产生的各种外部影响。

2. 旅游学的研究内容

加拿大学者斯蒂芬·史密斯在其非常著名的著作《旅游分析手册》(Tourism Analysis: A Handbook）中对现代旅游的研究内容做了精彩的全面的描述。

(1) 旅游学的研究内容之一是把旅游作为一种人的经历。旅游是人们所进行的并时常从中感到乐趣的一种活动，旅游者会产生不同的心理，会有不同的身心感受，会有不同的行为。要想较深入地了解旅游现象，就必须了解人的行为，也就是旅游者和那些潜在旅游者的心理。人们面对各种可供选择的旅游产品如何做出决定，他们利用什么样的信息，如何评价这些信息，以及如何在各自经历之间形成有机联系。

人为什么要旅游，为什么一些人旅行而另一些人不旅行，旅游需求是如何形成的，旅游动机是怎样产生的，如何解释这种行为；从旅游中考察存在于人类日常生活经历之外的人类内在心理和行为来预测旅游决策，心理学家、行为学家将有用武之地，这些理论会使得人类的未来行为的方向和预测成为可能；旅游者的旅游期望是什么，如何实现；旅游将给旅游者带来什么；旅游者对旅游目的地具有的期望，即一种“身临其境”的期望，确切地说，这是一个人体验另一种文化特质的主观感受；如何创造身临其境的感觉，旅游业经营者和从事研究的学者都会非常感兴趣。

所以，旅游提供了一个考察人类日常生活经历形式以外的、特殊的人类经历的机会。

（2）旅游学的研究内容之二是把旅游作为一种社会行为。旅游是一种属于个人的人类经历，但是在整个旅游过程中充满了分享。即使一个旅游者独自旅游，也会与其他人和其他社会团体相接触。旅游者通过移动来到另一个新的地方，既会与目的地居民接触，也会与其他旅游者接触。这种或短暂、或偶然、或情真意切的人际交往，其结果可能是友谊，也可能是冲突。大量旅游者的到来，会给旅游目的地带来经济收入的迅速增长，同时旅游者也会带来自己的行为方式，还会增加目的地犯罪率的增加，这些情况无形中会改变目的地的社会结构。

旅游带来利益，但并非是十全十美的。旅游不是一个绝对的理想产业，代价和利益的增长并不成比例，发展旅游会产生社会效应，这个效应可能是正面的，也可能是负面的。旅游带来的利益有：可以提供技能型和非技能型就业机会；产生所需的外汇；增加收入、增加国民总产值，有助于经济多元化；可通过地方产品和资源发展来加强遗产与传统的保护，打破语言、阶级、种族、政治、宗教和社会文化的障碍，促进国际间交流与和平，促进全球一体化等。而旅游带来的负面效应是：形成对资源的过度需求；自然环境恶化；污染、犯罪、卖淫、赌博发生率上升；传统文化的异化和消失；文化、宗教、艺术的商业化等。社会学用人文方法研究社会、社会机构和社会关系，旅行将深刻地影响他们的个人和家庭及社会关系。

（3）旅游学的研究内容之三是把旅游作为一种地理现象。从客源地到旅游目的地的旅行是旅游的一个固有的区别特征。地理学研究有助于确认和分析旅游功能区域的存在，也可将其作为划分或评价某个旅游协作组织的地理覆盖范围的基础。预测客源地和旅游目的地之间的旅游流量是地理研究的另一个重要领域。对旅游区域、度假区和旅游走廊进行形态学分析，对于旅游规划非常重要。

（4）旅游学的研究内容之四是对旅游的经济学研究。许多地区对于本地旅游企业的发展很感兴趣，因为这个行业具有从其他地区吸引货币收入的潜力。旅游业也可成为保护当地重要遗址、节庆活动和文化活动的积极力量。但是，成功地吸引旅游者来欣赏和维持当地重要特色的同时，也带来了破坏这种特色的因素。成千上万的游客每天到达永久居住人口可能只有几千人的地区，可能很快将原先吸引旅游者的那些真正特性淹没掉。作为一种社区财源的旅游业的前途，要从实际出发对旅游业可能产生的收益和可能要付出的代价进行评价。

（5）旅游学的研究内容之五是把旅游作为一种商业活动。这方面的研究包括企业结构和管理效率的提高，以及应付该行业固有的风险和不稳定性的各种策略。旅游业对于外部力量来说是特别脆弱的。某个国家存在的政治不稳定和恐怖主义等问题，会阻碍旅游者到该国的旅行，也会为可替代该国的旅游目的国带来意想不到的收益。流行病、自然灾害、气候问题、货币汇率变化、新的税收立法规定，或出入境手续的变化，都可能很快使相互竞争的各个旅游目的国的相对吸引力发生戏剧性变化。旅游经营者通常依赖个人的经验和与其他经营商的联系来了解、预计和应付这些问题。然而，只有当他们具有获得专业文献、参加专题讨论会或接触有关咨询人（不论民间的还是政府的）的途径时，才有可能使其应付问题的机制得以改善。对于旅游经营商所面临的问题，既需要进行实用性旅游研究，也需要进一步开展基础性学术研究。

（6）旅游学的研究内容之六是把旅游作为一种行业。旅游业不是许许多多各不相干的企业的简单集合，而是一个政策性很强的行业。更确切地说，广义的旅游业是若干相关行业的集合体，包括交通、住宿、餐饮服务、各种吸引物和活动项目，以及零售经营活动等。旅游业的一个重要特征是具有劳动密集性，一定的收入水平在旅游业中所维持的就业机会，远比同样收入水平在其他行业中所维持的就业机会多得多。

旅游业也是地区间和国际间现金流动的重要来源。各级政府都鼓励旅游业的发展，因为它能够带来新的财富和创造新的就业机会。各级政府也应关注旅游业的社会和环境效应。如果想达到收益增加最大而问题减到最少的目的，各级政府在制定各项政策时，必须以实际研究为基础，才会使旅游业发挥更大的作用。

1.5.4　旅游学的科学体系与相关学科的关系

自 20 世纪 50 年代以来，旅游活动大规模的兴起引起整个旅游业的蓬勃发展，但是也向人们提出一系列的新问题。旅游是涉及社会、经济、政治、文化等各个方面的综合活动，受到许多因素的制约，同时旅游活动本身又对社会的许多方面产生重大影响。每一门学科只是担当了对旅游某一方面、某一层次的研究，这些研究都与旅游学存在着内在的联系。

旅游学的学科体系的构成，是通过将各个学科的研究方法相互渗透与融合，通过对旅游这个核心对象的研究而形成的。正确认识旅游学的学科性质，不仅可以解决学科的归属问题，而且对深入旅游学的理论研究和实践应用具有重要意义。现代科学突出的特点是：一方面高度分化，另一方面互相渗透并趋向一体化。或者说，学科体系一是在不断细分，二是在不断综合，细分的过程即综合的过程。旅游学自奠基以来，人们对旅游学的学科性质有过不同的认识。最初认为旅游学是单纯的经济学科，后来又认为是社会学科，现在多数学者认为是综合性的社会学科。我们认为，把旅游学确认为综合性的社会学科，虽然在理论上深化了对旅游学的认识，但认识还是不够全面的。我们认为，王德刚等学者提出的观点更全面些，即“旅游学是一门综合性的边缘学科”。

之所以把旅游学看做是综合性的边缘学科，一是因为旅游活动的综合性以及由此而决定的旅游产业构成的综合性，使得旅游学理论研究也必须体现多学科综合的特征；二是因为旅游活动作为一种综合性的社会经济文化现象，涉及社会的方方面面。这表现为：文化旅游和传统旅游，要求使用人文的方法和理论；由于人们的行为方式不同，旅行的原因也不同，所以有必要运用心理学理论和方法确定促销旅游产品的最佳方案；游客需要政府发给护照和签证方可穿越国界，而大多数国家的旅游发展部门属于政府管辖的机构，因此政治机构的参与要求运用政治学方法；任何行业一旦成为经济巨头，就会影响很多人的生活，它不仅会引起社会学家、地理学家、经济学家和人文学家的重视，还会引起立法机构的重视，由于立法机构为旅游业制定法律和法规，创造法律环境，因此又产生了法律方法等。总而言之，旅游的范围如此广大、复杂、包罗万象，它所涉及的范围十分广泛，要解决由此而引发的各种社会问题，必然涉及许多社会领域和相关学科，如经济学、管理学、文化学、历史学、资源学、地理学、建筑学、统计学、社会学等，作为一门新兴的跨学科领域，旅游理论主要是通过“解决问题”式的途径逐步从以上相关学科移植、渗透和融合而来的，这些理论进入旅游学领域之后，逐渐与旅游学中特有的概念、研究对象、特有的问题相结合，又经过一个相当长的过滤、积淀、整合过程，最后成为旅游学独特的理论系统。但是任何一门学科都不可能单纯解决旅游活动所引发的全部问题和矛盾，必须运用跨学科方法来研究该领域，不同的方法适用于不同目的的旅游研究，这样就产生了新的边缘学科—旅游学。

这样一门综合性的交叉性学科，与它所统驭的相关的分支学科一起，构成了研究旅游现象的综合学科体系。在这个体系中，包含着有所不同又相互关联的三大模块。一个模块集中研究旅游者活动，这是旅游学的核心领域，旅游学作为一门跨学科的性质，集中体现在这一模块当中，这一模块在方法论上也比较广泛地吸收了诸多人文学科的成果；另一个模块集中研究旅游产业活动，这是旅游学的扩展领域，在方法论上比较多地吸收了管理学和经济学的成果；还有一个模块是由一些研究旅游者需要（或需求）与旅游产业供给二者之间的关系的学科构成的。这个综合学科体系可以用，一个框架图来描述和说明旅游研究的跨学科性质及其与相关学科的关系，如图 1.3 所示。

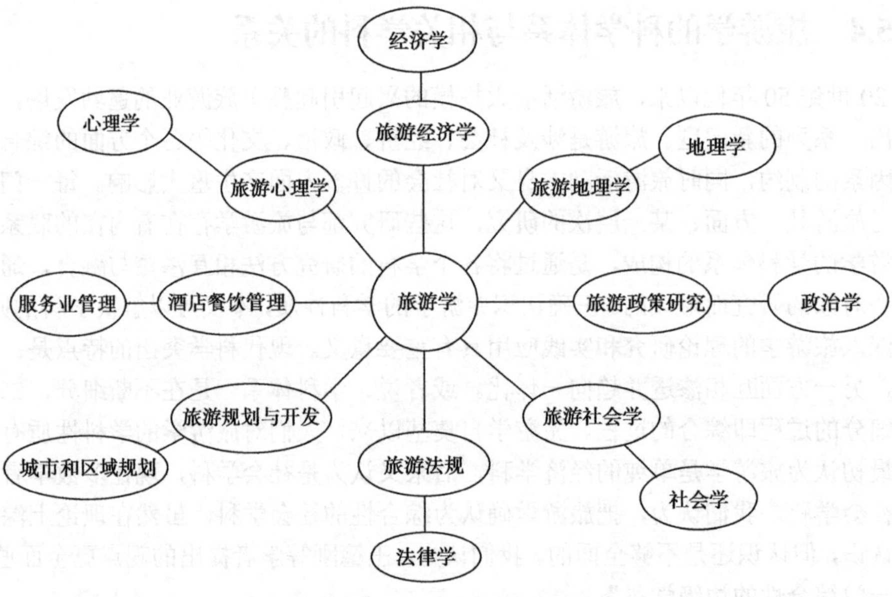

图 1.3 旅游学与其他学科的关系图

本章小结

本章综合介绍了国内外学术界对旅游定义的不同阐述，在此基础上表述了本书作者对旅游的定义：旅游是人们出于审美、娱乐和社会交往等目的，暂时离开自己的惯常居住地前往旅游目的地作短暂停留所引起的各种社会现象关系之总和。

对旅游活动的本质做了进一步的分析。

对旅游活动性质的认识是：旅游是人类社会经济发展的产物，是社会文化的产物，是以经济形式表现出来的综合性的社会活动，也是人类为了审美、消遣的消费形式。旅游活动具有异地性、暂时性、审美性。

旅游学是把旅游活动作为一种综合的社会现象，以世界范围为统一体，以旅游活动中的矛盾因素为研究对象，研究旅游的本质特点、社会作用、内外条件和发生发展及活动规律的新兴学科。

重点名词

旅游　审美　研究对象　旅游类型　异地性　暂时性　审美性

复习思考题

一、单项选择题

1．不是国际旅游的是（　）。

A．从北京去台湾　　B．从北京去新加坡
C．从北京去纽约　　D．从北京去伦敦

2．世界旅游组织宣布每年的旅游日是（　）。

A．5 月 18 日　　B．7 月 15 日
C．9 月 27 日　　D．11 月 5 日

3．旅游活动的媒介是（　）。

A．旅游资源　　B．旅游交通
C．旅游宣传　　D．旅游业

4．现代旅游不是纯粹的游山玩水，而被用来作为教育、贸易、文化交流等活动的形式和手段，这表明现代旅游的（　）。

A．综合性　　B．普及性
C．群众性　　D．社会性

5．旅游活动不具有的特性是（　）。

A．审美性　　B．暂时性　　C．流动性　　D．单一性

二、填空题

1．旅游者的旅游活动包括食、宿、游、_______、_______、_______六要素。

2．旅游活动三要素分别是：旅游主体_______、旅游客体_______和旅游媒体_______。

3．按旅游者主要目的来划分，旅游可分为_______、_______、_______、_______、_______、_______、求知型和猎奇型 8 种主要类型。

4．国外旅游学研究的发展大致经历了_______个阶段。

5．世界旅游组织的简称是_______。

三、简答题

1．如何理解旅游的定义？

2．旅游活动的性质和特征有哪些？

3．旅游学的研究对象是什么？

案例分析

暑期修学游

随着中高考结束，暑期旅游开始拉开序幕。一些望子成龙的父母已经在关心孩子的暑期生活了。不少家长希望孩子们在暑假玩得高兴，也希望他们在游玩中能学习书本外的知识。针对家长这一需求，各旅行社、教育培训机构纷纷推出多种“修学游”线路。英国、澳大利亚、美国、加拿大、新加坡……这些国家已经成为深圳中小学生暑假“修学游”的主要目的地。近年来修学游市场报名火暴异常。

旅行社安排的行程里，修学游的内容大多是到国外名校去考察，除安排一定时间集中授课外，还将参观当地的一些历史文化景点。在出境修学游的宣传中，大多声称全程英语交流、入住当地家庭和学校宿舍、教授英语等，让孩子在领略异国风情的同时感受异国文化，了解国外活跃而先进的教育模式。各大教育培训机构推出的出国修学游价格普遍在 2 万元以上，像英国、美国的修学游线路报价都在 2.98 万元左右，行程长的超过 3 万元，其中只有赴新加坡的价格最低，但也在 1.2 万元左右。

专家认为，其实修学游指的就是进修学习，并能学习到比较完整、系统的某项专业技能或知识，但多数修学游的行程是在短短的两三周内要走遍多所高校，平均下来在一所高校的停留时间也就半天左右，“走马观花”式的修学游效果是有限的，市场上的短期游学团并非真正意义上的修学游，学生很难在这么短的时间内真正学到东西，根本达不到修学游的目的。

教育界人士认为，家长为孩子选择出国修学夏令营一定不要盲目。首要的是看经济实力许可否，要根据各自的情况量力而行；另外，要看孩子年龄是否合适，不提倡年龄小的孩子出去，他们的英语基础相对较差，生活自理能力也不强。

讨论题：

（1）暑期旅游的主要特点是什么？

（2）专家、教育界人士对修学游的担心有道理吗？为什么？

实训训练

1．自由组合成 5～8 人的协作团队，组织小组成员共同协作完成。

上网查阅或亲自去旅行社咨询旅游线路，以任意一条感兴趣的旅游线路为例，对其特点进行分析。

2．以口头表述的方式完成下列各题。

（1）回忆自己的一次难忘的旅游经历，并说明为什么难忘。

（2）谈谈对旅游的初步认识。

（3）在小组或者班级讲述家乡的旅游景点。

第2章

旅游的产生与发展

【学习要点】

- 了解旅游活动的历史
- 掌握中国古代旅游的类型、近代旅游的产生和发展，以及现代旅游的发展
- 熟悉中国现代旅游的发展情况

导入案例

古都西安的旅游业

西安，古称长安，是当年意大利探险家马可·波罗笔下《马可·波罗游记》中著名的古丝绸之路的起点。罗马哲人奥古斯都说："一座城市的历史就是一个民族的历史。"西安，这座永恒的城市，就像一部活的史书，一幕幕、一页页记录着中华民族的沧桑巨变。早在100多万年前的旧石器时代，以西安的蓝田猿人为代表，揭开了人类文明的一页。到六七千年前的新石器时代，先民们在此建造了村落——半坡村，成为中国母系氏族公社繁荣时期的典型代表。西安的建城历史已有3100多年。历史上周、秦、汉、唐等12个王朝在此建都，历时1100多年。中国意为"中央之国"，中国的中心之点（或称大地原点）就在陕西泾阳，难怪自古有"秦中自古帝王州"之说。秦始皇在此建造了中国建筑史上的杰作阿房宫，在骊山建造了规模巨大、埋藏极为丰富的历史宝库秦始皇陵。在汉唐时期，西安就是中国政治、经济、文化和对外交流的中心，是当时人口最早超过百万的国际大都市。"东有罗马，西有长安"是西安在世界历史地位的写照。至今，西安与世界名城雅典、开罗、罗马齐名，同被誉为世界四大文明古都。西安无愧于华夏文明的发源地。近年来，西安旅游业发展迅猛，旅游设施不断完善，吃、住、行、游、购、娱配套发展，旅游产品结构日益合理，档次不断提高；旅游环境日臻改善，现代旅游功能进一步加强；行业管理步入正轨，市场秩序明显好转；旅游服务质量不断提高，综合接待能力和经济效益连年大幅度上升。全市旅游总收入占全市国内生产总值（GDP）的13.5%，旅游业已成为西安市真正的支柱产业和先导产业。西安市还首批获得"中国优秀旅游城市"称号。

"西安文物甲天下"，深厚的历史文化积淀和浩瀚的文物古迹遗存使西安享有"天然历史博物馆"的美称。其境内有重点文物保护单位314处，其中国家级和省级重点文物保护单位84处，古遗址、陵墓4000多处，出土文物12万余件。秦始皇兵马俑坑被誉为"世界第八大

奇迹”，秦始皇陵是最早列入世界遗产名录的中国遗迹，明代古城墙是至今世界上保存最完整、规模最宏大的古城堡。近年，汉阳陵的开发又一次造成了世界的轰动，其出土的裸体彩俑被誉为“东方维纳斯”。西安市内有：6000多年历史的半坡村遗址；明代建立的藏石碑3000多块，被誉为石质历史书库的碑林博物馆；文物储藏量全国之最的陕西历史博物馆；唐代著名高僧玄奘法师译经之地大雁塔；西北历史最长的清真寺化觉巷清真大寺，以及西安旅游区内的华夏始祖轩辕黄帝之陵黄帝陵；汉武帝刘彻之墓汉茂陵；唐女皇武则天与唐高宗李治的合葬墓唐乾陵；以及释迦牟尼佛指舍利存放之处法门寺等驰名中外的景点。自然景观峭拔险峻，独具特色，境内及附近有西岳华山、终南山、太白山、王顺山、骊山、楼观台、辋川溶洞等风景名胜区。西安建有森林公园11个，人文山水、古城新姿交相辉映，构成古老西安特有的神韵风姿。西安的旅游商品生产具有浓厚的地方特色，秦俑仿制品、仿古青铜器、秦绣、玉器、丝绸、工艺瓷器、户县农民画、唐三彩、瓷板画、景观表、麦杆画、关中剪纸等民间工艺品十分丰富。全市有涉外旅游定点商店26家，可以较好地满足游客不同层次的购物需要。同时，西安的餐饮业可以供应全国八大菜系及欧美西餐、日本料理、韩国烧烤、东南亚风味、清真等各式美味佳肴，发掘仿唐菜120多种，形成以唐菜为主的传统菜和以陕菜为主的现代菜。在全国饮食业优质产品评选中，西安的饺子宴、羊肉泡馍等八个品种荣获金鼎奖，特别是西安独具特色的地方小吃也吸引着八方宾客。

目前，西安拥有接待游客的五星级酒店9家、四星级酒店40家、三星酒店45家、二星及以下29家，年接待海外旅游者能力达100余万人次。从数量和质量上基本满足了西安旅游观光客人的住宿需求。目前，西安市共有国际旅行社27家、国内旅行社100多家，组团类型也从单纯旅游观光型发展到观光、商务、修学、会议、散客、特种旅游等多种类型。许多旅行社由于良好的服务和业绩得到了中外游客的好评。

旅游界有句“了解五千年中国看西安，一千年中国看北京，一百年中国看上海，三十年中国看深圳”的说法，前美国总统克林顿来华访问时，第一站就是西安。结合上述案例，你能谈一下许多外国人为什么愿意到中国、到西安旅游？旅游业的产生和发展的条件是什么？

2.1 早期的旅行活动

旅游作为人类社会的一种特有活动自古有之。旅游的起源，因世界各国、各民族的发展历程不同而无统一时限。旅游是旅行发展到一定阶段的产物，是旅行活动的深化和发展。旅游从人类早期的生产活动开始到现代全球性的人类活动，大致经历了古代旅游、近代旅游和现代旅游三个发展过程。

2.1.1 人类的迁徙活动

旅游最基本的特征之一就是人们在空间上的流动性，没有人口的流动，旅游就无从谈起。人口的流动现象归纳起来可以分为三种方式：迁徙、旅行和旅游。这三种人口流动方式是在不同历史条件、不同社会生产活动，以及人类不同目的而产生的。虽然迁徙、旅行和旅游都有本质上的不同，但是从整个发展进程来看，三种方式之间存在着密切的联系。

在原始社会的前期，原始人刚从动物界分离出来，开始了人类自我发展的进程。主要使用石块等简陋的生产工具，通过自然分工，靠渔猎和采集为生。由于生产工具的落后和生产力水平的低下，常常处于饥饿和自然灾难的威胁中。为了生存，人们不得不从一个地方迁徙到另一个地方，寻找食物，躲避自然灾害，逃避战争。随着生产力的发展出现了第一次社会大分工，生产工具得到进一步的改进，生产效率有了极大的提高。在这个时期生产结构发生了革命性的变革。随着农业和畜牧业的不断发展，人类发明了制陶术和弓箭，但也未能改变当时人类社会生产的落后面貌，人们的劳动所获，除了供自己使用外，几乎没有什么剩余。人们日常的活动也只限于在自己的部落范围内进行。这个时期食物十分缺乏，人类不存在有意识的自愿外出旅行的需要。人们没有固定的居所，会随着天然食物的变化而不断地转移。这个时期由于受到社会经济条件的限制，客观上没有旅行的物质基础，主观上也无旅行的愿望，只是一种原始的被迫性、求生性的迁徙活动。这和后来的旅行和旅游是完全不同的。

迁徙活动是不属于现代旅游的，但是“迁徙”和“旅行”有着共同的外部特征——空间转移。不同的是，迁徙活动是为了生存而被迫的活动，而旅行、旅游是人类社会发展到一定阶段的自发行为，是一种高级的需求。

【案例 2.1】

人类的迁徙

20 世纪 80 年代，在南非布隆博斯岩洞，人类学家发现了距今 12 万年的早期人类遗址。在洞穴中，专家们除发现大量石器外，还发现了大量贝壳和大型鱼骨，这说明他们是以海洋动物为食，甚至分工协作猎杀大鱼。木制长矛和石刀使他们获得了稳定的日常饮食，主要有海豹、企鹅和鱼类。发达的大脑结合高超的捕猎技巧，很快让原始人走上了他们祖先走过的道路——迁徙。距今 10 万年以前甚至更晚的时候，其中很少一部分人希望能找到更好的居住环境，他们离开了非洲，人类的远征开始了。对于在海滨生活的祖先来说，世界就是一条长长的海岸线，他们一代又一代地沿着它迁徙。以色列希伯来大学史前考古系教授格伦·因巴尔说，他们在约旦河上游沿岸挖掘出的一些文物表明，这里曾是原始人走出非洲的一条史前迁徙路线。

于是大部分历史学家认为，人类最早起源于非洲，后来通过“地中海东岸走廊”迁徙到亚洲和欧洲大陆。此次发现的文物与在基尼烈湖西南地区发现的距今 140 多万年的文物一样，表明约旦河谷是这条迁徙走廊的一个重要组成部分。

2.1.2　古代旅行

古代旅行是从原始社会末期到工业革命初期这一漫长的历史时期的旅游活动。这一时期人类社会经历了原始社会、奴隶社会、封建社会和资本主义社会初期这四种不同的社会形态。由于生产力水平低下，这期间旅游和旅行的发展水平也较低。

1. 古代旅行的社会背景

由于古代生产力水平比较低，古代旅行的发展水平也比较低，在形式上表现为偶然、个别的现象，其旅行目的与其他目的交织在一起。

（1）古代社会经济的发展客观上为旅行提供了发展的基础。但由于社会经济发展的整体水平较低，也制约着旅游、旅行的发展。古代的社会生产力水平发展比较缓慢，到原始社会末期，人类才有明确的非迁徙意识的外出旅行活动。到了奴隶社会、封建社会时期，由于经济和社会制度的发展，旅行得到了一定的发展，呈现出多样化的发展趋势。古代的旅行有了进一步的发展，但是整体水平偏低，以愉悦身心、消遣休闲为目的的旅游还不普遍。

（2）古代交通条件的简陋制约了远距离旅行和愉悦旅游的发展。古代人们出行的主要方式是木船、马车或步行。道路状况比较差，也不便于旅行。因此，古代旅行充满艰辛和冒险，客观上限制了人们的出行。

（3）古代农业社会的生活方式压抑了人们的旅游意识。在农业社会，人们“日出而作，日落而息”，一年四季忙闲有致的农业劳动使人们在主观上缺乏对旅行度假的要求和习惯。农业文明开始了安定的生活。

（4）社会上出现了有闲阶层。国家的建立、经济的发展和统治地域的扩大，社会上出现了一个相对稳定的有闲阶层。他们掌握了社会的权力，占有了社会上大部分经济权益，在相对稳定的社会环境中，有足够的经济能力和闲暇时间进行旅游活动。同时，这些有闲阶层也是当时社会文化的享受者。奴隶制文明带来了阶级关系的变化，交通条件的改善，使物质和精神财富到了一定的满足，这样也使旅行成为可能和现实。

2．古代旅游的发展

旅行和旅游最早进入文明时代的中国、古埃及、古巴比伦、古印度四大文明古国，并在古希腊、古罗马时代发展起来，达到全盛时期。古代奴隶制经济、政治、文化的发展为古代旅行和旅游奠定了基础。

人类进入奴隶制文明时代，随着金属应用到生产工具上，以及社会分工规模的扩大和程度加深，生产力水平比原始社会有了明显提高，社会物质财富和文化也极大地丰富起来。道路状况、交通工具也到了改善，为人们的出行节省了体力，节约了时间，提高了社会文明程度。冶金、建筑、宗教祭祀场所等人文景观是人们非常向往的目标，对于人们有很大的吸引力，为古代的旅行发展提供了良好的客观条件。

【案例 2.2】

宗教旅行

古埃及人在历法中创立了喜庆热闹的特别节日，以缓解常年辛苦和痛苦。在皇城底比斯，别具一格的两个节日是奥皮特节和河谷欢宴节。河谷欢宴节是所有底比斯居民缅怀死者、崇拜眷顾王城诸神的节日。每年的5月末或6月初，底比斯人齐聚尼罗河西岸——底比斯城的公共墓地、皇室陵墓及祭堂，举行丰富多彩的游行活动。活动从东岸的卡纳克开始，阿蒙神的圣像被抬出神庙置于圣船顶部的神龛之内，圣船捆缚在抬竿上，由僧侣抬到尼罗河岸。起初只有阿蒙神受到如此崇拜，后来其妻穆特、其子峌之圣像各被供入一船，共受崇拜。到达河边，三神圣像被转上拖船，横穿河面，巡视诸神及法老祭堂。底比斯墓地内到处是居民存放亡亲遗骨及举办拜祭的礼拜堂。

古埃及人是乘船的民族，从史前时代的壁画中可以看到人们乘着大船在尼罗河中航行的景象。由于尼罗河是天然的交通大道，不论是上行或下行，船是最方便的交通工具。埃及人很早就发现用帆的道理，有经验的水手可以借助轻微的北风让帆船逆流而上。

船的建造大约有两大类：一类是小型的日常交通用船，一般是用纸纱草编织而成的，由于制造和原料取得都很方便，是人们最常用的交通工具。另一类是大木船，因为运输货物和重物，如石材等，都必须用比较大的木船。在基沙大金字塔旁曾经出土了给国王随葬的大木船，船身长达20米，全部用木材和麻绳结构而成，船上还有遮阳的船舱和十几只大船浆，看起来相当舒适。除了船之外，埃及人在新王国之前都没有车，也没有马，主要是驴，但人们似乎也不会骑驴。马拉的战车在新王国时代才出现，可能是西索克人带来的。但用来运输的车似乎一直不发达，可能是因为对于埃及狭长的地形而言，水运仍然是最方便而经济的交通工具。

由于交通工具的发展，为人们参加宗教活动提供了便利，古埃及的宗教活动也得到了空前的发展。

3. 古代旅行的类型

（1）宗教旅行。

宗教旅行是以宗教朝圣为目的的旅行方式，这种旅行出现时间很早，同时也非常盛行。古代宗教旅行最早出现在埃及，盛行于古希腊时代。

古代埃及每年都要举行几次宗教节日集会活动，其中规模最大的是巴布提斯市的“阿尔铁米司祭”。前往参加盛会的男男女女，乘着大型游艇，妇女打着手板，男子吹着笛子，人们唱歌、拍手，途经临河的镇、市，都要靠岸表演，到达巴布提斯市时，供上丰盛的祭品进行祭拜。

宗教旅行鼎盛时期是古希腊时代，古希腊的提洛岛、特尔斐和奥林匹斯山都是当时世界著名的宗教圣地。奥林匹亚建有宙斯神庙，而奥林匹亚节是最负盛名的宗教圣典，每逢宙斯大祭之日，参加者络绎不绝。节庆期间，举行赛马、赛车、赛跑等体育活动，这种活动延续至今，发展成为现代的奥林匹克运动会。古希腊时代的奥林匹亚庆典是一种宗教活动。后来，宗教旅行逐渐遍及全球，成为一种世界性的旅行活动。

在中国古代，宗教旅行兴起于魏晋南北朝时期，隋唐时期到达鼎盛阶段。由于佛教、基督教、伊斯兰教、印度教、拜火教、犹太教先后传入我国，我国从很早开始就有了宗教云游的记载。我国古代更是将宗教的信仰者为修行问道而云游四方称为“游方”。由于宗教云游在我国的长期发展，形成了佛教四大圣山、道教五大名山等名胜，吸引着众多的信徒。而所有宗教云游者中最有名的要数玄奘与鉴真两位大师。

玄奘，由于一部《西游记》闻名全球，而他的经历，虽然并不像西游记中描述的那样奇幻。但是从他本人奉唐太宗之命所著的《大唐西域记》中，也可以看到其奇迹般的游历生涯。该书记述的是他本人的亲身经历，记载了他所到的 110 多个国家和传闻中的 28 个城邦、地区、国家的情况，成为研究中亚、西亚和南亚的重要历史、地理科学巨著。

鉴真，则是以其六次东渡日本的坚定不移的信念和最终抵达日本，弘扬佛教与中国文化所取得的积极而重要的历史意义而被传为美谈。在这期间，中国、印度、日本等国僧人往来非常密切，宗教旅行达到鼎盛。

（2）商业旅行。

商业旅行是以经商为目的的旅行方式，旅行者主要是商人，商人为了经商而外出旅游。商业旅行也是古代各个时期的主要旅行活动。

公元前 3000 年，地中海东岸居住着被称为“海上民族”的腓尼基人，他们很早就有发达的商业和手工业，造船业也举世闻名，这也为商业旅行提供了有利的条件。腓尼基人的足迹纵贯地中海，西越直布罗陀海峡，北至英吉利和波罗的海各地，南至非洲西部，东达波斯湾、印度。另外，波斯帝国也是较早兴起商业旅行的国家之一，公元前 6 世纪中叶，波斯帝国兴起了两条“御道”：一条东起帝国首都苏萨，穿越美索不达米亚中心地区和小亚细亚，直抵爱琴海的以弗斯，全长约 2400 千米；另一条西起巴比伦城，横贯伊朗高原，直达巴克特利亚和印度边境，这条路线成为以后“丝绸之路”西端的基础。这两条道路的修建为商业旅行的兴起和发展起到了强大的推动作用，扩大了东西方文化的交流和贸易往来。

公元七八世纪，地跨亚非欧三洲的阿拉伯帝国，处于发展的顶峰时期。帝国以巴格达为中心，广修驿道，密置驿站，驿道四通八达，驿站备有马、骡和骆驼等，交通运输空前发达，对旅客、商贾有很大的帮助。

在中国古代，商业旅行很大程度是以贸易为主的。“商”与“贾”两字连用，东汉经济学家郑玄认为：“商”指往来各地做买卖，“贾”指设肆售货。“商旅”是指为做买卖而往返各地的商业旅行活动。春秋战国时期商业的发展，陶朱公、吕不韦成为有名的大商人，他们负货贩运，周游天下。

中国商业一直随着中国精美产品的生产和经济的繁荣而不断发展繁荣。而且，随着中国古代水陆、陆路交通条件的不断完善，加之商人的不断努力与开拓，中国历史上形成了相当一批举世闻名的“商路”，使中国的货品行销五洲、闻明世界，经商旅行在中国封建社会发展历史中扮演了举足轻重的角色。直至今日，部分商路又演变为历史古迹成为现代旅游的优良资源。其中最为著名的是“丝绸之路”、“海上丝绸之路”、“茶马古道”等。

（3）公务旅行。

公务旅行主要是为公务而外出旅行的方式，古代的公务旅行主要有帝王巡游和官吏宦游两种具体形式。

公务旅行在历史上出现的时间也比较早，是在进入文明时代的埃及、巴比伦、印度、中国、古希腊和罗马发展起来。

在中国古代，历代最高统治者为了维护统治、弘扬功绩、炫耀武力、震慑臣民和游览享乐，会对自己的国家或领土进行巡视游览活动，同时，中国古代帝王巡游还有一个突出的方式，就是热衷于封禅和祭祀活动。西周时期的穆王，《穆天子传》记述了他的西征路线和有关故事；秦始皇于公元前 221 年统一中国后的十年间（公元前 220—公元前 210）曾经出游 5 次。公元前 220 年，他从咸阳出发，沿渭河河谷抵达陇西（今甘肃临洮），后北行经泾水上到北地（今甘肃庆阳）返回。与秦始皇相比，汉武帝巡游的路程之遥、地方之多，有过之而无不及。隋炀帝扬州观琼花，还有清康熙、乾隆下江南的故事尽人皆知。

【案例 2.3】

秦始皇泰山封禅

秦始皇二十八年（公元前 219），秦始皇在泰山封禅，刻石纪功。封禅是古代统治者祭告天地的一种仪式。所谓“封”，是指筑土建坛祭天。所谓“禅”，是指祭地，即在泰山下小山的平地上祭地。“封”与“禅”是同时进行的，但“封”比“禅”要隆重得多。公元前 219 年，秦始皇率领文武大臣及儒生博士 70 人，到泰山举行封禅大典。由于长期不举行这种活动，大臣们都不知道仪式该怎样进行，于是秦始皇把儒生召来询问。儒生们众说纷纭，秦始皇听了觉得难以实施，便斥退儒生，按照自己的想法开辟车道，到泰山顶上立了碑，举行封礼，刻下了《始皇昭》。接着下山，到附近的梁父山行了禅礼。

中国古代的官吏常受帝王派遣为完成某项任务而出使各地，这种形式称为官吏宦游，也称为外交旅行。其中以张骞出使西域和郑和七下西洋访问亚非影响最大。张骞是西汉杰出的外交家、探险家和旅行家。汉建元三年（公元前 138 年），奉汉武帝之命，张骞带领 100 多人出使大月氏（今新疆西部伊犁河流域）。张骞率队从长安出发，经陇西，穿河西走廊，出阳关，走大宛，过康居，到达大月氏，行程 7000 多千米。在大月氏他考察了那里的山川地形、风土民情、特产等。然后，取道葱岭，从祁连山过羌人区，进入陇西，于公元前 126 年返回。郑和是明代伟大的航海家，在世界航海史上居于重要地位。公元 1405—1431 年，他奉命率船队七下西洋，完成举世闻名的航海壮举。

【案例 2.4】

郑和下西洋

1405 年 7 月 11 日（明永乐三年）明成祖命郑和率领庞大的由 240 多艘海船、27400 名船员组成的船队远航，访问了 30 多个西太平洋和印度洋的国家和地区，加深了中国同东南亚、东非的友好关系。每次都由苏州刘家港出发，一直到 1433 年（明宣德八年），他一共远航七次之多。最后一次，宣德八年四月回程到古里时，郑和在船上因病过逝。民间故事《三宝太监西洋记通俗演义》将他的旅行探险称为“三宝太监下西洋”。郑和曾到过爪哇、苏门答腊、苏禄、彭亨、真腊、古里、暹罗、阿丹、天方、左法尔、忽鲁谟斯、木骨都束等 30 多个国家，最远曾到达非洲东岸、红海、麦加，并有可能到过澳大利亚。郑和在公元 1414 年（永乐十二年）由非洲带回长颈鹿。沈度《瑞应麒麟颂》的附图中的麒麟即是长颈鹿，由明宫廷画师所绘。

“西洋”的定义：明朝初期以婆罗（Borneo）/文莱为界，以东称为东洋，以西称为西洋。故过去所称南海、西南海之处，明朝时称为东洋、西洋；而暹罗湾之海，则称为涨海。

（4）观光旅行。

观光游览是以观光为目的的旅游，在历史上出现的时间也较早，在罗马帝国时代，由于经济的发展，交通的便利，在贵族和特权阶层开始了以寻求消遣为目的的休闲性旅行。有的人去希腊观赏庙宇、宗教遗迹，有的人去埃及和罗马游览辉煌的人类建筑，也有人去小亚细亚游览。这个时候还出现了最早的自然观光旅行，英国北部的湖泊、希腊北部的河谷，以及尼罗河、第聂伯河、莱茵河和小亚细亚的河流，都吸引不少来自各地的旅游者。

在中国，自古就有“读万卷书，行万里路”的说法。因此，中国的很多文人都有观光游览的经历，他们走遍了中国的名山大川，漫游名胜古迹，留下了很多经典的传世佳作。其中，司马迁、陶渊明、李白、杜甫、柳宗元、欧阳修、苏东坡等人就是典型的代表。我国唐代游侠之风盛行，著名大诗人李白青少年时期便游历了成都、峨眉山等地，留下了游历蜀中山水的许多诗作，其诗《蜀道难》家喻户晓。他遍游蜀中山水名胜，广泛接触社会生活，视野、胸襟开阔。25 岁时怀着对祖国大好河山的向往，“仗剑去国，辞亲远游”，开始了漫游生活，出三峡，经襄阳、武汉至金陵（现在的南京）、扬州，回到湖北。27～35 岁时基本定居长安（现在的西安），在这期间，北游洛阳、龙门、嵩山、太原；东游齐鲁，登泰山；南游安徽、江苏、浙江，游踪遍及半个中国。35 岁后离开长安，再度游历了江苏、浙江、安徽等地。43 岁与同时代的大诗人杜甫、高适同游开封、济南，分手后，又南游江浙，北涉燕赵，来往齐鲁之间，以梁（现在开封）、宋（现在商丘）为中心“一朝去京国，十载客梁园”。直到晚年还曾到达巫山。可见，李白的一生都与旅行游学有着不解之缘。李白的旅行部分地代表了古代文人的游学生活。

（5）求学旅行。

求学旅行就是以求知识求学问为目的的旅行方式，其历史也十分悠久。中世纪最伟大的阿拉伯旅行家伊本·白图泰（全名穆罕默德·伊本·阿布杜拉·伊本·白图泰），号称阿布·阿布杜拉，又称舍木逊丁。他先后三度出游，历经千辛万苦，崎岖波折，跋山涉水，九死一生，足迹遍及亚非欧三洲许多国家和地区，凭借勇气和毅力，靠着双脚，一步一步迈向未知的前方，把真诚和学识奉献给沿途各国和各地区的人民，又把友好和异地风情带回阿拉伯世界。他的探险旅行，融贯和传播了伊斯兰文明，加强了伊斯兰各地内部以及伊斯兰与非伊斯兰地区的交流。

我国古代人才选拔通过科举的方式，学子考学往往要赶都城的进士考试。因此，举子赶考也必须有一段旅行的经历。从某种意义上讲，这也是一种形式的文人学游。

意大利著名的旅行家、商人马可·波罗（Marco Polo，1254—1324）17岁时跟随父亲和叔叔途经中东，历时4年多来到中国，在中国游历了17年。回国后出版了《马可·波罗游记》（又名《马可·波罗行记》或《东方闻见录》），记述了他在东方最富有的国家——中国的见闻，打开了欧洲人的地理和心灵视野，掀起了一股东方热、中国流，激发了欧洲人此后几个世纪的东方情结。许多人开始涌向东方，学习东方，以致欧洲经历了翻天覆地的变革，这对以后新航路的开辟产生了巨大的影响。同时，西方地理学家还根据书中的描述，绘制了早期的“世界地图”。《马可·波罗游记》是欧洲人撰写的第一部详尽描绘中国历史、文化和艺术的游记。16世纪意大利收藏家、地理学家赖麦锡（Ramusio）说，马可·波罗在1299年写完《游记》，“几个月后，这部书已在意大利境内随处可见”。在1324年马可·波罗逝世前，《马可·波罗游记》已被翻译成多种欧洲文字，广为流传。《马可·波罗游记》不是一部单纯的游记，而是启蒙式作品，对于闭塞的欧洲人来说，无异是振聋发聩的，为欧洲人展示了全新的知识领域和视野，这本书的意义在于它导致了欧洲人文科学的广泛复兴。

（6）科学考察旅行。

科学考察旅行是以科学考察为主要目的的旅行。英国博物学家和进化论的奠基人达尔文（1809—1882），在1831—1836年，以博物学家的身份参加了英国派遣的贝格尔号军舰的环球航行，做了5年的实地科学考察，在动植物和地质方面进行了大量的观察和采集，经过综合探讨，发表了一部划时代的著作《物种起源》，创立了进化论学说。

在我国古代历史上，很多专业技术水平都远远领先于当时世界其他国家，这就要求有众多的有识之士投身于专业研究。而很多的专业研究又都要求有一定的旅行经历，这就形成了另一种旅行形式——专业旅行。其中比较典型的代表人物是郦道元、徐霞客和李时珍。

郦道元志趣于江河水利事业。他所著《水经注》是为魏晋人的一部地理书《水经》作的注，兼具科学性与文学性，记载了河道水利，并且因水记山、因山记景、因景记人。为了此书的写作，郦道元对于中原水利系统做了大量的实地勘察，对于我国中部130多条河流及1200多条水道都有详细的调查研究。与此类似的还有《河水注》及《洛阳伽蓝记》。其中，北魏杨铉所著的《洛阳伽蓝记》是记述佛寺园林风物的建筑著作，它以北魏洛阳的佛寺为中心，广泛记述了当时的政治、人物、风俗、地理，以及历史沿革、掌故传闻等，作者的写作也是建立在资料翔实和亲身游历的基础上完成的。徐霞客，终身从事游历，是我国古代著名的地理学家、散文作家和旅行家。其著作《徐霞客游记》由作者游历祖国各地时所写的日记汇集而成。他历时30余年，游览了浙、闽、黄山和北方的嵩山、五台、华山、恒山诸名山，游览了浙江、江苏、湖广、云贵等江南的大山巨川，足迹遍及现今的16个省、直辖市、自治区，完成了60万字的《徐霞客游记》。作者每至一地，必考察其地形、地质、水源等状况。他以地理学家的眼光记述山川大河，旅行与写作都服务于地理学爱好，可以说，他也是专业旅行的典型代表。

（7）探险旅游。

由于资本主义生产关系的产生和发展，一些欧洲先进国家有了对外扩张的欲望。《马可·波罗游记》描述了东方的富足，诱发了一些人到东方寻找财富的愿望，使得欧洲的商人、封建主、航海家从事了探险、淘金为目的的旅行，并因此产生许多著名的航海家、探险家。

意大利航海家哥伦布十分崇拜马可·波罗，他读过《马可·波罗游记》，十分向往印度和中国。1492年8月3日，哥伦布受西班牙国王派遣，带着给印度君主和中国皇帝的国书，率领3艘近百吨位的帆船，从西班牙巴罗斯港扬帆出大西洋，直向正西航去。经70昼夜的艰苦航行，1492年10月12日凌晨终于发现了陆地。在西班牙国王支持下，他先后4次出海远航（1492—1493，1493—1496，1498—1500，1502—1504），开辟了横渡大西洋到美洲的航路。先后到达巴哈马群岛、古巴、海地、多米尼加、特立尼达等岛。在帕里亚湾南岸首次登上美洲大陆，考察了中美洲洪都拉斯到达连湾2000多千米的海岸线；认识了巴拿马地峡；发现和利用了大西洋低纬度吹东风和较高纬度吹西风的风向变化，驾驭帆船航行；证明了大地球形说的正确性；促进了旧大陆与新大陆的联系。他误认为到达的新大陆是印度，并称当地人为印第安人。

葡萄牙航海家达·伽马，是从欧洲绕好望角到印度航海路线的开拓者。他生于葡萄牙，青年时代参加过葡萄牙与西班牙的战争，后到葡宫廷任职。1497年7月8日受葡萄牙国王派遣，率船从里斯本出发，寻找通向印度的海上航路，船经加那利群岛，绕好望角，经莫桑比克等地，于1498年5月20日到达印度西南部卡利卡特 。同年秋离开印度，于1499年9月9日回到里斯本。伽马在1502—1503年和1524年又两次到印度，后一次被任命为印度总督。伽马通航印度，促进了欧亚贸易的发展。在1869年苏伊士运河通航前，欧洲对印度洋沿岸各国和中国的贸易，主要通过这条航路。这条航路的通航也是葡萄牙和欧洲其他国家在亚洲从事殖民活动的开端。

费迪南德·麦哲伦是葡萄牙著名航海家和探险家，先后为葡萄牙（1505—1512）和西班牙（1519—1521）作航海探险。从西班牙出发，绕过南美洲，发现麦哲伦海峡，然后横渡太平洋。麦哲伦虽在菲律宾被杀，但他的船队继续西航回到西班牙，完成第一次环球航行。他被认为是第一个环球航行的人，是第一个从东向西跨太平洋航行的人。他以3个多月的时间航行到达东印度。麦哲伦船队的环球航行，用实践证明了地球是一个圆形体。

（8）节庆旅游。

节庆旅游主要是指在节日以旅行的方式庆祝节日的活动。这种旅游方式在东西方都很盛行。

中国自古以来便有重视节庆的民族传统，每逢佳节常常有各式各样的节庆聚会。春节的庙会、元宵节的灯市、清明节的踏青春游、端午节的龙舟庙会、中秋节的赏月家庭聚会、七夕节的观星鹊桥会、重阳节的登高会等，都会吸引各地的人们作长途或短途的旅行。其中，春节、中秋节聚会旅行类似今天的探亲旅游。

中国是文明古国，历史悠久，文化传统深远，中国古代旅行的发展也千资百态。正如当时中国经济、技术等很多方面一样，中国古代的旅行发展在当时的世界范围内也表现为欣欣向荣的局面。

4. 古代旅行的特点

（1）中西方旅行发展不平衡。在封建社会时期，由于战乱、生产力发展水平、经济繁荣程度等原因，西方的旅行发展基本上处于停滞状态，直到进入16世纪，才出现新的发展势头。而与此相反，中国在封建社会时期，由于封建统治基本稳定、生产力发展、经济繁荣，以及人民比奴隶社会获得了更多的物质资料和个人自由，旅行的发展异常蓬勃。

（2）旅行的条件日渐完善。无论东方还是西方，随着社会的进步，交通、住宿等方面的条件比奴隶社会均有显著提高，这些都在客观上为旅行的进一步发展提供了更好的物质条件。

（3）旅行的形式更加多样化。西方出现了疗养旅行、修学旅行，我国的旅行方式则更为丰富多彩，如帝王巡游、官吏宦游、经商旅行、文人游学、专业旅行、宗教云游、节庆聚游等，但是仍以公务、商务旅行为主。

（4）旅行的条件很差，所以人们缺乏主动旅游的意识。与过去相比，旅行的条件有了很大的改善，但是由于总体上生产力水平的低下，在交通、住宿等方面还是很落后的，不能满足人们的旅游需求。

2.2 近代旅游的开端与发展

2.2.1 工业革命对旅游的影响

工业革命指的是资本主义机器大工业代替工场手工业的过程，是资本主义政治经济发展的必然产物。工业革命最先发生于18世纪60年代的英国，当时的英国资本主义已经存在，并且成为当时世界上资本主义最发达的国家。到19世纪30年代末，英国的工业革命基本完成；与此同时，美、法、德、日等国家的工业革命也先后在19世纪内完成。这场工业变革先从生产关系的变革入手，最终极大地促进了生产力的发展，资本主义社会制度相对于封建主义的优越性最大限度地发挥出来，提高了生产社会化的程度，通过技术领域的革新影响到人类社会的方方面面，也包括旅游的发展。

工业革命对旅游的影响，主要可以概括为以下几个方面。

（1）工业革命提高了生产力水平，比过去的社会为人类提供了更多的物质生活资料，使旅游者的范围进一步扩大。

虽然在工业革命的早期，劳动阶级的生活并没有得到多少改善，但是，在批判“人吃人”的社会的同时也应该承认，比之过去的奴隶社会和封建社会制度，资本主义还是先进的社会制度。在当时的生产力水平下，资本主义最大限度地适应了其发展，推动了当时社会生产力的进步，加快了社会财富的创造和积累。这些被创造出来的社会财富，虽然并没有完全到达劳动阶层手中，但是，到达资本家和政府手中的财富都可以在不同层面上促进旅游的发展。首先，资本家是社会的新兴权力阶级，在过去他们是因物质不足或有一定困难而不能旅行的人群，现在却可以通过资本的手段获得旅游所需的资金或物质。而政府获得了大量的社会财富，才可能进行道路、桥梁等的建设，为旅游的开展提供必要的基础设施。

（2）工业革命推动了新技术的发明，交通工具的进步解决了旅游的空间距离障碍，使大规模的人员流动成为可能。

当时工业革命最主要的标志之一，就是蒸汽机的发明和应用。而蒸汽机的改进和在交通领域的应用解决了当时交通运输的动力问题，形成了新的陆路、水陆运输方式——火车和汽船的应用。无论是火车还是汽船，其动力都远非过去的马车和帆船可比，一次性运输能力得到极大的提升，其速度也比传统的运输方式快很多。因此，过去对于人们来说很远的距离，在火车与汽船应用之后，从旅行所用的时间上来看，都不再那么遥远了。这都增加了大规模、远距离旅游的可行性。

另外，由于新的交通运输方式可以实现大规模的运输，运输所需的人均成本大大降低。这从经济上也为旅游活动的开展提供了便利。

世界上的第一条铁路是被称为“铁路之父”的乔治·斯蒂文森于 1825 年 9 月建造的。由于铁路运输具有速度快、成本低、运量大等优点，很快得到大规模的发展。1835 年英国的铁路总长达到了 758 千米，1845 年为 5274 千米，1855 年为 21 583 千米，1865 年为 34 411 千米。30 年的时间，铁路长度增长近 45 倍。而到 1875 年，英国铁路运输的年旅客周转量已经超过 6 亿人次。相比之下，汽船的历史比火车还要略早几年。第一艘汽船是 1807 年由美国人罗伯特·高尔顿发明的。与火车一样，汽船也具有载量大、速度快、旅行费用低等优点。汽船投入使用后，很大程度上推动了旅游的发展。据资料统计，1802 年伦敦只有 2 万人乘坐帆船去旅游胜地马盖特观光，而汽船应用之后，旅游者的数量大幅增加，1830 年就上升到约 10 万旅客。由此可见，现代化的交通运输技术给旅游发展带来的巨大影响。

（3）工业革命推动了城市化的发展，促进了城市居民回归大自然的旅游需求。

工业革命发生于资本主义制度建立之初的资本积累时期，其时，刚刚经历了残酷的圈地运动的大量农民失去了自己的土地，变得一无所有、无以为生。而工业革命促进了大机器生产时代的到来，工业生产的发展急需大量的劳动力，这些一无所有的人为了谋生和寻求就业机会，大量的人涌向城市。这种人员流动，极大地加速了城市化的进程。越来越多的人远离了过去自由、宁静、景色优美、生活相对悠闲的农村生活，来到了嘈杂、拥挤、节奏紧张的城市。很多研究资料都显示，在城市长期生活的人，不仅其心理压力大，又长期远离了大自然环境，因此，比生活在农村的人更向往旅游活动，希望在大自然中生活一段时间。在这种动机的驱动下，工业革命引起的城市化进程的加速必然引起更多的城市居民旅游的需要，从而促进旅游的发展。

（4）工业革命引起的大规模的工业生产改变了人们的工作性质，引发了人们减轻精神压力的旅游的需要。

除了工作环境和生活环境发生了重大的变化之外，工业革命所带来的工业化大生产的工作方式，也对人们的心理适应能力提出了新的挑战。在农业生产中，人们早已习惯了较为自由、相对散漫、忙闲有秩的生产方式。而在工业革命后，在大机器的流水作业生产过程中，工作的最重要的特点就是单一、重复、枯燥、紧张，并且劳动时间过长。对于习惯了农业生产方式的人们来说，这些必然造成巨大的心理压力，人们急需通过休假旅游来放松自己，舒缓心理压力，以便能够恢复精力投入新的工作之中。从某种角度而言，工业革命给旅游的发展创造了更多的旅游动机，促成了旅游需求的产生，促进了旅游的发展。

2.2.2　旅游业的产生

旅游具有当今意义上的一些基本特点，可以说是从 19 世纪初期开始的。因此，也可以说，从旅行过渡到旅游也是在这一时期。事实上，旅游（Tourism）一词也是从那时开始出现的。而真正标志着近代旅游产生的具体事件，则是1845年世界上第一家旅行社——托马斯·库克旅行社的建立。

托马斯·库克最早的主要职业是印刷和出版商，而兴起开办旅行社的念头则是通过他的一次“业余活动”开始的。1841年7月5日，英国将在洛赫伯勒召开禁酒大会。为了宣传禁酒主义，托马斯·库克决定组织570名参加会议的人员从莱斯特出发，前往洛赫伯勒参加会议并当天返回。为了做好组织工作，库克与铁路局取得联系，以每人1先令的低廉价格包租了一趟火车，全程往返36.8千米，由库克全程陪同并在火车上提供热情周到的服务，使参加活动的人员格外满意。虽然说在此之前，团体形式的旅行也有记载，但是我们还是将这次旅行定义为近代旅游及旅游业的开端。其主要理由是：先前的团体出行都是某个组织为其自己组织内的成员组织的。此外，托马斯·库克组织的此次旅行还具有以下些特点。

（1）具有较为广泛的公众性。参加的成员来自各个行业和社会阶层，他们只是为了这次活动而走到一起，一旦活动结束，一般便不再发生任何联系。这极为类似于现代旅行社组织的旅游团。

（2）托马斯·库克本人不仅发起、筹备和组织了这一活动，而且全程陪同照料，这非常类似于现代旅游中的全程陪同服务。甚至也许可以说，这就是现代旅游的全程陪同服务的开始。

（3）这次活动的参加人数众多，在当时是空前的。这次活动共有570人参加，参加者人数之多、规模之大，不仅在当时是空前的，即使是在现代也并不多见。但是，这只是现代组团进行规模化旅游早期的一种雏形。

（4）这次活动为以后的托马斯·库克旅行社的建立奠定了基础并提供了宝贵经验。当然值得一提的是：此次旅游活动的最初目的并不是营利，而是库克自己所说的“业余活动”。这与现代旅行社的旅游活动的组织有本质上的区别。

1841年的这次活动使托马斯·库克名声大振，并且促使他最终成立了托马斯·库克父子旅行社，专门经营旅游服务业务。于是在其服务的过程中，为近代旅游史建立了新的里程碑。1845年夏，托马斯·库克首次组织了真正意义上的团体消遣旅游。这次旅游从莱斯特出发，目的地为利物浦，时间为1周，参加人数350人。而之所以说这次活动是近代旅游史上的又一里程碑，是因为这次旅游活动具有以下特点。

（1）组织这次活动真正改变了托马斯·库克的职业生涯。在此之前，托马斯·库克的主要职业是印刷和出版，而从事旅游组织带有业余的性质，并且组织旅游不完全以营利为主要目的。直到这此旅游活动之后，托马斯·库克才真正把旅游作为自己的主要职业。这一改变，不仅对于托马斯·库克而言是个重要事件，同时表明，旅游第一次成为一个人的正式职业。从某种意义上讲，这也标志着旅游业的正式形成。

（2）此次旅游是托马斯·库克组织的第一次大规模、长途、过夜旅游。在此之前，他组织的旅游活动都是当日往返的一日游。而这次旅游不但人数众多、距离较远，而且在外过夜数日。

（3）活动前，托马斯·库克对这次旅游活动进行了大量的先期考察。他沿途先期考察，确定了沿途要停留以及参观的具体旅游地点，了解了旅游地点比较廉价的旅馆的情况。所有这些对于当时的旅游者而言都是至关重要的，有利于为旅游者提供更好的服务，在某种意义上，即现代旅游业务中前期调查工作。

④ 托马斯·库克编写并出版了世界上第一本旅游指南《利物浦之行手册》。

⑤ 托马斯·库克本人不但承担了该次旅行团的陪同和导游，而且在沿途的一些地方还聘用了地方导游，旅游活动的组织形式越来越接近现代旅游服务。

这次旅游活动之后，托马斯·库克的旅游活动的组织工作更加驾轻就熟。1851 年，他组织了有 16.5 万人参加的“伦敦水晶宫世界博览会”；1855 年，组织了从英国莱斯特前往法国巴黎的旅游，在巴黎停留游览 4 天，全程用一次性包价，其中包括在巴黎的住宿和往返费用，共计 36 先令，成为世界上组织包价出国旅游的开端；截至 1864 年，托马斯·库克组织的旅游人数累计突破 100 万；1872 年，库克亲自担任导游，组织了 10 人参加的历时 70 天的环球旅游。1878 年，库克退休，其子接替其工作，库克完成了在近代旅游史上辉煌的里程。到 1939 年，托马斯·库克父子旅行社已在全世界开办了 350 多家分社。1872 年，库克创办了世界上最早的旅游支票，可在世界各大城市使用。其旅行社还组织编印了世界上最早的旅行杂志，被译成 7 国文字，再版达 17 次之多。

托马斯·库克对旅游业的贡献是功勋卓著的，是他的聪明才智和丰富的创造力促进了近代旅游业的诞生，因此，库克被史学界誉为近代旅游业的先驱者，是近代旅游业的标志性人物。

在托马斯·库克之后，从 19 世纪的下半叶开始，近代旅游蓬勃发展起来。各类旅游组织如雨后春笋在欧洲大地上茁壮成长，尤其是旅游俱乐部更成为当时旅游组织发展的典型代表。最早的是 1857 年在英国成立的观光俱乐部，而旅游俱乐部在欧洲大陆的代表则是 1890 年在法国和德国先后成立的观光俱乐部。在美洲，美国的运通公司于 1850 年开始兼营旅游代理业务，并且在 1891 年最先发售了与现在旅行支票的使用方法一样的旅行支票。20 世纪初期，美国的运通公司、比利时的铁路卧车公司，与托马斯·库克父子旅行社齐名，成为世界三大旅行代理公司。

在饭店业方面，近代社会也是饭店业逐渐兴起的阶段。随着近代旅游的发展，旅游活动的数量和人次不断增加，过去的只为特权阶层提供服务的豪华饭店和普通的客栈都不能满足社会旅游活动发展的需要了。并且，由于近代工业革命带来了社会阶级划分的变革，出现了中产阶级，他们负担不起豪华饭店的费用，但也不满足于简陋的客栈，且又属于进行旅游活动频率较高的阶层。这就促进了一种新型的、以为中产阶级服务为主的，既可以使客人感到舒适方便又追求经济利益的食宿服务机构——商业饭店的诞生。

商业饭店出现的开端是 1908 年，斯塔特勒（被后人誉为“饭店业开山鼻祖”）在美国纽约的布法罗建造了世界上第一家商业饭店。斯塔特勒不但将饭店的 300 间客房都配备了独立的卫生间，还铺设了通向每一间客房的供排水、暖气和输电线的管道（所有这些，也被后人称为“斯塔特勒管道”）。他还在每一间客房内安装了电话和标准壁橱，在卫生间安置了穿衣镜和毛巾钩，在客房里安装了床头灯并提供客用的文具纸张，所有这些措施，都是出于“以顾客为中心”的考虑，尽可能为顾客提供方便，这些具体做法和思想，可以说都是现代商业饭店的基本模式。所以说，是斯塔特勒开辟了饭店发展史的新时代。

由于商业饭店所面对的市场的不断壮大和其自身的优势，从 20 世纪初期开始，商业饭店得到了迅速发展，并真正成为了一种行业。饭店既是适应旅游发展的需要而产生的，又反过来成为促进旅游发展的重要因素。饭店也以追求经济利益为目的，它第一次明确了饭店的产品就是服务。所以，在经营中努力降低成本，提高服务质量，使旅游的费用得以降低，旅游活动也变得更加方便和舒适。饭店业成本的降低，使住宿和膳食的价格能适应中产阶级的消费水平，使更多的人有条件成为旅游者，推动了旅游业向前发展，为旅游从特权贵族的奢侈行为逐渐演变为中产阶级的享用行为提供了条件，从而在近代旅游业的发展中占据了重要的一席之地。

2.3 现代旅游的发展

旅游随着社会经济和文化的发展变化，其内容和形式也不断地发展和变化，它是人们以了解自然和社会、丰富和完善自我为目的的非定居性旅行的高级生活方式。它既是一种社会经济现象，又是一种社会文化现象。

现代旅游的时间段是指第二次世界大战以后，特别是20世纪60年代以来迅速普及于世界各地的社会化大众旅游，旅游方式也极为丰富多彩。现代旅游类型按地理区域划分，有国际旅游和国内旅游；按组织形式划分，有团体旅游、散客旅游、包价旅游、自助旅游等；按旅游方式划分，有航空旅游、铁路旅游、汽车旅游、海上巡游等；按活动内容划分，有文化旅游、探亲旅游、观光旅游、疗养旅游、探险旅游等；按费用来源划分，有自费旅游、公费旅游、社会旅游等。

2.3.1 现代旅游发展的背景

纵观人类旅行、旅游的演变，尤其是与世界现代旅游业的迅速发展趋势与世界政治、经济、科技、文化发展的紧密联系，可对现代旅游的本质属性作这样的概括：现代旅游作为一种现代社会现象的反映，是人类社会经济和文化发展到一定阶段的产物，是人类超出生存需要的一种消费形式。

在古代，旅游只能局限在少数人和狭小范围里进行。它真正成为一种普遍的社会现象，是第二次世界大战之后，随着世界经济的发展和生产力水平的不断提高而逐步发展变化的。先进的交通工具和通信设备不断问世，使长距离的跨国旅游成为可能。同时，社会也为广大旅游者提供了丰富而独特的旅游资源，安全而便利的交通条件，舒适而完备的旅游设施，以及由于劳动生产率的增长，从而有条件从物质生产部门分离出更多的社会劳动力来服务于旅游产业，为旅游者提供系列全程服务。由于人们收入的增加，闲暇时间普遍增多，旅游需求增大，旅游大众化成为可能。

现代旅游业的崛起和迅速发展，说明人类的旅游活动是随着人类社会经济的发展由低级向高级发展的，也只有现代世界经济发展的今天，具有现代化、国际化、规模化、大众化的旅游活动才可能出现，必然带来现代旅游的崛起和发展。

现代旅游产生和发展的主要因素是多方面的。现代旅游作为大众参加的社会经济文化现象，是社会创造了条件使它出现和发展的。主要因素是社会创造了一个持续的和平环境，根本原因是社会生产力水平的提高，重要原因是政府行为的促动。

1. 生产力水平的提高是现代旅游产生和发展的根本原因

社会生产力水平的提高为现代旅游的发展带来了社会客观需要。社会生产力水平的提高，意味着国民收入的增加、国民工作时间的缩短和国民生活的改善。世界性劳动时间缩短和带薪假期增多，是使现代旅游趋于群体性的一个重要原因。社会生产力水平提高，必须提高社会消费水平，改善社会消费结构，这对繁荣世界旅游市场和促进旅游业的兴旺都起到决定性作用。随着社会生产力更大幅度的提高，人们的旅游生活需求和消费水平将会更大幅度地增加。

社会生产力水平的提高，为现代旅游的迅速发展提供了物质条件。高速列车的出现，超音速客机的使用，相对缩小了世界空间距离，缩短了人们进行国内、国际旅游的旅行时间，使现代旅游比历史上任何时代的旅游都能获得更广阔的空间。现代科学技术的发展和生产力水平的提高，不仅为人们提供了方便、快捷和收费低廉的交通运输条件，同时能为旅游者提供舒适而完备的食宿和各种游乐设施和设备，从而为现代旅游业的兴旺发达提供了有利的物质条件。

社会生产力水平的提高，科学技术的发展，提高了旅游信息传播和旅游组织的效率。第二次世界大战以后，由于交通和通信网的高度发展，旅游信息流速加快，人们了解信息有了更多的渠道和条件。旅游从业者可以通过电视、电影、电台及各种书刊杂志等载体宣传、介绍世界各地的自然风光和人文景观，激发人们游览的动机，使旅游宣传效果不断提高。由于计算机技术的发明和使用，大大提高了世界各地的旅游组织工作水平，游客习惯用计算机、网络预订酒店和车票，咨询旅游线路、旅游包价等，使现代化、国际化的大规模群体性旅游活动得到有序地组织开展。

2．政府对现代旅游发展的促进作用

现代旅游产生和发展的另一个原因是政府对现代旅游发展起到的积极作用。随着大众旅游的兴起，世界上几乎所有的国家和政府都先后在不同程度上支持和鼓励本国旅游业的发展。政府支持旅游业特别是支持国际旅游业的发展，是因为旅游业具有的多项功能：赚取外汇收入，平衡国际收支；增加就业机会，促进社会稳定；提高资源效益，推进经济发展；树立国际形象，改善国际关系。因此，战后很多国家的政府都把推进旅游业的发展提到重要位置上来，几乎所有的国家都设立了全国性的旅游管理组织，并采取经济的、法律的、政治的手段干预旅游业的发展。

我国政府也越来越重视旅游业的发展，已把旅游业纳入了国民经济发展规划，作为一个大的产业来开发；旅游产业的开发速度逐步加快，旅游服务质量不断提高；旅游体制改革不断深入，旅游法制逐步建立；旅游管理逐步规范，旅游业在我国国民经济中的地位不断提高。

2.3.2　现代旅游迅速发展的主要原因

现代旅游是第二次世界大战以后，特别是 20 世纪 60 年代以来迅速普及于世界各地的社会化大众旅游。第二次世界大战后，世界的政治、经济格局发生了巨大的变化，社会发展速度明显加快，“和平与发展”逐渐成为全球发展的主题，为旅游业的高速发展创造了良好的环境条件。现代旅游迅速发展的主要原因如下。

1．现代经济进步迅速，人们支付能力大大加强

第二次世界大战后，各国都将注意力转移到经济建设上，世界经济发展速度大大加快。几乎所有国家的经济增长速度都是战前的数倍。尤其是 20 世纪 50～70 年代，资本主义迎来了其发展的黄金期，经济增长速度：美国年均 3.5%，英国年均 3.0%，法国年均 5.2%，西德年均 5.9%，日本年均 9.8%。经济的发展使很多国家的人均收入大幅增长，家庭平均收入更是迅速增加。人们收入的增加和支付能力的提高，对旅游业的发展和普及无疑都起到了重要的作用。

2．交通工具的进步再次缩短了时空距离，使闲暇时间的限制进一步缩小

进入 20 世界 70 年代，西方部分资本主义国家基本实现了家庭汽车的普及，同时，战争期间以军事目的研究的飞机也转为民用。其中，汽车成为人们家庭中短途旅游的重要交通工具，具有方便、灵活、自由等特点，给人们的出行带来极大的方便与乐趣，因而促进了中短途旅游的发展。喷气式客机在民航中的使用，对旅游特别是跨国旅游的发展起到了巨大的影响，飞机速度的提高有助于解决远距离外出旅游与闲暇时间有限的矛盾，使旅行时间得以进一步缩短，从而为远程旅游提供了新的方便条件。当然，飞机的票价随着技术的进步、成本的降低也一直呈不断下降的趋势，在一定程度上，降低了人们出行的成本。总之，现代旅游的发展与交通工具的巨大进步有着不可分割的关系。

3．工作时间不断缩短，闲暇时间的增加为旅游的发展创造了良好的客观条件

第二次世界大战后，由于生产技术的日新月异，自动化水平大大提高，使更多的人从繁重的生产劳动中解放出来。随着社会的进步，劳动的时间在缩短，越来越多的人拥有了带薪假期。闲暇时间的增多使旅游的可能性成倍地增大，人们外出旅游得到了更多的时间上的保证，在旅游目的地停留的时间也相应增加。

4．城市化进程的加快，使得人们在心理上产生了更多旅游需求的欲望

第二次世界大战后至今，经济发达国家农村人口下降的速度不断加快，城市化进程的加快成为一种普遍现象，导致了城市化浪潮席卷全球。1950 年，世界的城市人口只占总人口的 28.7%；到 1980 年，这个数字发展为 42%；而到了 20 世纪 90 年代，则远远超过了 50%。在发达国家中，城市人口则占到了 80%以上。而城市居民的生活，特别是劳动就业人员的生活，由于现代社会生活节奏的不断加快，身心上受到很大的压力，需要寻找放松自己紧张的心情和透支的体力的生活方式，回到大自然中去寻找平衡。他们更加向往悠闲的田园生活，所有这些，都使得更多的人在心理上更容易产生旅游需求的欲望。总之，城市化进程是现代旅游业迅速发展的极为重要的因素。

5．教育的发展和消费方式的变化，使旅游更加大众化和生活化

第二次世界大战后，在相对稳定的政治、经济条件下，各国都更加重视教育事业的发展，人们受教育的水平获得相当大的提高，在一些发达国家中，大学毕业生的比例达到前所未有的高度。人口素质的明显提高使得人们愿意去寻找健康的方式进行休闲，度过业余时间。同时，人口素质高的人群求知的欲望也表现得更为突出，更多的人愿意选择旅游的方式去了解世界，探索知识，开阔眼界，满足对外部世界的好奇心。同时，高素质人群的存在也逐渐改变了社会生活的观念。社会的消费时尚在很大程度上受到中产阶级消费观念的影响，中产阶级的高素质，使其中相当大的一部分人喜欢旅游休闲娱乐的生活方式。因此，在他们的带动下，在世界范围内，人们的生活观念和消费时尚出现了转移，旅游消费成为一种社会生活的高层次选择。这一转移为旅游赋予了新的含义，使得更多的、向往中产阶级生活的人也加入到旅游活动中来，旅游需求的欲望向更广泛的层面上发展。

6．政府的支持促进了旅游业的发展

随着旅游业的不断壮大和发展，越来越多的政府意识到旅游业正成为新的经济增长亮点，能够为整个国民经济的发展做出巨大的贡献，为地区经济的发展带来大量的收入。很多国家的政府都开始在政策、财力等各个方面对旅游业的发展进行倾斜。以我国为例，近年来出台了很多有利于旅游业发展的政策，在人才、政策方面对旅游业的发展实行更加宽松的政策。同时，国家对于假期的变化，也使得人们有更为充裕的时间进行旅游活动。另外，在国际间的贸易交往中，有些国家存在大量的贸易顺差，为了可以平衡顺差，减少国际间矛盾冲突，国家也会以各种方式鼓励本国居民出国旅游，这方面的典型代表就是日本。

7．人口基数的增长，为旅游者的产生提供更多的潜在基础

第二次世界大战结束后，全球出现了安定、繁荣的社会环境，人口的增长加快。在第二次世界大战后的初期，即 20 世纪 40 年代中后期，全世界人口仅有约 25 亿，但是到 60 年代末，就已增加到 36 亿。在短短的 20 年中，世界人口增加了 44%。到 90 年代，世界人口突破 50 亿。世界人口总数的增加，也是旅游人数增长的基础。

2.3.3 现代旅游的主要特征

现代生产的高度社会化必然使旅游具有与之相适应的社会化特点。

1．游客的大众性

现代旅游首先表现为它的大众化。所谓大众化，是指旅游参加者的范围已扩展到普通的劳动大众，旅游活动在世界各地各个阶层都普遍开展起来；参加旅游的人数越来越多，旅游目的地越来越远；群体性、规范性旅游增加；组织旅游作为一种激励员工的手段之一，已被企业或各种组织所广泛采用。

20 世纪 60 年代中期以后，大众旅游成了旅游的代名词。不仅是特权阶层，劳动大众也有权力进行旅游休闲，旅游成了人类社会的基本需要之一。现代旅游活动成了以有组织的团体包价旅游为代表的规范化旅游模式，并成了广大群众中居支配地位的旅游形式。旅游者在旅行社的组织和安排下，借助各类旅游企业提供的产品和服务，按照预定的时间、路线和活动内容，有计划地完成全程旅游活动。由于这样的形式十分普及，所以也称为大众型旅游。采用这种形式外出旅游的人被称为大众旅游者。虽然很多人认为大众旅游形式尚存在许多不足，但是，如果没有这种规范化的旅游形式，人们外出旅游的安全感就会下降，增加出行的障碍。

现代旅游普及性的另一种表现形式是奖励旅游。目前，随着人们观念的改变，越来越多的企业将奖励员工出游的机会作为激励员工的一种重要手段。这种奖励形式，在时效性上，比金钱和物质奖品更容易在人们的意识中留下深刻的印象；从激励对象上来说，旅游的奖励形式比金钱和物质奖品对于其他没有受到奖励的人而言，能带来更大的触动。实践证明，奖励旅游对于员工总的激励效果是比较理想的，因此，奖励旅游目前已经成为高级旅游市场的重要组成部分，并且还在迅速扩大。现在已有很多旅游企业专门经营这一市场。

2．发展的广泛性

旅游的发展与社会生产水平的提高密切相关。现代旅游首先在西方经济发达国家兴起，全世界90%以上的国际旅游者来自发达国家和地区，同时，他们又接待世界80%的国际旅游者。第二次世界大战后，旅游业经受世界多次经济萧条的冲击仍然兴旺不衰，从而显示它是一个很有活力和发展前途的产业。发展中国家的旅游业也普遍发展起来，目前，世界已有100多个国家经营国内和国际旅游业，有100多个国家参加联合国的世界旅游组织。由于世界各国和地区的旅游事业的普遍发展，使旅游者几乎可以无处不到，区域和边远地区旅游的局限性正在逐渐消失。

英国每年平均外出旅游3～4次的人占全国总人口的55%，而在法国平均每年度假外出3～4次的人也占到全国人口的45%，在瑞典这个数字则高达惊人的75%。在发展中国家，旅游出行人数的比例也都在大幅度增长。总之，旅游正逐渐成为现代社会人们生活中不可缺少的一部分，旅游的这种普及性与大众性则是现代旅游发展最重要的特点。

3．地理的集中性

现代科学技术的发展和交通运输工具的进步，空间、时间距离不断缩小，旅游跨度得到进一步的延伸。但是，现代旅游者不是较平均地分布在世界的各个地区，他们往往集中到某些地区或国家去旅游，甚至集中到某些景点参观游览或从事其他旅游活动。现代旅游的地理集中性，不仅反映在全世界国际旅游的分布格局上，具体到一个国家同样也呈现这一特性。

旅游的上升趋势是一种全球性的现象。但是，现代旅游者虽然几乎无所不在，他们的分布却表现得极不平衡。以2001年世界旅游接待国家的旅游接待量比例为例，2001年欧洲接待50%的旅游者，美洲接待旅游量的26%，东亚和太平洋地区为18%，而非洲、中东和南亚仅分别占3%、2%和1%。旅游业发展在地理上的不平衡性和集中性由此可见一斑。

4．旅游的季节性

由于旅游资源的不同及旅游类型的差异，现代旅游的季节性非常突出。依赖自然旅游资源吸引游客的国家和地区，旅游接待量的季节性波动比较大；依靠人文旅游资源吸引游客的国家和地区，旅游接待量的季节性波动就比较小。消遣型旅游受季节性制约多一些，事务型旅游几乎不受季节性影响。四季分明的国家和地区，四季中接待游客的波动量比较大；四季不太分明的国家和地区，四季中接待游客量就相对稳定一些。

旅游季节性的原因，可概括为自然季节性因素、社会季节性因素及偶发性因素。偶发性因素只是对特殊年份或时段的客流季节分布有影响。自然季节性因素主要包括气候舒适性、降水等自然因素的季节变化，对于海滨（岛）型旅游地而言，还应包括海水温度和热带气旋活动等自然要素的季节变化。气候舒适性是影响旅游客流季节性分布的主要原因之一，而其直接结果就是旅游活动的季节性。以我国入境旅游接待工作为例，每年来华的外国游客较多集中在8～11月，这四个月来华游客约占全年总流量的40%左右。在1、2、12月份，入境游客则相对较少。同样，在英国出国旅游度假中，7～9月份，占全年出游总数的45%，4～6月份占28%，1～3月份则为12%，11、12月份出游的相应比例为15%。

5. 增长的持续性

第二次世界大战后世界经济的发展经历了许多曲折的变化过程，尤其是西方国家的经济都经历了多次经济危机的冲击。唯独旅游业一枝独秀、方兴未艾。在今后历史发展过程中，只要不发生新的世界大战或全球性的经济危机，世界旅游增长的持续性不会改变，世界旅游业将继续发展。我国只要保持社会的稳定，坚持改革开放，保证国民经济的健康发展，旅游业也一定能持续发展和快速增长。

从全球范围来看，2000 年全球国际旅游者人数以 7.4%的速度增长，达到 6.99 亿人次。1990—2000 年的 10 年中，虽然有海湾战争、前南斯拉夫解体引发的冲突，以及亚洲金融危机的影响，国际旅游者还是以平均每年 4.3%的速度增长。在这里需要注意的是，这种上升趋势只是针对整个世界长期旅游业发展状况而言的。而受到各种因素的影响，某一地区或某一行业则可能出现暂时的衰退。例如，受“9·11”事件影响，2001 年美洲地区明显表现不佳，尤其是美国。同时，受世界经济衰退和“9·11”事件的影响，国际民航业也受到重创。2002 年，全年的损失将达到 50 亿～70 亿美元。当然，局部的某一时间段的损失有可能在其他地区和其他时间挽回，国际旅游人次的下降有时候也可能表现为国内旅游的上升。

6. 服务的一体性

由于科学技术的发展和人们旅游需求层次的不断提高，现代旅游服务的一体化特点越来越明显。为旅游者提供食、住、行、游、购、娱的系统服务，为游客提供离开家园到返回家园的全程服务，这既是现代大众旅游活动开展的基本要求，也是现代化、国际化的大规模的群体性旅游活动能顺利开展的基本条件。

2.4 中国旅游业的发展

2.4.1 中国旅游业的产生和近代旅游

近代中国，清政府闭关自守的政治、经济政策，使当时的中国社会的发展大大落后于先行发展的资本主义国家。中国近代历史成为中国各行各业被世界反超与落后的历史，旅游业也遇到了相同的情况。中国古代旅行的发展远远走在世界水平之前，但是，中国的近代旅游，却是受到西方的影响之后才产生的。

1. 中国近代旅游业

中国近代旅游业最早产生于上海。上海作为当时中国经济发展最快的城市，与国际上的联系比较密切。其作为当时列强在中国重要的殖民地城市，交通发达、民族资本集中，加上鸦片战争之后，外国旅游企业纷纷侵入中国，瓜分中国市场，中国人想要出国，无论旅游还是求学都必须仰仗外国人的旅行社。中国的很多有识之士当然希望能够有中国人自己的旅行社。当时主持上海商业储蓄银行工作的陈光甫先生的表现最为积极，他于 1923 年 8 月在该行成立了“旅行部”，为出游者安排行程及办理各种手续事宜。该旅行部的成立，很受国内外人士的欢迎，加上刻苦经营，业务大有发展。1924 年春，该旅行部组织了第一批国内旅游团，由上海赴杭州游览，之后又成功组织了秋季浙江海宁观潮旅行团。1925年春，该旅行部开始承办出国旅游业务，第一次组织了由20人参加的赴日本“观樱”旅行团。1927年春，该旅行部出版了中国第一本《旅行杂志》，先是季刊，后改为月刊，专门宣传祖国的风景名胜、秀丽风光。后来，这本杂志一直出版发行至1954年。1927年6月，上海商业银行旅行社曾经单独挂牌注册，申请领取营业执照。旅行部也因此更名为“中国旅行社”，下设7部1处，即运输、车务、航务、出版、会计、出纳、稽核部和文书处。当时中国旅行社的任务，主要是“导客以应办之事，助人以必需之便。如舟车舱之代订，旅舍铺位之预订，团体旅行之计划，调查研究之入手，以及轮船进出日期、火车往来时间，均在为旅客所急需者”。为国人在自己国土上开办了旅游事业，也给上海商业银行扩大了生财之路。

在旅游交通方面，近代中国的交通运输发展很慢。近代中国备受欺凌，由于列强将修建和经营铁路作为重要的侵略和掠夺手段，从1876年英商在中国建成第一条经营性铁路以后，中国境内又先后修建了一些铁路。其中比较著名的有：德国修建的胶济铁路，法国修建的滇越铁路，英国修建的广九铁路，俄国修建的中东铁路。虽然在1881年中国自办了第一条铁路——唐山至胥各庄铁路，而后中国又先后自行修建了京张铁路、大冶铁路、山海关内外铁路、台湾铁路、沪杭甬铁路、粤汉铁路广韶段、粤汉铁路长株段和株萍段、广东新宁铁路等，但是，所有这些旧中国的铁路，普遍存在数量少、分布偏、标准杂、质量低、管理分割、营运落后的问题。但铁路运输毕竟是一种更为先进的陆路运输方式，对于旅游的发展还是起到了一定的作用。在水路交通方面，古代中国的水路交通有着不错的基础，但是到了近代，由于受到封建主义和帝国主义的双重压迫，发展得十分缓慢。据统计，当时的内河航运里程仅73 600千米，并且缺少现代船只，79%的水上运输依靠原始的木帆船完成，况且没有自己的远洋船队，因此对于旅游业发展的促进十分有限。

近代饭店的发展是在清代末期发展起来的，主要有外资经营的西式饭店、民族资本经营的中西式饭店、铁路沿线的招商饭店等。西式饭店的风格受到西式餐饮、客房服务方式的影响，而中西式饭店则更多的包含了中西合璧的特点，接受西方影响的同时又继承了中国的历史传统。由于当时中国所处的特殊的历史背景，在中国有大量的殖民者和来中国淘金的外国人，西式饭店在租界或外国人的势力范围内还是有相当的市场。尤其当时的上海，西式饭店数量之多居全国之首。而中国当时的富人阶层，虽然受到一定的西方影响，在生活方式上有一定的西化倾向，但是由于接受的是中国的传统教育，对于完全西式服务并不能全盘接受。由于当时特殊的社会环境，个别中国人在西式饭店还会受到歧视，因此，这部分人就成了中西式饭店的主要顾客。因此，中西式饭店也得到了相当的发展，其中比较著名的包括：1912年北京兴建的长安春饭店，1918年北京兴建的东方饭店，1922年北京兴建的中央饭店，1923年天津兴建的国民饭店，1926年天津兴建的惠中饭店，1941年天津兴建的世界大楼，以及上海比较著名的中央饭店、大中华饭店、扬子饭店、国际饭店等。

在旅游纪念品方面，由于中国社会多样化和独特的民族特点，自古以来形成的风格多样、制作精美的陶瓷、丝绸等民间手工艺品一直深受喜爱。而到了近代，虽然在当时的特定历史时期，民族手工业举步维艰，经历了发展过程中的巨大的障碍，但仍无法淹没我国手工艺匠人的聪明才智，即使在那样动荡的社会环境与艰难的经济条件下，依然产生了许多的工艺美术品，成为颇具收藏价值的旅游纪念品，在一定程度上辅助了整体旅游业的发展。

近代中国旅游业取得了一些成绩，但是，由于社会战乱频发、经济萧条、人民饱受苦难，旅游活动开展所依赖的安全、经济、旅游欲望等条件都难以得到满足，极大地限制了其发展。

除出国旅行、洋务留学等相关事宜之外，旅游在近代的中国几乎没有得到多少发展。和近代中国饱受摧残的其他行业一样，近代中国自己的旅游业发展可以说十分有限，甚至在一个阶段内对现代旅游业的发展造成了一定的负面影响，成为我国旅游业发展历史上遗憾的篇章。

2．近代旅游的特点

（1）生产力水平的进步加快了社会财富的创造，扩大了参加旅游人员的范围。在当时的社会生活水平下，真正可以参与旅游活动的人毕竟在社会中属于少数人群。在近代社会，随着生产力水平的进步，社会财富积累的过程大大加快，社会中出现了新的阶层：在西方国家是中产阶层，而在中国这样的半封建半殖民地国家则是民族资产阶级和买办阶层。他们作为新事物不断发展壮大，为旅游业的发展提供了更为广泛的群众基础，成为近代旅游发展的一个显著特征。

（2）近代生产技术水平的提高推动了旅游交通运输的发展。随着近代社会生产技术水平的提高，交通运输工具发生了质的飞跃。火车与汽船在交通运输中的应用，使大规模、远距离的人员运输成为可能，与此同时，由于其在速度上的优势，还减少了旅行途中的时间消耗，满足了人们闲暇时间受限的需要，而相对低廉的成本则大大降低了旅游的所需费用，部分地解决了希望参加旅游活动的人们在经济上的困难。

（3）随着旅游人数的增加，旅游胜地得到了迅速的发展。随着旅游人数的增加，在经济利益驱动下，旅游胜地更加注重自身的保护和发展。在过去，名胜景点主要是依靠其自然的魅力去吸引旅游者的到来，由于经济利益有限，很少有人去保护、发展、经营旅游景点，旅游景点中人工辅助设施很少。到了近代，旅游者的大量增加带来了更为可观的旅游收入，旅游胜地自身的发展越来越多地受到人们的重视，旅游点附近也建起了大量的旅游设施，如游乐场、音乐厅、散步场、运动场、赌场、浴场等。人文景观与自然景色相融合，丰富了单调的旅游形式，那些原有的专供上层社会享受的风景点、海滨浴场、旅游度假胜地，逐渐变成了常年开放的地区。

（4）饭店业逐渐兴起，促进了旅游进一步的发展。无论是世界上商业饭店的发展，还是中国受到世界的影响而发展起来的西式和中西式饭店，都在一定程度上起到促进旅游业发展的作用，毕竟饮食是旅游活动中十分重要的组成部分。从另一个角度讲，饭店业的发展也使旅游业不断充实、完善起来，这是旅游业整个行业形成并发展的极为重要的环节。

2.4.2　中国现代旅游

我国旅游业起步较晚、起点较低，改革开放前是以外事接待为主，只具备产业雏形，不完全属于产业范畴。我国现代旅游大致经历了两个阶段。

1．新中国成立至 1978 年的外事接待阶段

（1）为接待海外侨胞、外籍华裔而创办旅行社。新中国成立初期，国民经济迅速恢复和发展，国际威望也与日俱增，不仅有许多外国人想来看看中国的新面貌，而且广大海外侨胞、外籍华裔也想回国探亲访友。因此，创办旅行社、开展旅行业务，很快就提到国家对外事务的议事日程上来。

1949 年 10 月 17 日，以接待海外华侨为主旨的厦门华侨服务社成立，这是新中国的第一家旅行社，为海外华侨架起了一座连接侨居地与新中国的桥梁。随后，泉州、深圳、汕头、拱北、广州等地也成立了华侨服务社，开始形成中国旅行社的框架体系。1957 年 4 月 24 日成立了中国华侨旅行服务总社，统一领导和协调全国华侨和港澳同胞探亲旅游的接待服务工作。

根据周恩来总理指示，1954 年 4 月 15 日在北京、上海、西安、桂林等 14 个城市成立了中国国际旅行社，负责接待访华外宾的食、住、行、游等事务，这是新中国经营国际旅游业务的第一家全国性旅行社。

（2）建立旅游管理机构。为了加强对全国旅游工作的统一领导，1964 年中共中央决定成立中国旅行游览事业管理局，并明确发展旅游事业的方针政策是“扩大对外政治影响”、“为国家吸取自由外汇”。此时的旅游管理机构与中国国际旅行社总社为一体。

（3）接待人数。1965 年，全国接待外国旅游者达 12 877 人次，创历史最高纪录。1966 年“文化大革命”开始，正在成长中的中国旅游业受到严重干扰和破坏，接待人数逐年下降，1966 年上半年 500 多人，1968 年仅 303 人。

2．1978 年后的现代中国旅游业全面发展阶段

1978 年之后，我国旅游业挟带其巨大的资源优势和国际市场积蓄多年的需求存量，领改革开放之先，受改革开放之惠，借改革开放之力，连续 30 年持续快速发展，已成为我国国民经济中的重要产业和在国际旅游大舞台上异常活跃、极富生命力的新生力量。特别是近几年来，旅游业坚持“大力发展入境旅游，积极发展国内旅游，适度发展出境旅游”的发展方针，取得了举世瞩目的成绩，形成“三个市场”相互驱动、相互补充的好局面，旅游大国的地位在多个领域得到空前的巩固和提高。

（1）改革开放带动旅游业发展。1978 年 12 月，中共十一届三中全会确定工作重点向社会主义现代化建设转移，我国旅游业也因此进入新的发展时期。1978 年 10 月至 1979 年 7 月，邓小平同志 5 次专门讲话，要求尽快发展旅游业。邓小平同志指示：“旅游事业大有文章可做，要突出地搞，加快地搞”；“搞旅游要把旅馆盖起来。下决心要快，第一批可以找侨资、外资，然后自己发展。”邓小平同志在旅游业对国家政治经济的积极作用，对改革开放的积极作用以及旅游管理、旅游开发、旅游促销等一系列旅游业的基本认识、基本规律上做出了明确指示。按照邓小平同志指示，国务院成立以主管副总理为首的旅游工作领导小组，各地政府也相继成立领导小组。这种开放政策和高层决策大大推动和加快了我国旅游业发展的步伐。

1979 年 5 月，国务院批准北京等四个城市利用侨资、外资建造 6 座旅游饭店。同年 9 月召开的全国旅游工作会议，提出旅游工作要从“政治接待型”转变为“经济经营型”，会议并就旅游住宿和旅行社外联权等做出重要决定。

1978 年 3 月，中共中央批转《关于发展旅游事业的请示报告》，提出将中国旅行游览事业管理局改为直属国务院的管理总局，各有关省、自治区、直辖市成立旅游局，成立旅游事业领导小组等意见。1978 年 7 月，国务院据此做出批复。

1978 年，来华旅游入境人数 180.9 万人次，位居世界第 48 位，其中外国人 23 万人次；旅游创汇 2.63 亿美元，位居世界第 41 位。

（2）“六五”计划（1981—1985）时期是入境旅游奠基阶段。1985 年年底，全国拥有旅游涉外饭店 325 座，共约 12 万张床位，比 1980 年翻了两番。其中，利用外资兴建的旅游涉外饭店 45 座。旅游交通得到很大发展，同时旅游部门从 1982 年起租用空军旅游包机，1985 年正式成立旅游包机公司。

1985年，全国旅游入境总人数为1783.31万人次，比1980年增长2.1倍。其中外国人137.05万人次，增长1.6倍。全国旅游外汇收入12.5亿美元，比1980年增长1倍。1985年国内旅游人数约2.4亿人次，回笼货币80亿元，经营国内旅游业务的旅行企业（旅行社、旅游公司等）400多家。

（3）“七五”计划（1986—1990）时期，入境旅游继续发展，国内旅游开始起步。国家第一次明确旅游业的产业地位，行业管理体系初步形成。1987年11月14日，国务院批准发布《导游人员管理暂行条例》。仅1990年，来华旅游入境人数2746.18万人次，外汇收入22.2亿美元，比上年增长19.2%；国内旅游人数为2.8亿人次，回笼货币170亿元。

（4）“八五”计划（1991—1995）时期，入境旅游有较大发展，国内旅游迅猛崛起。旅游业产业地位进一步提升，大多数省、自治区、直辖市明确提出把旅游业作为支柱产业、重点产业或先导产业来发展。“八五”时期，来华旅游入境人数累计达2.12亿人次，全国旅游外汇收入累计达275亿美元。国内旅游迅猛崛起，“八五”期间，累计旅游人数达22.06亿人次。旅游产品更加丰富多彩，旅游促销形成系列工程。

（5）“九五”计划（1996—2000）时期，产业基础夯实，为21世纪积蓄后劲阶段。入境旅游、国内旅游和出境旅游三个市场平衡发展的局面开始形成。1998年，国际、国内旅游总收入3438.64亿元人民币，与1997年同比增长10.5%，继续高于7.8%的国民经济增长率，“朝阳产业”的优势和作用再次得到充分显现。主题促销为主的海外市场宣传成效卓著，1996年，首次推出中国度假休闲游。

（6）21世纪初期，旅游业已成为经济中发展势头最强劲和规模最大的产业。经过多年的发展，我国的旅游业在“十五”期间更是取得了长足的进步。2006年是“十一五”规划的第一年，中国旅游业依旧保持了较快增长，且三大市场全面增长。2006年全年共接待入境游客12 494.21万人次（其中入境过夜旅游人数达4991.34万人次，比上年增长6.6%），实现国际旅游外汇收入339.49亿美元，分别比上年增长3.9%和15.9%；国内旅游人数13.94亿人次，收入6230亿元人民币，分别比上年增长15.0%和17.9%；中国公民出境人数达到3452.36万人次，比上年增长11.3%；旅游业总收入8935亿元人民币，比上年增长16.3%，相当于国内生产总值的4.27%。

【案例2.5】

我国各省、市旅游接待情况

以2001年为例，全国各省、自治区、直辖市接待的入境旅游者总计为3416.02万人次，比上年增长9.8%。接待量超过30万人次的有广东、北京、上海、江苏、福建、浙江、广西、云南、山东、陕西、辽宁、湖北、黑龙江、四川、湖南、海南、河北、天津、内蒙古、安徽、河南、重庆22个省（区、市）。广东接待入境旅游者1292.38万人次，继续居全国第一位。2001年，全国各省、自治区、直辖市接待的外国旅游者总计为1630.06万人次，比上年增长11.0%。接待量超过20万人次的有广东、北京、上海、江苏、浙江、云南、陕西、辽宁、山东、黑龙江、广西、湖北、福建、内蒙古、河北、天津、四川、吉林、重庆、新疆20个省（区、市）。广东接待外国旅游者240.37万人次，跃居全国第一位。2001年，国际旅游（外汇）收入超过1亿美元的有广东、北京、上海、福建、江苏、浙江、辽宁、山东、云南、陕西、广西、天津、湖南、黑龙江、湖北、四川、重庆、河北、内蒙古、河南、海南、安徽22个省（区、市），比上年增加1个。广东省的旅游（外汇）收入达44.84亿美元，继续居全国第一位。按外汇收入多少排列，部分省、自治区、直辖市的具体情况如表2.1所示。

表 2.1 部分地区国际旅游收入和入境人数统计表

序　号	地　区	国际旅游（外汇）收入（万美元）	增长（%）	接待入境旅游人数（万人次）	增长（%）
1	广 东	448 351	9	1292.38	7.8
2	北 京	294 599	6.4	285.79	1.3
3	上 海	180 771	12.1	204.26	12.6
4	福 建	94 202	5.4	163.48	1.3
5	江 苏	82 202	13.6	183.71	14.14
6	浙 江	69 889	36	146.91	30.48
7	辽 宁	46 303	21.1	72.42	18.29
8	山 东	38 241	21.4	82.87	14.59
9	云 南	36 701	8.3	113.13	13
10	陕 西	30 871	10.2	75.92	6.5
11	广 西	30 063	−2	126.72	3.1
12	天 津	28 017	20.9	42.14	18.3
13	湖 南	27 070	22.6	50.46	11.13
14	黑龙江	24 990	32.2	61.23	11
15	湖 北	20 075	37.8	66.78	48.14

总而言之，我国现代旅游业的发展速度之快，举世瞩目。虽然在某些地区、某些时间段由于个别的原因，其发展的速度受到一定的影响。但是可以预见的是，旅游业持续发展的总体趋势不会变，未来的旅游业必将在人们的社会生活中占有更加重要的地位。

本章小结

旅游是旅行发展到一定阶段的产物，是旅行活动的深化与发展。但是真正意义上的旅游开始于近代，即 1841 年 7 月托马斯·库克组织的群众包租火车进行团体旅游。

本章主要论述了旅游的产生和发展，着重要认识现代旅游活动迅速发展及其原因、特点。难点旅行是如何发展成为旅游的。

重点名词

旅行　　旅游　　迁徙　　古代旅游　　近代旅游　　现代旅游

复习思考题

一、单项选择题

1. 中国最早开办的旅行社的名称是（　）。

A. 华侨服务社　　　　B. 中国旅行社

C. 现代旅行团　　　　D. 踪萍旅行社

2. 现代旅游与古代旅游最根本的区别在于有无专业化生产与经营的旅游（　）。

A．服务　　B．技术　　C．设施　　D．知识

3．属于中国古代公务旅行形式中的代表人物是（　）。

A．乾隆皇帝　　B．郑和　　C．孔子　　D．鉴真

4．人们外出旅游最关注的是（　）。

A．旅游景点　　B．服务质量　　C．旅游供给　　D．旅游安全

5．现代旅游的主要特征不包括（　）。

A．游客大众性　　B．季节性　　C．目的地分散性　　D．增长持续性

二、填空题

1．旅游是社会经济发展到一定阶段的产物，社会生产力的水平决定了各个时代旅游的_______、_______内容和方式。

2．近代旅游业的创始人托马斯·库克于_______年举办世界上第一次团体包价旅游；于_______年开办旅行代理业务；于_______年正式成立托马斯·库克父子旅游公司。

3．随着经济发展和人民生活水平的提高，我国旅游业已发展到_______旅游、_______旅游和_______旅游三者共同发展的阶段。

4．旅游最基本的特征之一就是人们在空间上的_______性。

5．_______水平的提高是现代旅游产生和发展的根本原因。

三、简答题

1．早期人类社会旅行是如何产生和发展的？

2．古代旅游活动主要有哪些类型？

3．近代旅游活动产生和发展的原因是什么？

4．现代旅游迅速发展的原因和特点是什么？

案例分析

互　助　游

2006 年，喜爱旅游的人被一个新的名词所吸引，那就是“互助游”。据说这是继“随团游”、“自助游”之后最具革命性的旅行方式。“互助游”的创始人仲一用了一连串形容词来描绘其魅力：互动、交友、经济、深度、个性、时尚、体验、信用、互联网、互相帮助、助人为乐、勇敢……

1．互联网催生“互助游”

苏州 25 岁的小伙子仲一靠网友帮助，花 3000 元游遍了全国 16 个省市 31 个城镇，所到之处全由当地网友招待。之后有网友到苏州，他也同样热情款待，提供食宿的同时，还兼任导游。他说这样的旅游，不仅省钱，而且比传统的随团旅游更有深度，更能了解当地的风土人情和文化。于是，他写了一本《互助游——全国大串门》的书，还开设了“仲一 Trip 周游地球”的个人网页，修建了一个与网友以交换方式进行旅游的平台。网友们称为“互助游”，也就是互相帮助去旅行。据不完全统计，现在每天全国至少有 1000 名网友在实施“互助游”，其产生的基础来自网友希望利用互联网的人脉关系周游全国，增长见识，结交朋友。

2. 行程安全靠个人诚信

刚刚"互助游"回来的徐小姐说，早在半年前她就有去湖南凤凰古城旅游的想法，由于精力和金钱等原因一直没去成。后来从网上了解到有"互助游"这档子事，便在一些知名旅游网上发了帖子，希望找到"互助游"对象。没料到收到好几个网友的回复，有些是不求回报直接邀请徐小姐住到自己家的，还有一个小旅馆提出，只要徐小姐帮忙做旅馆清洁工作，可免费提供食宿。最后徐小姐选择了何先生作为"互助"对象，原因是何先生在回复时主动提供了自己的照片和身份证件，表示了一份诚意，让人放心。同样为了表示诚意，徐小姐也通过邮件向对方提供了自己一家三口的证件。徐小姐对这次"互助游"比较满意，除了吃住免费外，5 天中何先生全程陪同。她与何先生约定，2007 年"五一"将以同样的方式接待何先生一家。

3. 有关条例尚待制定

随着"互助游"规模的扩大，难免会有一些投机分子做手脚。旅游管理系的陈建勤教授认为，"互助游"仅仅是依靠网友间的相互信任来维系，没有具体的法律法规对其进行规范，因此存在较大风险。

种种不确定因素，让喜欢旅游的人对"互助游"这种新的旅行方式心存疑虑，既爱又怕。"互助游"爱好者潘敬平表示："互助游"在未来两三年内可能还只局限在一个相对固定的小圈子内，只有当社会诚信体系真正建立起来后，"互助游"才能得以流行。

有消息称，国家旅游局相关人士也已开始关注网友利用网络开发的"互助游"。

（资料来源：http://xmwb.news365.com.cn/lycs/t20060221_834224.htm）

讨论：

这种由网友通过网络结识的"互助游"安全吗？"互助游"怎样才能发展壮大起来呢？你参加过或者愿意参加这种"互助游"吗？为什么？

实训训练

自由组合成 5～8 人的协作团队，推举团队负责人，共同协作完成两件事：

1. 有关历史上与旅游相关的故事、人物的资料收集。
2. 通过演讲的方式进行资料沟通与交流。

目的：使学生通过这种方式对旅游的发展历程进行深入的认识。

第3章

旅 游 者

【学习要点】

- 旅游者的各种定义
- 旅游者形成的客观条件
- 旅游者形成的主观条件
- 常见旅游者类型
- 常见类型旅游者的需求特点

导入案例

太空“游客”

随着科学技术的进步，人们已经不满足于在“地球村”内旅游，太空旅游计划开始于2001年，迄今已有5名太空游客飞抵空间站，他们每次的费用是2000万美元。太空游客进入空间站时大多使用俄罗斯研制并发射的载人飞船。

北京时间2001年04月28日15时37分，哈萨克斯坦境内的拜科努尔航天发射中心尤里·加加林发射台，重达300吨的俄制“联盟—Y”型火箭拔地而起，载着美国富商丹尼斯·蒂托及另外两名俄罗斯宇航员飞往距地球400千米的国际空间站，61岁的老蒂托由此成为人类有史以来的首名太空游客，他在空间站度过6天时光。

第二位太空游客是南非企业家马克·沙特尔沃思；

第三位太空游客是美国亿万富翁格雷戈里·奥尔森，他在空间站做了10项实验；

第四位太空游客是拥有数亿身家的美国电信业女强人阿努谢赫·安萨里，她成为首位进入太空的女游客；

第五位太空游客是美籍匈牙利裔富翁查尔斯·希莫尼则在太空逗留 14 天之久，创下太空游最长纪录。

2006年7月21日，已成功将三位富翁送上太空的美国弗吉尼亚太空冒险公司宣布，计划开发太空行走项目。这一新想法比之前将普通人送往空间站更大胆更前卫。太空冒险公司首席执行官埃里克安德森说：“这是太空飞行的神圣之处，连宇航员中有过太空行走经历的人都很少。”

太空行走行程将包括：乘坐联盟号航天器进入太空，在国际空间站上住8天，并穿着俄罗斯太空服在空间站外行走90分钟。为了这次冒险旅行，游客必须在正常的6个月宇航训练之外再接受一个月的额外培训，同时支付3500万美元的费用。

2006年10月13日，中国国家航天局局长孙来燕在国新办新闻发布会上说，随着将来的发展，等技术更成熟、更可靠了，中国航天可能也会开展太空旅游。

从敦煌壁画"飞天"到嫦娥1号探月飞行，人们始终梦想成为太空的主人。事实上，早在1961年4月12日，加加林已经乘坐前苏联的东方Ⅰ号卫星进入宇宙空间，但他为什么不是首位太空游客呢？游客（旅游者）是如何界定的？上述游客的需求有哪些特点？去太空旅游的目的地游客自己可以变换吗？能成为太空旅游者毕竟是极少数人，许多同学都有过在国内或国外旅游的经历，那么成为一个普通旅游者应具备哪些主客观条件呢？为什么我国古代旅游主要是帝王、官宦、文人、宗教、商务游等类型？学习完本章内容，相信你一定会得到上述问题的答案。

3.1 旅游者的基本概念

在构成旅游活动的三个要素——旅游者（旅游主体）、旅游资源（旅游客体）和旅游业（旅游媒介）中，旅游者作为旅游活动的主体，是构成旅游活动的首要条件，是旅游业赖以生存的基础。没有旅游者就没有旅游活动，更不会形成旅游业。因此研究现代旅游，首先要研究旅游者，这是研究旅游的基础内容之一。

3.1.1 旅游者的传统定义

1. 旅游者的词源

"旅游者"，从字面上理解就是游客，即对旅游活动有需求并付诸实施的人们。简单地说，旅游者就是为了某些目的离开常住地到异国他乡旅行和访问的人。

由于没有完全统一认可的旅游定义，对旅游者的界定和划分也是众说纷纭。什么样的人才算旅游者？无论是教科书还是在现实生活中指代这个群体的词都有多种说法，如旅游者、游客、观光客、旅行者等，而最常用的还是"旅游者"（tourist）。

1811年出版的《牛津词典》对"旅游者"（tourist）的解释是"以观光游览为目的的外来旅客"。1876年瑞士的《世纪大百科词典》对旅游者的解释是"出于一种好奇心，为了得到愉快而旅行的人"。

我国《旅游服务基础术语》把旅游者定义为"为满足物质和精神文化需求进行旅游消费活动的主体，是旅游服务活动的需求者和服务对象"。

2. 传统定义存在的问题

上述的一些概念性定义，通常称为旅游者的传统定义。这种解释对于统计旅游者数量而言，如究竟哪些人算是旅游者并没有给出定量的标准，显然也有悖于科学的旅游定义，因为它没有将非消遣性（如公务、会议）旅游者包括进去。对于各国政府部门及旅游行业来说，他们最关心的是要了解这一群体的数量、规模、档次、消费水平，以及整个旅游业对国民经济的作用，在国民经济中的地位和所产生的影响等，从而可以更好地促进旅游事业的蓬勃发展。

例如，寒暑假同学们离开学校或家庭居住地到其他同学家游玩，停留时间超过 24 小时，这种情况无可非议地应算做旅游者；但是同学们春季在就读大学城市周边踏青或野外郊游，只玩了几个小时，当晚又回到了住地，是否算做旅游者呢？

于是，旅游业界就必须对旅游者有一个严格的限制和说明，即在定义中要提出一些量化的标准，比如，离开常住地的距离以及离开的时间长短等都是需要考虑的问题。这就涉及旅游者的技术性定义问题。

3.1.2　旅游者技术性定义

旅游者是暂时离开长住地到异国他乡旅行和访问的人，一般来说，到异国的属于国际旅游者，没到异国前往他乡的就是国内旅游者。多年来，旅游者的定义一直为世界和各国的旅游组织及旅游机构所关注。纵观世界各种旅游组织对旅游者所下的定义，主要有国际旅游者和国内旅游者两种。

1. 国际旅游者的定义

由于国际旅游者对旅游发展具有的重要作用，多年以来，一些国际旅游机构与组织对国际旅游者做出了不同的定义。

（1）国际联盟统计专家委员会的定义。

1937 年，国际联盟专家统计委员会（Committee of Statistics Experts of the League of Nations）曾对“国际旅游者”或“外国旅游者”定义为：“离开自己的居住国，到另一个国家访问超过 24 小时的人”。具体包括下列人员：

① 为了消遣、娱乐、家庭事务和身体健康方面的目的而出国旅行的人；

② 为出席国际会议或作为各国公务代表而出国旅行的人；

③ 为工商业务而出国旅行的人；

④ 在海上巡游过程中登岸访问的人员，即使其停留时间不超过 24 小时，也看做旅游者。

但是，下列人员不包括在旅游者之列：

① 到某国就业任职者；

② 到国外定居者；

③ 到国外学习，膳宿在学校的学生；

④ 边境居民日常越境工作的人；

⑤ 边境临时停留的旅行者，即使在境内时间超过 24 小时也不算做旅游者。

（2）罗马会议的定义。

1963 年，联合国在意大利罗马召开国际性旅行和旅游会议，即罗马会议。会议出于统计工作需要，对 1937 年国际联盟的定义做了修改和补充，就各国对旅游者的统计口径做了新的规范，并提出了“游客”（visitor）这一总体概念。在“游客”下分为两类：一类是过夜旅游者，即称为旅游者（tourist）；另一类是不过夜的当日往返者，称一日游游客或游览者（excursionist）。具体定义如下。

① 游客指除为获得有报酬的职业以外，基于任何原因到一个不是自己常住的国家去访问的任何人。

② 过夜旅游者，即到一个国家作短期访问至少逗留 24 小时的游客，其旅游目的可属下列之一：其一，消遣（包括娱乐、度假、疗养保健、学习、宗教、体育运动）；其二，工商业

务、家庭事务、公务出差、出席会议。当日往返旅游者，即到一个国家作短暂访问逗留不足24小时的游客（包括海上巡游旅行者）。

这个定义不包括那些在法律意义上并未进入所在国的过境旅客（如没有离开机场中转区域的航空旅客）。同时，该定义以来访者的常住国而不是国籍为标准来确定是否为游客。

1968年，国际官方旅游组织联盟（世界旅游组织的前身）通过了这一定义。1970年，经济合作与发展组织旅游委员会也采纳了这个定义。由此，关于国际旅游者的技术性定义，人们基本上取得了共识。自此以后，国际组织和世界各国对国际旅游者的统计，大都以此定义为标准。今天，世界上绝大多数国家都已采纳罗马定义。

（3）世界旅游组织的定义。

世界旅游组织（World Tourism Organization，WTO）在1981年出版的《国内与国际旅游统计资料收集与提供方法手册》一书中，使用排除法，对国际游客的统计口径做了界定，并向全世界推荐。

规定下列人员可以作为国际游客计算：

① 为了娱乐、医疗、宗教、家庭事务、体育活动、会务、学习或过境进入另一国家者；

② 外国轮船船员或飞机机组成员中途在某国短暂停留者；

③ 停留时间不足1年的外国商业或公务旅行者；

④ 负有持续时间不足1年使命的国际团体雇员或回国进行短期访问的旅行侨民。

但是，国际游客不包括下列人员：

① 向目的国移民或在该国谋求职业者；

② 以外交官身份或军事人员身份进行访问者；

③ 上述任何人员的随从人员；

④ 流亡者、流浪者或边境上的工作人员；

⑤ 打算停留1年以上者。

国际游客又分成国际旅游者和短程国际游览者。国际旅游者是指在目的国的住宿设施中至少度过一夜的游客。短程国际游览者是指未在目的国住宿设施中过夜的游客，其中包括乘坐游船的乘客，这些乘客可能在所停靠的港口地区进行多日访问但每天回到船上住宿。短程国际游览者不包括正在过境途中的乘客，如降落于某个国家但未在法律意义上正式进入该国的航空班机上的过境乘客。

（4）中国国家统计局的定义。

1979年，改革开放以后，来我国的海外游客日增，国家统计局为了统计的需要对国际旅游者做了以下界定。凡纳入我国旅游统计的来华旅游入境人员统称为（来华）海外游客。

海外游客指来我国探亲访友、观光、度假、就医疗养、购物、参加会议或从事经济、文化、体育、宗教活动的外国人、华侨、港澳台同胞。其中，外国人指具有外国国籍的人，包括加入外国国籍的华人；华侨指持有中国护照，侨居外国的中国同胞；港澳台同胞指居住在我国香港、澳门地区和台湾省的中国同胞。同时并规定，游客是出于上述目的离开长住国（或地区）到我国内地连续停留时间不超过12个月，并且主要目的不是通过所从事的活动获取报酬的人。其中，长住国（或地区）指一个人在近一年的大部分时间内所居住的国家（或地区），或虽然在这个国家（或地区）只居住了较短的时间，但在12个月内仍将返回的这个国家（或地区）。

按照在我国大陆访问期间停留时间的差别，海外游客划分为海外旅游者和海外一日游游客。海外旅游者是在我国大陆旅游住宿设施内停留至少一夜的海外游客，又称为过夜游客。海外一日游游客是未在我国大陆旅游住宿设施内过夜，而是当日往返的海外游客，又称为不过夜游客。

但是，下列人员不属于海外游客：

① 应邀来华访问的政府部长以上官员及随从人员；

② 外国驻华使（领）馆官员、外交人员及随行的家庭服务人员和受赡养者；

③ 在我国驻期已达一年以上的外国专家、留学生、记者、商务机构人员等；

④ 乘坐国际航班过镜，不需要通过护照检查进入我国口岸的中转旅客；

⑤ 边境地区（因日常工作和生活而出入境）往来的边民；

⑥ 回大陆定居的华侨、港澳台同胞；

⑦ 已经在我国大陆定居的外国人和原已出境又返回我国大陆定居的外国侨民；

⑧ 归国的我国出国人员。

【案例 3.1】

2007 年法国吸引国外游客人数再创新高

据法国 Challenges 网报道（www.chanllenges.fr），2007 年，强劲的欧元并没有对法国旅游业造成负面影响，全年法国吸引国外游客人数超过 8000 万，再创新高。2006 年，法国吸引国外游客 7910 万人。

报道说，虽然法国吸引国外游客全球第一，但旅游收入仅居第三位，排在美国和西班牙之后。为改变旅游收入落后的状况，法国日前启动了“2020 年法国目的地”项目。法国力争成为全欧洲旅游收入最多的国家。

2. 国内旅游者的定义

国内旅游与国际旅游的本质区别就在于是否跨越国界，除此之外并没有其他的本质差异。与国际旅游者相比，对于国内旅游者的定义，目前尚不完全统一。各个国家针对本国情况分别给出了各自国家的国内旅游者定义。

（1）美国关于国内旅游者的定义。

美国使用较广的国内旅游者定义是 1978 年美国国家旅游资源评审委员会提出的定义：旅游者指为了出差、消遣、个人事务或者出于工作上下班之外的其他任何原因而离家外出旅行至少 80 千米（单程）的人，而不管其是否在外过夜。美国旅游数据资料中心和美国调查统计局用的标准也是 80 千米，并规定下列人员不能列为旅游者：

① 火车、飞机、货运卡车、长途汽车和船舶的驾驶及乘务人员中的工作旅行；

② 因上下班而往返于某地的旅行；

③ 学生上学或放学的日常旅行。

（2）加拿大关于国内旅游者的定义。

加拿大政府部门在划分国内旅游者时使用的定义是：旅游者是指到离开其所居社区边界至少 80 千米以外的地方去旅行的人。

（3）法国关于国内旅游者的定义。

法国旅游总署规定由于消遣、健康、商务或修学等原因离开自己的主要居所，外出旅行超过 24 小时但未超过 4 个月的人。

（4）英国关于国内旅游者的定义。

英国规定由于上下班以外的任何原因，离开自己的居住地外出旅行至少过夜一次的人。

（5）世界旅游组织关于国内旅游者的定义。

1984 年，世界旅游组织参照国际旅游者的定义做出了国内旅游者的定义：在其居住国国内旅行超过 24 小时，但不足一年的人，其目的可以为消遣、度假、体育、商务、公务、会议、疗养、学习和宗教等。此后又补充规定：国内旅游者不包括那些外出就业的人。基于任何以上目的访问地逗留不足 24 小时的人称为国内短程游览者。

（6）中国关于国内旅游者的定义。

我国的国内旅游统计中，国内游客是指任何因休闲、娱乐、观光、度假、探亲访友、就医疗养、购物、参加会议或从事经济、文化、体育、宗教活动而离开长住地到我国境内其他地方访问，连续停留时间不超过 6 个月，并且访问的主要目的不是通过所从事的活动获取报酬的人。

但是，下列人员不属于国内游客：

① 到各地巡视工作的部级以上领导；
② 驻外地办事机构的临时工作人员；
③ 调遣的武装人员；
④ 到外地学习的学生；
⑤ 到基层锻炼的干部；
⑥ 到其他地区定居的人员；
⑦ 无固定居住地的无业游民。

> 一日游游客：离开长住地 10 千米以外，出游时间大于 6 小时小于 24 小时，未住宿过夜的国内游客。

我国的国内游客定义包括在我国境内长住 1 年以上的外国人、华侨和港澳台同胞在境内的旅游。

3.1.3 旅游者的统计

旅游者数量的统计是旅游统计中最基本也是最重要的工作，这对于一个国家或地区进行旅游规划、制定旅游政策、实施管理措施、开展旅游经营活动和配套建设旅游设施都有重要的参考作用。

但是，不同的国家和旅游组织对旅游者的定义存在差异，那么在旅游统计中用什么标准来衡量、判断旅游者呢？

1. 空间标准

（1）国际旅游者。国际游客和国内游客的统计标准是：游客在旅游期间是否跨越国境。大多数国家和地区对于国际游客是以海关边防对有关入境者的统计为标准。目前我国香港、澳门和台、澎、金、马等地实行单独的海关制度，是单独关境、单独关税区。在单独关境内，各自实行不同的海关统计政策。我国的关境范围是除享有单独关境地位的地区以外的中华人民共和国的全部领域，包括领水、领陆和领空。因此，我国关境小于国境，所以在境外长住的港澳台同胞来大陆旅游是"国际游客"。

（2）国内旅游者。美国、加拿大等对离家外出旅行至少 80 千米（单程）的人才统计为旅游者，我国对一日游的最短距离是离开长住地 10 千米以外。其他国家没有严格的距离要求。

2．时间标准

旅行时间的长短是界定和统计旅游者的一项重要标准。

（1）国际旅游者。根据世界旅游组织的定义，国际旅游者离开自己常住地到另一个国家旅行的时间最长不能超过一年，超过一年则被视为该国的常住人口。国际联盟专家统计委员会要求访问时间超过 24 小时。我国的标准是到国内连续停留时间不超过 12 个月。

（2）国内旅游者。世界旅游组织对国内旅游者有最多 6 个月的时间限制，我国也是如此。法国的时限是 24 小时到 4 个月，英国强调过夜，英国、法国等是以饭店等旅游设施的有关接待统计为标准。美国、加拿大等在时间上没有限制。

3．目的标准

旅游的目的虽然不尽相同，但不论是国际旅游者还是国内旅游者，其旅游的目的都不是在所访问的地区从事获取经济利益的活动和定居，而是为了消遣娱乐、探亲访友、体育运动、健康疗养、短期修学、商务活动、宗教朝觐等，旅游结束后，都要回到自己的长住地。例如，"春运"期间在外地定居工作的子女回乡过年，探望父母，应算做旅游者；但是，过年后又返回工作单位，就不能算做旅游者了。这种标准在实际统计中不便于操作。

事实上，由于统计标准的不同，由此产生的统计数字往往不符合实际情况，不便于相互比较。因此，一些国家对旅游者的统计往往是把上述 3 种标准综合起来进行的。采用综合计算方法，即将海关的入境统计、饭店设施的接待统计、主要旅游区的接待统计综合考虑，最后计算出旅游者的数量。

小资料

2007 年中国旅游者统计数据

2007 年，中国大陆全年入境旅游人数达 1.32 亿人次，增长 5.5%，其中入境过夜旅游人数达 5472 万人次，增长 9.6%；国内旅游人数达 16.1 亿人次，增长 15.5%；出境旅游达 4095 万人次，增长 18.6%。中国继续保持全球第四大入境旅游接待国、亚洲最大出境旅游客源国的地位。

（资料来源：中国旅游网）

3.2　旅游者产生的客观条件

旅游是一项特殊的综合性游览观光活动，人们为达到度假、休养、娱乐、探险、求知等目的，出游于地区、国家和洲际之间。旅游是一种高品质的精神享受，是在物质资料得到满足后，为追求更高层次的享受而产生的活动。旅游行为的产生，是外部旅游条件和旅游者内部心理因素相互作用的结果，旅游行为的主体是旅游者，他们的产生既取决于旅游者所具有的客观条件，又取决于旅游者本人的主观条件。认真研究旅游者产生的主、客观条件，对提高旅游服务质量、发展旅游事业有着非常重要的意义。

3.2.1 收入水平

日常生活中，不难发现，一些人每年都到国内或者国外进行旅游，而又有一些人几乎从未进行过旅游，同学们中能够出国旅游的人也是凤毛麟角，究其原因，旅游需要以一定的经济支出为前提。除了其他因素外，经济能力是一个主要的瓶颈。

1. 人均国民生产总值与旅游的关系

国民生产总值（GNP）是一个很重要的宏观经济指标，是指一个国家（地区）的国民经济在一定时期（一般 1 年）内以货币表现的全部最终产品（含货物和服务）价值的总和，反映了一个国家的经济水平。

旅游者的产生有赖于社会经济的发展，综观人类的旅游历史，过去能够真正成为旅游者的人，只能局限在少数王室人物和巨贾富商，而且旅游的空间形式、范围，以及社会所能提供的旅游环境也受到了很大的局限，这主要是由于社会生产力水平低下、物质不丰富，广大劳动人民生活艰难而无法实现旅游愿望的缘故。

国际上有关统计表明，当一个国家或地区人均国民生产总值达到 800～1000 美元时，居民将普遍产生国内旅游的动机；超过 1000 美元时，将产生跨国旅游动机；在 3000 美元以上时，将产生洲际旅游动机；超过 10 000 美元时，将产生环球旅游动机。

2007 年，中国国内生产总值为 246 619 亿元人民币，增幅为 11.4%。人口按 13.5 亿左右计算，美元对人民币的汇率按 1∶7.2 计算，我国的人均国内生产总值约 2500 美元左右，由于我国的国内生产总值大于国民生产总值，所以，我国人均国民生产总值还未达到大规模洲际旅游的状况。国际旅游者大多产生在经济发达的资本主义国家，例如，欧美一直占据国际旅游市场的 80%以上。随着中国经济的持续快速发展，中国将继续保持全球第四大入境旅游接待国和亚洲第一大出境旅游市场的地位，并将成为世界上最大的国内旅游市场。世界旅游组织还预测，中国将提前到 2015 年成为世界第一大旅游目的地国和第四大客源输出国。

小资料

国家或地区收入标准

按世界银行标准，人均国民生产总值：

800 美元以下为低收入国家或地区；

800～3000 美元为中下等收入国家或地区；

3000～9000 美元为中上等收入国家或地区；

9000 美元以上为高收入国家或地区。

2. 可自由支配收入

旅游者在旅游时，“食住行游购娱”六要素中的每一项都是要消费的，无论是否全部参与，旅游者在旅游过程中必须付出一定的代价——支付货币。因此，旅游者必须具有一定的经济实力，这就是旅游者形成的首要条件。与此同时，旅游消费还不同于一般商品的消费，而是在基本的物质资料得到满足之后，追求更高的精神上享受需要而产生的消费。

一般，大学生在得到金钱后，首先要解决衣食住行的费用，交纳学杂费，其次才可能用来交友和其他消遣性消费，如果是依靠自己打工或通过国家助学贷款上学的同学，那么他自然不会将旅游消费作为首要考虑的问题。例如，假设你今年从父母那里得到了 15 000 元的预算，吃饭、住宿要 5000 元，交纳学杂费 5000 元，为了学习还必须买一台电脑 5000 元，你还会在假期去同学的家乡旅游吗？你要是有 20 000 元的预算，情况是否发生变化？

因此，一个人要成为旅游者，必须在其物质资料得到满足以后还有剩余的货币，才可能产生旅游的动机。

（1）可自由支配收入的内涵。

可支配收入，是指个人或家庭的收入中扣除全部纳税和社会性消费（如健康和人寿保险、老年退休金和失业补贴的预支等）后的剩余部分。上例中你得到的是 15 000 元，对你来说一定要交纳学杂费 5000 元，可支配收入只有 10 000 元了，你可以吃饭、住宿花费 6000 元，买一台电脑用 4000 元，决定权在你自己，但是你已经没有其他可以支出的款项了。

可自由支配收入，则指可支配收入中扣除日常生活必需消费部分（衣、食、住、行等）以及预防意外开支的储蓄之后所余下的收入部分。如果你得到的是 20 000 元，除了交纳学杂费 5000 元，再扣除可支配收入 10 000 元，你还有 5000 元的余额，这些钱就是你的可自由支配收入，你用它交友、旅游或者买 MP4，都不会影响你的正常生活。

据国家统计局消息，2007 年我国居民收入快速增长，全年城镇居民人均可支配收入 13 786 元，比上年增长 17.2%；扣除价格因素，实际增长 12.2%。农村居民人均纯收入 4140 元，比上年增长 15.4%；扣除价格因素，实际增长 9.5%。人均可自由支配收入的持续增加，势必会带动我国又一轮的旅游消费高峰。

【案例 3.2】

中国富裕家庭的旅游目的地

2007 年 8 月，万事达卡国际组织亚太区首席经济顾问王月魂博士发布了一项调查结果，将中国内地家庭年收入 2.5 万美元以上的家庭定为富裕阶层。而这样的家庭在 2006 年已经超过 300 万户，他们的可支配收入为 180 亿美元；预计 2015 年将增至 850 万户，可支配收入达 1170 亿美元。

在中国内地的富裕阶层中，有 40%左右分布在上海、北京、广州三大城市中，到 2015 年，这一比例会上升到 47%。中国内地富裕阶层的年轻化是中国特有的现象：31～46 岁的占了 64%，男性占 76%。

王月魂特别指出，中国内地的富裕阶层对境外旅游十分感兴趣，而无论是旅游还是商务活动，我国香港都是他们的首选之地，有 85.6%的中国富裕阶层到访过香港。其他热门的旅游地点还包括泰国、新加坡、日本和我国澳门，而欧洲、美国和澳大利亚正逐渐成为吸引这些富裕阶层的新的旅游目的地。

（2）可自由支配收入对旅游的影响。

一个人或家庭的收入水平和富裕程度，往往决定他（他们）能否实现旅游和其旅游消费水平的高低。所以，家庭收入达到一定的水平乃是他们实现旅游活动的前提之一，也是实现旅游活动的重要物质基础。然而，对于一个人来说，其收入并非全部都可用于旅游。例如，你有10万元的收入，可是你现在的企业需要继续投资10万元，或者你必须购买一套房子，房子的价格是20万元，你还要贷款10万元，尽管你收入不低，估计此时你不会花费1万元去欧洲旅游。

所以，可自由支配收入是决定和影响旅游的重要因素。其主要表现在以下几个方面。

① 可自由支配收入的多少决定人们是否能成为旅游者。很多研究表明，当一个家庭的收入尚不足以购买基本生活必需品时，该家庭很少外出旅游。当这个家庭的收入水平超过温饱状态后，就会产生旅游消费。美国调查统计局、美国旅游资料中心，以及很多市场调研公司的调查结果都表明，人们外出旅游与家庭收入水平有着直接的关系。例如，在20世纪80年代初的美国，年收入在15 000美元以上的家庭外出旅游的可能性比年收入低于这一水平的大2倍，年收入在25 000美元以上的家庭外出旅游的可能性更大，相当于年收入在5000美元以下家庭的5倍。

② 可自由支配收入的多少决定旅游者的消费水平。英国有关部门估计旅游消费的收入弹性系数为1.5；国际官方旅游组织联盟则估计为1.88。这就是说，可自由支配收入每增加1%，旅游消费便会增加1.88%。如果你一年的可自由支配收入只有1000美元，那就不可能进行豪华的欧洲之旅。

③ 可自由支配收入的多少决定旅游者的消费结构。可自由支配收入多的旅游者会在吃、住、购、娱等方面花较多的钱，从而使交通费用在其旅游消费中所占的比例降低；而在经济条件次之的旅游者消费构成中，交通费用所占的比例较前者为高。其原因在于吃、住、购、娱等方面节省开支比较容易，而要想在交通费用方面少花钱则较为困难。例如，美国宝洁公司一般员工出差住三星级饭店，部门经理就要入住四星级饭店。

④ 可自由支配收入的多少决定旅游者的目的地和旅游方式。一般情况下，只要旅游目的地有足够的吸引力，经济富裕的家庭在旅游目的地的确定上选择的余地比较大，即使是环球旅游也不会产生多大的障碍。在旅游活动的六大要素中，他们无论在哪个环节上选择的都是豪华标准，比如选择飞机这种快捷舒适的交通，入住各地的豪华饭店。相反，可自由支配收入少的旅游者的选择余地就小得多。

（3）恩格尔系数。1857年，德国统计学家恩格尔发现：随着家庭和个人收入的增加，收入中用于食品方面的支出比例将逐渐减小。这一定律称为恩格尔定律，反映这一定律的系数称为恩格尔系数。其公式表示为

$$\text{恩格尔系数}=\frac{\text{食品支出总额}}{\text{家庭或个人消费支出总额}}\times 100\%$$

恩格尔定律揭示了居民收入和食品支出之间的相关关系，用食品支出占消费总支出的比率来说明经济发展、收入增加对生活消费的影响程度。随着收入的增加，在食物需求基本满足的情况下，消费的重心才会开始向穿、用、玩等其他方面转移。因此，一个国家或家庭生活越贫困，恩格尔系数就越大；反之，生活越富裕，恩格尔系数就越小。

根据联合国粮农组织提出的标准，恩格尔系数在59%以上为贫困，50%～59%为温饱，40%～50%为小康，30%～40%为富裕，低于30%为最富裕。2007年度，中国全部居民家庭恩格尔系数39.8%。其中，城镇居民家庭恩格尔系数35.8%；农村居民家庭恩格尔系数43%。虽然我国居民正由小康向富裕发展，但由于各地区经济发展的不平衡性，即使其收入相当高，可能也会因为生活方式、时间等因素的限制，也不曾和不愿外出旅游。

因此，可自由支配收入水平只是决定人们外出旅游的基本条件之一，并非是一个人能否

成为旅游者和实现旅游活动的唯一决定条件。

3.2.2 余暇时间

在旅游者的若干定义中，一般都对出行时间做出了具体的规定。我国对一日游游客出游时间要求大于 6 小时，过夜的游客需要的时间一般超过 24 小时。旅游在交通和目的地的逗留，都是需要时间的。例如，在校学习的大学生，不可能在学习、考试等期间请假跟随父母或他人外出旅游。仅仅具有足够的可自由支配收入，不一定就能实现外出旅游，因为拥有足够的余暇时间是一个人产生和实现其旅游需求所必须具备的又一个基本条件。

1. 余暇时间的内涵

人一生的时间是有限的，一年都是 12 个月，一天都是 24 小时。人们如何利用和支配自己的时间，一般地说，人的时间可分成工作时间、生活时间和余暇时间三大部分。

（1）人生时间的构成。

要进一步理解余暇时间，首先要从人生的时间构成谈起。以现代社会中的就业人员和大学生为例，人生时间可以由下列五部分组成。

① 工作（学习）时间。例如，我国目前实行的每周 5 天每天 8 小时的法定工作时间，这段时间内必须进行工作或学习，不得由个人随意支配去从事其他活动。

② 必需的附加时间。例如，必要的加班加点，必要的补课时间。这段时间同样也不得由个人随意支配。

③ 满足生理需要的时间。为了生存，人们要吃饭、睡觉、洗澡等，这部分时间是一个人维持生命不可缺少的时间组成部分，更不能随意支配。

④ 必要的社会活动时间。必要的社交约会、班会和参加志愿者活动等，这部分时间也不容个人随意支配。

⑤ 余暇时间。也叫闲暇时间、自由时间、可随意支配的时间。①和②两部分组成了工作时间；③和④构成了生活时间；余暇时间就是人们的全部时间除去这两大不可随意安排的时间后还剩余的可以完全自己作主的时间。

（2）余暇时间的定义。

联合国《消遣宪章》指出，余暇时间是指“个人完成工作和满足生活要求之后，完全由他本身支配的一段时间”。对于像退休人员而言，他们的余暇时间就是生活时间之外的时间了。当今“银发”旅游市场火暴，老人们的余暇时间更多，这也是主要原因之一。

2. 余暇时间的种类

余暇时间是人们非工作时间中的一部分，在现代社会中，它有 4 种分布情况：每日余暇、每周余暇，以及公共假日和带薪假期。

（1）每日余暇时间。例如，周一上午只有 8：00—10：00 的 2 课时旅游学概论课，那么 10：00—12：00 午饭前的时间，就可以自己自由安排学习、打乒乓球还是上网。每日余暇时间是每天在工作和生活之余的闲暇时间，其特点是零散地分布在一天中的每个时间段中，由于时间短，虽可用于休息或娱乐活动，但却无法用于旅游活动。

（2）每周余暇时间。通常指周末休息日，实行 6 天工作制的国家，周末的余暇时间只有 1 天，由于时间短，不能从事旅游活动，最多只能进行短距离的一日游。目前，全世界绝大部分国家已实行5天工作制，周末的余暇时间为2天，能够开展一些近距离旅游活动。我国从1995年5月1日起也实行5天工作制，这为我国居民外出开展近距离旅游创造了条件。

（3）公共假日。也叫节假日，不同国家节假日的次数和时间各不相同，各国公共假日长短不一，多数是与本国民族传统节日有关。我国自2000年起开始施行全年10天公共节假日制，并且同年正式推出“五一”、“十一”、春节三个“旅游黄金周”制度，已经形成国内旅游消费的三个高峰期。2008年1月1日起，我国将实行新的《全国年节及纪念日放假办法》。西方国家主要节假日集中在圣诞节、复活节等传统节日。

小资料

全国年节及纪念日

2007年12月14日，国务院第二次修订的《全国年节及纪念日放假办法》规定了我国的公民放假的节日及纪念日，从2008年1月1日起施行。

一、全体公民放假的节日

（一）新年，放假1天（1月1日）。

（二）春节，放假3天（农历除夕、正月初一、初二）。

（三）清明节，放假1天（农历清明当日）。

（四）劳动节，放假1天（5月1日）。

（五）端午节，放假1天（农历端午当日）。

（六）中秋节，放假1天（农历中秋当日）。

（七）国庆节，放假3天（10月1日、2日、3日）。

二、部分公民放假的节日及纪念日

（一）妇女节（3月8日），妇女放假半天。

（二）青年节（5月4日），14周岁以上的青年放假半天。

（三）儿童节（6月1日），不满14周岁的少年儿童放假1天。

（四）中国人民解放军建军纪念日（8月1日），现役军人放假半天。

三、少数民族习惯的节日，由各少数民族聚居地区的地方人民政府，按照各该民族习惯，规定放假日期。

（4）带薪假期。带薪假期时间是目前大多数经济发达国家规定的对就业员工实行的带薪休假制度。带薪假期时间较长，又有相应经济支持，因此是进行旅游的绝好时机。带薪假期有利于提升人们的休闲品质，灵活安排个人休假时间，保护旅游资源和生态环境，是一件利国利民的好事。可以避免我国目前“黄金周”内旅游者出现一起工作、一起休假、一起出游的现象。

总之，旅游活动是需要一定数量并且集中的闲暇时间。因此，闲暇时间的长短制约了旅游者产生的可能。闲暇时间越长，可能进行旅游的机会就越多。于是闲暇时间的产生和延长也就成为旅游业发展的必要条件。

3. 余暇时间对旅游的影响

余暇时间的多少，不仅是决定一个人能否旅游的主要客观因素之一，还会影响对旅游目的地的选择及在那里逗留时间的长短等。

（1）余暇时间的多少决定人们是否能成为旅游者。旅游虽然已经越来越成为人们的一种生活方式，但它毕竟不是我们的生活必需品，不可能在工作、生活时间内，不从事相应的活动而去旅游，旅游只能在余暇时间进行。

（2）余暇时间的多少决定游客的逗留时间。相当一部分旅游者，特别是受余暇时间制约的旅游者，往往由于没有充足的时间，不是放弃一些旅游项目，就是走马观花、草草了事，减少了在旅游目的地的逗留时间。一般，旅游者总是先选择离居住地较近的旅游地，然后随着余暇时间和旅游支付能力的增强，逐渐选择越来越远的旅游地。

（3）余暇时间的多少决定游客的旅游方式。当从居住地到旅游地的单程旅行所耗费的时间与在旅游地游玩所耗费的时间的比值小于某个临界值时，人们会做出不同的到该旅游点旅游的决策。人们在作旅游决策时总是追求最小的旅游时间比，追求更多的逗留时间。如果你从北京去拉萨旅游，如果在“十一”黄金周期间，你主要选择飞机旅行；如果在暑假，有更多的余暇时间时，或许要选择火车旅行，这样可以欣赏沿途的高原风光。

【案例 3.3】

旅游黄金周

1995 年 5 月，中国开始实行每周 5 天工作制。1999 年 9 月 18 日，国务院发布《全国年节及纪念日放假办法》，决定增加公众法定休假日。春节、“五一”和“十一”法定休假各 3 天，再加上调整的前后两个双休日，就形成了每年 3 个连续 7 天的长假，而每个长假掀起的旅游消费热也逐渐成为我国经济生活的新亮点，被人们称为“旅游黄金周”。使中国人每年的法定休息日达到 114 天。

1999 年国庆第一个黄金周到来时，席卷全国的假日旅游热潮令各界人士始料不及，一周时间，旅游者人数达到 2800 万人次，旅游收入 141 亿元。2007 年“五一”黄金周，旅游者人数达到 17 900 万人次，旅游收入 736 亿元，达到了顶峰。黄金周促进了旅游，但给交通、饭店、旅游业带来了巨大的压力，游客也怨声载道。

3.2.3 其他条件

除了收人水平、余暇时间两大基本的客观条件之外，旅游者的形成还受到其他一些客观因素的制约。

1．旅游者的身体状况及家庭状况

无论是乘坐交通工具还是进行徒步旅行，身体状况也是其能否成为旅游者的客观因素。旅游者没有健康的身体，有些旅游就难以成行，患有心血管疾病的人就不宜进行高原、探险之类的旅游。从世界旅游发展来看，中青年外出旅游的比例最大。根据国家旅游局对来我国大陆国际旅游者的统计，50 岁以下的旅游者占旅游总人数的 80%左右。老年人参加旅游的比例逐步增大，但是 65 岁以上的游客数量还是比例较低，这都说明身体的重要性。

家庭人口结构也是旅游者形成的一个条件。调查表明，拥有 4 岁以下婴幼儿的家庭外出旅游的可能性很小，而新婚后的空巢期（无子女），家庭旅游的比例非常大。

2．旅游目的地的社会条件

外出旅游最重要的是安全，旅游者往往都有一个共同的心理追求，即追求安全、舒适的旅游环境，他们愿意选择社会环境安定、政治观点相近的国家作为旅游目的地。改革开放以来，我国国内政治稳定，社会治安良好，吸引了大量的国内外游客。相反，伊拉克和以色列都有极其悠久的历史和极具吸引力的旅游资源，但是战火连天，社会条件不好，极大地影响了当地的旅游业。“9・11”事件，美国受到冲击最大的两个行业就是航空和旅游业。

3．旅游目的地的可进入性

旅游目的地的可进入性指的是旅游者进入目的地的难易程度。具体包括旅游客源地与旅游目的地之间的时空距离，旅游目的地内部的道路交通状况，以及国际旅游中的旅游入关签证、服务效率等。其中，交通起着至关重要的作用。

由于我国台湾与大陆没有实现“三通”，我国大陆居民必须通过港澳等第三方才能前往，大大限制了入台旅游者的人数。

2007年12月11日，国家旅游局局长邵琪伟与美国商务部部长古铁雷斯在北京签署谅解备忘录，美国由此正式成为中国公民组团出境第134个旅游目的地国家，又增加了中国居民出境游的机会。

尽管太空游的费用高达2000万美元，但世界上拥有超过20 000万美元的人仍是大有人在，这些没有成为太空游客的富豪，要么没有去太空旅游的愿望，要么是尽管有钱，但没有20 000万美元的可自由支配资金，或者是忙于工作没有闲暇时间，当然也可能出于身体、政策等原因。

3.3 旅游者产生的主观条件

外因是条件，内因是关键。上述旅游者形成的客观条件固然重要，但没有主观上的旅游愿望和动机，也不会成为旅游者。

3.3.1 旅游动机

1．旅游动机的概念

动机是一个心理学名词，指的是促进和维持人的活动，并促使活动指向一定目的的心理倾向。通俗地讲，动机就是激励人们行动的主观因素。人的各种行动都由动机引起，是为了实现某些被满足的需要而进行的。因此，简单来说，旅游动机指的是促发一个人有意去旅游以及确定到何处去、做何种旅游的内在驱动力。

人本主义心理学认为，动机产生于人的某种需要，这种需要使人的心理产生紧张不安，从而产生内在驱动力，即动机；进而确定行动目标，产生行动，使需要得到满足，紧张解除；然后进入下一个行为。不同的需要产生不同的动机。因此，研究人的动机，必须首先研究人的需要。旅游动机也是如此。在研究人的需要这一领域，具有较大影响的理论是人本主义心理学家亚伯拉罕・马斯洛的需要层次理论。

2．马斯洛的需要层次理论

马斯洛将人类需要按由低级到高级的顺序分成五个层次或五种基本类型，如图3.1所示。

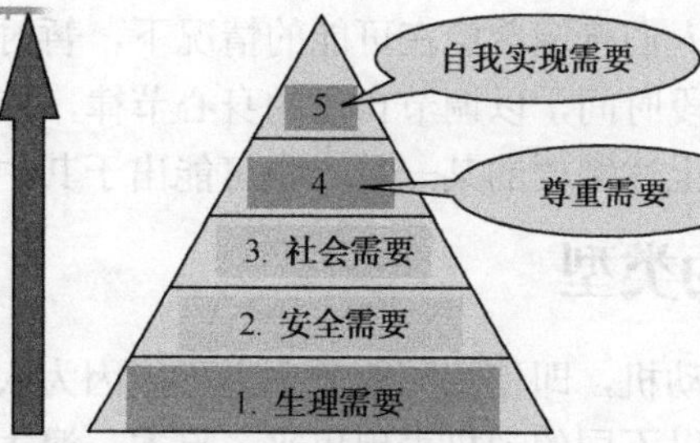

图3.1　马斯洛需要层次

（1）生理需要。维持个体生存和人类繁衍而产生的需要，如对食物、氧气、水、睡眠等的需要。

（2）安全需要。即为在生理及心理方面免受伤害，获得保护、照顾和安全感的需要，例如，要求人身的健康，安全、有序的环境，稳定的职业和有保障的生活等。

（3）社会需要。即希望给予或接受他人的友谊、关怀和爱护，得到某些群体的承认、接纳和重视。例如，乐于结识朋友，交流情感，表达和接受爱情，融入某些社会团体并参加他们的活动等。

（4）尊重需要。即希望获得荣誉，受到尊重和尊敬，博得好评，得到一定的社会地位。自尊的需要是与个人的荣辱感紧密联系在一起的，涉及独立、自信、自由、地位、名誉、被人尊重等多方面内容。

（5）自我实现需要。即希望充分发挥自己的潜能、实现自己的理想和抱负的需要。自我实现是人类最高级的需要，它涉及求知、审美、创造、成就等内容。

一般而言，人类的需要由低层次向高层次发展，低层次需要满足后才追求高层次的满足。例如，一个食不裹腹、衣不蔽体的人可能会铤而走险而不考虑安全需要，可能会向人乞讨而不考虑社会需要和受尊重需要。

马斯洛认为，一个人同时存在多种需要，但在某一特定时期每种需要的重要性并不相同。人们首先追求满足最重要的需要，即需要结构中的主导需要，它作为一种动力推动着人们的行为。当主导需要被满足后就会失去对人的激励作用，人们就会转而注意另一个相对重要的需要。

结合马斯洛的需要理论，哪一个层次的需要是促使人们产生旅游动机的需要呢？显然，人们不可能为了睡眠、饮食等生理需要外出旅游；也不可能以外出旅游的方式来寻求自身的安全，一般情况下，人们外出时的安全感比待在家中的安全感要差。通过旅游方式增进社会交往来寻求友爱和获得归属感虽然不是普遍现象，但是像寻根问祖游、探亲访友游还是可以满足的。旅游者在旅游目的地可能得不到别人的尊重和好评，但是在他周围的人，会对他的旅游给以赞许、羡慕，也可以满足自尊的需要。自我实现的需要，一般通过各种挑战自我极限的方式表现出来，例如，通过一些登山游、探险游、自驾车游对自己身体、心理的挑战，满足自我实现的需要。所以，旅游动机来源于尊重需要、社会需要和自我实现需要。

3．其他需要

（1）探新求异的需要。好奇之心，人皆有之。

（2）逃避紧张现实，调节身心节律的需要。现代社会，竞争激烈，生活节奏不断加快，使人们的精神常年处于高度紧张之中；工业化和城市化造成的人群拥挤、交通喧闹和空气污染等问题日趋严重。因此，人们普遍希望在可能的情况下，暂时避开这样的环境，到环境幽雅、空气清新的地方度过一段时间，以调节自己的身心节律，恢复疲劳，松弛神经。

产生旅游动机可能源于上述需要的某一种，也可能出于其中两种或多种需要。

3.3.2 旅游动机的类型

不同的需要产生不同的动机，即使相同的需要也可能因为人的民族、性别、年龄、职业和文化程度等因素的影响而以不同的动机表现出来。日本、澳大利亚等学者对此都进行了大量的研究，提出了不同的分类。但是，美国著名的旅游学教授罗伯特 W.麦金托什的分类方法是最为大家普遍接受的。

1. 麦金托什分类法

麦金托什认为，因具体需要而产生的旅游动机可划分为下列四种基本类型。

（1）身体健康的动机。包括度假休息、运动、游戏、治疗、避暑、避寒等动机。这一类动机的特点是以身体的活动来消除紧张和不安，例如，到温泉、冷泉进行洗浴和疗养。承德避暑山庄的修建，就是清朝皇帝为了避暑、围猎等目的而修建的。

（2）文化动机。即了解和欣赏异地文化、艺术、风俗、语言、学术交流和宗教等动机。在这种动机的驱动下，每年都有来自世界各地的大批穆斯林到圣城麦加进行朝觐。

（3）交际动机。包括在异地结识新的朋友，探亲访友，摆脱日常工作、家庭事务等动机。这种动机常常表现出对熟悉的东西的厌倦和反感，逃避现实和免除压力的欲望。

（4）地位与声望的动机。这类动机包括考察、交流、会议，以及从事个人兴趣所在的研究等。它的特点是在进行旅游活动的交往中搞好人际关系，满足其自尊、被承认、被注意、能施展其才能、取得成就和为人类作贡献的需要，如参加和观看 2008 年北京奥运会。

2. 中国的分类法

我国关于旅游动机的分类，比较著名的是屠如骥，他将海外来华旅游者的动机归纳为：

（1）求实的动机。追求旅游产品的实际使用价值，核心是“实用”和“实惠”。

（2）求新的动机。追求旅游的趋势和新颖，核心是“时髦”与“奇特”。

（3）求名的动机。通过旅游显示自己的声望、地位，核心是“显名”与“炫耀”。

（4）求美的动机。追求旅游产品的欣赏价值。

（5）求胜的动机。通过旅游，满足争强好胜的心理。

（6）求趣的动机。通过旅游，满足个人的特殊爱好。

（7）求知的动机。通过旅游，追求知识，扩大眼界。

（8）求情的动机。通过旅游，访古寻友，追宗归祖，满足人际交往的感情需要。

（9）求健的动机。通过旅游，达到健身、防病、强体的目的。

3. WTO 的分类

在对游客的旅游动机的研究中，除了学者们的努力之外，一些国家的政府机构和世界旅游组织也做了一些调查性的工作。世界旅游组织研究了团体游客的欲望和基本特点，列举了旅游者的动机，包括消遣与更换环境，休息和松弛，寻求赏心悦目的环境，人际关系，在某些活动中露面以表现自己和发挥创造才能，对外部世界的好奇心，运用感觉器官的乐趣，游乐等。

4．综合观点

动机是看不见、摸不到的心理现象，只有通过它的外化——旅游者的行为进行分析，由于旅游的参加者范围更加广泛，即使行为类似，动机的类型也不一定一样。根据一些学者的观点，综合起来，旅游者的动机类型大致可分为以下六种。

（1）寻求新奇特动机。人的好奇心始终伴随我们的一生，远方总是神秘和未知的，人们外出旅游希望每次都能有新鲜的经历和感受，人的注意力和兴趣往往是由新异刺激物所引起，“古”、“稀”、“奇”旅游资源，容易激发人们旅游的欲望，人们不愿多次重复旅游同一景点，因为它已不能使旅游者产生新鲜感。太空游客在太空看到的景色未必赏心悦目，但是乘坐太空飞船到太空一游就不是一件平常事了。

（2）身心方面的动机。

（3）经济方面动机。为了一定的经济目的进行考察、商务洽谈、购买旅游产品、土特产等。

（4）文化方面的动机。

（5）社会方面的动机。为了社会地位和声望方面而产生的动机，即出于个人发展的需要，通过参加一些高层次的学术活动、追求业余爱好的聚会、专业性参观考察等旅游活动，以使个人得到承认，受到赏识、尊重及获得声誉，同时，在旅游中广交益友或者实现个人的追求等。

（6）体验和服务方面的动机。为了品尝美食，人们前往慕尼黑参加国际啤酒节；以前去拉萨旅游是乘坐飞机，现在铁路修好了，体验一下火车游的乐趣；为了得到优质的服务，到阿联酋的迪拜旅游，享受七星级阿拉伯塔饭店的产品和服务等，同样可以激发人们的旅游动机。

【案例 3.4】

红色旅游方兴未艾

为了纪念红军长征胜利 70 周年，全国旅游工作会议决定 2005 年为“红色旅游年”。中国共产党和军队的革命历程遍布祖国大地，北有抗联，南有琼崖纵队，西有红军血沃天山，东有解放军力克海岛。斗争的特点也决定了红色景点的特点，这些红色景点遍布全国各地。

随着人们对一般热门旅游线路越来越熟悉，相应地也失去了对这些旅游线路的热情。2005 年 5 月 1 日，由中央电视台节目主持人崔永元发起的大型电视活动——《我的长征》在瑞金、长汀、宁化三地启动，对红色旅游又起到了巨大的推动作用。

党的诞生地——嘉兴南湖景区（见图 3.2）日接待游客量从以往的几百人跃升到 2000 多人，最多的一天超过了 4000 人，创下了景区的新纪录。

四川的广安市，凭借邓小平故里和华蓥山两大红色旅游优势资源，2005 年全市共接待游客 550.2 万人次，其中红色旅游游客达 336.83 万人次，占总接待量的 61.2%。

红色旅游的盛行，正是人们需求的准确反映。红色旅游景点并不逊色于我们耳熟能详的一些著名景点，而且在饱览祖国大好河山的同时，还能接受一次灵魂的涤荡，重温革命的历史，感受先辈的磨难，实在是一次难得的心灵升华之旅。追求旅游的社会效应，成为旅游者的主要动机之一。

图 3.2　嘉兴南湖

3.3.3　影响旅游动机的因素

影响旅游者旅游动机的因素是多方面的，个人状况及其社会环境都对旅游动机产生重要影响。

1．个性心理特征

个性心理特征是个人身上经常表现出来的本质的、稳定的心理特征，包括能力、气质、性格。它体现个体的独特风格、独特心理活动，以及独特的行为表现。

美国的心理学家斯坦利 C.帕洛格以数千美国人为调查样本，对他们的个性心理特点进行了详细的研究，发现人们可以被分为如下五种心理类型，如图 3.3 所示。

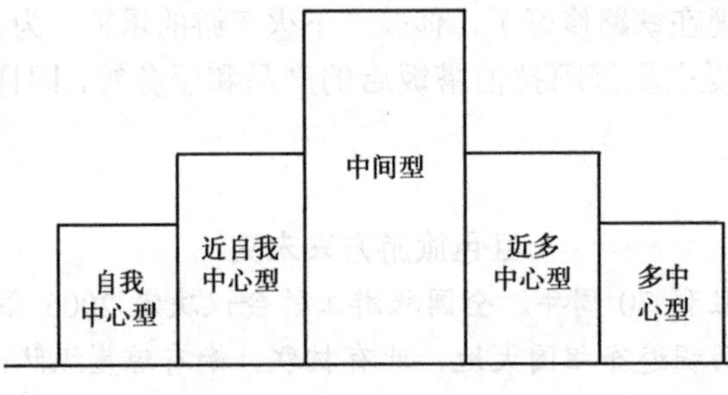

图 3.3　帕洛格心理类型模式

这五种心理类型分别称为自我中心型、近自我中心型、中间型、近多中心型和多中心型。自我中心型和多中心型代表处于两端的两种对立的性格。自我中心型的人，其特点是：思想谨小慎微，多忧多虑，不爱冒险；最强烈的旅游动机是休息与轻松；在行为表现上，这一类型的人喜安逸，好轻松，活动量小，喜欢熟悉的气氛和活动；不敢独自贸然行动，理想的旅游是一切都事先安排好的，比较欣赏团体旅游的方式，愿意到熟悉的地点旅游。多中心型心理类型的人，其特点是：思想开朗，兴趣广泛多变；行为表现上为喜新奇，好冒险，活动量大，不愿随大流；喜欢与不同文化背景的人相处，喜欢到那些偏僻的、不为人知的旅游地体验全新的经历；喜欢飞往目的地；这类人虽然也需要旅游业为其提供某些基本的旅游服务，如交通和住宿，但是更乐于有较大的自主性和灵活性，有些人甚至会尽量不使用或少使用旅游企业的产品和服务。因此，从心理特征可以看出：人们的心理越是靠近多中心型，产生旅游动机的强度越大，成为旅游者的可能性越大。

2. 人口特征

人口特征指的是人的性别、年龄和受教育程度。由于男女性别在家庭和社会两方面所处地位和作用的不同，使其旅游动机的产生和发展也有较大区别。例如，男子的主动性、冒险性、猎奇心理等，使之容易萌发出外旅游的愿望，并容易把其动机付诸实施；女性由于其被动性、求实性等心理，使其旅游动机的产生容易受其他因素的影响和制约，在把旅游动机向旅游行为转化方面，也显得犹疑、迟滞和稳重。另外，在选择旅游地、旅游工具、旅游价格方面，也有较大的心理差异。

从年龄来看，年轻人活泼好动，对自然和社会的探索需求较强，好奇心和好胜心较重，他们一般不受社会环境的约束，易于接受新思想、新观念，旅游动机产生较易，行为实施也快。中年人在工作和事业上有一定基础，有较多的生活经验，使其旅游动机倾向于求实、求稳、求名或出自专业爱好及享受方面。人到老年，由于健康及其他方面的原因，大多喜爱清静而交通方便的旅游区；有能够满足其怀古、访友需要的旅游点，也能引起他们的旅游兴趣。

身体状况是影响旅游心理的一个重要因素。身体好坏程度不仅对旅游动机的产生及强度影响极大，而且对旅游地、旅游资源的性质及旅游环境有较多要求，使旅游行为的实现受到多方面的限制。

受教育程度和文化程度越高，外出旅游的可能性越大。文化程度高，对旅游地点的的情况了解多，自信感、求知欲强，工作条件好，收入也相对高，尤其是在国际游客中，这部分人占的比例最大。

3. 社会条件

社会的政治、经济、文化及治安等因素，构成个人生活的社会环境和背景，对人们的各种社会行为均具有强烈的限制和影响作用。旅游作为一种社会人的生活方式，不可能脱离社会背景而独立存在。在现实社会中，旅游动机的产生和发展除受到政治、经济、文化、治安等要素影响外，最主要而直接的影响是旅游环境地构筑，包括国家及各级政府对旅游所持态度、所制定的有关方针、政策、鼓励及限制性措施，旅游地资源性质、特征，旅游服务设施，旅游交通及旅游热度（含游人次数、旅游收益及其他等）。如此构成了一种社会旅游环境，人们在这种环境下，根据个人状况产生各种旅游动机。

3.4 旅游者的类型

在许多具体的旅游研究和实际工作中，经常需要根据研究工作的目的，对旅游者进行分类。例如，对欧美地区的旅游宣传和接待方式，与阿拉伯地区相比是有天壤之别的，同一类旅游者在需求方面有许多的共性。

3.4.1 常见旅游者类型

目前，各国对旅游者类型划分的标准并不统一，就像对旅游活动的类型划分一样，往往人们出于各自的需要，采取不同的划分标准对旅游者进行类型划分。常见的划分标准和类型有以下七种。

1. 以国界为标准

以国界为标准是根据旅游者在旅游时是否跨越国界来进行划分的，可把旅游者分为国际旅游者和国内旅游者。二者的主要区别是游客是否跨越国界（关境），国际旅游者要征得目的地国家的许可，才可以实施旅游。一般跨越国界（关境）游客要进行旅游签证，但欧盟内的一些国家不需要进行签证。国内旅游者的旅游活动，一般不必征得目的地景区的同意。

2. 以目的地为标准

以目的地为标准是按照旅游者所要到达的目的地的地理区域或所处的地理位置来划分的。可分为邻近国旅游者、洲际旅游者和世界旅游者三种。邻近国旅游者在本大洲内的国家旅游，如日本游客到中国旅游。洲际旅游者是到其他洲参观游览的旅游者，如美国游客到中国、欧洲旅游就是洲际旅游者。世界旅游者是指以全世界作为所到目的地的，也叫环球旅游者，这类旅游者的目的地更远、更多。

按照旅游者目的地的地理位置来划分，世界旅游组织把旅游者分为欧洲旅游者、美洲旅游者、非洲旅游者、中东旅游者、南亚旅游者、东亚及太平洋旅游者等类型。

3. 以费用来源为标准

按照旅游者旅游费用的来源一般可将旅游者分为四种类型。

（1）自费旅游者。自费旅游者是指由自己来支付全部旅游费用的旅游者。随着经济的快速发展，我国自费旅游者已经成为国内游客的主力军。

（2）公费旅游者。公费旅游者是指旅游费用全部由国家、单位承担，自己不必支付任何费用的旅游者。中国政府对公务旅游有着严格的规定，禁止任何形式的公费旅游，公费旅游多是对有贡献人员的奖励性旅游。

（3）社会旅游者。社会旅游者是指享受社会福利补贴的旅游者。这种类型在国外常见，如在欧洲发达国家中较多见。瑞典是一个高福利的国家，瑞典人十分喜欢旅游，尽管人口只有 900 万，每个上班族每年享受 5 周的法定有薪假期，每当这时他们就纷纷到国外去旅游，瑞典是世界上外出旅游人数最多的国家之一。

（4）奖励旅游者。奖励旅游者是指在工作中或因参加某种活动而得到以外出旅游为奖品的旅游者。例如，奖励劳动模范的旅游，组织“五一”劳动奖章获得者、“五四”青年奖的人员，登天安门，参加国庆观礼，奖励优秀学生的科技夏令营的旅游等。

4. 以组织形式为标准

按照旅游者外出旅游的组织形式可将旅游者分为三种类型。

（1）团体旅游者。团体旅游者是一定数量的来自同一单位、组织的游客，通过旅行社的统一安排、组织和精心策划，对整个旅游团体实行统一管理、统一服务，并一次性地收取旅游费用的旅游者。团队人数一般不低于 10 人，也叫做团体包价旅游者。旅游线路、活动内容固定，旅游者的自由度较小，但是不需要自己安排行程，旅行社和其他旅游企业都有合作协议，费用一般都比较低，游客省心省钱。

（2）个体旅游者。个体旅游者平常也叫散客，是指以单个个体的形式参与旅行社组织的旅游活动的旅游者，是相对于团体旅游者而言的。旅行社把散客组成一个旅游团后，其服务就与团体旅游者一样。

（3）自助游者。自助游是近年来兴起的一种旅游方式，就好像自选商场，所有产品（服务）都明码标价，由游人根据自身条件（包括时间、预算、身体状况等）自由选择服务组合，不完全依赖旅行社套装行程的旅游类型。随着家庭汽车拥有量的剧增，“自驾游”比例增加很快，但是费用比较高昂。寒暑假一些大学生自己结伴而游，摆脱了旅行社预先安排好的行程模式，更加随心所欲，自由自在，充满了多元化的个性元素。操作起来比较烦琐辛苦，安全保障也低。

5. 以旅游目的为标准

根据旅游活动的目的和内容来对旅游者一般可分为六种。

（1）商务旅游者。商务旅游者是指以经济、商务为主要目的和内容的旅游者。既是旅游史上最早的旅游者，也是现代旅游中最多的客源之一。中国正逐步成为世界商务旅游的新热点。据国家旅游局发布的消息，从我国入境旅游市场的结构中分析，商务及会议旅游共占39.9%，已接近或超过一些发达国家的水平。

（2）公务旅游者。公务旅游者是指以公务出差、会议等为主要旅游活动内容的旅游者。他们出游的目的都是为公办事，其规模和消费水平仅次于商务旅游者，其行程主要依靠旅行社安排。

（3）休闲度假旅游者。休闲度假旅游者是指参与为了达到旅游观光、休闲娱乐、养生保健等目的的旅游活动的旅游者。他们是近些年来最常见、最普遍的旅游者，与传统的观光客相比，更注重身心的调整修养，不注重观赏价值。

（4）文化旅游者。文化旅游者是指以促进文化交流、了解民俗风情、求学、考察、考古、探险等为主要内容的旅游者。他们出游的目的是为了领略异国他乡的新奇文化、乡俗，以及不同文化之间的冲突、渗透、融合，以此来扩展视野，增长见识。伴随我国高等教育水平的提高，文化旅游者的数量和关注的范围方面都有很快的提升。

（5）宗教旅游者。宗教旅游者是指那些以宗教朝圣为主要目的的旅游者。他们有自己的观点、态度、信仰和追求，为了这些他们可以不惜一切代价，甚至付出自己毕生的精力。世界三大宗教——佛教、基督教和伊斯兰教，以及中国的佛教、道教、儒教都有大量的信众，宗教信仰激发了他们的朝圣旅游愿望。

（6）体育旅游者。体育旅游者是指以参加或观看体育活动为主要旅游内容的旅游者。奥运会、世界杯足球赛每 4 年办一次，各类其他项目的国际、洲际、国家体育赛事每年都有，从 23 届洛杉矶奥运会首次赢利后，各国、各地都热衷于争办各类大型体育赛事，以促进和提高当地旅游业的发展。人们对自身极限的挑战，对健身的关注，对体育的热爱，使得体育旅游者异军突起。

6. 以消费水平为标准

根据旅游者外出消费的情况一般可将旅游者分为三种。

（1）经济型旅游者。经济型旅游者是指具有一般收入的工薪阶层形成的旅游者。他们收入较低，外出旅游消费水平也相对较低。一般都乘坐比较廉价的汽车、火车出游，住宿多选择招待所、普通宾馆。

（2）大众型旅游者。大众型旅游者消费水平中等，比较大众化，相对而言，对旅游条件比较讲究。通常选择快速火车、飞机出游，住宿要求星级宾馆，对导游服务要求较高，相对比较挑剔。

（3）豪华型旅游者。豪华型旅游者是指那些经济条件优越、生活富有情趣的旅游者。他们出游就是为了享乐，为了舒适，对旅游要求相当高。火车要坐软卧，飞机喜欢商务舱，常住四星、五星级高档酒店，但对旅游中的购物十分反感。

7. 以交通工具为标准

以交通工具为标准是根据旅游者外出旅游时所选择的交通工具为标准来进行划分的。一般可分为飞机、火车、轮船、汽车、自行车、徒步旅游等。实际上，一次旅游可能要乘坐几种交通工具，此标准主要指从长住地到旅游目的地城市选择的是什么交通工具。

事实上，各种类型的旅游者之间会有交叉，划分的目的是为了更好地满足不同类型旅游者的需要，不是人为地把旅游者分开。

3.4.2 不同类型旅游者的需求特点

根据旅游目的的分类，讨论几种主要类型旅游者的需求特点。

1. 商务、公务旅游者

商务、公务旅游者旅游的主要目的不是观光休闲，由于公务在身，其目的明确。其主要特点如下：

（1）人数少，但次数较频繁，重游率高。普通人可能一生都不能到纽约看自由女神，可是，你如果是外交人员，可能一年要多次去联合国参加会议，看自由女神则不足为奇。

（2）没有季节性。不受余暇时间、季节、气候的限制，很多的工作时间本身就是其旅游时间。

（3）目的地选择自由度小。目的地明确，不能自由选择。

（4）消费水平较高。出于工作需要，对食住行等要求高，与身份相适应。

（5）对价格不太敏感。费用不是自费，自然不会关注旅游费用高低。

（6）对服务要求高。

（7）逗留时间固定。公务结束，立即返回，一般不会在目的地延期逗留。

2. 休闲度假旅游者

休闲度假旅游者的主要特点是：

（1）在全部外出旅游人数中所占的比例最大。

（2）季节性强。到哈尔滨观看冰灯、雪雕，只能在冬季；学生外出旅游多在寒暑假。

（3）对目的地、方式、时间选择方面有较大自由度。一般都是选择多个旅游景点游玩，很少选择一个目的地，所以方式也比较灵活，飞机、火车、轮船、汽车等可能都行，外出的时间主要是自己的余暇时间和景区的最佳接待时间。

（4）停留时间一般较长。多利用节假日出游，逗留时间一般较长。

（5）对价格较敏感。由于是自费旅游，对交通、住宿的要求不太高，注重经济实惠。

（6）重游率低。对于已经去过的景点，其吸引力会大大降低。

3. 文化旅游者

文化旅游者一般具有以下几个特点：

（1）对时间、价格不敏感。这类旅游者具有较高的文化修养，对文化有着浓厚的兴趣，一般具有较高的文化水平，其中不乏专家学者，兴趣、爱好是第一位的。

（2）消费水平高，但对旅游条件不过分追求。文化旅游者受教育水平高、收入多，对价格不敏感，消费水平较高，由于以追求精神享受和文化交流为目的，对交通、住宿的要求已实现目的为主。

（3）重游率高。对旅游线路的科学性比较敏感，可能会多次到一个地方旅游。这类旅游者对线路选择，主要看文化内涵的连续性和整体性，如果一次不能了解其全貌，他可能会重游。

4. 宗教旅游者

宗教朝拜旅游者的特点是：

（1）目的地十分明确。例如，我国是一个多宗教信仰的国家，宗教旅游者数量较多，市场规模很大，如四大佛教名山和五岳等地，旅游者常年络绎不绝。

（2）出行时间比较固定。一般都是根据宗教教义的规定，按时进行朝拜活动。

（3）重游率高。

（4）对价格不太敏感。对教义规定的香烛、纸、鞭炮等有特殊消费和要求。

（5）对接待服务有特殊要求。对宗教旅游者的接待，也要根据宗教教义的规定，以相应的宗教形式加以接待，使宗教旅游者在精神上和形式上都获得归属感。

5. 体育旅游者

（1）时间、地点固定。大型体育比赛的时间、地点是事先确定的，几乎不能更改，游客别无选择。

（2）对价格不敏感。青年人是这一群体的主力，尽管收入不高，但由于对体育的热爱，往往不计代价。

（3）重游率低。许多大型体育活动的时间不是每年都举行，地点也是每届都更换的，所以同一地点的重游率低。但是有些体育爱好者，对某一特定比赛，往往是每届必看。

（4）对旅游条件要求不高。

【案例3.5】

辛苦的球迷

2006年德国世界杯足球比赛的地点有12个，赛程从北京时间2006年6月10日至7月9日，历时一个月。世界各地的球迷蜂拥而至，为了观看比赛，许多铁杆球迷放弃了工作，忍受语言不通和气候、饮食习惯的差异，甚至买高价票。而且，各参赛球队的球迷还要追随球队在比赛城市之间辗转奔波。更有甚者，到现场看球的巴西球迷为省钱而到德国的邻国波兰去住宿。这些球迷为了世界杯，已经达到疯狂的地步，他们的坚强信念令人佩服！

本章小结

旅游者是为了某些目的离开常住地到异国他乡旅行和访问的人。为了统计上的需要，世界各国和国际旅游组织对旅游者进行了技术性界定。一般根据是否跨越国境，把旅游者划分为国际旅游者和国内旅游者。根据空间要素、时间要素、旅游动机、交通方式等因素对旅游者进行系统分类。

个人可自由支配的收入水平、闲暇时间是旅游者产生的主要客观条件，身体、家庭、社会、目的地条件是其他客观条件。旅游动机是旅游者产生的主观条件。旅游动机影响因素的多变性和旅游者特征的复杂性，决定了旅游者的多样性。

按不同标准旅游者大致可以分为七种类型，不同类型的旅游者对旅游活动的需求各有差异，掌握各种主要类型旅游者的需求特点，对旅游业的发展具有重要意义。

重点名词

旅游者　国际旅游者　国内旅游者　可自由支配收入　余暇时间
旅游动机　帕洛格心理类型　马斯洛需要理论　各种不同类型的旅游者

复习思考题

一、单项选择题

1. 旅游者是离开自己的常住地到异国他乡访问超过 24 小时的人，但不包括（　　）。

A．经商贸易的人　B．就业移民的人
C．短期进修的人　D．探亲访友的人

2. 出游次数较频繁，对旅游价格不太敏感，要求服务水平较高的是（　　）。

A．消遣型旅游者　B．差旅型旅游者
C．家庭事务型旅游者　D．自由组合型旅游者

3. 根据美国学者斯坦利·帕洛格提出的影响旅游动机的心理类型模式指出，心理类型越是近（　　）型者，外出旅游的可能性就越大。

A．自我中心　B．近自我中心
C．多中心　D．近多中心

4. 探亲访友在各类旅游动机中应属于（　　）方面的动机。

A．身心　B．文化　C．社会　D．经济

5. 采取由政府机关、工作单位、工会和社会团体提供资助的办法，组织员工外出旅游度假，这就是所谓的（　　）。

A．社会旅游　B．公费旅游　C．大众旅游　D．奖励旅游

二、填空题

1. 在旅游者的技术定义中，主要是对_______和_______两种旅游者进行了界定。

2．一日游游客是离开长住地_______以外，出游时间_______，未住宿过夜的国内游客。

3. 美国旅游学家罗伯特 W. 麦金托什提出，旅游动机可划分为四种基本类型，即_______方面的动机、_______方面的动机、_______方面的动机、地位和声望方面的动机。

4．根据旅游学对旅游活动类型的分类，按_______划分，可将旅游活动分为航空旅游、铁路旅游、汽车旅游和游船旅游等多种类型。

三、简答题

1．马斯洛需要层次理论的主要内容是什么？
2．旅游者形成的客观条件是什么？
3．旅游者形成的主观条件是什么？
4．简述常见旅游者类型。
5．分析几种主要旅游者的需求特点。

案例分析

青少年市场

由凯悦酒店所做的调查显示，十几岁的青少年愿意同他们的父母去度假，但一旦到了目的地，他们就想摆脱父母与别的青少年在一起。在 500 个被调查的青少年中有 79%的人说，在度假时，想遇到别的同龄孩子，并且与他们一起玩耍。浪漫很重要，77%的男孩和 57%的女孩希望在度假的过程中有浪漫的事发生。接近一半的人说，他们的父母让他们受不了。12%的青少年说他们在上一次度假中有自己的酒店房间；47%的青少年与父母同住一间房；还有 27%的青少年与兄弟姐妹同住一间房。孩子们对购物、观光、运动、集体烧烤和海滨集会有兴趣。

凯悦酒店在调查的基础上，确定了五个细分的青少年市场：

（1）普通的美国人——这个市场占据了整个市场的 27%。他们保守，是一个整体，并且以家庭为导向。他们听父母的话，按照他们所说的计划去参加家庭旅游，女孩更是这样。他们喜欢自然的散步，参加讨论会，观光和参加文学活动。

（2）独自流浪的人——大多数是男孩，这个细分市场占 12%。他们聪明、孤独，并且来自小型的、高收入的家庭。在度假时，他们有自己的房间。他们喜欢骑自行车、徒步旅行、玩电脑游戏，在自己的房间里玩电脑。

（3）情绪忧郁的人——很可怜，这些青少年在调查中占 28%。他们在度假时，觉得很无聊、很沮丧，他们回避有组织的活动，并且对参加同龄人的聚会也不感兴趣。

（4）年轻而不安分的人——这群人占 20%。他们任性、活跃、好冲动。他们喜欢浪漫、有组织的活动、运动和偷偷溜达。这些人更多的是男孩子。

（5）热情型的人——这群人占 12%，主要是年龄大一点的男孩子。他们喜欢去海滨和滑雪场度假，喜欢运动、喜欢冒险，并且很独立。他们常常在度假时带上一个朋友，并且与他住一个房间。

讨论题：

（1）青少年具有哪些心理特征？他们属于哪种类型的旅游者？需求特点是什么？

（2）为青少年设计度假方案应该注意哪些问题？请设计一个吸引青少年来度假的具体方案。

实训训练

请自由组合成 5～8 人的协作团队，推举团队负责人，由负责人在课外时间组织小组成员共同协作完成：

1．设计一份调查大学生寒暑假出游动机和需求特点的问卷，对学校的同学进行调查。

2．再以小组成员为调查对象，验证问卷的可靠性。

3．根据调查，写出大学生旅游动机和需求特点的总结报告。

第4章

旅游资源

【学习要点】

- 旅游资源的概念
- 旅游资源的评价
- 旅游资源的开发
- 旅游资源的保护
- 旅游资源开发与保护的关系

导入案例

乡村旅游发展为新农村建设发挥积极促进作用

国家旅游局有关负责人介绍，我国旅游业发展与农业发展进程紧密相连。20世纪80年代在我国农村地区涌现出来的第一批旅游点，大多是在当地率先富裕起来的典型。90年代开展的“旅游开发扶贫工程”中，云南的西双版纳、大理、丽江，四川的阿坝，河北的太行山区等一大批地区的农村，靠发展旅游产业实现了大面积脱贫致富。进入21世纪后，国家旅游局倡导发展以农业生产过程、农村风貌、农民劳动生活为主要吸引物的农业旅游，并开展了创建“全国农业旅游示范点”的活动，使旅游和农业的结合更加紧密化和普遍化。

河北平山县西柏坡村大力发展乡村旅游，目前村里除少数老人和在校学生外，全部从事旅游服务业，人均年收入4711元。“户户有项目、人人有活干”成为现今西柏坡人生活的生动描述。

成都市锦江区地处城市近郊，当地充分利用背靠大城市的优势，对农民房屋进行就地改造，新建绿地，培植花卉等生态产业，建设了花乡农居、幸福梅林等农家乐旅游项目。优美的田园风光，和谐的生态环境，为城市居民提供了休闲场所。当地农民不再离乡进城，而是就地市民化，探索了近郊农村推进城乡一体化的新路子。

业内人士认为，发展农业旅游，对于农业来说，有利于促进农业产业结构调整，发挥农业在生态保障、观光休闲、文化传承等方面的特殊功能；对于农村来说，有利于吸引城市的人流、资金流和信息流，促进打破城乡二元结构，培育农村经济新的增长点；对于农民来说，则有利于开阔视野、更新观念、扩大就业、增加收入，实现富余劳动力的就地转移。

在全国推行的“2006中国乡村游”主题年活动中，国家旅游局采取有效措施，展示新农村，推动新旅游，倡导新体验，树立新风尚，以旅促农，以旅助农，推动城乡互动，推进社会主义新农村建设。

乡村旅游作为一种新型旅游业形态，是以农业生产、农村风貌、农民生活与农俗风情为主要载体的特色旅游，是以农支旅、以旅富农、农旅互动，促进城乡共同发展的一种有效形式。将“三农”资源转变成现实的旅游产品，对于调整农业产业结构，增加农民收入，培养新型农民，拓宽农业发展的内涵与外延具有十分重要的作用。同时还丰富了旅游资源的内涵。那么，为什么农村的生产、生活能够成为一种旅游资源，而且方兴未艾？为什么国家会如此重视乡村生态旅游的发展？本章将为你解答这些“为什么”。

4.1 旅游资源概述

旅游资源是旅游活动的客体，是实现旅游活动的基本要素之一，是旅游业建立和发展的前提条件。旅游资源的数量、质量、利用程度、开发和保护的水平直接关系到一个国家和地区的旅游业的发展水平。因此，对旅游资源应该正确认识、合理开发利用、保护第一，使之成为富有吸引力的旅游目的地或旅游吸引物，是旅游业经营者的首要任务之一。

4.1.1 旅游资源的概念

由于学界对旅游的整体概念的理解和表述还存在差异，加上旅游资源是一个发展性的概念，所以要对旅游资源下一个具有“排他性”的定义，似乎是一件很难的事情。因此，在讨论本书对旅游资源概念的认识之前，先了解一下国内外学者对旅游资源概念的认识。

1. 国内学者对旅游资源概念的理解

从20世纪80年代开始，我国一些学者根据自己的研究从不同角度对旅游资源的概念进行了表述。

“凡是足以构成吸引旅游者的自然和社会因素，即旅游者的旅游对象或目的物都是旅游资源。”

“凡能为旅游者提供游览、观赏、知识、乐趣、度假、疗养、娱乐、休息、探险猎奇、考察研究，以及友好往来的客体和劳务，均可称为旅游资源。”

“所谓旅游资源，专指地理环境中具有旅游价值的部分，即旅游者在旅游过程中感兴趣的环境因素和可以利用的物质条件。”

“所谓旅游资源是指：自然界和人类社会，凡能对旅游者有吸引力、能激发旅游者的旅游动机，具备一定旅游功能和价值，可以为旅游业开发利用，并能产生经济效益、社会效益和环境效益的事物和因素。”

“旅游资源是指对旅游者具有吸引力的自然存在和历史文化遗产，以及直接用于旅游目的的人工创造物。”

“旅游资源是旅游地资源、旅游服务及其设施、旅游客源市场三大要素相互吸引、相互制约的有机系统，是有关这三大要素相互间吸引向性的总和。”

“自然界和人类社会凡能对旅游者产生吸引力，可以为旅游业开发利用，并可产生经济效益、社会效益和环境效益的各种事物和因素，均称为旅游资源。”

2．国外学者对旅游资源概念的理解

西方国家学者多将旅游资源称做旅游吸引物（tourist attraction），是指旅游地吸引旅游者的所有因素的总和。

前苏联地理学家普列奥布拉曾斯基等从技术经济的角度对旅游资源给出如下定义：“旅游资源是在现有技术和物质条件下，能够被用做组织旅游经济的自然的、技术的和社会经济的因素。”

3．对旅游资源概念的认识

根据以上中外学者对旅游资源的认识和看法，本着简明、实用的原则，应该从以下几个方面理解旅游资源的概念。

（1）旅游资源有吸引力，同时还要强调其社会效应、经济效应和环境效应。旅游资源应该和其他资源一样，具有一定的利用价值，即对人类有某种用处，或者说某种使用价值。而这种价值应该主要体现在对游客的吸引力上。因为游客之所以从一地到另外一地去旅游，主要是这一地有吸引他的事物存在。旅游资源也就成为这一活动产生、付诸行动的主要推动力。同时，还要注意在旅游活动中旅游资源对当地文化影响、对游客的影响、对当地经济发展的影响和对当地自然环境及社会环境的影响。

（2）旅游资源内容要始终处于变化发展中。这一点体现在两个方面：一是经济技术方面，随着科学技术的进步，必然导致旅游资源内容的不断扩大，原来不是旅游资源的事物和因素今天就有可能成为旅游资源并予以开发，如太空游等；另一方面，随着社会经济的发展和人类生活水平的提高，必然对旅游内容提出更高的要求，旅游需求多样化、个性化发展，使得过去不是旅游资源的事物和现象也发展成为旅游资源，如乡村生态旅游等。

（3）旅游资源形态的多元化。旅游资源不能只是看得见、摸得着的，这样的旅游资源只能说是物质性的。此外，旅游资源还应包括无形的，例如，生活方式、民族习惯等。例如，世界遗产，就划分为物质遗产和非物质遗产，其中物质遗产又可以细分为自然遗产、文化遗产、自然和文化双重遗产、文化景观等。

通过以上的认识，本书将旅游资源的概念定义为：旅游资源是指凡是能够对旅游者产生吸引力，能为旅游业开发和利用，并能产生经济效应、社会效应和环境效应的各种自然界和人类社会的事物和因素的总和。

4.1.2　旅游资源的特征

旅游资源与世界上其他资源一样，也有自身的特性。旅游开发者和经营者，为了正确地组织旅游业，有必要对旅游资源的特点进行深入的探讨。

1. 广泛性

旅游资源的广泛性主要表现在品种的多样性，类型的复杂性，分布的多域性。旅游资源既有看得见的自然风光和历史文化实物，又有看不见、摸不着、只能体验感受的风俗民情、传说典故。有古代的，也有现实的和新生的；有物质的，也有精神的；有经济的，也有文化的。它们从不同的形式，渗透于各个领域、各个地区。有的在天上，有的在地下，有的在海洋，有的在陆地，有的在都市，有的在乡村。

2. 时代性

旅游资源具有鲜明的时代差异。主要表现在：不同的时代，有的现象可以作为旅游资源，有的则不能作为旅游资源；同一种东西，却有不同的利用价值。这是因为不同时代的国家、不同阶层的人们，道德观念和审美观念是不同的。例如，有些革命纪念地在今天是人们凭吊革命先烈的纪念馆，而德国法西斯屠杀爱国人士的集中营、万人坑，在当时是杀人场，则是法西斯罪行的有力罪证；还有封建时代的宫阙，过去平民百姓根本不可能出入，现在却成了人民游乐观览的地方。这都说明旅游资源具有随时代而变化的特点，而这种变化的本质，就是社会时代性的差异。

3. 变异性

旅游资源还有变异性的特点。所谓变异性，就是它产生时并不具有旅游的属性，后来因某种原因，使它发生了质的变化，形成了旅游资源。相对于它初生时的用途，发生了本质的变异。例如，名人故居，在主人还未变为名家时，他的住宅不过是几间普通的房子，后来他成了名人，房子也变为旅游资源。房子前后并未变，变化的是房子的不同性质的用途。又如，美国华盛顿州的海圣伦斯火山，1980 年 5 月 18 日大爆发，喷出的 40 亿立方米的火山灰、石（其威力相当于美国投向日本广岛的原子弹 500 多倍），给附近造成近百人的死亡和失踪，全部经济损失达 10 亿美元。当时的美国总统巡察了灾区之后说："从长远观点看来，火山爆发将会使人们对它产生巨大的科学兴趣，甚至使这个地区变成旅游区……可能成为一个可与大峡谷相媲美的游客吸引地。"可见，火山也会变成一座引人注目的旅游资源。再如，我国 1976 年唐山大地震，从性质上讲，这是一次大灾难，使几十万人死亡，造成的财产损失就更难以计算。可是，震后许多地方保留的现场遗址，却成了人们参观和科学考察的基地。唐山冶金设计院有座四层楼房，受猛烈的地震破坏，上两层被甩在楼侧空地上，整整齐齐地耸立在那里。这种奇怪的地震破坏现场，深深吸引了许多游客和科学研究者。从旅游角度看，它原为非旅游资源的普通楼房建筑，后来只因地震破坏，出奇不意地变成了旅游资源。

4. 地域性

地域性主要表现在旅游资源的地方和民族特色上。所谓地方特色是指不同地域有不同的景观，例如，地中海沿岸有"3S"景观，长江中下游有水乡景观，热带海岸的红树林景观，四川盆地的方山景观，江南丘陵的红层和丹霞景观等。民族特色的景观，如中华民族、阿拉伯民族超级民族区内的景观特色。中国的园林、庙观、古建筑（亭、台、楼、榭……）等很有特色，是中华民族古老历史文化的结晶。蒙古族的"那达慕"节日、傣族的"泼水节"等，民族风情十分浓厚，富有巨大的吸引力。从世界而言，这种异族风情、异国情调更是丰富多彩，引人入胜。总之，不同国家、不同民族的历史文化和风俗民情，都是具有地域活动局限的人们经过长期的历史活动形成的，地方和民族色彩在地域上的差异变化十分鲜明。

5. 交叉性

旅游资源的交叉性主要表现在同一地区多种类型的交错分布。世界上的主要旅游地区，几乎都是自然和人文旅游资源交叉分布的综合体。自然和人文诸景观要素又往往在互相联系和制约的环境中，不断产生和发展着。很少存在孤立的、与周围其他景观要素互不联系的单一景象。任何人文旅游资源总是发育在一定的自然环境中，其观赏价值也常受自然条件的制约。例如，自然景观需要交通路线、旅馆设施和一些人工景观建筑的点缀，否则，自然旅游资源也无法开发利用，自然景观的美学价值也不能获得更高级的发展。其实，这种旅游资源的交叉性，对一个风景区具有极大的吸引力，因为游人的动机往往是多种多样的，他们出游大多是想看到更多的景观类型。所以，旅游资源的交叉性更能适应游人的观景要求，是旅游活动丰富多彩的决定性因素，也是一个旅游区开发的优势所在。

6. 永续性

纵观旅游的发展史，人们不难发现，大多数旅游资源具有无限重复使用的价值。尽管有部分旅游资源，如狩猎、垂钓、采集、购物、品尝风味等，会被旅游者消耗掉，需要自然繁殖、人工饲养、栽培和再生产来补充；但是，多数旅游资源是不会被游客消耗掉的，如参观展览、泛舟、滑冰、海水浴、太阳浴等，都具有永续使用的特点。对于这些旅游资源，游人只能带走各种印象和美感，而不能带走旅游资源本身。旅游资源的永续性，正是形成旅游业投资小、收益大、利用时间长等优点的基本原因。但是，旅游资源也有一个保护问题，包括自然环境和地方风格的保护，只有加强旅游环境的保护，才能使这种资源的永续性得到充分的利用。

7. 季节性

旅游资源的季节性是由纬度和地势、气候、日、月运动等因素决定的。纬度的差异导致太阳高度角的变化，因此出现一年四季景观的变化。严寒而漫长的冬季，使河湖封冻，树叶枯落，以绿色旅游为内容的观光业出现淡季，而以滑雪、滑冰为内容的体育旅游则进入旺季。高山峡谷区，即使在适于旅游的旺季，也会出现从山麓至山顶的景观的四季变化。总之，这种自然景观的季节性变化使旅游业出现了淡季和旺季。例如，北京香山红叶观赏，只出现在秋天很短一段时间内，错过这个机会，红叶景象就失去了观赏的价值。

8. 增智性

旅游资源一般具有文化属性。游人通过游览、参观，可以获得丰富的知识，增加智力，启迪美感，是人类智力资源开发的重要阵地。例如，北京延庆的木化石是获取古生物知识的旅游园地；西安碑林是研究古代书法的理想地方；伦敦蜡人馆是研究美术绘画的场所；北京圆明园是进行爱国主义教育的最好课堂。

4.1.3 旅游资源的类型

旅游资源的种类很多。对旅游资源进行科学的分类，是对旅游资源进行开发和评价的基础工作，也是制定旅游发展规划的重要依据。同其他事物的分类一样，对旅游资源进行分类也有很多的标准，根据不同的标准可以将旅游资源分成多种类别。可是无论采用哪种分类方法，都应该能够反映旅游资源的基本特征，包含所有的旅游资源类型。而且，需要指出的是，旅游资源的无限化已经成为目前旅游资源发展的趋势。

1. 根据旅游资源的成因和基础属性划分

自然旅游资源是构成自然环境的主题要素，如地貌、水体、气候和生物中具有旅游吸引力的部分，自然旅游资源从根本上说是属于大自然的产物；人文旅游资源，是指有人类活动所产生，能够吸引旅游者产生旅游动机，并能被利用开发为旅游活动的一切事物和因素。

属性是指对象的特性、特征，包括状态、动作、关系等方面。旅游资源的属性是指旅游资源的性质、特点、存在形式、状态等。根据成因可以将旅游资源划分为自然旅游资源和人文旅游资源两大类，根据其内部属性的共性和差异性划分出次一级的旅游资源类型。根据这一标准可以将旅游资源划分为 2 个大类、13 个主类、53 个亚类，详见表 4.1。

表 4.1 旅游资源分类表

大类	主类	亚类	大类	主类	亚类
自然旅游资源	地质景观类	地质过程形迹	人文旅游资源	历史遗址类	史前人类活动遗址
		山体、石体和峡谷			古代历史文化遗址
		自然灾变遗迹			近代革命活动遗址
		沙石地貌			世界文化遗产
		岛礁景观		古代建筑类	宫殿与庙坛建筑
		洞穴地貌			城防与军事建筑
	水域风光类	河段景观			交通与水利建筑
		湖泊与沼泽景观			著名景观建筑
		瀑布景观		古典园林类	西方园林
		泉水景观			东方园林
		海洋景观		宗教文化类	佛教文化
		冰雪景观			道教文化
	气候气象类	气象与天象景观			伊斯兰教文化
		旅游气候			基督教文化
	生物景观类	植物景观		古代陵墓类	中外帝王陵墓
		动物景观			历史名人陵墓
				旅游商品类	菜系与风味小吃
					地方土特产
					工艺品
					美术作品
					纪念制品

续表

大 类	主 类	亚 类	大 类	主 类	亚 类
自然旅游资源	综合自然景观类	自然保护区 自然风景名胜区 森林公园 地质公园 世界自然遗产	人文旅游资源	人文活动类	民族文化 文学艺术 婚俗与特色食宿 传统节庆活动 现代节庆活动
				城镇与产业观光类	历史文化名城 特色小城镇 特色民居 现代都市风光 产业观光

2．根据旅游资源的开发利用方式划分

根据旅游资源开发利用的变化特征和利用方向，并结合旅游资源的性质和成因，可以将旅游资源划分为原生性旅游资源和萌生性旅游资源。

（1）原生性旅游资源。所谓原生性旅游资源，是指那些在成因、分布上具有相对稳定性和不变性特点的自然、人文景观和因素。一般具有不可再生性、地域性和垄断性等特点。原生性旅游资源是天然赋予的，或者是人类文明的结晶，一旦毁坏就无法复原。山川风光、气候资源、文物古迹、传统习俗、风味特产等都属于原生性旅游资源的范畴。

（2）萌生性旅游资源。所谓萌生性旅游资源，是指那些在成因、分布上具有变化性特征的自然、人文景观和因素。一般具有再生性而不具有地域性和垄断性等特点，是在社会经济文化发展过程中，对原有旅游资源进行不断开发和利用的过程中，逐渐创造出的新型的旅游资源。

3．根据旅游资源的等级标准划分

按照旅游资源的等级（吸引级别），可把旅游资源划分为世界级旅游资源、国家级旅游资源、省级旅游资源和县级旅游资源。

（1）世界级旅游资源。

世界级旅游资源一般具有世界性的、普遍性的观赏、历史和科学价值，在国际上具有很高的知名度，能够吸引世界各地的旅游者，如世界遗产。

小资料

世 界 遗 产

1．物质文化遗产

世界文化遗产和自然遗产是人类祖先和大自然的杰作，有效保护世界文化遗产和自然遗产，就是保护人类文明和人类赖以生存的环境。1972 年 11 月 16 日，联合国教科文组织大会第 17 届会议通过的《保护世界文化和自然遗产公约》，对文化遗产和自然遗产分别规定了定义。

文化遗产——① 文物：从历史、艺术或科学角度看，具有突出、普遍价值的建筑物、雕刻和绘画，具有考古意义的成分或结构，铭文、洞穴、住区及各类文物的综合体；建筑群：从历史、艺术或科学角度看，因其建筑的形式、同一性及其在景观中的地位，具有突出、普遍价值的单独或相互联系的建筑群；② 遗址：从历史、美学、人种学或人类学角度看，具有突出、普遍价值的人造工程或人与自然的共同杰作以及考古遗址地带。

自然遗产——从美学或科学角度看，具有突出、普遍价值的由地质和生物结构或这类结构群组成的自然面貌；从科学或保护角度看，具有突出、普遍价值的地质和自然地理结构以及明确划定的濒危动植物物种生态区；从科学、保护或自然美角度看，只有突出、普遍价值的天然名胜或明确划定的自然地带。

文化景观——① 由人类有意设计和建筑的景观，包括出于美学原因建造的园林和公园景观，它们经常（但并不总是）与宗教或其他纪念性建筑物或建筑群有联系；② 有机进化的景观，它产生于最初始的一种社会、经济、行政及宗教需要，并通过与周围自然环境的相联系或相适应而发展到目前的形式；③ 关联性文化景观，这类景观列入《世界遗产名录》，以与自然因素、强烈的宗教、艺术或文化相联系为特征，而不是以文化物证为特征。庐山风景名胜区是我国“世界遗产”中的唯一文化景观。

中国于 1985 年 12 月 12 日加入《保护世界文化和自然遗产公约》。1999 年 10 月 29 日，中国当选为世界遗产委员会成员。中国于 1986 年开始向联合国教科文组织申报世界遗产项目。自 1987 年至 2008 年 7 月，中国先后被批准列入《世界遗产名录》的世界遗产已达 37 处。中国世界遗产名录如表 4.2 所示

表 4.2 中国世界遗产名录

遗 产 名 称	所 在 省 份	批 准 时 间	遗 产 种 类
长城	北京	1987.12	文化遗产①
明清皇宫（北京故宫、沈阳故宫）	北京、辽宁	1987.12	文化遗产⑦
秦始皇陵及兵马俑	陕西	1987.12	文化遗产
敦煌莫高窟	甘肃	1987.12	文化遗产
周口店北京猿人遗址	北京	1987.12	文化遗产
泰山	山东	1987.12	文化与自然双重遗产
黄山	安徽	1990.12	文化与自然双重遗产
武陵源国家级名胜区	湖南	1992.12	自然遗产
九寨沟国家级名胜区	四川	1992.12	自然遗产
黄龙国家级名胜区	四川	1992.12	自然遗产
布达拉宫	西藏	1994.12	文化遗产②③
承德避暑山庄及周围寺庙	河北	1994.12	文化遗产
曲阜的孔庙、孔府及孔林	山东	1994.12	文化遗产
武当山古建筑群	湖北	1994.12	文化遗产
庐山风景名胜区	江西	1996.12	文化景观
峨眉山—乐山风景名胜区	四川	1996.12	文化与自然双重遗产
丽江古城	云南	1997.12	文化遗产
平遥古城	山西	1997.12	文化遗产
苏州古典园林	江苏	1997.12	文化遗产④
颐和园	北京	1998.11	文化遗产

续表

遗 产 名 称	所 在 省 份	批 准 时 间	遗 产 种 类
天坛	北京	1998.11	文化遗产
大足石刻	重庆	1999.12	文化遗产
武夷山	福建	1999.12	文化与自然双重遗产
青城山和都江堰	四川	2000.11	文化遗产
龙门石窟	河南洛阳	2000.11	文化遗产
明清皇家陵寝：明显陵（湖北钟祥市）、清东陵（河北遵化市）、清西陵（河北易县）、盛京三陵（辽宁沈阳市）	湖北、河北、辽宁	2000.11	文化遗产[⑥⑦⑧]
古村落：西递、宏村	安徽	2000.11	文化遗产
云冈石窟	山西大同	2001.12	文化遗产
三江并流	云南	2003.7	自然遗产
高句丽王城、王陵及贵族墓葬	吉林集安	2004.7	文化遗产
澳门历史城区	澳门	2005.7	文化遗产
大熊猫栖息地	四川	2006.7	自然遗产
安阳殷墟	河南	2006.7	文化遗产
中国南方喀斯特	云南石林、贵州荔波、重庆武隆	2007.6	自然遗产
开平碉楼与村落	广东	2007.6	文化遗产
福建土楼	福建永定、南靖、华安	2008.7	文化遗产
三清山	江西上饶	2008.7	自然遗产

① 2002年11月，中国唯一的水上长城辽宁九门口长城通过联合国教科文组织的验收，作为长城的一部分正式挂牌成为世界文化遗产。

② 2000年11月，拉萨大昭寺作为布达拉宫世界遗产的扩展项目被批准列入《世界遗产名录》。

③ 2001年12月，西藏拉萨罗布林卡作为布达拉宫历史建筑群的扩展项目被批准列入《世界遗产名录》。

④ 2000年11月，苏州艺圃、藕园、沧浪亭、狮子林和退思园5座园林作为苏州古典园林的扩展项目被批准列入《世界遗产名录》。

⑥ 2003年7月，北京市的十三陵和江苏省南京市的明孝陵作为明清皇家陵寝的一部分收入《世界遗产名录》。

⑦ 2004年7月，沈阳故宫作为明清皇宫文化遗产扩展项目列入《世界遗产名录》。

⑧ 2004年7月，盛京三陵作为明清皇家陵寝扩展项目列入《世界遗产名录》。

2. 非物质文化遗产

非物质文化遗产又称无形遗产，是相对于有形遗产，即可传承的物质遗产而言的概念。它是指各民族人民世代相承的、与群众生活密切相关的各种传统文化表现形式（如民俗活动、表演艺术、传统知识和技能，以及与之相关的器具、实物、手工制品等）和文化空间。入选联合国教科文组织“人类口述和非物质遗产代表作”的中国项目如表4.3所示。

表 4.3　中国人类口述和非物质遗产名录

名　称	批准时间
昆曲	2001.5
古琴	2003.11
新疆维吾尔木卡姆艺术	2005.11
蒙古族长调民歌	2005.11

（资料来源：联合国教科文组织世界遗产中心官方网站）

（2）国家级旅游资源。

国家级旅游资源一般具有重要的观赏、历史和科学价值，在国内外知名度颇高，能够吸引国内外的游客。例如，我国的国家级历史文化名城、国家级风景名胜区等。

小资料

国家历史文化名城

根据《中华人民共和国文物保护法》，历史文化名城是指“保存文物特别丰富，具有重大历史文化价值和革命意义的城市”。中国历史文化名城由国务院审批。截止到 2007 年 9 月，国家已公布三批及 11 座增补城市，共计 110 座。

● 按公布时间分布

第一批历史文化名城，1982 年公布，24 个：

北京、承德、大同、南京、苏州、扬州、杭州、绍兴、泉州、景德镇、曲阜、洛阳、开封、江陵、长沙、广州、桂林、成都、遵义、昆明、大理、拉萨、西安、延安。

第二批历史文化名城，1986 年公布，38 个：

上海、天津、沈阳、武汉、南昌、重庆、保定、平遥、呼和浩特、镇江、常熟、徐州、淮安、宁波、歙县、寿县、亳州、福州、漳州、济南、安阳、南阳、商丘、襄樊、潮州、阆中、宜宾、自贡、镇远、丽江、日喀则、韩城、榆林、武威、张掖、敦煌、银川、喀什。

第三批历史文化名城，1994 年公布，37 个：

正定、邯郸、新绛、代县、祁县、哈尔滨、吉林市、集安、衢州、临海、长汀、赣州、青岛、聊城、邹城、临淄、郑州、浚县、随州、钟祥、岳阳、肇庆、佛山、梅州、海康、柳州、琼山、乐山、都江堰、泸州、建水、巍山、江孜、咸阳、汉中、天水、同仁。

增补城市 11 处（2001—2007）：

山海关区（秦皇岛）、凤凰县、濮阳、安庆、泰安、海口、金华、绩溪、吐鲁番、特克斯、无锡。

● 按省份分布

直辖市：北京、天津、上海、重庆

河　北：保定市、承德市、正定县、邯郸市

山　西：平遥县、大同市、新绛县、代县、祁县

内蒙古：呼和浩特市

黑龙江：哈尔滨市

吉　林：吉林市、集安市

辽　宁：沈阳市

江　苏：南京市、徐州市、淮安市、镇江市、常熟市、苏州市、扬州市、无锡市

浙　江：杭州市、绍兴市、宁波市、衢州市、临海市、金华市

福　建：福州市、泉州市、漳州市、长汀县

江　西：南昌市、赣州市、景德镇市

安　徽：亳州市、歙县、寿县、绩溪县

山　东：济南市、曲阜市、青岛市、聊城市、邹城市、淄博市、泰安市

河　南：郑州市、洛阳市、开封市、安阳市、南阳市、商丘市、浚县

湖　北：武汉市、荆州市、襄樊市、随州市、钟祥市

湖　南：长沙市、岳阳市、凤凰县

广　东：广州市、潮州市、肇庆市、佛山市、梅州市、雷州市

广　西：桂林市、柳州市

海　南：琼山市、海口市

四　川：成都市、自贡市、宜宾市、阆中市、乐山市、都江堰市、泸州市

云　南：昆明市、大理市、丽江县、建水县、巍山县

贵　州：遵义市、镇远县

西　藏：拉萨市、日喀则市、江孜县

陕　西：西安市、延安市、韩城市、榆林市、咸阳市、汉中市

甘　肃：张掖市、武威市、敦煌市、天水市

青　海：同仁县

宁　夏：银川市

新　疆：喀什市、吐鲁番市、特克斯县

（3）省级旅游资源。具有地方特色，在省内外具有一定的知名度，也具有一定的欣赏、历史和科学价值，如省级文物保护单位。

（4）县级旅游资源，类旅游资源在本地区具有较大的吸引力，地方特色浓厚，受到当地游客的喜爱，如县级风景名胜区。

4．其他分类标准

（1）按照有关旅游资源是否可再生程度，可将其划分为可再生性旅游资源和不可再生性旅游资源。

（2）根据目前旅游资源的使用状态，可将其划分为现实性旅游资源和潜在性旅游资源。

（3）根据旅游资源的表现状态，可将其划分为有形（显性）旅游资源和无形（隐性）旅游资源。

4.2　旅游资源的评价

旅游资源评价，是对不同地域的旅游资源的组合特点及由此而产生的质和量的差异、对旅游吸引力的大小进行的科学划分。包括确定一定地域范围内旅游资源的类型特征、空间结

构、数量和质量等级、开发潜力和开发条件。其目的在于确定旅游资源的开发价值和开发顺序，明确建设方向，这是旅游资源开发规划的重要内容。

4.2.1 旅游资源评价的意义

1. 旅游资源评价是旅游资源开发的前提条件

在了解了旅游资源的基本状况后，还必须进行有意识的开发，才可使旅游资源潜在的价值转化成现实的社会经济优势。这就要对旅游资源进行系统的评价，以确定其是否值得开发、如何开发、何时开发、为谁开发及其开发方向。因此，旅游资源评价是在了解旅游资源基本情况的条件下进行的深层次的工作，是进行旅游资源开发的前提条件。

2. 旅游资源评价为旅游规划的合理进行提供科学保证

对于一个旅游区（可以是宏观上的旅游区，也可以是微观上的旅游区）来说，旅游资源可能多种多样，其自身的特点和所处的地理位置会有不同。这样就不可能对区域内的所有旅游资源同时进行全面的开发，必须通过制定合理的旅游规划有步骤、有秩序的进行。而做到这一点的前提，是对区域内的旅游资源的特点、区位、开发利用条件等进行综合评价，从而得出针对不同的旅游资源进行不同的开发政策。

3. 旅游资源评价为旅游区和旅游资源的等级划分和管理奠定基础

通过对旅游资源的价值和规模水平等的评价和鉴定，确定旅游资源所在区域的等级（如世界级旅游区、国家级旅游区、省级旅游区等），从而为国家和地区进行分级规划和管理提供系统资料和判断对比的标准。如前所述，具有世界意义的旅游资源地，可以申报世界遗产，作为世界遗产地进行管理，此外还有国家级历史文化名城、省级历史文化名城等。

4.2.2 旅游资源评价的原则

旅游资源评价工作，涉及面广、情况复杂，目前还没有形成统一的认识基础和评价标准。为了使旅游资源评价做到公正、客观，结果准确、可靠，一般应该遵循以下基本原则。

1. 全面系统的原则

旅游资源是多种多样的，它的价值和功能也是多层次、多形式、多内容的，这就要求在进行旅游资源评价的时候，不仅要注重对旅游资源本身的成因、特点、质量、数量等因素的评价，还要把该旅游资源所处区域的区位、环境、客源、交通、经济发展水平、建设水平等开发利用条件，作为外部条件纳入评价的范畴，综合衡量，全面完整的进行系统评价，准确的反映旅游资源的整体价值。

2. 动态发展的原则

旅游资源的特征及开发的外部社会经济条件，是不断变化和发展的。这就要求旅游资源评价工作不能囿于现状，陷入僵化和形而上学中，而必须具有动态发展的观点，用发展和进步的眼光看待变化趋势，从而对旅游资源及其开发利用前景做出积极、全面和正确的评价，特别要注意避免一味夸大其词、盲目拔高的通病。

3．兼顾三种效益的原则

前文已经讨论过，旅游资源具有三方面的效益：经济效益、社会效益和环境效益。要充分合理的利用旅游资源，发挥其潜在的资源优势，获得更多的综合效益。

4．定性与定量相结合的原则

常用的旅游资源的评价方法，一般有定性和定量两种。定性研究方法使用简便，应用范围广，包含的内容丰富，但缺乏可比性，只能反映旅游资源的概况，主观色彩较浓厚；定量分析是根据一定的评价标准和评价模型，用全面、系统的方法将旅游资源的各种评价予以客观量化处理，其结果具有可比性。在实际工作中，这两种方法必须密切结合，才能达到预期的目标。

4.2.3　旅游资源评价的内容

由于旅游资源设计范围比较广，结构复杂，种类和性质也千差万别，因此目前还没有一个明确的统一的评价指标体系。一般来说，旅游资源评价的内容应该包括以下几个方面。

1．旅游资源价值评价

（1）旅游资源的特色评价。“特色”是旅游资源吸引旅游者出游的关键因素，是旅游资源开发的灵魂，通过对旅游区的调查，比较它与其他资源的特色，为确定旅游资源开发的方向和旅游项目的建设提供决策依据。

（2）旅游资源的价值与功能评价。旅游资源的价值和功能决定开发的功能。拥有观赏、历史、文化、科学、经济和社会等价值的旅游资源，一般具有观光、度假、健身、商务、探险、科考、娱乐等功能，据此可以决定开发的方式和开发的前景。

（3）旅游资源的结构和规模评价。一些独立的旅游景观，即使其再有特色和价值，开发的价值可能并不高。只有在一定的地域和时间内，多种旅游景观的协调和组合，形成一定的规模的旅游资源结构模式，才能形成一定的开发规模和较高的经济效益，这是旅游资源评价不可缺少的部分。

2．旅游开发条件评价

（1）区位条件评价。区位条件包括旅游资源所在的地理位置、交通条件及与周边的旅游区之间的关系。世界上很多旅游点因其特殊的地理位置使其增强了吸引力。例如，位于经度和时间起点的英国皇家天文台，赤道上的厄瓜多尔的加拉加利镇，均成世界旅游热点地区。旅游资源区的交通区位条件也决定了旅游资源开发的难易程度，调查区若有名山、名湖、名城等旅游热点，能有利于旅游资源的成片开发。

（2）旅游投资条件评价。旅游资源开发需要大量的资金，需要吸引国内外的投资。调查区的区位条件、社会经济环境，以及当地的优惠政策会直接影响投资者的决策。为此有必要寻求一种既有旅游区收益又能给投资者极大回报的良策，以发挥旅游资源的开发效应。

（3）客源条件评价。游人的数量是与经济效益挂钩的，没有一定的客源保证，旅游区很难生存。客源条件有一个时空问题，在时间上，客源的分布不均形成淡旺季；在空间上，客源的分布不均又形成旅游的热点和冷点地区。旅游区开发之前要充分考虑客源状况，找准目标市场，评价市场规模。

（4）旅游资源开发现状条件评价。有的调查区旅游资源已有一定的开发利用程度，评价时，应注意已开发的成功经验和失败教训，找出存在的主要问题，为下一步旅游资源的开发和保护提供建设性的意见。

3. 旅游容量评价

旅游容量是指在可持续发展前提下，旅游区在某一时段内，其自然环境、人工环境和社会环境所能承受的旅游及其相关活动在规模和强度上的极限值（最大值）。它包括以下几方面的容量。

（1）旅游观赏容量评价。旅游观赏容量是指在单位时间内某一旅游区域保证旅游者满意观赏需要所接待的旅游者最大数量。

（2）旅游生态环境容量评价。旅游生态环境容量是指单位时间内旅游景区景点生态环境最大接待的旅游者数量，反映生态环境对旅游者及旅游活动的承载力。超过这一界限，旅游者就会对生态环境造成不良影响。

（3）旅游经济容量评价。旅游经济容量是指旅游当地的经济条件所能决定的接待旅游者的最大数量。旅游点的交通条件、接待设施、卫生条件都对旅游者的数量有很大的影响。

（4）社会心理容量评价。社会心理容量是指旅游接待地在单位时间内从社会心理上能够接受的旅游者最大数量，它反映了旅游活动对当地居民在心理上产生的效应。当旅游者超过这一界限，当地居民会从心理上反感、愤怒，甚至敌视旅游者。

4.2.4 旅游资源评价的方法

国外旅游资源的评价工作已有 30 多年历史，评价方法很多，但从总体来看，其方法无非有两种：主观评价和客观评价。主观评价，就是指评价者在考察之后根据自己的印象和好恶所做的评价，一般多用定性描述的方法，由于个人意见的局限，常常带有主观色彩。客观评价，又分为供给评价和供给—需求评价。供给评价指对旅游资源的实际情况进行深入细致的调查和分析后做出的评价；供给—需求评价指在供给评价的基础上，进而对现实的和潜在的旅游者的需求（结构、类型等）做出调查，然后就供给和需求结合起来做出的评价。无疑，这种供给—需求评价对旅游规划和建设的指导作用是最有意义的，由于它采用的是定量的评价方法，所以在客观效果上又优于采用定性描述形式的主观评价方法。下面简单介绍几种定性评价方法和定量评价方法。

1. 定性评价方法

定性评价方法的代表是卢云亭，其方法概括为三种：三大价值、三大效益和六个条件。

（1）三大价值的评估。

三大价值指旅游资源的历史文化价值、艺术观赏价值和科学考察价值。

① 历史文化价值。属于人文旅游资源范畴。评价历史古迹，要看它的类型、年代、规模和保存状况及其在历史上的地位。例如，河北省赵州桥是我国现存最古的石拱桥，其建筑特色在我国桥梁史上具有划时代的意义，在世界桥梁史上也占有重要的地位，因而有较大的历史文化价值。此外，许多风景名胜区还有不少题记、匾额、楹联、诗画、碑刻等，它们既是观赏的内容，也是珍贵的历史文化艺术。例如，岳阳楼，只因宋代范仲淹写了一篇有哲理、

有意义的《岳阳楼记》后，才使这座江南古楼名扬四海，无人不晓。

可见，古迹的历史意义是评价历史文物价值的主要依据。我国公布的国家级、省级、地区级、县级重点文物保护单位，就是根据它们的历史意义、文化艺术价值确定的。一般来说，越古、越稀少，越珍贵；越出于名家之手，其历史意义越大。

② 艺术观赏价值。主要指客体景象艺术特征、地位和意义。自然风景的景象属性和作用各不相同，其种类越多，构成的景象也越丰富多彩。主景、副景的组合，格调和季节的变化，对景象艺术影响极大。若景象中具有奇、绝、古、名等某一特征或数种特征并存，则旅游资源的景象艺术水平就高；反之则低。例如，华山以险为绝，泰山以雄为奇，庐山瀑布最著名，峨眉山有三大自然景色（日出、云海、宝光），雁荡山有四大奇观（峰、瀑、洞、石）和“三绝”（灵峰、灵岩、大龙湫瀑布）。

这些奇、绝、名、胜都是对风景旅游资源艺术景象的高度评价。评价时有三种比较方法值得注意：一是地方色彩的浓郁程度，即个性的强弱程度；二是历史感的深浅；三是艺术性的高低。旅游地学家要善于运用上述原则，确定其艺术观赏级别和价值。

③ 科学考察价值。指景物的某种研究功能，在自然科学、社会科学和教学上各有什么特点，为科教工作者、科学探索者和追求者提供现场研究场所。我国有许多旅游资源在世界和中国都具有高度的科学技术水平，获得了中外科学界的赞誉。例如，西安和北京，作为中国历史前期和后期最为重要的两座都城，在旅游资源方面，不仅数量居全国各大城市首位，而且许多是全世界、全国最富科学价值的文物古迹。据统计，北京居世界第一位的旅游资源有 7 项，居中国第一位的有 42 项。这些旅游资源，科技价值涉及数十个专业，可供国家从事不同专业的科教工作者作为研究考察的对象。被誉为“是我国旅游资源荟萃之都，是中国古文化的一部百科全书，是一座中外难得的历史文化宝库，是世界任何大城市无与伦比的”。古都西安，其旅游资源的科学研究价值也非常丰富，从公元前 11 世纪建都始，先后经西周、秦、汉、西晋、隋、唐等 11 个朝代，历时长达 1100 多年，成为我国历史上建都朝代最多、历时最长的古都。西安的这一特点，决定了它历史文化古迹的丰富性。例如，秦始皇陵发现的兵马俑，规模之大、壮观之举，都是史无前例的，被人们称为“世界最大的地下军事博物馆”。它是研究历史、雕塑、军事、美术的科学园地。

（2）三大效益的评估。

三大效益指经济效益、社会效益和环境效益。经济效益主要包括风景资源利用后可能带来的经济收入。这种评估必须实事求是，不能夸大和缩小。因为它是风景区开发可行性的重要条件。社会效益指对人类智力开发、知识储备、思想教育等方面的功能。它可以给游人哪些知识、赋予何种美德，这些都需要进行科学的评价。环境效益指风景资源的开发，是否会对环境、资源导致破坏。旅游地理学家可以通过综合考察，分析各种利弊条件，对风景区的环境效益做出评估。

（3）六大条件的评估。

旅游资源的开发，必须建立在一定的可行性的条件基础上。这些条件最重要的是六个方面，即景区的地理位置和交通条件、景物或景类的地域组合条件、景区旅游容量条件、施工难易条件、投资能力条件、旅游客源市场条件。

① 地理位置及交通条件。地理位置是确定景区开发规模、选择路线和利用方向的重要因素之一。它不仅影响风景的类型和特色，而且影响旅游市场客源。例如，位于北纬 53° 的黑龙江漠河镇，由于太阳高度角在全国最低，冬长夏短或基本无夏的气候条件，使之具有中国

独具一格的旅游风景资源，如观赏白夜、极光等，被人们誉为“北极村”、“不夜城”，同时，可以考虑开发冰雪旅游等项目，使之具有不同于其他地方的旅游特色。

但是，这些旅游区的开发工作，绝不能只考虑其景观特色。因为旅游景观虽好，而地理位置太偏远，路途交通费用过大，时间过长，也会直接影响旅游客源市场。同样还是这个漠河，漠河位于中国的最北端，距离我国主要的客源市场较远，其交通状况较黑龙江其他地区更不方便，其观览最佳时间是在夏至前后短暂的几天，游人相对比较集中，但数量不会很多。所以旅游点的“可进入性”很大程度取决于优越的位置和方便的交通。一个旅游区景色再美，但交通不便，行程困难，那也很难招徕游客。可见位置和交通条件是评价旅游区开发的重要条件之一。

② 景象的地域组合条件。这是评价旅游资源的又一重要指标。一个景区内如果景点组合分散，景点相距遥远，或位置偏僻，交通不便，可进入性差，就大大降低了它的旅游价值，也影响了它的开发程序。例如，桂林之所以成为著名的旅游区，就是因为桂林的风景点相对比较集中，又有漓江环绕，是山水组合成浑然一体的风景区，加上可入性条件好，故桂林旅游资源观赏价值高。

评价景象的地域组合，还有一个重要任务是区分主体景观类型和非主体景观类型。一个风景区是由许多相互关联的景观要素构成的，其中一些要素为主景要素，即对风景区景观特色有支配作用的要素，它的存在使风景区具有某种特殊的吸引力和感染力；另一些要素则起衬托、辅助作用，对风景区的艺术特色不起决定作用。所以旅游经营者，要善于用综合的方法，抓住各种风景要素的主体要素，突出其主景和特色的评价，同时又能顾及其他风景要素的研究。

总之，在评价景观要素的组合变化时，特别要注意两点：一是自然和人文资源的互补性，自然资源是基础人文资源的补充、发挥和创造；二是要素组合的协调程度，正是在这千变万化的组合中，体现了地方风貌，形成了旅游地的个性。

③ 景区旅游容量条件。旅游环境容量，是指开发地的容人量（人/平方米）和容时量（小时/景点）。容人量是指旅游单位面积所容纳的游人数量，它是风景区的用地、设施和投资规模设计时的依据。容时量指景区游览时所需要的基本时间，它体现了风景区的游程、内容、景象、布局和建设时间等，旅游资源越复杂、越含蓄、越有趣味，它的容时量就越大，相反一目了然的景象容时量就小。

2．定量评价方法

（1）层次分析法。

层次分析法最早的创始人是美国的运筹学家 A.L.Saaty 提出的。层次分析法是将复杂的问题分解成若干层次，在比原问题简单得多的层次上逐步分析，将人的主观判断用数量的形式表达出来。分析的主要步骤如下。

① 将旅游资源的评价划分为大类、类和层等，构成旅游资源评价模型树，如图 4.1 所示。

② 给出评价因子的大类、类、层的权重，对模型树中各层次分别建立反映其影响关系的判断矩阵，通常应用特尔菲法，即专家咨询法，获得评价因子排序权重及次位。

③ 根据权重排序，以 100 分为总分，按权重赋予各个因素分值，就得到旅游资源定量评价参数表。

④ 根据各评价因子的权重，确定基本评价因子的指标分。

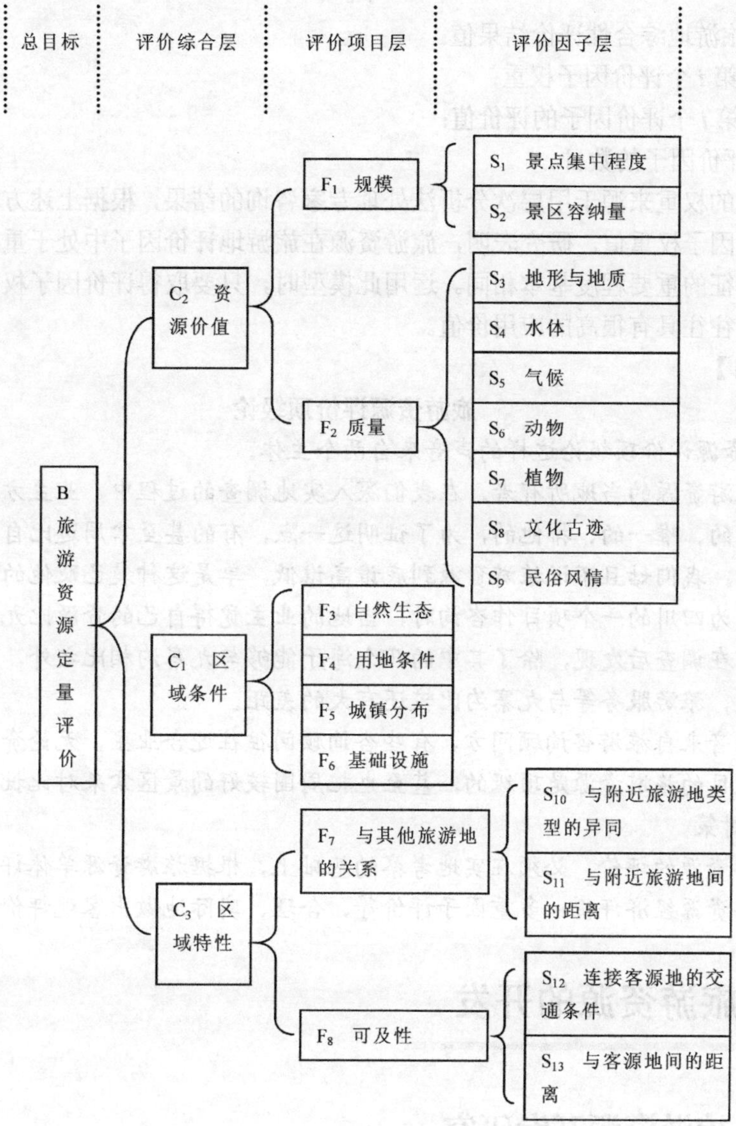

图 4.1　旅游资源评价模型树

（2）中国观赏型旅游地评价方法。

中国观赏型旅游地评价方法的典型代表是楚义方建立的中国观赏型旅游地评价模型，该评价方法分为三个部分：

① 旅游资源评价；

② 旅游地区域条件评价；

③ 旅游地区位特征评价。

相应的评价因子模型如图 4.1 所示。评价的数量模型采用菲什拜因·罗森伯格关于旅游地综合性评价模型，即

$$E=\sum_{i=1}^{n}Q_iP_i$$

式中 E——旅游地综合性评价结果值；

Q_i——第 i 个评价因子权重；

P_i——第 i 个评价因子的评价值；

n——评价因子的数目。

评价因子的权重来源于用层次分析法处理专家咨询的结果，根据上述方法获得中国观赏型旅游地评价因子权重值。研究表明，旅游资源在旅游地评价因子中处于重要的地位，区域条件和区位特征的重要程度基本相同。运用此模型时，只要取得评价因子权重和评估的方法适当，其结果往往具有很高的应用价值。

【案例 4.1】

旅游资源评价顶级论

1. 旅游资源评价顶级论这样的声音来自两个主体。

一个是旅游资源的当地所有者。在我们深入实地调查的过程中，业主方往往会觉得这样的资源是顶级的、唯一的、排他的，为了证明这一点，有的甚至拿周边比自己更出名的景点当靶子来批判。我们姑且不说旅游资源到底谁高谁低，单是这种褒己贬他的行为似缺乏客观心态。我们在为四川的一个项目作咨询时，当地的业主觉得自己的资源比九寨沟的山水好很多倍，但我们在调查后发现，除了其中的几个海子能够与九寨沟相比之外，其他整体景观效果、道路交通、旅游服务等与九寨沟比较还有大的差距。

另一个声音来自旅游咨询顾问方，有些咨询顾问往往迎合业主，无论资源处在什么样的等级都说该项目的旅游资源是顶级的，甚至也把周围较好的景区拿来对比批判。

2. 解决对策

对于旅游资源的评价，必须在实地考察的基础上，根据旅游资源单体评价、旅游资源等级评价和旅游资源经济评价、多重因子评价等，合理、实际地做出客观评价。

4.3 旅游资源的开发

4.3.1 旅游资源开发研究

1. 旅游资源开发的概念

“开发”一词，一般是指人们对资源及其相关方面进行综合利用的过程。所谓旅游开发，是在一定国土范围之内，为吸引和接待旅游者而进行的旅游设施建设和旅游环境培育等综合性的社会和技术经济活动。这是一项复杂的系统工程，涉及旅游资源状况和开发利用前景、客源市场分析与预测、国家或地方旅游开发政策、旅游开发地的经济承载能力，以及社会环境等因素。其中，即包括了旅游设施、旅游吸引物建设（旅游资源的开发活动），也包含一些非技术性的活动内容，如客源市场的开拓、生态环境的治理或社会环境的优化等问题。因此，旅游资源开发是旅游开发的组成部分，是针对旅游资源所进行的开发活动，即把旅游资源加工改造成具有旅游功能的旅游吸引物或旅游环境的经济技术活动。

2．旅游资源开发的层次

传统的旅游资源开发模式，以发挥、改善、提高旅游资源的吸引力为重点，重视各区域之间的合理布局，在充分统筹安排各区域的工程建设和合理利用各项资源——土地资源、人力资源、财力资源、景观资源等的基础之上，使旅游资源的吸引力得到最大限度的利用。而现代旅游资源的开发，是以旅游资源的经济效益、社会效益和环境效益的均衡发展为核心，以旅游者不断提高的旅游需求和体验为导向，把人力、物力、财力和信息的最优分配和利用作为重要手段，努力创建自然—经济—社会三方面相互协调的旅游环境。所以，传统的旅游资源开发模式所开发出的旅游产品在层次上多为陈列观光式和表演式产品，以满足旅游者观光、猎奇的需要；而现代旅游资源开发是以满足旅游者休闲、娱乐和求知的需要为前提，开发出以自然风光或人文景观为基础、民俗风情为渲染，可以亲身体验和参与的多层次的、多功能的立体型的旅游产品，如表 4.4 所示。

表 4.4　旅游产品开发层次

层　次	特　征	项 目 举 例	产 品 功 能
基础层次	陈列式	自然风光、人文景观，如五岳、兵马俑、古城墙、大连蛇岛等	最基本的旅游形式，产品规模与特色形成的基础
提升层次	表演式	民俗风情、各种庙会、民间节庆，如西安仿唐入城仪式等	满足旅游者由静到动的心理需求，旅游文化内涵的动态展示
拓展层次	参与式	游戏娱乐、休闲度假、购物等，如迪斯尼乐园等	满足旅游者自主选择的个性需求，形成品牌与吸引旅游者重复消费的重要方式

4.3.2　旅游资源开发内容

总的来说，旅游资源开发包括三方面的内容：一是对尚未被旅游业所利用的潜在的旅游资源进行开发，使之产生经济效益；二是对现实的、正在被利用的旅游资源进行再生性的开发，以延长其生命周期，提高其综合效益；三是凭借经济实力和技术条件，人为地创造旅游资源和创新旅游项目。具体包括以下几项内容。

1．加强和提高景区、景点的规划和开发建设

一个旅游区或景点的吸引力和旅游生产力的大小，不仅在于景区或景点自身质量的高低和数量的多少，还在于旅游景点的开发程度和管理水平。因此，要在对景区和景点进行整体和具体的调查和评价之后，对景区、景点做出一个合理的、有步骤、有秩序的规划，确定开发方式、开发程度，从市场需求出发，充分发挥地区优势，增加旅游资源的吸引功能。

2．解决、改善并提高旅游资源所在地区的可进入性

前文已有提到“可进入性”，要重视景区景点所处的地理位置及其交通状况，不过这里所说的“可进入性”，不仅包括景区景点外部的交通状况，还要包括景区景点内部的交通状况，也就是说，旅游者在旅游目的地要“进得来、出得去、散得开”，这是发展旅游的第一要义。因此，在开发中要充分考虑到旅游者的交通需求，选择最佳位置，选择最佳交通方式，做好各种交通运输工具的运行安排。

3．建设和完善旅游相关配套设施

旅游相关配套设施应该包括旅游基础设施和旅游服务设施。

旅游基础设施的使用对象主要是当地的居民，但也必须向旅游者提供其必须依赖的有关设施。这类设施又包括两种类型：一是一般公用设施，如供水系统、供电系统、排污系统、通信系统、道路系统等，以及与之有关的配套设施，如停车场、火车站、码头、机场、照明设施等；二是满足现代社会生活必须的基本设施，如医院、银行、治安管理机构等。对于初次开发的旅游资源，特别是待开发的旅游处女地，应该重视上述设施的建设。但是，在多数情况下被开发的地区一般都已有了一定的基础设施，因此只要按照旅游开发规划的要求进一步的改善或扩建就可以。

旅游服务设施是指那些主要供外来旅游者使用，但同时又可供当地居民使用的服务设施。换言之，如果没有外来旅游者，这些设施基本上就失去了其存在的必要性。主要包括旅游饭店、旅游问讯中心、旅游商店等。

但是由于旅游配套设施的建设一般投资大、周期长，因此对其建设规模、布局、数量等必须进行严格论证和审批，做到适度发展，避免重复和浪费。

4．招聘、培训人员，完善旅游服务

高水平的旅游服务人员是提高景区景点质量的重要一环，甚至可以说是最为重要的一点。招聘和培训能够胜任专业水平服务的工作服务人员和管理人员，有步骤的提高风景旅游区的人员配置、选择、训练，使风景旅游区的管理得到加强，服务质量得到提高，最终提高风景旅游区的吸引力和质量。

5．加强旅游资源的保护，建设良好的旅游环境

旅游资源的开发者和经营者，为了取得最大化的经济效益，常常会积极地进行投资开发，但却忽视对旅游资源的保护。那些被人为或自然因素破坏的旅游资源若不及时的整治和修复，就会继续衰退，有些会完全消失，无法恢复。因此，一方面要在旅游从业者和当地群众间树立旅游资源保护的观念，把开发和保护并重的观念融入到旅游从业者和当地群众生活中；另一方面，要建立科学保护旅游资源的机制，定期进行检查、维护，及时发现问题并合理解决，从而有效的保护旅游资源，做到可持续发展。

同时，还要加强旅游政策、出入境管理措施、政治动态或社会治安管理，保护当地的风俗习惯，提高当地居民的文化修养、思想观念、好客程度等旅游环境的建设，直接或间接地提高对旅游者的吸引力，进而影响和扩大旅游资源的开发效果。

【案例 4.2】

泰山扩建索道，专家又输了

最新一期《瞭望》周刊载文披露，泰山风景名胜区和当地政府置国家风景名胜区管理条例和众多专家的反对于不顾，在未向建设部报批，也未向山东省建设厅报批的情况下，自行上马了“泰山索道的扩建工程”（第 3 条索道），并力争在国庆节前建成。

日前，到泰山的游客发现，泰山中天门至岱顶的索道已经停运，正在拆除。据泰安市有关人士称，目前的泰山索道建于 20 世纪 80 年代末，建成后，尤其是近几年，泰山索道给泰山旅游带来了丰厚的经济效益。现在，旅游热使得泰山节假日异常拥挤，加之索道已经是超

期服役，泰安市有关部门决定将老索道拆除，改成新的循环式索道。

14名著名学者呼吁：立即停止泰山索道扩建工程。

据《光明日报》报道，中国科学院院士侯仁之、中国工程院院士吴良镛、中国工程院院士孟兆祯、北京大学世界遗产研究中心主任谢凝高、国家文物局古建筑专家组组长罗哲文等14名知名学者8月2日联名呼吁：立即停止泰山中天门——岱顶索道违规扩建工程，尽快拆除原有的构筑物，恢复岱顶植被，保护泰山这一世界自然和文化双重遗产的真实性和完整性。

呼吁书称：按国务院批准的有关规划规定，泰山中天门——岱顶索道的承载索业已期满，理应将索道及其相关构筑物全部拆除，恢复泰山的生态景观和人文景观。但有关单位现在不仅没有拆除相关构筑物的意向，反而准备大规模扩建，设计增加5倍多的运量，增建11座支架。专家们认为，这将严重损害泰山的雄伟形象。泰山为五岳之首，景观雄伟，历史悠久，文化灿烂，是中华民族历史上精神文明的象征，也是中华民族伟大形象和崇高精神的象征，是全人类的瑰宝，已被联合国教科文组织认定为世界自然与文化遗产。几千年来，泰山一直受到严格保护，“禁樵采”、“树当道者不伐”，为的是保护其崇高、庄严和充满生机的自然景观。10年“文革”期间，周恩来总理为保护泰山景观，曾巧妙阻止了扬言“踏平泰山”的红卫兵的过激行为，总理强调“泰山要登”，因而多次指示不准在泰山修建公路、伐木采石。1980年建中天门——岱顶索道时，有关单位先定了方案，并预订了索道设备后才“征求”建筑学会专家们的意见，专家们表示强烈反对，部分专家愤而退出会场以示抗议。呼吁书称：此次扩建中天门——岱顶索道，违反规定不向主管部门报批而擅自开工，造成既成事实后再来“征求意见”。专家们强调，任何迁就既成事实，允许所谓扩建“临时工程”的做法，都将给世界遗产和国家利益造成更大的损失和破坏。

据专家介绍，国外迄今尚未发现在世界遗产处建设索道的报道，一些国家公园也是严格限制修建索道，如美国大峡谷国家公园、日本富士山等都不准修建索道。

根据国务院有关规定，泰山原有的索道到20世纪90年代末要拆除，恢复原貌，现在不但不拆，反而还扩建；扩建后，运量由原来的每小时300人增加到1650人；为了扩建索道还炸掉了1. 5万平方米的山体环境。而有关部门在泰山修索道的公开理由是防火、治虫、救援伤病号。

北京大学世界遗产研究中心主任、风景与城市环境系主任谢凝高说，目前世界上据说有2.8万多条索道，绝大多数修在滑雪场等游乐场所，也没听说哪条是用来防火、治虫的。他无奈地指出，我们许多专家都在呼吁，居然挡不住以这样的理由修索道，真让人寒心！

2007年“五一”期间，泰山岱顶区0.6平方千米的地方在同一时间段内达到了6万人，激增的游人踩得草都没法长。而据谢凝高的研究，岱顶的生态非常脆弱，同时最多只能容纳1万人。若后果严重的话，岱顶的生态将无法恢复。

那么，大修索道究竟对当地的旅游经济有多大益处呢？原来游泰山需要一天，如今半天就游完了，有些旅客吃住都不在泰安，而到附近的曲阜去。泰安市的星级宾馆有时甚至低至60元/人——因为快速的游览使游客无须住在当地。

《瞭望》指出，泰山自古以来就是登的，连皇帝也不例外，圣旨中有所谓“树当道者不伐，石当道者不搬”之语。周总理也曾说过，“泰山是登的，不登不行”。在动荡的“文革”岁月，周总理曾先后4次批示不准在泰山搞修公路、搬巨石等破坏性行为。文章并指出，泰山不仅仅属于泰安市，也不是某个索道公司的，泰山属于全人类！

（资料来源：《生活时报》）

6. 加强旅游宣传促销工作，努力开拓客源市场

发展旅游业就是开发旅游地本身所具有的旅游资源，利用一切有利条件，满足市场的旅游需求，发展完善产业结构，获得预期的经济效益和社会效益。因此，旅游资源的开发并不仅仅是简单的将目标集中于旅游资源本身进行景点开发和配套设施等，还必须进行市场开拓工作，二者相辅相成，缺一不可。

4.3.3 旅游资源开发方式与原则

1. 旅游资源开发的方式

讨论旅游资源的开发方式，不仅涉及对从未进行过开发的旅游资源进行开发的过程，同样还包括对已开发过的旅游资源进行重新开发以提高其综合效益。但是不管是对何种资源进行开发，其方式不应离开兴建、利用、提高和改造等几种方式。

（1）兴建。指创造性的建设新的原本不存在的旅游吸引物，如建立主题公园或游乐园。这种性质的旅游吸引物应该建设在接近客源地、区域经济条件较好、但旅游资源类型较少或单一的地区采用。但是所建设的旅游吸引物必须有创意，从而产生主体明确、个性突出的效果。例如，在深圳市建设的“锦绣中华”、“中华民俗文化村”、“世界之窗”三大人造景观，就取得了良好的经济效益和社会效益。

（2）利用。是指利用原来的非旅游吸引物，使之成为一种旅游吸引物。随着社会的进步和经济的发展及人们文化水平的提高，人们的旅游需求已不再停留在初级的旅游观光上，其需求和消费行为特征发生了明显的变化。因此，在进行新的旅游开发的过程中，应根据人们的旅游需求开发利用那些以前未被认识和开发的非旅游吸引物，如现在比较热的高校游、工业产业游等。

（3）提高。指对那些因为自然的、历史的或人为的破坏影响到了其知名度和可游览性，但其本身仍保留了一定的知名度和影响力，因此，可以通过对已有的旅游资源增加一些配套设施，提高其整体的质量和吸引力。例如，近年西安大雁塔北广场的修建，不仅改善了大雁塔周边的环境，更重要的是突出了大雁塔的地标性。

（4）改造。是指对已有的旅游资源投入一定的人力、物力、财力等，进行局部或整体的改造，使其符合新的旅游需求。例如，近年上海对老城隍庙旅游区所进行的大规模的改造。

2. 旅游资源开发的原则

（1）个性原则。这是旅游资源开发的中心原则。就是要尽最大可能突出旅游资源的特色，包括民族特色、地方特色，努力反映当地文化，“只有民族的，才是世界的，更是永恒的”。强调个性—特色—吸引力。为此，必须做到：

① 尽可能保留其自然和历史发展的原始风貌；

② 突出其民族特色，增强地方色彩；

③ 创意新颖。

（2）市场原则。进行市场调查和预测，准确掌握市场需求和竞争状况，结合资源状况，积极寻求与其相匹配的客源市场，确定目标市场，以市场需求变化为依据，最大限度地满足旅游者的需求。例如，当前旅游需求正在由大众型观光游览式向个性化、多样化、参与性强

的方向发展，因此旅游资源的开发应增加活动项目品种，设计多样的、参与性强的旅游活动项目，以适应市场的变化趋势。

（3）效益原则。经济利益是旅游资源开发的主要目的之一。因此要进行旅游经济投入—产出分析，确保旅游开发活动能够带来丰厚的利润。

根据可持续发展的理论，经济效益并非旅游开发的唯一目标，还必须考虑其社会效益和环境效益。即要使得游客能在旅游的过程中得到身心的放松和精神的愉悦，又要使游客和当地居民之间的经济文化交流产生正面的复合效应；同时，还应特别注意对景区和当地自然和社会环境的保护。

（4）保护第一原则。开发旅游资源就是为了利用，但是从某种意义上说，对于某些旅游资源的开发，特别是对自然旅游资源和历史遗产旅游资源来说，其开发本身就意味着对这些旅游资源本身一定的破坏。因此，在开发的过程中，首先要制定保护资源的切实方案，防止资源原貌和环境的破坏。

4.4 旅游资源的保护

4.4.1 旅游资源保护的内容

1. 保护旅游资源的真实性

所谓真实性，就是指旅游资源的“原汁原味”。从认识层面上讲，对旅游资源的保护最高级的应该是“原封不动的保护”，其次是“可以利用的保护”。但是要进行旅游活动，就不可能“原封不动的保护”，因此，从实践的角度来说，旅游资源的真实性在不经意间已经被打破了。如前文提到的泰山索道问题，就是严重地破坏了泰山这一宝贵旅游资源的真实性，最终导致一系列的负面效应。

2. 保护旅游资源的完整性

所谓完整性，是指旅游资源范围上的完整性和内容上的完整性。例如，北京的明十三陵作为中国陵墓文化的一组典型代表，它们具有文化概念上的完整性，以及相应地体现在地理位置上的相互关联性。最简单地理解，十三陵申报世界文化遗产，作为一个组团，13 处缺一不可。又如泰山，其文化价值体现在佛教、道教、封禅及世代歌咏、吟诵文化的“同为一体”。结合登山线路格局的变换，对泰山的封禅祭祀包括“酝酿、登天和抵达仙境”三个阶段，突出了文化遗产伴随实物而来的概念上的完整性。同样是前文提到的泰山索道问题，索道缩短了游客登山的时间和路线，却破坏了泰山文化的完整性。

4.4.2 旅游资源遭受损害和破坏的原因

1. 旅游资源的自然损坏

旅游资源，无论自然形成的还是人工创造的，它们都是大自然的一部分。大自然的发展、变化都会影响旅游资源的变化，使之受到破坏，这就是旅游资源的自然衰败。1997 年 8 月 12

日，夏威夷岛上最古老的瓦吼拉神庙，被基拉威火山喷出的熔岩全部淹没，一座700多年悠久历史的名胜古迹在瞬间毁于一旦。这种因地震、火山、海啸等自然灾害的出现而发生的旅游资源突然性的自然衰败现象，被称为旅游资源的灾变性破坏。

由于寒暑变化、风吹雨淋以及动植物原因，旅游资源在自然状况下也会发生缓慢的改变本身形态和性质的变化，这种缓慢性变化是旅游资源的另一种自然衰败现象。埃及的基奥斯普大金字塔，近1000多年来风化产生的碎屑达5万立方米，即整个金字塔表层每年损耗约3毫米。我国的云冈、龙门、敦煌三大石窟无一例外地受到了这样的破坏。

以上所说的这些衰败现象都是自然力作用造成的，人类没有办法去阻止它的产生，只能通过一些科技手段去延缓或补救这种破坏，尽可能降低它的破坏程度。除了自然衰败现象，旅游资源还存在着破坏力更强的人为破坏现象。

2. 旅游资源的人为破坏

旅游资源的人为破坏是多方面的、严重的，大多超过自然风化的破坏，有的甚至是完全毁灭。按其破坏的根源可以分为建设性破坏和管理性破坏。

（1）建设性破坏。

建设性破坏是指工农业生产、市镇建设和旅游资源开发建设中规划不当导致旅游资源遭到破坏。其破坏方式主要有以下几种。

① 工农业生产造成旅游资源的破坏。工业生产带来的“三废”污染对于旅游区的影响往往十分严重。如果在旅游区发展带污染性的工业，将会对旅游区造成空气和水体的污染。据统计，杭州西湖周围有100个烟囱，年均降尘量400吨，西湖湖水水体常年呈黄绿色，水质混浊，透明度仅为0.5米。为此，杭州市政府投资2.32亿元进行西湖清淤工程，目前已收到初步成效。

落后的农业生产方式，无计划的过度伐木、采石、取水对风景区旅游景观的破坏不仅严重，而且其造成的后果常常不可逆转。例如，云南路南石林，成批的农民到风景区采石，全然不顾自己对本地旅游资源的破坏，以致路面石林伤痕累累，已不复往日风采。

② 旅游资源开发规划不当造成的破坏。在旅游资源开发中，规划不当也会造成旅游资源特色及景观的破坏。云南大理在旅游开发过程中曾一度由于片面考虑古城石板地面不利旅游车辆行驶，将石板路改为柏油路，与古城风貌格格不入，破坏了古城的特色。

（2）管理性破坏。

旅游区是为游客服务的，若管理不善，也会对旅游资源造成破坏，具体表现在下述几个方面。

① 旅游活动加速石刻、雕塑、壁画古迹的损坏。古代丰富多彩的石刻、雕塑、壁画是我国重要的旅游资源，尽管在自然条件下也要经历风化作用使其衰竭，但其风化作用较为缓慢。开发旅游后，随着旅游活动的开展，大量游客不断涌入，加速了自然风化的速度，导致古迹的损坏。我国的三大石窟在自然风化与人为原因（游客涌入，改变石窟小气候）的双重作用下，受到的损坏已极为严重。

② 游客踩踏带来的破坏。旅游业逐渐发展，一些著名风景名胜区游客增多，游客的踩踏使地面因磨损而失去原有的特色。北京故宫的许多大殿前和内部的路面、地面，因游客密度较大而严重磨损。要发展旅游业，这种破坏是很难避免的，补救措施只能通过定期的补修才可实现。颐和园蜿蜒700多米的长廊路面的砖，因踩踏每隔几年就要更换一次。

③ 游客素质低，直接破坏旅游资源。由于游客中层次不一，其中不乏素质低下的人，这部分人对景物随意刻画、涂抹，任意毁坏旅游资源。最典型的莫过于有些人在景点上刻上"×××到此一游"的刻痕。此外，有些游客乱扔果皮纸屑，也给旅游区的环境造成了一定的污染。

4.4.3　旅游资源保护工作的原则与措施

1．旅游资源保护工作的原则

旅游资源保护工作要遵循"保护为先，科学利用，统一规划，有序开发"的基本原则。

2．旅游资源保护工作的措施

如前所述，旅游资源保护实质上包括两个方面的内容：一是旅游资源本体的保护；二是旅游资源所依存的环境的保护。根据造成旅游资源和旅游环境破坏的原因，保护工作可以从以下三个方面入手。

（1）针对自然性破坏，一般应采取相应的技术措施进行预防和修复。

对于一些历史建筑的维修应当遵循"修旧如旧"的原则，采用原材料、原构件，在必要的时候用现代的构件进行加固，但一定要保持原貌，不能因维修而使古建筑失去"原味"——也就是前文所提到的真实性。

对于自然景观，应当尽量恢复被破坏掉的生态环境，通过植树、治山，使山绿起来。同时，还要考虑到观赏的旅游效益和一定的经济效益。

（2）针对人为性的破坏，应加强立法，严格执法，使旅游资源的保护有法可依，同时还行采取相应的行政、教育等措施。

我国自新中国成立之初就先后制定了一系列的政策法规保护各种旅游资源，例如，1950 年制定的《古迹、珍贵文物、图书及稀有生物保护办法》，1963 年制定的《文物保护管理暂行条例十八条》，1985 年制定的《中华人民共和国文物保护法》、《保护珍稀动物法》等。但是还存在着有法不依、执法不严的现象，在以后的工作中应提高这方面的工作。

行政手段包括：制定完善的管理制度，明确管理人员和专业人员的岗位职责，落实各种管理和保护措施，定期或不定期的进行检查，培训管理、专业和接待人员，提高其对旅游资源保护的专业知识和防治的技术水平。

教育手段就是对旅游资源保护的知识进行宣传，加强人们的旅游资源保护意识，让人们了解旅游资源是千百年自然造化和人类文化遗产的精髓，保护旅游资源不仅是对自己负责，更是对子孙后代负责。

（3）重视对旅游活动的管理和引导。

首先，要根据不同景区的具体情况和环境承载力，慎重确定旅游活动的项目和游客数量等，例如，对自然保护区已经划分为"核心区"、"缓冲区"和"实验区"，"核心区"只能进行科学考察，旅游活动集中在"实验区"，适当向"缓冲区"发展，但必须严格控制规模。再如对故宫，为保护古建筑和改善旅游环境气氛，实行限制游客数量的做法已经取得了良好的效果。

其次，就是对游客的行为进行管理和引导。在旅游区设立具有环保教育功能的基础设施，同时对游客的行为视情节进行奖励和惩罚。

【案例 4.3】

白云山景区提高管理成效显著

2007 年是《广州市白云山风景名胜区保护条例》修订施行一周年，白云山管理局通过多种形式加大对新的《白云山保护条例》的宣传力度，使白云山的保护工作取得了显著的成效。

一年来，累计纠正劝诫游客上山取水行为 8000 多人次，劝告游客倒掉山水 2 万多罐；纠正劝诫游客在非吸烟区吸烟行为 9000 多人次、随地丢弃废弃物 6 万宗、践踏绿化带和采摘花木 7000 多宗，其中对游客违法行为实施了处罚的有 5 宗。此外，他们还认真查处了违法建设、违法占地的"双违"行为。全年共发现和制止白云山风景区特别保护范围内的违法建设面积共 6650 平方米。

据介绍，一年来白云山管理局共向周边单位、驻山单位和市民游客派发了《白云山保护条例》小册子、宣传单共 1 万多份。由于比较常见的违反《白云山保护条例》的行为往往是一些游客的不文明行为，白云山管理局还有针对性地举办了一系列活动，包括游客投票选出"白云山旅游十大不文明行为"、"文明小天使"对景区内不文明行为进行劝说等，引导市民和游客遵守《白云山保护条例》。在执法过程中他们注重教育与处罚相结合，通过组织"文明使者在行动"等活动，开展以劝阻为主、处罚为辅的人性化执法。

（资料来源：金羊网）

4.4.4 旅游资源开发与保护的关系

旅游资源的开发和保护是环保和可持续发展在旅游业的集中体现，也是旅游与环境关系的必要前提。开发和保护关系贯穿在旅游业的整个发展过程中，并随着旅游业的蓬勃发展而日益显出其重要性。

1. 相互联系、相互依存

保护是开发和发展的前提，保护是为了更好地开发。旅游资源是旅游者进行旅游活动的基础和前提条件，一旦破坏殆尽，旅游业将失去依存的条件，也就无开发可言。因此，保护是开发的前提，是当前的迫切任务。开发又是保护的必要体现，是旅游业发展的基础。从可持续发展的角度看，资源保护归根结底是为了更好的发展。开发本身还意味着保护。一般地，合理的科学的旅游资源开发，或对资源加以整修而非令其"自生自灭"，以延长其生命周期，对资源环境进行改善、美化，并增加其可进入性，或对历史遗迹进行发掘修复、保护，或对人文旅游资源（如民俗）进行资料收集和整理，重现其光芒。同时，资源开发促进旅游发展带来的旅游收益的一部分可以通过各种形式返回资源地，用于资源环境的改造、基础设施和环境建设。在这个意义上，开发意味着保护。

2. 相互矛盾

从某种程度上看，开发也是一种破坏，首先，旅游资源的开发不可避免地会造成某种破坏，旅游资源开发需要对资源地进行的适度建设是以局部范围的破坏为前提的。也可以说，没有破坏就没有开发，破坏和开发在一定程度上是共生的。其次，从人为角度看，旅游资源的开发也会产生极大的破坏作用。因管理不善，资源地游客涌入量往往超过其承载力，从而给资源本身造成致命的损坏。再次，旅游开发带来众多游客，也造成对资源的破坏。最后，由于旅游资源（尤其是人文旅游资源）所具有的文化性，从而带来外来文化的冲击也可能是对旅游资源的毁灭性打击。尽管旅游者与资源所在地的交流和影响以及两种文化之间的作用是相互的、双向的，但事实上，外来文化、外来旅游者对资源所在地（旅游地）的冲击和影响远大于他们所接受到的资源地的影响。

本章小结

旅游资源是指凡能够对旅游者产生吸引力、能为旅游业开发和利用、并能产生经济效应、社会效应和环境效应的各种自然界和人类社会的事物和因素的总和。它具有广泛性、时代性、变异性、地域性、交叉性、永续性、季节性、增智性等特点。

旅游资源评价是对不同地域的旅游资源的组合特点及由此而产生的质和量的差异，以及对旅游吸引力的大小进行的科学划分。内容包括：确定一定地域范围内旅游资源的类型特征、空间结构、数量和质量等级、开发潜力和开发条件。其目的在于确定旅游资源的开发价值和开发顺序，明确建设方向，这是旅游资源开发规划的重要内容。主要有定性和定量分析两种方法，实际工作中二者应结合使用。

从某种意义上讲，开发既是一种保护又是一种破坏。旅游资源开发将改善、美化资源环境，旅游收益也为资源保护创造了经济条件；另外，伴随旅游开发而带来的环境污染、游人的不文明活动及行为和外来文化的冲击等，都会对旅游资源造成破坏。旅游资源开发和保护既相互联系又相互矛盾，两者是辩证的矛盾统一体，并在辩证联系中共同改善旅游资源与环境的关系，推动旅游业的可持续发展。

重点名词

旅游资源　　旅游资源评价　　旅游资源的各种分类　　自然旅游资源
人文旅游资源　　旅游资源开发　　旅游资源的保护

复习思考题

一、单项选择题

1．根据旅游资源的成因，可以将旅游资源分为（　　）。
A．自然旅游资源和人文旅游资源　　B．自然旅游资源和省级旅游资源
C．人文旅游资源和可再生性旅游资源　　D．省级旅游资源和可再生性旅游资源

2．下列对旅游资源评价的意义的说法，不正确的一项是（　　）。
A．旅游资源评价是旅游资源开发的前提条件
B．旅游资源评价为旅游规划的合理进行提供了科学保证
C．旅游资源评价为旅游区和旅游资源的等级划分和管理奠定了基础
D．旅游资源评价是游客选择旅游目的地的基础

3．所谓的“三大效益”评估不包括（　　）。
A．经济效益　　B.文化效应　　C.社会效应　　D.环境效应

4．对于旅游资源的评估，总的来说有两种方法，它们是（　　）。
A．定性评价和旅游容量评价　　B．定量评价和旅游开发条件评价
C．定性评价和定量评价　　D．旅游开发条件评价和旅游容量评价

二、填空题

1．旅游资源评价的内容有_______、_______、_______。

2．所谓的“三大价值”评估指的是_______、_______、_______。

3．旅游资源开发的方式包括兴建_______、提高、_______。

4．根据_______可以将旅游资源划分为原生性旅游资源和萌生性旅游资源。

三、简答题

1．简述旅游资源的概念和特点。

2．简述旅游资源评价的原则。

3．简述旅游资源开发的概念和层次。

4．简述旅游资源开发和保护的关系。

案例分析

崇礼滑雪场十大优势

2007 年，崇礼县荣获首批“河北省旅游强县”称号，万龙滑雪场也被评为十佳诚信旅游景区。崇礼滑雪场具有以下十大优势。

一近邻北京。距北京 238 千米，自驾车程 2 小时左右，境内开辟旅游专线，交通快捷。

二业内人士青睐。境内群山环绕，连绵起伏，山体坡度多在 5～35 度，陡缓适中，被业内人士共同认为“华北地区最理想的优质天然滑雪区域”。

三开滑早。2007 年崇礼各大滑雪场于 11 月 10 日全面开滑，第七届中国崇礼国际滑雪节也在 11 月 24 日在中意塞北多乐美地滑雪度假区隆重举行。据了解，这是全国全面开滑最早的天然滑雪场之一。

四雪质好，雪期长。年均降雪量 63.5 厘米，累计积雪量达到 1 米左右，存雪期从 11 月份到次年的 3 月份，长达 150 多天；雪质好，颗粒硬度、黏度等各项雪质参数均符合滑雪标准。

五温度佳。年均气温 3.3 摄氏度，暑期平均气温 19 摄氏度，冬季平均气温零下 12 摄氏度，风速和缓（平均风速仅为 2 级），非常适宜进行室外活动。

六风景优美。崇礼是河北省天然次生林面积最大的县份之一。这里青山隽秀，林地面积 1554 公顷，原始次生林面积 1110 公顷，冬季漫山遍野白雪皑皑、银装素裹，让你体验穿林海、过雪原的北国风光。

七接待能力强。全县投入运营的大型宾馆饭店共 12 家，农家旅馆 85 家，餐饮住宿业日可接待 8000 人次，雪场接待能力达 12 000 人/天。同时，全县通过积极引进意大利莱特纳公司、北京经易置业公司等国内外知名企业投资旅游开发，总投资 5 亿元的容辰国际度假庄园、总投资 1.5 亿元的崇礼国际大酒店、总投资 6000 万元的皓蓝国际假日酒店和投资 1500 万元的裕兴宾馆均在有条不紊的建设当中。预计经过 3～5 年的努力，全县年接待游客人数将达到 100 万人次，旅游收入将突破 4 亿元。

八设施完善。滑雪场地建设达到业内先进水平，有的甚至领先于国内外的一些滑雪训练基地。拥有高、中、初级雪道 20 多条（总长 2.6 万米，总面积近 60 万平方米），空中缆车、牵引索道 8 条（总长 1 万多米），雪具 1 万余副，并配有雪地摩托、雪上飞碟等娱乐运动设施。

九民俗风景独特。崇礼是多民族聚居地，历史悠久，文化积淀厚重，民俗民情独特。同时，各滑雪场周边建起大量农家小院，让你体验“吃农家饭，睡农家炕，体验农家生活”的田园风情。

十信誉度好。崇礼滑雪场经过 10 余年的发展，已建成了规模和档次在国内处于领先水平的万龙、长城岭、翠云山、中意塞北四大滑雪场，资产总量达 5 亿元，居全国滑雪场之首，成为华北乃至全国的知名品牌。

根据上述案例的分析方法，对你熟悉的某一旅游资源的优势及劣势进行分析，并提出整改建议。

实训训练

请自由组合成 5～8 人的协作团队，推举团队负责人，由负责人在课外时间组织小组成员共同协作完成：

1. 对学校所在地的旅游资源进行一个调查，清楚当地旅游资源的分类。
2. 根据分类对当地旅游资源的质量进行评价。
3. 根据调查，写出对当地旅游路线设计的建议。

附录 A：旅游资源分类、调查与评价

1. 旅游资源分类

旅游资源分类结构分为主类、亚类、基本类型 3 个层次。每个层次的旅游资源类型有相应的汉语拼音代号，见表 4.5。

表 4.5 旅游资源分类表

主　类	亚　类	基 本 类 型
A 地文景观	AA-综合自然旅游地	AAA-山丘型旅游地 AAB-谷地型旅游地 AAC-沙砾石地型旅游地 AAD-滩地型旅游地 AAE-奇异自然现象 AAF-自然标志地 AAG-垂直自然地带
	AB-沉积与构造	ABA-断层景观 ABB-褶曲景观 ABC-节理景观 ABD-地层剖面 ABE-钙华与泉华 ABF-矿点矿脉与矿石积聚地 ABG-生物化石点
	AC-地质地貌过程形迹	ACA-凸峰 ACB-独峰 ACC-峰丛 ACD-石（土）林 ACE-奇特与象形山石 ACF-岩壁与岩缝 ACG-峡谷段落 ACH-沟壑地 ACI-丹霞 ACJ-雅丹 ACK-堆石洞 ACL-岩石洞与岩穴 ACM-沙丘地 CAN-岸滩
	AD-自然变动遗迹	ADA-重力堆积体 ADB-泥石流堆积 ADC-地震遗迹 ADD-陷落地 ADE-火山与熔岩 ADF-冰川堆积体 ADG-冰川侵蚀遗迹
	AE-岛礁	AEA-岛区 AEB-岩礁

续表

<table>
<tr><th>主　类</th><th>亚　类</th><th>基 本 类 型</th></tr>
<tr><td rowspan="6">B　水域风光</td><td>BA-河段</td><td>BAA-观光游憩河段　BAB-暗河河段　BAC-古河道段落</td></tr>
<tr><td>BB-天然湖泊与池沼</td><td>BBA-观光游憩湖区　BBB-沼泽与湿地　BBC-潭池</td></tr>
<tr><td>BC-瀑布</td><td>BCA-悬瀑　BCB-跌水</td></tr>
<tr><td>BD-泉</td><td>BDA-冷泉　BDB-地热与温泉</td></tr>
<tr><td>BE-河口与海面</td><td>BEA-观光游憩海域　BEB-涌潮现象　BEC-击浪现象</td></tr>
<tr><td>BF-冰雪地</td><td>BFA-冰川观光地　BFB-长年积雪地</td></tr>
<tr><td rowspan="4">C　生物景观</td><td>CA-树木</td><td>CAA-林地　CAB-丛树　CAC-独树</td></tr>
<tr><td>CB-草原与草地</td><td>CBA-草地　CBB-疏林草地</td></tr>
<tr><td>CC-花卉地</td><td>CCA-草场花卉地　CCB-林间花卉地</td></tr>
<tr><td>CD-野生动物栖息地</td><td>CDA-水生动物栖息地　CDB-陆地动物栖息地　CDC-鸟类栖息地　CDE-蝶类栖息地</td></tr>
<tr><td rowspan="2">D　天象与气候景观</td><td>DA-光现象</td><td>DAA-日月星辰观察地　DAB-光环现象观察地　DAC-海市蜃楼现象多发地</td></tr>
<tr><td>DB-天气与气候现象</td><td>DBA-云雾多发区　DBB-避暑气候地　DBC-避寒气候地　DBD-极端与特殊气候显示地　DBE-物候景观</td></tr>
<tr><td rowspan="2">E　遗址遗迹</td><td>EA-史前人类活动场所</td><td>EAA-人类活动遗址　EAB-文化层　EAC-文物散落地　EAD-原始聚落</td></tr>
<tr><td>EB-社会经济文化活动遗址遗迹</td><td>EBA-历史事件发生地　EBB-军事遗址与古战场　EBC-废弃寺庙　EBD-废弃生产地　EBE-交通遗迹　EBF-废城与聚落遗迹　EBG-长城遗迹　EBH-烽燧</td></tr>
<tr><td rowspan="7">F　建筑与设施</td><td>FA-综合人文旅游地</td><td>FAA-教学科研实验场所　FAB-康体游乐休闲度假地　FAC-宗教与祭祀活动场所　FAD-园林游憩区域　FAE-文化活动场所　FAF-建设工程与生产地　FAG-社会与商贸活动场所　FAH-动物与植物展示地　FAI-军事观光地　FAJ-边境口岸　FAK-景物观赏点</td></tr>
<tr><td>FB-单体活动场馆</td><td>FBA-聚会接待厅堂（室）　FBB-祭拜场馆　FBC-展示演示场馆　FBD-体育健身馆场　FBE-歌舞游乐场馆</td></tr>
<tr><td>FC-景观建筑与附属型建筑</td><td>FCA-佛塔　FCB-塔形建筑物 FCC-楼阁　FCD-石窟　FCE-长城段落　FCF-城（堡）　FCG-摩崖字画　FCH-碑碣（林）　FCI-广场　FCJ-人工洞穴　FCK-建筑小品</td></tr>
<tr><td>FD-居住地与社区</td><td>FDA-传统与乡土建筑　FDB-特色街巷　FDC-特色社区　FDD-名人故居与历史纪念建筑　FDE-书院　FDF-会馆　FDG-特色店铺　FDH-特色市场</td></tr>
<tr><td>FE-归葬地</td><td>FEA-陵区陵园　FEB-墓（群）　FEC-悬棺</td></tr>
<tr><td>FF-交通建筑</td><td>FFA-桥　FFB-车站　FFC-港口渡口与码头　FFD-航空港　FFE-栈道</td></tr>
<tr><td>FG-水工建筑</td><td>FGA-水库观光游憩区段　FGB-水井　FGC-运河与渠道段落　FGD-堤坝段落　FGE-灌区　FGF-提水设施</td></tr>
<tr><td>G　旅游商品</td><td>GA-地方旅游商品</td><td>GAA-菜品饮食　GAB-农林畜产品与制品　GAC-水产品与制品　GAD-中草药材及制品　GAE-传统手工产品与工艺品　GAF-日用工业品　GAG-其他物品</td></tr>
</table>

续表

主　　类	亚　　类	基 本 类 型
H　人文活动	HA-人事记录	HAA-人物　HAB-事件
	HB-艺术	HBA-文艺团体　HBB-文学艺术作品
	HC-民间习俗	HCA-地方风俗与民间礼仪　HCB-民间节庆　HCC-民间演艺　HCD-民间健身活动与赛事　HCE-宗教活动　HCF-庙会与民间集会　HCG-饮食习俗　HGH-特色服饰
	HD-现代节庆	HAD-旅游节　HDB-文化节　HDC-商贸农事节　HDD-体育节
数 量 统 计		
8 主类	31 亚类	155 基本类型
［注］如果发现本分类没有包括的基本类型时，使用者可自行增加。增加的基本类型可归入相应亚类，置于最后，最多可增加 2 个。编号方式为：增加第 1 个基本类型时，该亚类 2 位汉语拼音字母＋Z；增加第 2 个基本类型时，该亚类 2 位汉语拼音字母＋Y		

2. 旅游资源评价

旅游资源评价赋分标准见表 4.6。

表 4.6　旅游资源评价赋分标准

评 价 项 目	评 价 因 子	评 价 依 据	赋　值
资源要素价值（85 分）	观赏游憩使用价值(30 分)	全部或其中一项具有极高的观赏价值、游憩价值、使用价值	30～22
		全部或其中一项具有很高的观赏价值、游憩价值、使用价值	21～13
		全部或其中一项具有较高的观赏价值、游憩价值、使用价值	12～6
		全部或其中一项具有一般观赏价值、游憩价值、使用价值	5～1
	历史文化科学艺术价值(25 分)	同时或其中一项具有世界意义的历史价值、文化价值、科学价值、艺术价值	25～20
		同时或其中一项具有全国意义的历史价值、文化价值、科学价值、艺术价值	19～13
		同时或其中一项具有省级意义的历史价值、文化价值、科学价值、艺术价值	12～6
		历史价值、或文化价值、或科学价值，或艺术价值具有地区意义	5～1
	珍稀奇特程度（15 分）	有大量珍稀物种，或景观异常奇特，或此类现象在其他地区罕见	15～13
		有较多珍稀物种，或景观奇特，或此类现象在其他地区很少见	12～9
		有少量珍稀物种，或景观突出，或此类现象在其他地区少见	8～4
		有个别珍稀物种，或景观比较突出，或此类现象在其他地区较多见	3～1
	规模、丰度与概率(10 分)	独立型旅游资源单体规模、体量巨大；集合型旅游资源单体结构完美、疏密度优良级；自然景象和人文活动周期性发生或频率极高	10～8
		独立型旅游资源单体规模、体量较大；集合型旅游资源单体结构很和谐、疏密度良好；自然景象和人文活动周期性发生或频率很高	7～5
		独立型旅游资源单体规模、体量中等；集合型旅游资源单体结构和谐、疏密度较好；自然景象和人文活动周期性发生或频率较高	4～3
		独立型旅游资源单体规模、体量较小；集合型旅游资源单体结构较和谐、疏密度一般；自然景象和人文活动周期性发生或频率较小	2～1
	完整性（5 分）	形态与结构保持完整	5～4
		形态与结构有少量变化，但不明显	3
		形态与结构有明显变化	2
		形态与结构有重大变化	1

续表

评价项目	评价因子	评价依据	赋值
资源影响力（15分）	知名度和影响力（10分）	在世界范围内知名，或构成世界承认的名牌	10～8
		在全国范围内知名，或构成全国性的名牌	7～5
		在本省范围内知名，或构成省内的名牌	4～3
		在本地区范围内知名，或构成本地区名牌	2～1
	适游期或使用范围（5分）	适宜游览的日期每年超过300天，或适宜于所有游客使用和参与	5～4
		适宜游览的日期每年超过250天，或适宜于80%左右游客使用和参与	3
		适宜游览的日期超过150天，或适宜于60%左右游客使用和参与	2
		适宜游览的日期每年超过100天，或适宜于40%左右游客使用和参与	1
附加值	环境保护与环境安全	已受到严重污染，或存在严重安全隐患	～5
		已受到中度污染，或存在明显安全隐患	～4
		已受到轻度污染，或存在一定安全隐患	～3
		已有工程保护措施，环境安全得到保证	3

3. 旅游资源图例

各级旅游资源使用下列图例，如表4.7所示。

表4.7 旅游资源图图例

旅游资源等级	图例	使用说明
五级旅游资源	■	1. 图例大小根据图面大小而定，形状不变 2. 自然旅游资源（旅游资源分类表中主类A、B、C、D）使用蓝色图例；人文旅游资源（旅游资源分类表中主类E、F、G、H）使用红色图例
四级旅游资源	●	
三级旅游资源	◆	
二级旅游资源	□	
一级旅游资源	○	

第5章

旅游业

【学习要点】

- 旅游业的概念
- 旅游业的构成
- 旅行社业的概念、性质、作用和基本业务
- 饭店业的作用、类型、等级和经营
- 旅游交通业的作用和任务

导入案例

维护旅游市场的正常秩序

据新华网报道，2007 年，中国继续保持全球第四大入境旅游接待国、亚洲最大出境旅游客源国的地位，有旅行社 19 000 家、星级饭店 14 000 家，直接从业人员达 1100 万。

在我国旅游业的快速发展中，旅游市场出现了“零负团费”等扰乱市场秩序行为，损害了旅游者的利益，需要治理整顿。部分旅游企业和从业人员信用缺失，守法意识和服务意识淡薄，旅游行风建设需要加强。

据介绍，为了解决存在的这些问题，国家旅游局一方面争取各方支持，整顿规范旅游市场，维护良好的市场秩序；另一方面大力加强行风建设，提高各级旅游部门和全体干部的廉政勤政意识，增强企业的诚信经营意识和加强从业人员职业道德建设。经过努力，旅游市场逐步规范，行业风气日渐好转，群众的满意度明显提高，从原来的 70%～75%逐步提高到 90%～95%。

2007 年，国家旅游局与国务院纠风办联合下发了《关于开展以“抓行风、树形象、讲诚信、促发展”为主题的旅游行风建设活动的意见》，重点抓好中国优秀旅游城市行风建设工作，不断营造群众满意的旅游目的地。

国家旅游局还组织开展全国范围内的集中治理整顿“零负团费”专项行动，取得阶段性成果，许多企业和从业人员自觉抵制“零负团费”，努力“当诚信人、做诚信事、留诚信名、创诚信企业”，服务质量总体上有提高。

针对旅游市场存在的“零负团费”、超范围经营、购物欺诈等扰乱旅游市场秩序行为，以及“黑社”、“黑车”、“黑店”和“黑导”等非法行为，各级旅游部门把旅游市场治理整顿、旅游诚信体系建设与旅游行风建设相结合，逐步建立“守信得益、失信受罚”的奖惩机制。

旅游业涉及哪些行业和部门？他们在旅游活动中的作用有哪些？你对规范旅游市场有哪些建议？

5.1 旅游业的概述

旅游是一种综合性的社会经济活动，它的产生和发展是社会经济发展到一定程度的结果，是一种带有很强的目的性的社会活动。产业革命的发展使社会经济活动发生了翻天覆地的变化，近代旅游业应运而生。特别是第二次世界大战之后，世界旅游业的发展更是日新月异，各行各业都自然而然地渗透到旅游业中来。可是，长期以来，人们对于旅游业的认识却是一直是模糊的，没有形成统一的认识。首先，我们讨论一下什么是旅游业。

5.1.1 旅游业的概念

1. 什么是产业

从旅游业的发展历史来看，在旅游业形成、发展、壮大的过程中，需要有经济、社会、文化、环境等各方面的投入，是一种跨越传统经济部门的活动，从这个意义出发，旅游业常常被称为一个综合性的产业。因此，为了全面认识旅游业的概念，有必要从“产业”入手。

“产业”，是一个经济学名词，按照经济学理论，就是指“其主要业务或产品大体相同的企业类别的总称”，是基于使用价值来理解的，如工业产品、农业产品、商业服务、邮电服务、教育服务等。按大的分类，就是大的“集合体”，例如，社会生产就有工业、农业、商业、文化、教育等产业部门。如果细分一点，就是小的“集合体”，例如，就工业产业部门而论，又有纺织、炼钢、造船等产业部门；就农业部门来说，又有农业、林业、牧业等产业部门。假如再细分一点，就有更小的“集合体”。这些大大小小的产业部门，就是大大小小的“集合体”。每个小的“集合体”都必然属于相应的一个大的“集合体”。

产业“集合体”是有一定结构条件的。也就是说，作为一个产业部门“有很多基本单元”。这些基本单元根据一定的条件而构成一个产业部门。这些条件就是集合体诸元素之间存在的共同性，归纳起来有如下几点。

（1）生产性。所谓生产性，就是创造财富的活动功能。一般说有两种生产：在第一种生产中，生产者物化；在第二种生产中，生产者所创造的物化。但是，一切生产都是个人在一定社会形式中，借这种社会形式而进行的对自然的占有。这种占有就是创造社会财富。

（2）商品性。生产的产品和提供的劳务都不是自身消费，而是用来交换。这就决定了其社会性质，不存在无偿供给的消费品。

（3）求利性。所谓求利性，就是通过生产产品和提供劳务获得尽可能多的经济收益，以实现职工劳动的价值，并实现产业的发展。

（4）组织性。每个产业集合体的基本单元，都是有机组成的小集合，或者说，是一个系统的子系统，因而才能形成某种产品的生产能力与一定规模，或者形成提供某种劳动服务的能力与一定规模。生产社会化的规模越大，社会化的程度越高，这种集合体的内部构成有机性就越强，组织越严密，联系和制约就越复杂和强化。

2. 什么是旅游业

了解了"产业"的概念，再审视一下什么是"旅游业"。对于旅游业是不是一个产业，理论界是存在很多争议的。所以需要首先讨论一下国内外几种常见的关于旅游业的概念。

日本学者土井厚认为，"旅游业就是在旅游者和交通、住宿及其他有关单位之间，通过办理旅游签证、中间联络、代购代销，为旅游者导游、交涉、代办手续，此外利用本商社的交通工具、住宿设备提供服务，从而取得报酬的行业。"这种见解实际上就是把旅游业等同于旅行社业。过去我国有些学者也持此观点，但是现在国内外持此见解的学者已不多见。

美国学者唐纳德·伦德伯格认为，"旅游业是为国内外旅游者所服务的一系列相互有关的行业。旅游关联到旅客、旅行方式、膳宿供应设施和其他各种事物。它构成一个综合性的概念——随着时间和环境不断变化的、一个正在形成和正在统一的概念。"这个概念从供给取向阐述了旅游业的综合性特点，指出旅游业的产品是由一系列的相互有关的行业共同组成。较前一概念有了很大的进步。

美国学者查尔斯 R.戈尔德耐认为，"旅游业是吸引游客、运送游客、向游客提供住处，并无微不至的满足游客需求的一门科学、艺术和经营之道。"这个概念包括了旅游业的三大支柱——旅行社业、交通运输业和住宿业，却忽视了其他相关行业。

我国学者谢彦君认为，旅游业可以从广义和狭义两个角度下定义。广义的旅游业是指"由各种生产或销售满足旅游者多重需要的组合旅游产品的旅游企业以及旅游相关企业构成的集合。"狭义的旅游业是指"由各个生产或销售能满足旅游者愉悦需要的核心旅游产品的旅游企业构成的集合"。

许多学者认为旅游业不是一个产业。Neil Leiper 在 1979 年的论文中将旅游称为一个部分产业化的过程，他认为旅游业是"旅游系统中在功能和空间上有联系的几个部门"，可见，他是反对将旅游视为产业的。在 1999 年的论文中他进一步指出："作为产业的旅游意味着一个组织使用的生产技术以及管理方式等和同一市场同一产业其他组织相似"，而旅游业中的生产组织显然不具备上述特征。Kenneth Wikon 认为：市场就是销售相同特征的产品或服务的企业之组织或组织系列；产业就是有着类似经营程序而且能在给定计划水平下生产专门的同一的产品或服务的企业的总和。他的结论是：旅游不是、也不可能是产业；也不存在单独的旅游市场，但可认为存在旅游市场群（tourism markets），在旅游市场群中，其产品由一系列产业提供。Thornas Lea Davison 的观点更具代表性，他认为旅游业不是产业，主要出于两个方面的理由：第一，从经济学的定义来讲，产业是"所有生产相同产品的单个企业的集合"，而两种产品是否"相同"，是根据交叉需求弹性理论中所讲的可替代性来限定的；第二，从标准产业分类来讲，被看做一个产业的一组企业必须有共同的基本活动并具有统计意义的规模。同时，他认为旅游可以被看做一种社会现象，而不是一种生产性活动；所有旅游者支出的总和并不是这一组相似企业的收入所得；一种相差悬殊的经历或过程，不是一种产品。他认为将旅游定义为产业是不正确的，旅游更似一个"部门"，它影响着一大批产业，其所涉及的不仅是生意或行政管理，它指的是人。支持合理的旅游增长与发展，应当从更广泛的意义上去理解。

从上面的反对意见中可以看出，这些学者反对将旅游业视为一个产业的最主要理由，是他们认为构成所谓旅游业的企业并没有生产同一产品，不同旅游企业的产品之间没有可替代性。比如飞往某旅游地的航空票价上升，它将导致该旅游地饭店产品需求量下降，而不是上升。从这一角度看，航空业和饭店业不生产同一产品，它们不应被归入同一产业。

或者说，从旅游业概念的发展及其本身来看，旅游业应该是一个涉及众多部门的行业和部门，它不是一个旅游要素生产部门，而是一个旅游要素配置部门，因此不是严格经济学意义上的“产业”。所以，在世界上绝大多数国家所颁布的标准产业分类中，以及联合国公布的《国际标准产业分类》中，都没有把旅游业列为单独的立项产业。

但是，在实践中，旅游业却是一个现实存在着的产业。在很多国家中，旅游业已经成为国民经济中举足轻重的行业甚至是支柱产业。据世界旅行及旅游理事会（WTTC）的报告，2007 年全球旅游经济达到 70 603 亿美元，占到全球 GDP 总量的 3.6%。我国旅游业的发展则更为迅速，2006 年我国旅游总收入达 8935 亿元人民币，预计到 2010 年我国旅游业总收入将达 12 260 亿元人民币，年均增长 10%左右，相当于全国 GDP 的 7%。

旅游业是一个具有极强的依附性和关联性的泛产业，各个不同的部门之所以能够结合在一起形成一个“旅游业”，是因为它们有着共同的服务对象——旅游者。从这个意义上讲，旅游业是一个“泛产业”，或者说，是一个“产业集群”或“产业群落”（a group of industries）。

因此，在定义旅游业时应该注意两点——这两点也是旅游业与传统产业的定义的明显不同之处：第一，旅游业的定义应该从需求取向出发，而非供给取向的定义；第二，旅游业作为一项产业，其界定所依据的标准是共同的服务对象，而非相同的业务或产品。从这两点意义上出发，可以将旅游业定义为：旅游业就是以旅游者为服务对象，为其旅游活动提供便利条件并提供其所需商品和服务的综合性产业。

5.1.2 旅游业的构成

通过 5.1.1 节的讨论，了解到学界对旅游业的界定还没有达到统一，学者根据研究角度的不同各自提出了自己的观点。同时，旅游业的职能是为旅游者提供服务，满足旅游者在旅游过程中的所有需求。由于旅游者需求的多样性和旅游活动的全面性，旅游业的行业范围十分广泛，因此在其构成上也有多种说法，主要有“三大支柱说”和“五大部门说”。

1．三大支柱说

三大支柱说是最初的一般看法。人们出于分析整个旅游业收入构成的目的，在参考了联合国《国际产业划分标准》（Indexes to the International Standard Industrial Classification of All Economic Activities）的基础上，认为整个旅游业的收入来源主要是三个行业——旅行社业、交通运输业和住宿业。这三个行业也就看做旅游业的基本构成，“三大支柱说”即源于此。

2．五大部门说

英国的维克托·米德尔顿（Victor T.C.Middleton）在其《旅游市场》（Tourism Marketing）一书中从国家或地区的旅游发展角度出发，把旅游业划分为旅行社、交通客运部门、以旅馆为代表的住宿业、游览场所经营部门和各级旅游管理组织等五个部分，如图 5.1 所示。

3．其他说法

在构成旅游业的各类企业中，又可以划分为直接旅游企业和间接旅游企业。所谓直接旅游企业是指有赖于旅游者的存在而生存的企业，其典型代表是旅行社业、交通客运业和旅馆业。而那些虽然也为旅游者提供商品和服务，但是其主要供应对象并非旅游者，或者说旅游者的存在与否完全不危及其生存的企业，可以称为间接旅游企业，如餐馆和旅游娱乐企业。因此，可以说，旅游业是由直接旅游企业和间接旅游企业及支持旅游业发展的各种旅游组织组成的，如图 5.2 所示。

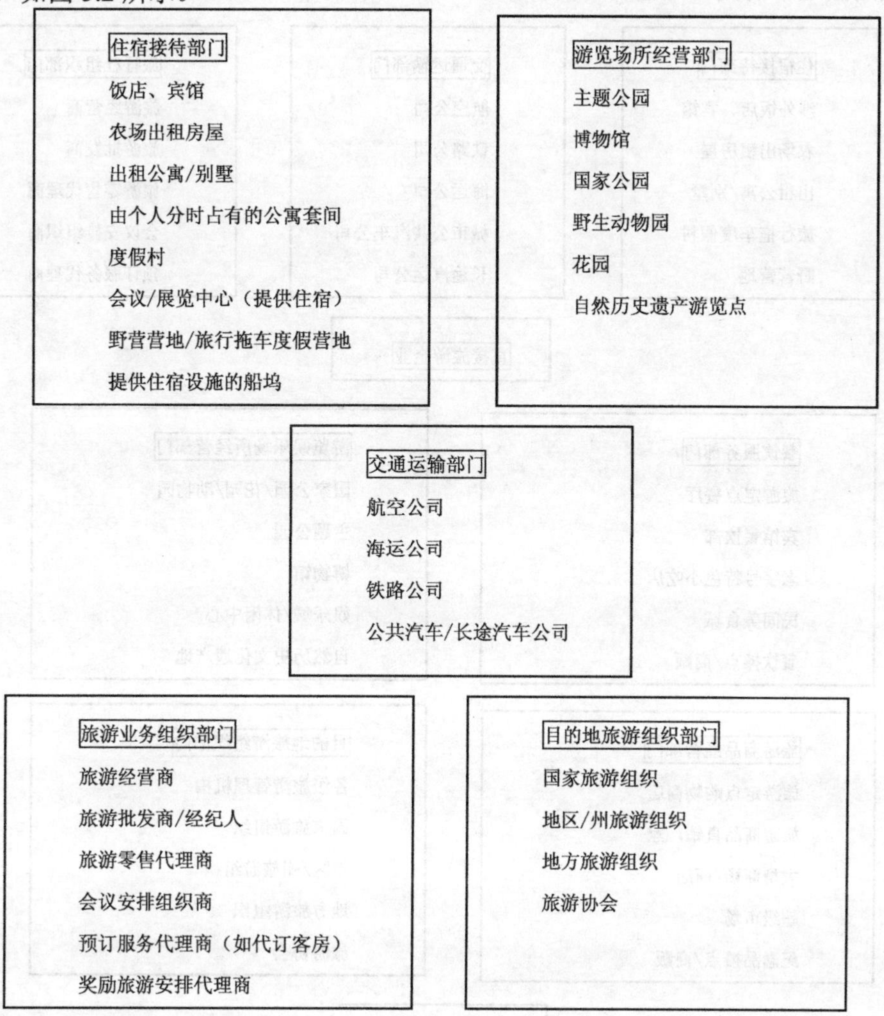

图 5.1　五大部门说

综上所述，不管是什么说法，都可以看到旅行社业、交通客运业和以旅馆为代表的住宿业是旅游业的基础组成部分。因此，或可以说，旅游业是由旅行社业、交通客运业和以旅馆为代表的住宿业及其他相关部门组成的。

5.1.3　旅游业的功能

由于旅游业的性质、发展规模和运行状况，使其在国民经济发展中占据重要地位。

（1）为旅游目的地增加外汇收入。旅游业是一种服务型的行业，它所提供的商品具有无形性、不可转移性、不可储存性等特点，这些都决定了国外的游客必须离开居住地来到旅游目的地才能实现旅游的目的。当外国游客到达旅游目的地后就会有住宿、饮食、购物、娱乐等需要，而目的地提供的服务是有偿的，所以，旅游业的外汇实现率比一般商品出口的外汇实收率要高得多。

（2）可带动相关产业的发展。旅游业的发展与其他相关产业的发展有着密切的关系，能够直接或间接地带动交通运输业、商业、建筑业、邮电业、金融保险业等相关产业的发展。

图 5.2　构成旅游业的 7 个组成部分

（资料来源：马勇，周霄.《WTO 与中国旅游产业发展新论》）

（3）可以发展地区经济。随着旅游业的发展，会带来国内财产的移动和再分配。由于旅游目的地旅游资源吸引力的增强，会使旅游人数上升，造成对旅游服务人员的需求增加，从而为当地居民创造就业机会，增加政府的税收，促进当地的多种经营。

小资料

旅游对于促进经济方面有着巨大的作用，到 2013 年，中国旅游年增长率达到 4.4%，其中个人旅游消费将以年均 9.8%的速度增长，企业综合旅游的速度增长达到 4.9%，对于 GDP 的直接贡献达到 8446 亿人民币，并可直接吸纳就业人数 1610 万人，间接提供工作岗位 6520

个。按照中国制定的全国旅游发展规划，以2000年为基数，到2020年，旅游业总收入翻3番，将达到36 000亿人民币，占GDP的8%，中国将成为世界第一大旅游目的地国家，因此，作为六大新兴消费热的行业之一的旅游行业，在今后几年，将存在广阔的发展空间。

国旅的发展现状介绍。2004年，中国入境旅游、出境旅游出现了快速增长，旅游产业的规模日益壮大，成为旅游大国。出境旅游增长，2004年突破了2800万人次；个人旅游整体发展势头良好，出境游人次首次突破了10亿大关，达到了11.02亿人次，个人旅游收入达到了4711元；截至2004年年底，我国共有15 339家旅行社，其中，国际旅行社1472家，国内旅行社13 867家。旅行社总资产达到了424亿人民币，同比增长9.12%，旅行社收入达到了1018亿人民币，直接从业人员24.12万人，随着经济的发展和社会的进步，成为发展势头和规模最快的产业之一，在城市经济产业中的地位和作用逐步增强，对于城市经济的拉动性以及对于文化和环境的促进作用，日益显现。

（资料来源：中国旅行社协会在线）

（4）促进了国内外的友好往来。旅游是一种民间的活动，广泛开展和参与旅游活动，可以扩大国内和国际间的接触范围和增加互相了解的机会。旅游的目的不仅是旅游异地的自然风光和人文景观，还希望能够领略到当地的风土人情。所以，旅游目的地的旅游工作者应通过热情友好的服务和良好的道德风貌，促进不同国家、地区人民之间的友好往来，促进国际了解和国际和平。

5.2 旅行社业

5.2.1 旅行社的定义和类型

自从1845年英国人托马斯·库克创建全球第一家正式旅行社以来，经过一个半世纪的发展，旅行社已经成为旅游业的支柱，也是旅游业的组成部分中唯一一个以经营旅游业务为主的行业。

1. 旅行社的定义

1996年10月15日，我国国务院颁布《旅行社管理条例》，其中第三条规定旅行社“是指有营利目的，从事旅游业务的企业。”其中所说的旅游业务，“是指为旅游者代办出境、入境和签证手续，招徕、接待旅游者，为旅游者安排食宿等有偿服务的经营活动。”同年11月28日国家旅游局颁布《旅行社管理条例细则》，其中第二条规定“旅行社应当包括依据《条例》设立的，从事旅游业务的旅游公司、旅游服务公司、旅行服务公司、旅游咨询公司和其他同类性质的企业。”

2. 旅行社的类型

（1）国外旅行社的分类。

国外的旅行社按其经营业务的不同，划分为旅游批发经营商和旅游零售商两大类。

① 旅游批发经营商。是指从事生产和批发业务的旅游公司。他们通过大量购买运输公司、旅馆、观光景点等旅游企业的产品，然后将这些单项产品按日程编排为包价旅游路线或

包价度假集合产品，并通过各种零售渠道出售给旅游大众。

根据销售渠道的差别，人们把旅游批发经营商又划分为旅游批发商（Tour Wholesaler）和旅游经营商（Tour Operator）两个亚类。两者的区别在于：经营商除了通过各种零售网络出售自己组织的包价旅游商品外，还通过自己的零售网点直接向广大公众出售；而批发商则没有自己的零售网点，从不直接向广大公众出售产品。旅游经营商的规模一般都比较大，主要是依靠航空客运（旅游包机）和银行金融（旅行支票和旅行保险）经营业务。

小资料

在英国前三大旅游集团中，汤姆森旅游集团属下的不列颠尼亚航空公司拥有波音、空客等大型民航客机45架之多；空之旅集团属下的航空旅游国际公司拥有波音、空客和麦道等大型客机近20架。在英国持有旅游包机许可证的旅游经营商有600家之多。在美国，美国运通公司是以发行旅行支票和运通卡发展全球商务旅行业务的。

② 旅游零售商。指主要经营旅游零售业务的旅行社。旅行代理商（或旅游代理商）是最典型的旅游零售商，当然也包括其他代理预订机构。旅游代理商代表顾客向旅游批发商及有关食、住、行、游、娱方面的旅游企业购买其产品，是连接旅游批发经营商和旅游者的桥梁。旅行代理商一般规模较小，他们提供的服务不向顾客收费，其收入主要来自被代理企业支付的佣金。英国著名的托马斯·库克公司既是本国最大的旅游经营商之一，也是最大的代理商之一。

旅行代理商的具体业务包括：为潜在旅游者提供有关旅游点、客运班次、旅游公司产品及旅游目的地情况的咨询服务；代客预订交通、食宿及游览和娱乐门票等；售发旅行票据；陈列并散发有关旅游企业的旅游宣传品；向有关旅游企业反映顾客意见，如图5.3所示。

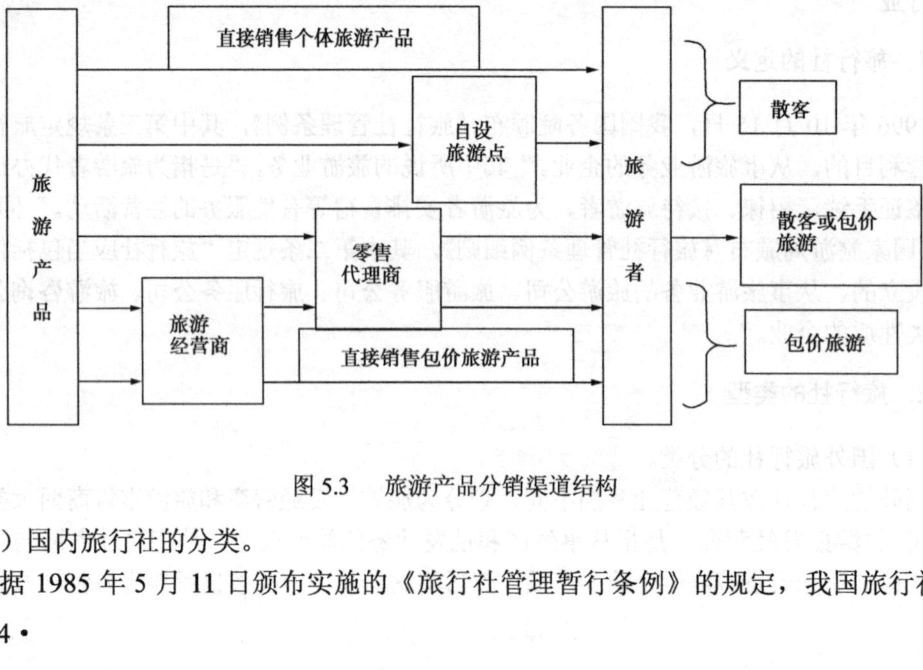

图5.3　旅游产品分销渠道结构

（2）国内旅行社的分类。

根据1985年5月11日颁布实施的《旅行社管理暂行条例》的规定，我国旅行社分成三类：

第一类，经营对外招徕并接待外国人、华侨和中国港澳台同胞来中国、归国或回内地旅游业务的旅行社；

第二类，不对外招徕，只经营接待第一类旅行社或其他涉外部门组织的外国人、华侨、和中国港澳、台湾同胞来中国、归国或回内地旅游业务的旅行社；

第三类，经营中国公民国内旅游业务的旅行社。

1996 年 10 月 25 日颁布的新《旅行社管理条例》中，规定旅行社按照经营业务范围，分为国际旅行社和国内旅行社。国际旅行社的经营范围包括入境旅游业务、出境旅游业务、国内旅游业务。国内旅行社的经营范围仅限于国内旅游业务。2001 年 12 月 27 日颁布实施《旅行社管理条例细则》，对我国旅行社的经营业务进行了详细的规定。

① 国际旅行社的业务范围。

- 招徕外国旅游者和华侨来中国，招徕中国香港、澳台同胞回内地旅游，为他们代理交通、游览、住宿、饮食、购物、娱乐事务，并提供导游、行李等相关服务，接受旅游者委托，为旅游者代办入境手续；
- 招徕我国旅游者在国内旅游，为其代理交通、游览、住宿、饮食、购物、娱乐事务及提供导游、行李等相关服务；
- 经国家旅游局批准，组织中华人民共和国境内居民到外国和中国港澳台地区旅游，为其安排领队、委托接待及行李等相关服务，并接受旅游者委托，为旅游者代办出境及签证手续；
- 经国家旅游局批准，组织中华人民共和国境内居民到规定的与我国接壤国家的边境地区旅游，为其安排领队、委托接待及行李等相关服务，并接受旅游者委托，为旅游者代办出境及签证手续；
- 其他经国家旅游局规定的旅游业务。

未经国家旅游局批准，任何旅行社不得经营中华人民共和国境内居民出国旅游业务、中国港澳台旅游业务和边境旅游业务。

② 国内旅行社的业务范围。

- 招徕我国旅游者在国内旅游，为其代理交通、游览、住宿、饮食、购物、娱乐事务及提供导游等相关服务；
- 为我国旅游者代购、代订国内交通客票、提供行李服务；
- 其他经国家旅游局规定的与国内旅游有关的业务。

除外联权问题和接待市场有所不同外，我国各类旅行社的业务职能并无根本区别。同西方国家的旅行社相比，我国旅行社既经营批发业务也经营零售业务。在经营批发业务方面没有差别，但在经营零售业务，尤其是在代理业务方面，我国许多旅行社同国外旅行社有差异。主要表现在我国旅行社在代理业务中是向顾客收取手续费，而一般不是向有关企业收取代理佣金。

③ 旅行社组织和安排旅游活动的方式。

- 团体包价旅游。所谓团体包价旅游，是指旅行社经过事先计划、组织和编排旅游活动项目，向旅游大众推出的包揽一切有关服务工作的旅游形式。收费按总价格一次性收费。国际游客来我国主要采用这种形式。下列内容一般不在团体包价范围内：旅行证件的登记费和手续费；意外事故保险费；机场税；行李保险费、行李超重费；计划外的旅游项目和私人花费。团体包价旅游比较适合于初次去某地旅游、缺乏经验的旅游者。

- 散客旅游。世界上散客旅游近年呈增长趋势，针对这一特点，我国很多旅行社都加强了委托代办业务。目前主要承办的业务有：当地委托，即客人抵达旅游目的地后有关预订房间、租雇车辆、提供翻译导游等服务项目的委托；单项委托，即客人提出某一服务项目的委托；联程委托，即游客一次性地在出发点提出按时抵离几个地方的旅游服务要求；国际委托，即游客出国或途径某个国家时所需要提供的旅行服务项目的委托；以及电报、电话、函件联系的有关问讯和委托代办的业务。代办业务主要根据客人的要求，提供翻译导游、代订旅馆房间、代租汽车、代办旅游签证、代购各种票据，以及机场、车站、码头抵离接送等服务项目。

5.2.2 旅行社的性质和作用

1. 旅行社的性质

前文已经讨论过，旅行社是指以营利为目的，从事旅游业务的企业。由此可以看出，虽然对于旅行社的定义不同，但都包含了两个共同的特征：提供与旅行有关的服务，是旅行社的主要职能；以营利为目的，决定了旅行社的企业性质。

基于此，对旅行社的概念进行进一步研究，可以得到一些有关旅行社的基本特性。

（1）服务性。从行业性质来讲，旅行社属于服务业，其主要业务是为旅游者提供服务，包括吃、住、行、游、购、娱六个方面，全方位地为旅游者服务。旅行社可以为旅游者提供单项服务，也可以将各项服务组合成包价旅游产品提供给旅游者。旅行社的服务性是经济效益和社会效益的双重体现，是一个国家、一个地区形象的代表之一，因而旅行社行业被称为“窗口行业”。

（2）营利性。这一点是所有企业的共性，也是旅行社的根本性质。从旅行社的定义中可以看出：“旅行社是以营利为目的，从事旅游业务的企业。”旅行社的最终目的是追求利润最大化，它是一个独立自主、自负盈亏的企业，具有营利性的特点。

（3）中介性。旅行社作为一个企业，本身并没有更多的生产资料，要完成其生产经营过程，主要依托各类旅游目的地的吸引物和各个旅游企业及相关服务企业提供的各种接待服务设施。所以，旅行社作为一个中介性的服务企业，主要依附于客源市场、供应商和其他协作单位来完成其生产销售职能。也就是说，旅行社是旅游消费者与旅游服务供应商之间的桥梁与纽带，所以它具有中介性。

2. 旅行社的作用

旅行社是旅游活动的组织者，是与饭店、交通和游览对象物共同为人们旅行提供服务的专门机构。

（1）旅游的组织者。旅行社的中心工作就是组织客源市场，在旅游经济活动中从事招徕、接待旅游者，组织旅游活动，为旅游目的地引进客源。旅行社在接受旅游者的相关费用后，它就以一种特殊的商品——旅游服务，为广大旅游者旅游活动的有序进行创造条件和方便。

（2）旅游产品的组合和销售者。旅行社把为旅客进行旅游活动所需的交通、住宿、饮食、游览、娱乐等基本旅游项目组合成为旅游新产品——预先计划好的一条条旅游路线。然后向旅游者宣传推销，把合成的旅游产品送到游客手中。可以说，旅行社因势利导地进行旅游活动的策划和组织，使游客的旅行需要成为可能，并走向规范化和正常化。

（3）旅游者和旅游产品之间的过渡者。旅行社把交通、饭店、娱乐、游览的、分散的不同的服务有机地联系起来，加强了这些部门间的协调和配合，使游客由同多个部门打交道变为同一个部门打交道，减少了许多麻烦，即使某一方面有不尽人意之处，也不需要游客直接出面，而由旅行社全权处理，保护游客的合法权益。所以说，旅游社是沟通旅游者和旅游相关部门的桥梁、纽带，是旅游活动必不可少的中介。

5.2.3 旅行社的业务活动

旅行社的主要任务是从事旅游活动的经营，为旅游者的旅游活动进行计划、组织和安排，并为旅游者提供所需的各种旅游服务。具体来说，旅行社的主要业务活动有以下几个方面。

1．旅行社的基本业务

（1）组合产品，设计线路。组合旅游产品、设计旅游线路是旅行社的基本业务。旅行社的旅游产品，指的是各类单项旅游产品经旅行社组合在一起形成的整体旅游产品，一般是指旅游项目和旅游路线，主要表现形式有单项服务、团体包价旅游、散客包价旅游、半包价旅游、小包价旅游、零包价旅游和组合旅游等。旅行社把参观娱乐、食宿、交通等所有活动从时间与空间上合理地组合在一起，为旅游者节省时间和精力，使他们能够在有限时间内获得最大的旅游活动而受益。

（2）销售产品，招徕客源。销售旅游产品是旅行社的主要业务之一。所有旅行社组合旅游产品的目的都是为了销售，而且也都在从事销售工作。旅游产品的销售包括：制定产品销售战略，选择产品销售渠道，制定产品销售价格和开展各种形式的旅游促销活动。销售旅游产品的一个重要途径是招徕客源，有了稳定的客源，旅游产品才能销售出去，旅行社才有经营收入。

（3）组织协调，安排客源。旅行社为了设计、组合旅游产品，必须向有关旅游企业或部门（如饭店、交通、餐饮、旅游景点、娱乐和保险公司等）购买各种旅游服务项目和产品，另外，组团旅行社还需要向旅游路线沿途的各地接待旅行社采购接待服务，以及根据旅游者的委托，为其办理与旅行活动有关的各种手续，如办理护照及签证、代办旅行保险、委托搬运及代管行李物品等，这些业务都需要旅行社与相关部门做好组织协调工作，合情合理地安排好客源。

（4）实地接待，提供服务。旅行社的组织接待服务主要包括两个方面：一是旅行社在旅游者到达目的地时的接待工作；二是旅行社在旅游者进行旅游活动过程中的陪同工作。旅行社组合旅游产品的目的是为了把它销售给旅游者，而由于旅游活动具有异地消费的特点，以及旅游产品具有生产和消费的同时性特点，所以旅游者只有到达旅游目的地并进行消费后，旅游产品的价值才能最终实现，所以组织接待旅游者也是旅行社的一项重要业务内容。旅行社需要根据旅游者购买的包价旅游线路来组织人员进行接待，帮助安排交通、食宿、参观游览及其他各种事项。

2．旅行社的业务性质

旅游业是一项以满足旅游者精神文化需要为主要目的，为旅游者提供服务的一种经济文化业务。

（1）旅行社是劳动密集型企业。由于旅游产品是一种无形产品，它的组合、加工一般不需要机器设备，转手销售也不需要仓库进行储存，旅行社的业务其实就是组织与服务工作。它主要是由一批管理、采购和销售人员及翻译导游人员组成的，除了必要的办公室、办公设备和通信设备外不需要什么固定资产，也不需要太多的周转资金，主要靠人的劳务获得收入，所以旅行社是一个劳动密集型的企业，是一个投入较少而产出较大的企业。

（2）旅行社是依附性很强的企业。旅行社作为旅游中的中介机构是不可能单独进行业务活动的。首先，它必须依靠海外各客源市场的旅游商销售其产品，为此，需要有一批地区分布合理、数量足够和关系比较稳定的国外客户作为引进客源的网络，以便在市场变化很快和同行竞争激烈的情况下能得到充分的客源。其次，旅行社还必须依靠本国众多的旅游服务供应者为其提供各种旅游服务，这就需要和国内的交通部门、饭店、餐馆、车船公司及各地的接待旅行社建立一个完整的供应网络，以便能得到需要的服务和优惠的价格。这两个网络中的任何一个如果不健全，或者出了问题，依附于它的旅行社就会受到重大的影响。

（3）旅行社的业务有很强的季节性和地区性。季节性强，即旺季游客多，淡季游客少；地区性强，即旅游热点地区的游客多，冷点地区游客少。这是旅行社也是整个旅游业的特点。至于冷热点地区的差别，是由旅游资源、交通和接待设施及知名度等多种因素形成的，也不是短期内能够改变的。但是，这种旺淡季节差和冷热地区差对旅行社的经营效益是一个不利因素，要设法加以缓解。因此，一要努力开辟淡季和冷点的特有旅游产品；二是利用价格杠杆和有关旅游供应单位合作，在淡季和冷点地区用低价吸引游客；三是旅行社善于根据不同季节安排自己的工作。

5.2.4 我国旅行社业的发展

1. 我国旅行社业的发展概况

一直处于体制性的演变过程中，经历了外事政治接待、企业经营机制改革和行业发展结构的重大调整三个重要阶段。

2. 我国旅行社业的发展趋势

（1）我国旅行社业发展所面临的问题。

在旅游业高速增长的同时，也看到旅行社行业正在以一种粗放的、规模不经济的方式扩张。1998—2002年的五年间（2003年因受“非典”突发性事件影响，出现全行业亏损），旅行社的数量年均增长16.25%，资产总额增长了48.26%，营业收入增长24.35%，而利润总额只增长了10.03%。业内人士将中国旅行社行业的现状概括为“小散弱差”，即企业规模小、产业结构松散、核心竞争力弱、经营业绩差。一般认为，形成这一原因的根源在于中国旅行社行业缺乏合理的分工体系（尤其是垂直分工），产品的同质化现象严重，价格竞争过度，导致全行业的整体利润下降。

从我国旅行社的实践看，我国的旅行社实际上都属于旅游经营商（tour operator），而没有真正的旅游代理商。从业务经营等进行分析，以最具代表性的北京市旅行社行业和美国、日本、欧洲的最大旅行社为例，显著差距有五个方面。

① 经营规模小。

首先，表现在旅行社的营业收入少。以北京市为例，2000 年北京的 452 家旅行社，共实现营业收入 75.747 亿元人民币（约为 9 亿美元），仅相当于同期美国运通年营业收入的 1/16，日本 JTB 的 1/13，德国普鲁赛格的 1/11。2000 年，中国旅行社、北京旅行社营业收入与世界大旅行社营业收入的比较情况见表 5.1。

表 5.1　2000 年中外旅行社营业收入对比

中国 8993 家旅行社	北京 452 家旅行社	美国运通	日本交通公社	德国普鲁赛格
56 亿美元	9 亿美元	146 亿美元	117 亿美元	97 亿美元

其次，旅行社企业的单体规模小。从旅行社的年平均收入来看，2000 年北京 452 家旅行社的年平均营业额是 1675.8 万元人民币，而 1999 年美国 32 238 家旅行社的年平均营业额是 440 万美元（约合 3308 万元人民币）。从这一数字来看，北京的差距并不明显。但需要注意两点：第一，美国的年平均营业额是一个全国性的概念，既包括旅游发达地区的大旅行社，也包括许多不发达地区的小旅行社，而北京是中国的中心城市，是中国经济比较发达的特大型城市，是首都。第二，美国的旅行社在经营上存在明显的两极分化现象，年营业额在 200 万美元以下的小旅行社占旅行社总数的 49.3%，拉低了平均值。

2000 年北京市营业收入居前 5 名的国旅、青旅、中旅、神舟、中信 5 家大旅行社（同时，国、中、青旅也是我国最大的三家旅行社，神舟是我国第 5 大旅行社）营业收入之和为 35.46 亿元人民币（4.27 亿美元）。而 2000 年美国排名位居前 5 名的运通、卡尔森-瓦根利特、罗森布鲁斯、BTI、航空国际 5 家旅行社营业收入达到 398 亿美元（折合人民币 3294 亿元），是北京 5 大旅行社的 93 倍，见表 5.2。

表 5.2　美国前 5 大旅行社商务旅游收入及在营业额中的比例情况

旅 行 社	美 国 运 通	卡尔森-瓦根利特	罗森布鲁斯	BTI	航 空 国 际
排名	1	2	3	4	5
商务旅游收入（亿美元）	137	118	47	39	34
占营业收入比重（%）	79	98	98	84	89

② 业务范围窄。发达国家旅游产品涵盖观光、休闲度假、商务旅游、会议展览、修学游和特种旅游等种类，结构层次合理。北京的旅行社目前仍以提供观光型旅游产品为主，兼顾少量其他旅游产品，且仅能提供少量散客旅游产品。显而易见，目前北京仅 400 多家旅行社就出现旅游业务“僧多粥少”的局面，很重要的原因是北京旅行社业的千军万马挤在团体包价旅游这个狭窄的业务范围内，而散客方式的观光休闲、探亲访友、商务旅游、会展旅游等大片市场空间，却开发得很不够。

世界旅游的趋势是散客化、个性化，旅游者越来越不满足于传统旅行社服务的“团队”模式，越来越追求符合个性化的旅游服务。传统的“组团”旅游模式逐渐丧失了优势，“散客”旅游已上升为一种主要旅游模式。从发达国家统计数据看，团队旅游只占市场份额的 30%，而剩余的 70%是散客旅游。中国和北京的境外旅游散客来得不够多和不够踊跃，主要是极少有旅行社为散客提供个性化服务，散客旅游者很难获得必要的服务和相关信息，行动很不方便。例如，国外在机场、车站、饭店等旅游者集散地，到处都有供游人免费取阅的旅游资料，城市街区里也随处可见“I”亭（“I”即 information），模样类似我国的书报亭，专门为游客提供各种有关旅行的资信。

北京的旅行社必须适应散客为主的旅游模式。旅游者之间的差异化，要求旅游服务必须面向个体，如果不提升服务的附加值和档次，就不能吸引顾客，也无法提高服务价格。服务质量，或称服务的多样性、服务的可供选择性，将取代价格成为主要的竞争手段。目前旅行社行业内的竞争手段主要靠价格，这与旅游发达国家的发展趋势是背道而驰的，也是不能持久的、两败俱伤的竞争方式。

在我国，旅行社的经营范围被局限在“自费”之内，北京的旅行社商务旅游业务发展滞后。但在国际上，由旅行社安排商务活动是通行做法，国外几乎所有大旅行社的主要业务都是商务旅游，如表 5.2 所示。商务旅行者是旅游客源中最富有的一群，他们消费能力强，需求档次高，对交通、住房设施和服务的要求相对较高，从其身上获取的利润要远远大于其他游客。发展商务旅行，不仅是旅行社自身发展的要求，也是我国加入 WTO 以后，境外商务客人增多，我国社会经济发展、商务活动增多的要求。例如，运通旅行社是美国政府指定的少数几家“政府采购”的旅行社之一，其便捷的服务、良好的信誉、服务项目的繁多及无微不至的服务作风，深得商家和商务旅行者的好评。从长远来看，商务旅游将是我国旅行社业务发展的一个很重要的领域。

③ 管理水平低下。从管理水平来看，发达国家旅行社普遍运用科学的管理思想和方法，合理配置企业资源，充分激励企业各级从业人员，经营管理水平较高。北京市旅行社管理水平本来就不高，加上 2000 年还出现了管理滑坡、“以包代管”、人才流失等问题，以至与发达国家旅行社的差距进一步拉大。

旅行社属于标准的服务行业，所有对服务类企业适用的管理法则都适用于旅行社企业的管理。结合该行业开放步伐缓慢和市场发育不成熟的状况分析，引入国外先进的管理经验、优化业内市场竞争秩序、重新进行行业资源的整合、创新服务与规范管理是该行业企业成功的关键因素。

④ 科技含量低。在发达国家，旅行社业务运行中科技含量非常高。从技术设备来看，发达国家旅行社大量应用信息技术，使用以计算机为中心的各种设备提高应变能力和竞争力。在美国，95%的旅行社都已使用全球分销系统（Global Distribution System，GDS），欧盟国家旅行社也普遍使用 GDS，即使应用程度较低的英国也达到 60%。1999 年，美国 43%的旅行社拥有自己的主页，78%的旅行社在办公室上网工作，56%的旅行社已经实现在家上网工作。1999 年美国旅行社从业人员平均每 2.1 人就拥有一台电脑（不包括订票终端机）。

北京旅行社业务运行中的科技含量非常低，大部分旅行社仍停留在办公自动化阶段，只有部分旅行社进入国际互联网，少量企业开始应用管理信息系统 Mm 辅助管理。北京的旅行社中使用民航 cm 系统的已有不少，但还远远没有普及，而使用国际著名的 CRS 系统的，如 SABRE、APOLLO 则少之又少。同时运用电脑处理营销、计划、文书、信息、会计等的办公自动化程度也很低。在外资旅行社进入后，北京的旅行社不仅会出现人工成本较高的局面，而且在业务处理的快捷、准确、及时等方面都会呈现严重的劣势。

⑤ 旅游网站发展缓慢。随着 2000 年 NASDAQ 的陡生惊变，以资本运营为目的的国内旅游网站失去资本出口后，在自身成本居高不下、收入又寥寥无几的情况下，纷纷改头换面以求生存，这个国际上前景看好的行业在中国却处境尴尬。国内著名旅游网站中国旅游资信（www.chinahoiday.com）目前每月营业额约 25 万元人民币，而美国前几大旅游网站的月营业额都超过了 1 亿美元。

国内旅游网站与国外旅游网站的强势发展之所以呈现出两种不同态势，主要原因在于国内旅游网站始终脱离不了旅行社的传统模式。例如，客户下单以后，网站通常是把订单打印出来，然后传真给酒店，以后的步骤和传统的订房服务没有丝毫不同。对于网站来说，它要花比传统旅行社大得多的成本，完成和旅行社大同小异的功能。电子商务作为一种节约成本的工具，在这里却起了相反的作用。

美国旅游网站的背后有庞大的支持平台，几大预订系统互连互通，信息及时传递，真实到每一个航班、酒店的房态都可以在网上查阅，即时知道有没有票、什么价格。由于国内的机票预订系统是一个相对封闭的系统，所以基本上没有实时信息，网上订票仍依赖于机票代理商。代理商使用的专用网络很少连通互联网，机票预订通常是手工完成，导致效率低下、成本高昂。国内的酒店预订没有一个统一的系统，各旅游网站各自为战，都需要同酒店发生业务关系，导致酒店应接不暇。在包价旅游上，由于各旅游网站实际上是和旅行社争客户，自身又没有旅游牌照，很难找到协作伙伴，不得不做各种各样的组团、接团业务。

（2）我国旅行社业发展的趋势。

我国旅行社业正经历着急剧的变革，既有良好的机遇，又面临严峻的挑战。这就要求旅行社业界人士准确地把握世界和我国旅行社业的发展趋势，认真解决好现存的主要问题，积极争取良好的生存空间和崛起机遇，使企业在危机中求生存，在变革中求发展。

① 改革企业制度，增强企业活力。我国旅行社业存在的一个突出问题就是产权关系不明确。目前，我国 10 000 多家旅行社基本属于公有制企业，公有成分比例高对行业竞争的开展和市场经济的发展是极为不利的。应大力鼓励、倡导和推进国有旅行社的体制改革，建立现代企业制度，完善公司治理结构，积极探索各种形式的中外合资、多类型法人相互持股、员工持股、管理层持股等经营体制。国有经济只需控制少数大型国际旅行社，为数众多的中小旅行社可通过拍卖、租赁股份制等多种形式民营化，用 3～5 年时间，形成中外合资、独资、国有、民营、股份制等多种所有制成分并存的、合理的、充满生机活力的企业制度模式。

② 调整分工体系，提高竞争能力。分工体系的问题是决定旅行社未来发展命运的问题。要按照国际惯例，积极建立旅行社垂直分工体系，通过对现有旅行社的改造、分化、组合等方式，实现大型旅行社经营集团化、中型旅行社经营特色化、小型旅行社通过代理制形成网络化经营的目标模式，最终使每一个旅行社都能找到自己的发展空间，占领自己的市场份额。

要积极鼓励旅行社跨地区的收购、兼并、品牌联合、特许经营，既做大规模，又实现跨地区的网络化，尽早形成以批发为主导的全国性连锁经营网络，实行统一行程、统一报价、统一接待标准、统一识别标志、统一品牌、分工协作、联合促销、共同招徕，实现集约化管理、规模化经营、网络化建设、专业化服务，打造能抗击大风大浪的旅游“航母”。

③ 树立品牌意识，提供优质服务。旅行社市场开放后，海外旅行社进入中国旅游市场，他们除了在规模、人才、管理上具有优势外，更重要的是自己的品牌优势。将来每一家旅行社，无论其实力大小，要生存都必须树立起自己的品牌形象和企业形象，真正给消费者提供优质的服务，赢得消费者的赞誉和支持。过去那种仅靠一纸广告或派送一份礼品吸引消费者的低层次旅游运行模式将一去不复返，靠不正当渠道拉关系、做市场也必将成为历史。为此，我国旅行社应该牢牢把握自己的优势，确定自己的经营特色和市场定位，选择正确的品牌营销之路，彻底摆脱以前打价格战、打线路战、拉客户、从购物回扣中谋取利益的成本和价格导向营销方式，实现向价值和品牌导向营销方式的转变。

“最佳服务就是最佳宣传”的原理告诉我们，要努力塑造优秀的品牌，用新、奇、特、异的产品和优质的服务来树立自己的企业信誉和形象，只有通过优良的服务和售后服务才能不断吸引回头客，培育顾客的品牌忠诚度。还要以科学的管理来规范员工，营造一种有利于员工积极向上、乐于进取的企业文化，形成比形象、比品牌、比服务、比信誉的全方位竞争的格局。

④ 运用信息技术，发展电子商务。世界经济已进入信息化时代，近年来蓬勃发展的信息技术和互联网已经显示其强大的生命力和经营上的巨大优势，从而引起旅行社行业的极大重视。旅行社新的经营形式不断出现，特别是网上旅行社发展迅速。我国加入 WTO 后，国外旅行社长驱直入，引发的绝不是简单的传统经营模式的竞争，而是现代网络技术的竞争。

旅行社建立连锁化、网络化的市场营销网络，旅游电子商务是一条捷径。目前，在我国 10000 多家旅行社中，已经建立完善信息系统的旅行社不足 5%。因此，我国旅行社应当积极参与国家“金旅工程”的建设，乘信息技术的长风，扬电子商务的风帆，利用互联网公平、透明的商务平台，开展网上促销、预订和销售业务，将自己的销售触角延伸到每一个潜在旅游者的家庭，将自己的品牌推广到世界的每一个角落，适应国际旅游需求的新特点和国际贸易的新方式，形成我国旅行社业新的国际竞争力。

⑤ 开展跨国经营，壮大企业实力。旅行社，尤其是商务旅行代理商的全球化发展趋势，是引发当前发达国家旅行社业所发生的各种重要变化的催化剂。国界将不再是旅行社经营的天然边界，跨国经营将成为发展的重要趋势。根据《服务贸易协定》市场准入原则，我国旅行社对外开放市场的同时，国外旅行社市场也同时对我国的旅行社开放，这给我国旅行社业开拓海外市场提供了广阔的天地。为了提高自身竞争力，应当鼓励有条件的旅行社“走出去”，向海外市场进军，主动走跨国经营的道路，采取收购、兼并、合资、联营等方式，在不同的国家和地区直接进行旅行社业务经营，在旅游客源地直接建立销售网络和在旅游目的地直接经营地面接待服务。开展国际合作，与巨人同行，通过跨国经营弥补因国外旅行社的进入而失去的市场份额。

总之，在经济全球化的浪潮中，我国旅行社业只有认清形势、抓住机遇、练好内功，才能迎接挑战、乘势发展、与时俱进，促进我国由亚洲旅游大国向世界旅游强国的飞跃早。

5.3 饭店业

饭店是旅游业的物质基础，是发展旅游业的支柱；饭店是人类相互交往的产物，是随着人们外出公干、经商、求学等活动的形成和发展，逐渐发展起来的供人们居住、用餐、休息的服务设施。

5.3.1 饭店业的发展

1. 饭店的概念

(1) 饭店的定义。

“饭店”一词起源于法语，原意是指法国贵族在乡下招待贵宾的别墅。目前，饭店已经成为国际性的定义，其含义已经发生深刻的变化。国外的一些权威词典为“饭店”一词曾经下过如下的定义。

① 《利尔百科全书》：饭店一般地说是为公众提供住宿、膳食和服务的建筑与机构。

② 《大不列颠百科全书》：饭店是在商业性的基础上向公众提供住宿也往往提供膳食的建筑物。

③ 《美利坚百科全书》：饭店是装备完好的公共住宿设施，它一般都提供膳事、酒类以及其他服务。

④ 《牛津插图英语辞典》：饭店是提供住宿、膳食等而收费的住所。

（2）饭店必须具备的条件。

从上述的定义，作为饭店必须同时具备以下四个条件：

① 它是由建筑物及装备完好的设施组成的接待场所；

② 它必须提供住宿、餐饮及其他服务；

③ 它的服务对象是公众，主要是外地旅游者，同时也包括本地居民，即包括某些其他特殊身份或阶层的人，也包括广大的普通消费者；

④ 它是商业性的服务企业，以营利为目的，所以其使用者一定要支付一定的费用。

2．饭店的历史沿革

（1）世界饭店业的发展。

一般认为，世界饭店业的发展经历了如下四个阶段。

① 古代客栈时期。19 世纪中叶以前的饭店都可以称为古代客栈。大多的客栈都设在古道边、车马道路边或是驿站附近。早期的英国客栈是人们聚会并相互交往、交流信息和落脚歇息的地方。最早的客栈设施简陋，仅提供基本食宿。到了 15 世纪，有些客栈已拥有 20～30 间客房，有些比较好的客栈还设有一个酒窖、一个食品室、一个厨房，为客人提供酒水和食品。还有一些客栈已开始注意周围环境状况，房屋前后辟有花园草坪，客栈内有宴会厅和舞厅等，开始向多功能发展。总的来看，当时的客栈声誉差，被认为是赖以糊口谋生的低级行业，客人在客栈内缺乏安全感，诸如抢劫之类的不法事情时有发生。

② 大饭店时期。这一时期主要是指 19 世纪中叶到 20 世纪初。18 世纪后期，随着工业化的进程加快和民众消费水平的提高，饭店业有了较大的发展。在纽约，1794 年建成的首都饭店，内有 73 套客房，这在当时无疑是颇具规模的。而堪称第一座现代化饭店的特里蒙特饭店于 1829 年在波士顿落成，为整个新兴的饭店行业确立了标准。该饭店不仅客房多，而且设施设备较为齐全，服务人员也经过培训，客人有安全感。19 世纪末至 20 世纪初，美国出现了一些豪华饭店。这些饭店崇尚豪华和气派，布置高档的家具摆设，供应精美的食物。大饭店时期的饭店，具有规模大、设施豪华、服务正规、具有一定的接待仪式、讲究一定规格的礼貌礼仪等特点。

③ 商业饭店时期。20 世纪开始不久，当时世界上最大的饭店业主埃尔斯活思·弥尔顿·斯塔特勒为适应旅行者的需要，在斯塔特勒饭店的每套客房内都设有浴室，并制定统一的标准来管理他在各地开设的饭店，增加了不少方便客人的服务项目。

20 世纪 20 年代，饭店业得到了迅速发展，美国的大中小城市纷纷通过各种途径集资兴建现代饭店，而且汽车饭店也在美国各地涌现。

商业饭店时期，汽车、火车、飞机等给交通运输带来很大便利，许多饭店设在城市中心，汽车饭店就设在公路边。这一时期的饭店，设施方便、舒适、清洁、安全。服务虽仍较为简单，但已日渐健全，经营方向开始以客人为中心，饭店的价格也趋向合理。

④ 现代新型饭店时期。第二次世界大战结束后，由于经济繁荣、交通便利，引起对饭店需求的剧增。1950 年后，开始出现世界范围的经济发展和人口增长，而工业化的进一步发展增加了人民大众的可支配收入，为外出旅游和享受饭店、餐馆服务创造了条件。至 20 世纪 50 年代末 60 年代初，旅游业和商务的发展趋势对传统饭店越来越不利，许多新型饭店大批出现，并开始面向大众旅游市场，许多饭店设在城市中心和旅游胜地，大型汽车饭店设在公路边和机场附近。这个时期，饭店的规模不断扩大，类型多样化，开发了各种类型的住宿设施，服务向综合性发展，饭店不但提供食、住，而且提供旅游、通信、商务、康乐、购物等多种服务，力求尽善尽美，饭店集团占据着越来越大的市场。

（2）中国饭店业的发展。

中国饭店业的起源应从商代中期的驿站开始，至今已有 3000 多年历史，其发展过程是伴随着中国经济的发展而发展的。

① 古代饭店时期。中国古代饭店，一般情况下可以分为官办住宿设施和民间饭店设施，其中官办设施又可以分为驿站和迎宾馆。

据历史料记载，中国最古老的一种官方住宿设施是驿站。在古代，只有简陋的通信工具，统治者政令的下达、各级政府间公文的传递，以及各地区之间的书信往来等，都要靠专人递送。历代政府为了有效地实施统治，必须保持信息畅通，因此一直沿袭了这种驿站传递制度，与这种制度相适应的为信使提供的住宿设施应运而生，这便是闻名于世的中国古代驿站。从商代中期到清光绪二十二年（1896 年）止，驿站竟长存 3000 余年，这是中国最古老的旅馆。驿站这一名称，有时专指其初创时的官方住宿设施，有时则又包括了民间旅舍。中国古代驿站的设置与使用，完全处于历代政府的直接管理之下。我国古代的驿站制度曾先后被临近国家所效仿，并受到外国旅行家的赞扬。中世纪世界著名旅行家摩洛哥人伊本·拔图塔在他的游记中写到："中国的驿站制度好极了，只要携带证明，沿路都有住宿之处，且有士卒保护，既方便又安全。"

我国很早就有了设在都城用于招待宾客的迎宾馆。春秋时期的"诸侯馆"和战国时期的"传舍"，可说是迎宾馆在先秦时期的表现形式。以后几乎历朝历代都分别建有不同规模的迎宾馆，并冠以各种不同的称谓。清末时，此类馆舍正式取名"迎宾馆"。迎宾馆又有设在都城和地方之分，宾馆里有道事（翻译）厨师和服务人员，还设有华丽的卧榻及其他用具和设备。此外，为了尊重宾客的风俗习惯，使他们的食宿生活愉快，迎宾馆在馆舍的建制上还实行"一国一馆"的制度。我国早期迎宾馆在当时的国内外政治、经济、文化交流中，是不可缺少的官方接待设施，为国内外使者和商人提供精美的饮食和优良的住宿设备。迎宾馆的接待人员遵从当时政府的指令，对各路使者待之以礼、服务周到。

民间旅馆设施即旅途中休憩食宿处所，一般称为"客栈"。西周时期，客栈补充了官方馆舍之不足，投宿客栈的人皆是当时的政界要人。到了战国时期，中国古代的商品经济进入一个突飞猛进的发展时期，工商业愈来愈多，进行远程贸易的商人已经多有所见，一些位于交通运输要道和商贸聚散的枢纽地点的城邑，逐渐发展为繁盛的商业中心，于是，民间旅店在发达的商业和交通的推动下，进一步发展为遍布全国的大规模的旅店业。

② 近代饭店时期。我国近代饭店的出现是在清朝末年随着西方列强的侵入而出现的，根据经营方式的不同可以分为西式饭店和中西结合式饭店两种。

● 西式饭店。1840 年鸦片战争以后，西方列强纷纷侵入中国，设立租界地、划分势力范围，并在租界地和势力范围内兴办银行、邮政、铁路和各种工矿企业，导致西式饭店的出现。这种饭店是西方列强按照西方建筑、设备、装修、经营方式等建造并经营的饭店。店内有客房、餐厅、酒吧、舞厅、球房、理发室、会客室、小卖部、电梯等设施。客房内有电灯、电话、暖气等，卫生间有冷、热水。至 1939 年，在北京、上海、广州等 23 个城市中，已有外国资本建造和经营的西式饭店近 80 家，例如，法国卢夫勒式的皇宫饭店，德国凯撒式的德华饭店，美国斯塔特勒式的美国饭店和英国皇家式的维多利亚饭店等。

● 中西式饭店。西式饭店的大量出现，刺激了中国民族资本向饭店业投资。因而从民国开始，各地相继出现了一大批具有半中半西风格的新式饭店。这些饭店在建筑式样、设备、服务项目和经营方式上都受到了西式饭店的影响，一改传统的中国饭店多以庭院式或园林式布局并且以平房建筑为主的风格特点，多为营造楼房建筑，有的纯粹是西式建筑。在设备设施、服务项目、经营体制和经营方式上亦受到西式饭店的影响。饭店内高级套间、卫生间、电灯、电话等现代设备，餐厅、舞厅、高档菜肴等也应有尽有。饮食上，除了供应中餐以外，还以供应西餐为时尚，如北京的长安春饭店、天津的国民饭店、上海的大中华饭店和扬子饭店等。

③ 现代饭店时期。现代饭店时期是新中国成立以后我国饭店业的发展时期，又以改革开放前后分为两个阶段：一是新中国成立到改革开放前，这个阶段是我国饭店业起步发展时期，主要是政治性的接待，接待的对象包括海外旅游者在内的各种外事交往的外宾；二是改革开放以后至今，是我国饭店业大发展时期，这个时期我国饭店业一改前期的政治接待单位的身份，而成为旅游市场的一部分。

● 起步发展时期。这一时期主要是指新中国成立后到改革开放前的 30 年间，其主要工作，一是集中在对原有饭店的改造装修和对新型饭店的积极筹建上，例如，1949 年以后对北京饭店、上海国际饭店、上海大厦、天津利顺德饭店、沈阳东北饭店等一批老饭店进行整顿和改造；二是积极地筹建一系列的新型饭店，例如，1951 年建成的北京和平宾馆是专为接待亚洲及太平洋区域的和平会议而修建的，1953 年为接待前苏联的专家在重点工业项目集中的城市修建了一批标准较高的宾馆和招待所，如友谊宾馆。随着 1956 年万隆会议的召开和我国国际地位的提高，同我国建交的国家越来越多，为了进一步扩大接待能力，全国各地建立了一大批国宾馆和高档饭店。到 1978 年改革开放前夕，全国拥有具备接待外国旅游者的宾馆 137 家，客房 1.55 万间，床位 3.07 万张，分布在除西藏之外的各省、直辖市、自治区以及旅游胜地，初步形成了较大规模的饭店业接待网络，为这一时期旅游业的发展和外事接待工作做出了贡献，同时也为改革开放后饭店业的大发展奠定了良好的基础。

从上述简单的饭店发展史上看，可以总结出这一时期我国饭店业发展的几个特点：

第一，饭店业务简单，基本上属于政治性的接待，只提供食宿，没有其他业务；

第二，招待所式的管理，有客就接，无客歇业，在经营上既无指标，又无计划，没有市场开拓，产品千篇一律，缺乏活力和动力；

第三，大部分饭店属于事业单位性质，财政上实行统收统支、实报实销制度，盈余全部上缴，亏损由国家补贴，饭店不承担任何风险。实际上饭店也没有什么利润可上缴，基本上处于亏损状态；

第四，客源单一，主要是社会主义国家或同我国建交国家的政府人员，自由散客缺乏。

● 大发展时期。改革开放后，随着国际环境的缓和，我国社会主义市场经济的初步建立，政治性接待工作的减少，我国饭店业迎来了一个大发展时期。

表5.3列出了2000年、2002年我国饭店的基本情况。从表中可以看出，经过20多年的发展，我国饭店业已经取得了喜人的成绩，从饭店类型到饭店规模，再到体现饭店等级的星级标准上，都取得了长足的发展。

表5.3 2000年、2002年全国饭店基本情况对照表

饭店经济类型	饭店数（座）		床位数（张）		客房出租率（%）	
	2000年	2002年	2000年	2002年	2000年	2002年
饭店等级注册类型						
合计	10 481	8880	1 855 965	1 729 460	55.85	60.15
国有企业	6646	5016	1 182 939	975 375	54.34	57.92
集体企业	1280	893	158 042	139 945	53.11	58.17
股份合作企业	69	172	21 339	28 111	61.03	60.15
联营企业	176	90	58 495	18 113	55.33	61.03
有限责任公司	383	734	57 315	141 311	59.24	63.31
股份有限公司	395	327	68 306	76 930	60.16	65.56
私营企业	324	556	24 754	68 928	54.88	59.94
我国港澳台投资企业	414	407	128 986	125 995	63.64	66.02
外商投资企业	419	279	107 744	103 143	58.89	64.08
其他企业	375	361	48 045	51 609	56.62	56.20
饭店规模						
合计	10 481	8880	1 855 965	1 729 460	55.85	60.15
客房数500间以上	129	80	469 515	109 293	63.76	68.05
客房数300～499间	309	320	197 366	198 832	61.23	63.99
客房数200～299间	547	622	244 487	270 836	58.15	62.49
客房数100～199间	1926	2225	528 191	589 999	55.18	59.61
客房数99间以下	7570	5633	416 406	560 500	51.15	56.52
星级饭店						
星级饭店小计	6029	8880	1 144 791	1 729 460	57.58	60.15
五星级饭店	117	175	67 275	102 424	65.04	66.33
四星级饭店	352	635	148 999	248 375	63.08	64.95
三星级饭店	1899	2846	448 662	680 018	58.65	60.84
二星级饭店	3061	4414	420 101	622 097	53.32	56.47
一星级饭店	600	810	59 745	76 546	46.96	49.68

资料来源：2000年、2002年《中国旅游年鉴》（其中2000年未评星级饭店4452家，床位数711 174张未在表中列出）。

在过去的20多年里中国饭店业实现了几个重要的转变：第一，由指令性的政府外事接待系统转向为国民经济中有竞争力的产业；第二，由自我发展的封闭性行业转向为与国际接轨、参与市场竞争较早、较快、较有成效的开放性行业；第三，由计划经济下的管理模式转

变为现代化企业经营管理模式；第四，丰富了人民的物质文化生活，成为我国人民与世界人民相互了解的窗口，带动了不少相关行业的发展。

这四大变化中有三种变化是衡量和判断现代饭店的标准。其一，饭店经营性质是否发生改变——是政府外事接待单位，还是面向市场、参与竞争的现代企业？其二，饭店经营管理模式是否发生改变——是计划经济下的管理模式，还是现代化企业经营管理模式？其三，发展模式和方向是否发生改变——是封闭式的自我发展，还是开放式的与国际接轨？除以上三个标准外，还有一点是非常值得重视的，那就是饭店资本是否实现了多元化或股份制。

5.3.2　饭店业的作用

人们外出要留宿、要进餐、要娱乐、要购物，饭店正好为他们提供了这样的方便，给他们以满足。随着世界旅游业发展及国际交往的增多，饭店业在国民经济中的地位日趋重要，在一些旅游业发达的国家，已成为国民经济中的重要支柱。饭店业对促进国民经济发展的重要作用，主要体现在以下几个方面。

1．旅游者活动的基地

在大多数国家和地区中，饭店为洽谈业务、举行会议、开展文娱活动等社会经济活动的开展提供了场所和相关便利设施；在一些风景名胜区或度假胜地，饭店在一定程度上成了吸引游客的旅游吸引物。所以，饭店附设的餐厅、酒吧、舞厅和娱乐设施等不仅为住宿客人提供了服务和方便，也吸引了大量的当地顾客，使饭店成为一个重要的社交中心。

2．创造旅游收入

饭店以一种特殊的商品形式，吸引着人们用较多的钱去享受在家庭和其他地方享受不到的东西；以提供贸易场地、会议场所、住宿、餐饮、康乐及娱乐等优良服务来获得赢利，这样便直接助长了国家经济的发展。饭店还是一种不出口的商品外贸经营方式，它的创汇率在某种程度上比商品出口的创汇率要高。因此，饭店是赚取外汇的一个重要行业，它可以帮助国家平衡外汇支出。

3．为社会创造就业机会

总体来说，饭店属于劳动密集型的服务行业，可以比其他部门提供更多的直接就业机会。在我国，饭店每增加一间客房可以直接为 2～3 人提供就业机会；在国外，饭店每增加一间客房可以直接提供就业机会 1.5 人，并为 2.5 人创造间接就业机会。

4．带动其他行业的发展

饭店业是一个综合性的服务行业，它的大力发展必然会促进社会上其他行业的发展，如建筑业、家私业、装修业、纺织业、化工业、食品加工业等。同时，现代化的饭店必须运用现代化的科学技术设备及现代化的科学管理，本国和本地区未达到的必然从先进的国家和地区引进，其他行业可以学习、模仿和借鉴，这样必然会带动其他行业向现代化迈进，对活跃国民经济起到极大的促进作用。

5.3.3 旅游饭店的类型

随着社会经济的发展，人们的生活水平提高，外出旅行的要求也提高。因此，对饭店的需求和爱好也日益多样化，出现了许多类型的饭店。

1. 根据特色和接待对象划分

（1）暂住型饭店。此类饭店一般位于城市，靠近商业中心，以接待商务旅行者为主，同时接待多类旅行者和旅游者。该类饭店的客人在饭店平均逗留时间较短，客人流动量大（在饭店业中所占的比例最大）。

（2）长住型饭店。这类饭店也称公寓饭店，一般采用公寓式建筑的造型，以接待长住客人为主，该类饭店的设施及管理较其他饭店类型简单，只向住店客人提供住宿、餐饮等基本服务。

（3）度假型饭店。这类饭店也称游览饭店，多建筑于海滨、山区/温泉、森林等地，以接待游乐度假的客人为主。

（4）汽车旅馆。它是随着汽车的迅速普及和高速公路的大力建设而逐渐产生的一种新型住宿设施，以接待驾车旅行的客人而得名。

2. 根据饭店客房数量划分

根据饭店客房数量可以分为大型饭店、中型饭店和小型饭店三种。

600 间客房以上为大型饭店；300～600 间为中型饭店；300 间以下为小型饭店。一般情况下，小型饭店的综合服务能力较差，设施设备最不齐全；中型饭店的设施较小型饭店就齐全得多，可是较大型饭店还是有较大差距，中型饭店是一般旅游者比较理想的下榻之所；大型饭店设备齐全，在保留高档客房和餐饮设施之外，还有各式的健身设施、康乐设施、各种规格的会议设施和多功能厅等。

3. 其他划分

（1）根据建筑投资费用可将饭店划分为经济型饭店、舒适型饭店、豪华型饭店、超豪华型饭店。

（2）根据地理位置可将饭店划分为城市饭店、城郊饭店、乡村饭店、景区饭店、公路饭店、机场饭店。

（3）根据经营方式可将饭店划分为独立经营饭店、集团经营饭店、联合经营饭店等。

5.3.4 旅游饭店的等级

1. 饭店等级概述

世界上的饭店相当繁多，为了向外推销和方便旅客选择饭店，各国政府或旅游业的团体机构，根据饭店的设施等条件，将饭店划分为不同的等级。饭店等级的确定，主要是依据饭店的位置（即环境的优雅程度）、设施的齐备情况、服务水准的高低来划分的。目前国际上对划分饭店等级还没有正式的规定，但有些标准是众所公认的，如清洁、设施水平、家具品质及维修保养，服务与豪华的程度。各国和地区在划分饭店等级时都有自己的标准，例如，法国和瑞士的饭店分为“1～5”星五级，意大利的饭店采用“豪华/1～4 级”制，奥地利饭店使用“A1、A、B、C、D”级，而有的国家和地区则采用“豪华、舒适、现代”或“乡村、城镇、山区、观光”等，分等制可谓形形色色。但在美国，由于其高度发达的市场经济及其成熟的饭店业，至今尚未有统一的被普遍接受的饭店等级标准，较有影响的则是美国汽车协会及美国汽车石油公司分别制定并使用的“五花”和“五星”等级制。

我国于 1988 年制定的《中华人民共和国评定旅游涉外饭店星级的规定》，将饭店划分为一星、二星、三星、四星、五星级共五个等级。1997 年和 2003 年分别对这一规定做了修订，其中最新版的《旅游饭店星级的划分与评定》中规定：“用星的数量和设色表示旅游饭店的等级。星级分为五个等级，即一星级、二星级、三星级、四星级、五星级（含白金五星级）。最低为一星级，最高为白金五星级。星级越高，表示旅游饭店的档次越高。”“预备星级作为星级的补充，其等级与星级相同。”星级以镀金五角星为符号，用一颗五角星表示一星级，两颗五角星表示二星级，三颗五角星表示三星级，四颗五角星表示四星级，五颗五角星表示五星级，五颗白金五角星表示白金五星级。

一般来说，五星级饭店属豪华级饭店，其设备设施与服务均要体现现代化特色；四星级饭店便称一流饭店，其设备设施和服务均应满足经济地位较高的上层消费者的需求；三星级饭店一般为中档中高档饭店，服务质量较好；二星级饭店为中低档饭店，能满足一般社会公众或家庭旅游者的需求；一星级饭店属经济档饭店，其设备设施和服务能满足普通消费者的基本需求。

2. 饭店等级标准

表 5.4 表述了饭店星级标准的基本准则。表中内容只是一个总体概述，具体评定标准详见 2003 年版《旅游饭店星级的划分与评定》附录。新版《旅游饭店星级的划分与评定》较旧版本有四点变化。

（1）首次出现“白金五星”标准。新标准出现了一个新名词——白金五星，其参评要求、标牌制作都比现在的五星级标准更高。这是自 1988 年我国首次出台饭店星级标准以来，饭店星级首次出现“白金五星”称号。取名“白金五星”，意思是白金作为一种贵金属，其质地、价值都比黄金更贵重。获得本土“白金五星”称号的酒店，缀有五颗星的标牌将选用白金色。

表 5.4　饭店星级划分标准

星　级	划分标准（设施设备、服务项目与质量）
☆	设备简单，具备食、宿两个最基本功能，能满足客人最简单的旅行需要，属于经济等级。符合经济能力较差的旅游者的需要
☆☆	设备一般，除具备客房、餐厅等外，还有卖品部、邮电、理发等综合服务设施，服务质量较好。满足旅游者的中下等的需要
☆☆☆	设备齐全，不仅提供食宿，还有会议室、游艺厅、酒吧间、咖啡厅、美容室等综合服务设施。每间客房面积约 20 平方米，家具齐全，并有电冰箱、彩色电视机等。服务质量较好，收费标准较高。能满足中产以上旅游者的需要

续表

星　级	划分标准（设施设备、服务项目与质量）
☆☆☆☆	设备豪华，综合服务设施完善，服务项目多，服务质量优良，讲究室内环境艺术，提供优质服务。客人不仅能够得到高级的物质享受，也能得到很好的精神享受。收费一般很高。主要满足经济地位较高的上层旅游者和公费旅行者的需要
☆☆☆☆☆	设备十分豪华，设施更加完善，除了房间设施豪华外，服务设施齐全。各种各样的餐厅，较大规模的宴会厅、会议厅，综合服务比较齐全，是社交、会议、娱乐、购物、消遣、保健等活动中心。环境优美，服务质量要求很高，收费标准很高。主要满足上层资产阶级、政府官员、社会名流、大企业公司的管理人员、工程技术人员、参加国际会议的官员、专家、学者的需要

在新的《饭店星级的划分与评定》标准中，白金五星酒店需要在 6 条参评条件中达标 5 项。这 6 项标准分别为：有一个 100 平方米以上的室内游泳池，有层高 5 米容纳 500 人以上的宴会厅，所有客房面积均在 36 平方米以上，有独特豪华的西餐厅，有独特豪华封门的酒吧，以及在建筑方面有独特韵味的设计。

白金五星的出现，意味着我国的星级评定标准已逐步趋向完善。另外，目前的五星级酒店中仍存在较大落差，白金五星的出现是为了突出那些档次更高、更豪华的酒店，拉大差距。

（2）打破星级终身制。按照新的《饭店星级划分与评定》标准，星级饭店的评定将打破终身制。经相应星级评定机构审查确认后，可以享有自授牌之日起五年期的星级标志与名称使用权，五年后根据相关标准重新评定。

另外，对于一些主题酒店、特色酒店的评定，可不按标准给予另类处理。这些酒店可直接向国家旅游局递交资料申请，只要获得通过，也可直接授星。

（3）管理软件是评分重点。新的评分标准将主要测评酒店管理的软件指标及服务方面。电脑管理软件作为现代化酒店的管理工具，已经十分普及。但目前有些酒店使用的电脑软件，尤其是三星级左右标准等级酒店使用的管理软件，标准化程度是不高的。这对整个行业管理的统一数据采样，造成很大困难，同时也不利于集团酒店的信息资源共享。修订后的新标准把这一内容加进去，促使我国酒店与国际标准接轨。

另外，新标准对于星级酒店的客房量也有了新标准，如由原来一星级需具备“20 间客房减少为 15 间客房”。

（4）删去“涉外”二字更显国际化。经过修订的《中华人民共和国国家旅游局旅游饭店星级的划分与评定》与原来的《旅游涉外饭店星级评定标准》相比，明显地删去了“涉外”一词。我国已经正式进入 WTO，这就意味着外国公民来华投资、旅游、学习应当享受国民待遇，再强调“涉外”显然已经不合时宜。

这次对星级标准的修订，是一次从量的追求到质的变化的过程，同时也是借中国加入 WTO 与国际管理水平接轨的最好机会。如果我国酒店业能够通过这次星级标准的修订，针对各酒店软件指标的考核，促使星级酒店在经济效益上有一个实质性的提高，就在与国际接轨的过程中走出坚实的一步。

【案例 5.1】

绿 色 饭 店

2003 年 8 月，中国饭店业协会推行《绿色饭店等级评定标准》。据《绿色饭店等级评定标准》，所谓“绿色饭店”，是指“在饭店建设和经营管理过程中，坚持以节约资源、保护环境为理念，以节能降耗和促进环境和谐为经营管理行动，为消费者创造更加安全、健康服务的饭店。”

绿色饭店是国际餐饮业和住宿业的新型经营方式，这种经营方式以“安全、健康、环保”三大理念为核心。在安全方面重视消防安全、治安安全和食品安全；在健康方面突出绿色客户、绿色餐饮和卫生操作；在环保方面关注节能、降耗和垃圾处理。目前发达国家的绿色饭店每年以20%左右的速度增加，已渐成普及之势。

据中国饭店协会有关人士介绍，“绿色饭店、放心消费”系列活动作为《全国餐饮业和住宿业振兴计划》大型系列活动之一，将突出三个重点：

其一，要求企业全面整治内外环境卫生，严格把好食品进货关和服务人员健康关，确保食品安全和公共卫生安全，在通风、消毒、卫生管理方面走向规范化和制度化。

其二，大力发展绿色餐饮，实行绿色采购，推行绿色菜谱，加强厨房的卫生管理，创建“阳光厨房”，采用分餐制，设置无烟餐厅，禁止出售以国家重点保护野生动物为原料的食品。

其三，努力提升客房的健康内涵，在做好客房通风、消毒的基础上，不断创新，确保室内空气质量和睡眠质量。客房易耗品采用环保包装，设置无烟客房，客房内卫生间设置“环保卡”，客房内放置绿色植物。

3. 饭店星级评定的责任分工

（1）旅游饭店星级评定工作由全国旅游饭店星级评定机构统筹负责，其责任是制定星级评定工作的实施办法和检查细则，授权并督导省级以下旅游饭店星级评定机构开展星级评定工作，组织实施五星级饭店的评定与复核工作，保有对各级旅游饭店星级评定机构所评定饭店星级的否决权。

（2）省、自治区、直辖市旅游饭店星级评定机构按照全国旅游饭店星级评定机构的授权和督导，组织本地区旅游饭店星级评定与复核工作，保有对本地区下级旅游饭店星级评定机构所评饭店星级的否决权，并承担推荐五星级饭店的责任。同时，负责将本地区所评星级饭店的批复和评定检查资料上报全国旅游饭店星级评定机构备案。

（3）其他城市或行政区域旅游饭店星级评定机构按照全国旅游饭店星级评定机构的授权和所在地区省级旅游饭店星级评定机构的督导，实施本地区旅游饭店星级评定与复核工作，保有对本地区下级旅游饭店星级评定机构所评饭店星级的否决权，并承担推荐较高星级饭店的责任。同时，负责将本地区所评星级饭店的批复和评定检查资料逐级上报全国旅游饭店星级评定机构备案。

4. 饭店星级的复核

对已取得星级的饭店，如经复核达不到上述相应标准的要求，具体处理方法如下：

（1）饭店不能达到上述中任何一项标准中的要求，旅游饭店星级评定机构根据具体情况检查结果签发警告通知书、通报批评、降低或取消星级，并在相应范围内公示处理结果。

（2）除定期复核饭店星级外，各级检查员根据规定权限由旅游饭店星级评定机构委派可随时对饭店进行不定期的暗访，如发现检查饭店在任何一项标准中达不到要求，检查员有权根据具体情况建议旅游涉外饭店星级评定机构签发警告通知书、通报批评、降低或取消星级。若情况属实，处理恰当，旅游涉外饭店星级评定机构应采纳检查员的建议。

（3）饭店接到警告通知书、通报批评、降低或取消星级的通知后，须认真整改改进工作并在规定期限内将整改情况上报所属旅游涉外相应的饭店星级评定机构。

（4）凡在一年内接到警告通知书不超过两次（含两次）或接到一次通报批评的饭店，可继续保持原星级，凡在一年内接到超过两次（三次）警告通知书或一次以上通报批评的饭店，旅游饭店星级评定机构应将降低或取消其星级，并向社会公布。

（5）凡是被降低或取消星级的饭店，自降低或取消星级之日起半年内，不予恢复原星级。半年后，方可重新申请评定星级。

小资料

我国的星级饭店

2006年，我国星级饭店数量继续保持适度增长。到2006年年末，全国共有星级饭店12 751家，比上年末增加923家，增长7.8%；拥有客房145.98万间，比上年末增加12.76万间，增长9.6%；拥有床位278.55万张，比上年末增加21.38万张，增长8.3%。

2006年，全国星级饭店的经营情况良好。全年营业收入总额为1482.86亿元，比上年增加136.17亿元，增长10.1%；上缴营业税108.12亿元，比上年增加30.96亿元，增长40.1%。

按拥有星级饭店的座数排列，位居全国前十名的地区是：

① 广东1146座 ② 浙江1023座 ③ 云南867座 ④ 江苏799座 ⑤ 北京700座
⑥ 山东645座 ⑦ 湖北578座 ⑧ 湖南501座 ⑨ 辽宁497座 ⑩ 四川485座

按营业收入多少排列，位居全国前十名的地区是：

① 北京183.6亿元 ② 广东162.5亿元 ③ 浙江158.0亿元 ④ 上海154.1亿元
⑤ 江苏114.4亿元 ⑥ 山东91.0亿元 ⑦ 辽宁58.2亿元 ⑧ 四川45.0亿元
⑨ 云南42.7亿元 ⑩ 河南37.3亿元

按客房出租率高低排列，位居全国前十名的地区是：

① 湖南75.0% ② 山东68.1% ③ 贵州66.1% ④ 江西65.9% ⑤ 浙江64.0%
⑥ 江苏63.8% ⑦ 山西63.7% ⑧ 上海63.7% ⑨ 辽宁63.0% ⑩ 河南62.7%

5.3.5 饭店的经营发展

饭店管理集团，是指在本国或世界其他国家和地方拥有和管理两个以上的饭店，并以相同的店名、店标、统一的经营管理方式、管理程序、操作程序和服务标准进行联合经营的饭店企业，或称饭店管理公司、饭店联号或连锁饭店（Hotel Chain）。现代饭店管理集团是以经营饭店为主的联合经济实体。

1. 饭店管理集团的发展

饭店集团或饭店联号的兴起，与其他行业企业集团的发展有较大的差异性，例如，工业生产企业集团的形成主要与产品线及其国际市场的扩展有关；而饭店集团的兴起，最初主要是铁路公司在发展乘客运输业务的同时介入饭店业的。为了不断地扩大乘客运输业务和为乘客提供膳食服务，铁路公司在铁路沿线的城镇建造并经营饭店，这些饭店多靠近火车站，主要接待来往的旅客。由于这些饭店都是铁路公司经营的，因而在经营中逐步形成了统一的经营风格，为了突出连锁效应，也就形成了一个个风格、规模、设备设施和服务项目大致相同的饭店系统。这种系统也可称为连锁，也可称为企业集团。

由于同样的原因，民用航空业的迅速发展，使航空公司在机场附近建立并经营饭店，接待来自航空公司飞机的旅客，从而为旅客提供食宿服务。为了扩大自身的影响，引吸旅客，航空公司将机场附近的饭店融入本系统之中，并作为航空国际饭店联号，形成自己的独特风格。与此同时，随着国民经济的发展，社会公众收入水平的提高，推动了旅游业的发展，引发了旅游饭店之间的激烈竞争，因而由一个个原来独立的饭店不断地联合、相互兼并和收购而形成饭店集团。

20 世纪 50 年代，是世界饭店集团发展的开端，特别是西方国家高速公路、铁路、海轮及航空业的发展，为以交通为纽带的各种饭店集团应运而生创造了条件。美国是许多饭店集团的发源地，例如，早期的泛美航空公司的洲际饭店、斯塔特勒饭店集团为世界饭店集团的发展开拓了道路，而假日饭店、喜来登和希尔顿饭店集团被当作世界饭店集团的三大巨头，其中假日饭店拥有连锁店 2700 多家，遍及世界 50 多个国家。1985 年世界最大 50 家饭店集团就拥有 200 多万个客房，约占世界客房总数的 18%左右。1995 年世界最大 20 家饭店集团就拥有 270 多万个客房，约占世界客房总数的 20%以上。这充分说明，饭店集团规模越来越大，饭店业集中化趋势十分明显。表 5.5 列出了 2007 年排名前 10 位的饭店（集团）。

表 5.5 2007 年全球饭店集团排名榜

排 名	饭店集团名称	总 部	饭 店 数（座）	客 房 数（间）
1	黑石	美国	5701	600 000
2	洲际	英国	3741	556 246
3	温德姆	美国	6473	543 237
4	万豪	美国	2775	502 089
5	雅高	法国	4121	486 512
6	精选	美国	5316	429 401
7	最佳西方	美国	4164	315 401
8	喜达屋	美国	871	265 598
9	卡尔森	美国	945	145 933
10	凯悦	美国	733	141 011

2．饭店管理集团的优势

当今世界，跨国公司性质的国际饭店集团数量越来越多，其资本实力也不断地增强，在国际旅游市场中占有越来越大的市场占有率。单一的饭店在竞争中势单力薄，因而使饭店集团不断地接收新成员。这样一来，饭店集团就越来越显示出它的优势。

（1）管理优势。经营管理上的优势，是饭店集团生存与发展的必要条件。在通常情况下，饭店集团具有较为完善的管理系统，能为所属连锁饭店制定统一的经营管理程序、章程和方法，为服务规范制定统一标准，为服务质量管理制定统一的操作规程和提供典型示范，还在分店的建筑设计、内部装饰和硬件设施等方面规定国际性标准。许多饭店集团还将上述各种规章和标准编印成经营业务手册发给所属饭店，以促使其经营管理达到所要求的水平。与此同时，饭店集团总部还不定期派遣巡视人员到所属分店中去检查，督促他们达到多项经营指标，并对检查过程中发现的问题以及不合格的服务提出改进意见，指导后续服务工作。

为了使所属各连锁分店的管理人员尽早掌握服务规范和服务质量管理标准，提高他们的管理水平，饭店集团总部还定期组织管理知识的培训。一般来说，许多规模较大的饭店集团都有自己的培训基地和培训系统。比如，假日饭店集团在其总部所在地美国孟菲斯有一所假日大学；而希尔顿饭店集团则在美国休斯顿大学设立自己的饭店管理学院。尽管一些饭店集团没有开设专门的学院，但还是设立了职业培训部门，负责拟订培训计划，选派有关专家对所属饭店在职员工进行培训。

（2）营销优势。正是由于饭店集团经营规模大、资本实力雄厚，在国际市场上享有较高的声誉，因而在公众中产生深刻的印象，其知名度较高，为集团所属饭店提供了无形资产。凡参加饭店集团的分店，都可以使用饭店集团的名称、店标和商标，这对于开拓国内外市场营销业务极为有利。在一般情况下，一个为公众熟悉的国际饭店集团名称，使旅客对饭店及饭店提供的产品和服务产生信赖感，从而容易招徕更多的客人。

要开拓国际营销业务，广告宣传是重要的促销手段。然而，营销广告的成本是昂贵的，单个饭店是承受不起的，特别是国际性广告费用则更高。饭店集团由于资本雄厚，甚至可以集合各分店的资金进行世界范围的广告宣传活动。与此同时，集团公司还有能力每年派业务代表到世界各地参加旅游交易会、洽谈会、展览会、艺术节和各种体育盛会，并参与相关的经销商推销集团公司所属饭店的产品和服务。更为重要的是，饭店集团都具有先进的客房预订系统，配备高效率的网络中心和国际长途电话系统，为所属饭店处理客房预订业务，并在各分店之间相互推荐客源。为了在竞争中争夺客源，集团公司还在各地派遣了许多精明的营销员和信息员，不断地为所属饭店及时提供客源信息，为其招揽业务。

（3）财务优势。当今社会，独立的单个饭店很难得到金融机构的信任，特别在筹集资金遇到困难的时候更是如此。饭店集团以其庞大的经营规模、雄厚的资本实力和可靠的融资信誉度，为所属饭店赢得银行的信赖，为此，参加饭店集团或饭店联号的饭店企业，可便利从金融机构得到贷款或提高融资可信度。与此同时，饭店集团还能对所属饭店遇到财力困难时提供资金支持或帮助其贷款。在市场竞争激烈的现今社会里，每个企业都会受到社会、政治、经济等因素的影响，特别是饭店行业更容易受到社会经济大环境的制约，如在金融危机时，许多企业很难从银行得到贷款支持，这样就很容易发生财务危机，导致经营陷入困境。然而，作为跨国公司的饭店集团，由于资本实力雄厚，既可以为所属饭店提供贷款担保，又可以从集团财务中支持其下属饭店度过财务危机的困难期。

（4）技术优势。饭店集团不仅具有财务上的优势，而且具有技术上的优势，能够为所属连锁饭店提供技术上的帮助和服务。例如，由于饭店集团要求所属连锁饭店实现设备、设施和经营用品标准化、规范化，因而饭店集团专门设立负责向所属饭店供应各种物资的经营公司，或者在总部设立采购供应站，向所属各饭店提供统一规格和标准化的设备和经营用品，如厨房用具、地毯、家具、床上用品、办公用品、装饰材料、食品饮料和餐厅用品等，从而形成较为系统的物资供应链。从经营效益上看，由于集中采购能获得大批价格折扣，因而降低了所属连锁饭店的经营成本。

技术服务不仅表现在物资采购方面，更多地表现为技术指导和技术支持方面。例如，假日饭店集团拥有专业性建筑公司，拥有自己的建筑师和内部设计专家，专门为所属几千家分店提供这方面的技术指导和支持。这样，就极大地降低了各分店的经营成本。

3. 饭店管理集团的经营方式

（1）直接经营。饭店集团所采用的最基本和最通常的做法，是饭店集团直接投资建造饭店或购买、兼并饭店，然后由饭店集团直接经营管理的形式。在这种形式下，饭店集团既是各饭店的经营者，又是拥有者。

一般来说，饭店集团通常都会拥有若干饭店的所有权并直接经营，作为集团扩张的后盾，在此基础上采取其他各种经营形式，逐步扩大集团的规模。

（2）合同经营。也称委托经营，是饭店集团或饭店管理公司与饭店所有者签订合同，接受业主委托，根据饭店集团的经营管理规范和标准经营管理饭店，并获取管理酬金。

采取合同经营的方式，饭店集团可以以最小的成本和风险扩大集团的规模，可以依靠人力、信息、网络等资源优势增加收入。而业主则可以利用饭店集团的品牌、声誉等无形资产筹措资金，迅速占领市场，并容易取得理想的经济效益。

（3）租赁经营。饭店集团通过签订租约、交纳固定租金的形式，租赁业主的饭店，然后由饭店集团作为法人对其进行经营管理。

采用租赁经营形式，饭店集团作为饭店的经营者通常在支付固定租金和经营成本以后，可以获得一定的剩余利润。另外，还可以使饭店集团节省巨额的固定资产投资，有利于饭店集团规模的迅速扩大，饭店业主则可以利用饭店集团的品牌和声誉筹集资金，通过对饭店的投资获得理想的收益。

（4）特许经营。这是饭店业最为常见的一种饭店集团扩张的形式，指饭店集团向拥有饭店的业主让渡特许经营权，允许受让者的饭店使用饭店集团的名称、标志，加入集团的营销和预订网络，成为集团的成员。与此同时，特许经营权的让渡者在该饭店的可行性研究、地点选择、建筑设计、资金筹措、宣传营销、人员培训、管理方法、操作规程和服务质量等方面给予指导和帮助。

一般受让者向让渡的饭店集团支付特许权让渡费、特许权使用费及广告推销费作为报酬，但在饭店所有权和财政上保持独立，不受饭店集团控制而采用特许经营权的形式，饭店集团可以利用极少投资迅速占领市场，实现集团快速扩大规模、占有市场的效果，并能稳定地获取收益。采取特许经营要求拥有特许经营权的饭店集团必须拥有强大的品牌、市场声誉，以及完善的服务和管理的支持。目前，世界上许多饭店集团都是利用转让特许经营权而发展起来的。最成功的是假日集团，假日联号公司让成员饭店参与共同采购计划，从而享受采购数量折扣。

（5）饭店组织。这是独立的饭店业主之间通过契约的形式组织起来的饭店联合体。它们之间的联系一般是使用共同的预定系统和为组织成员提供有限的营销服务。饭店组织内的各成员饭店所有权与经营权独立，通常只需支付给饭店组织使用预定系统和相关服务的费用。

小资料

锦 江 酒 店

锦江酒店，全称“锦江国际酒店管理有限公司”[Jin Jiang International(Group)Co., Ltd.]，是目前中国管理酒店最多、规模最大的酒店管理专业公司之一，在中国旅游饭店业协会统计公布的“中国饭店业集团二十强”中名列榜首，从 2004 年起连续被列为“中国饭店业民族品牌先锋”，管理着分布在全国各地近百家高星级酒店，客房总数近3万间，其中包括和平饭店、锦江饭店、国际饭店等历史悠久、驰名海内外的经典酒店。

锦江国际酒店管理有限公司近年来通过致力于“品牌建设、系统完善、人才培养”不断提高核心竞争力。公司拥有先进的JREZ中央预订系统，具有中、英、法、日四国语言和实时预订功能的锦江酒店电子商务网站www.jinjianghotels.com，在原有酒店管理模式的基础上，借鉴国际化标准和运作方式，建立了融国际标准、中国国情和锦江特色于一体的酒店核心质量标准、酒店技术服务标准、酒店开业指南、统一会计政策、酒店物品标准等一系列标准体系。

锦江国际酒店管理有限公司的控股股东上海锦江国际酒店（集团）股份有限公司（锦江酒店）是中国领先的酒店投资和管理集团，主要从事涵盖经济型旅馆至高星级酒店的酒店投资、管理与特许经营、餐厅营运以及其他业务。根据国际权威专业杂志《HOTELS》最新公布的2007年统计资料，锦江国际酒店在全球酒店300强中列第17位，位居亚洲酒店集团首位。锦江酒店于2006年12月15日在我国香港主板成功上市。截至2007年12月底，锦江酒店已开业及筹建中的酒店共375家，客房近7万间，遍及中国31个省、自治区和直辖市的100个城市。

5.4 旅游交通业

所谓旅游交通，是指旅游者利用某种交通手段或途径，实现有目的的从一地到另外一地的空间位移过程。主要是指航空、陆路和水路等三种方式，具体地说，是指飞机、汽车、火车和轮船等交通方式。

5.4.1 旅游交通的任务和作用

1．旅游交通的任务

旅游交通的任务是：解决旅游者在定居地与旅游目的地之间往返、从一个目的地到另外一个目的地，以及在一个目的地内的各地区间便利来往的问题。

2．旅游交通的作用

旅游交通的发展是旅游业发展的前提和基础。旅游交通的发展主要表现为交通工具的不断更新和现代化，这是现代大众旅游能够兴起的重要条件之一。它解决了人们外出的时空矛盾，使人们开展长距离旅行成为可能。因此，旅游交通对旅游业的发展起着重要作用。

（1）旅游交通是旅游者进行旅游活动不可缺少的因素。自古至今，无论国内国外，人类的旅行活动都离不开交通工具。它不仅承担着旅游客源地与旅游目的地之间的运输任务，而且还承担着旅游目的地范围内旅游点、交通站、饭店、景区、购物中心、娱乐场所之间的运送任务，只有交通顺畅，才能使旅游者“进得来，散得开，出得去”，才能使旅游活动得以顺利完成，才能使旅游设施、旅游资源的作用得到充分发挥，实现其价值。

（2）旅游交通是旅游业产生和发展的前提条件。从旅游的发展史来看，旅游业的产生是以交通客运业的发展为前提的。早期人类的旅游活动是伴随着马、牛、驴、畜力车和独木舟等古代交通工具的出现而产生的。18 世纪中叶以后，工业革命导致轮船、火车、汽车和飞机等现代交通方式的出现，从而为近代旅游活动的开展和近代旅游业于 19 世纪中叶的产生创造了必要的条件。第二次世界大战以后，比较完善的现代交通运输业在世界范围内形成，尤其是公路和航空运输的普及化，促成了现代旅游业的诞生。特别是 20 世纪 60 年代末 70 年代初，速度快、载客量大、价格便宜的宽体喷气式客机的问世，开辟了大规模国际旅游的新纪元。另一方面，正因为交通客运解决了旅游地的进入性问题，为旅游地输送了客源，旅游业才得以发展。否则，就会产生旅游交通的“瓶颈效应”，旅游设施、旅游服务和资源就会出现闲置和浪费，从而严重制约旅游业的发展。

（3）旅游交通是旅游区兴起和发展的前提条件。首先，一个国家和地区常常拥有许多游览点，只有通过旅游交通使旅游者到达游览点，旅游资源的价值才能实现，旅游业的种种设施和服务才能真正发挥作用。其次，旅游交通对于旅游点的开发起着不可替代的作用，例如，我国的千岛湖旅游区，多年前因交通落后，交通安全和旅游者到此所花费的在途中时间占整个旅游时间的比重过大，影响了旅游者的游览决策。而在改善了交通条件之后，千岛湖旅游区的接客能力得到充分的发挥，游客逐年增长。因此发展各类交通运输，将会有力地促进新的旅游网点的开辟和兴起。

（4）旅游交通是旅游业创收的重要组成部门。人们外出旅游，必然要支付一定的交通费用。旅游者的交通运输费在旅游总消费额中占有很大比例，尤其是远程旅游，诸如洲际旅游和环球旅游等。在旅游者的全部开支中，交通运输支出所占比例一般在 30%～40%，2002 年我国国际旅游（外汇）收入总额为 203.85 亿美元，其中长途交通占 25.8%，市内交通占 4.3%，由此可见，交通客运业中来自游客的收入占一个国家或地区旅游收入的 1/3 左右，在其旅游收入中起着举足轻重的作用。所以说，旅游交通是旅游业创收的重要来源。

5.4.2 现代旅游交通工具的类型和特点

1．汽车

公路交通方式以汽车为主要交通工具，以公路为交通线路，主要从事短中程旅游客运。它是世界上最主要的旅游交通方式，承担世界上约一半以上的国际旅游者运输量。汽车旅游的主要优点是自由灵活、便利高效，有较大的独立性对自然条件的适应力强。汽车旅游最主要的缺点是速度不高、能耗大、安全性较差，其事故率是四种交通方式中最高的。1933 年德国修建了世界上第一条高速公路。

2．火车

旅游铁路交通方式以旅客列车为交通工具，以铁路为交通线路，以铁路客运站为始终停靠站，主要承担中远程旅游者的运输任务。约有 6.4%的国际旅游者使用这种交通方式。其主要优点是客运量大、费用低、受气后影响小、安全正点；其缺点是铁路很难形成较细的网络，铺设铁轨购买机车投资大。

3．飞机

旅游航空交通方式以民用客机为主要运输工具，以航空交通线为路线，以机场为始终停靠站，主要承担中远程旅客运输。约有 36%的旅游者使用这种交通方式。航空旅行的主要优点是快速高效、安全舒适、能跨越地面各种障碍（如海岛等）、事故率低；其缺点是只能完成点到点之间的旅行，噪声污染严重。

4．轮船

旅游水上交通方式以各类船舶为交通工具，以水运航路为交通航线，以港口码头为始终停靠站，主要用于短途客运和长途水上游览，约承担 7.5%的国际旅游交通运输量。水上交通方式的主要优点是豪华舒适、价格低廉；其缺点是速度慢、时间长，主要用于度假旅游。

5．其他交通方式

其他交通方式包括索道、自行车、马车、竹筏、轿子、马、骆驼、自行车、摩托车、人力车、徒步等。

本章小结

本章从旅行社业、饭店业和交通运输业三个方面介绍了旅游业的构成。

旅游业从概念上讲不是严格意义上的“产业”，但是从实践的角度讲，旅游业又是一个实际存在的“产业”。所谓的旅游业，就是以旅游者为服务对象，为其旅游活动提供便利条件，并提供其所需商品和服务的综合性产业。构成旅游业的组成部分极其复杂，说法也很多，如“三大支柱说”、“五大部门说”和“七大组成部分说”等，但是从旅游业的行业特点来说，其组成部分主要由三部分，即旅行社业、以住宿业为代表的饭店业和交通运输业。

旅行社业是指有营利目的的从事旅游业务的企业，是具有服务性、营利性和中介性质的企业，是旅游活动的中间组织者。我国旅行社从业务上分为国内旅行社和国际旅行社两大类。改革开发后，我国旅行社业取得了长足的进步，但是和国外旅行社相比，仍然存在很多困难和不足。

饭店业是旅游业的物质基础，是发展旅游业的支柱之一。现代饭店业起源于古代的驿站、客栈，19 世纪始出现现代意义上的饭店。现代饭店业的发展趋势是饭店集团。“星级”是评定饭店等级的标准，现在比较通行的标准是一星、二星、三星、四星、五星标准，此外还有白金五星。

交通运输业是解决旅游者在定居地与旅游目的地之间往返、从一个目的地到另外一个目的地，以及在一个目的地内部便利往来的问题。主要是指航空、陆路和水路三种方式。旅游交通是旅游业产生和发展的前提条件。现代旅游交通工具的类型繁多，各具特点。

重点名词

旅游业　旅行社业　国内旅行社　国际旅行社　团体包价旅游　散客旅游
交通运输业　饭店业　饭店类型　饭店等级　饭店管理集团

复习思考题

一、单项选择题

1．下列对旅游功能的表述不正确的一项是（　）。

A．为旅游目的地增加了外汇收入　　B．促进当地居民文化的提高

C．可带动相关产业的发展　　D．可以发展地区经济

2．下列对旅行社作用的表述不正确的是（　）。

A．旅游的组织者　　B．旅游产品的组合和销售者

C．旅游者和旅游产品之间的过渡者　　D．组织路线，设计产品

3．在世界饭店业的发展历史中，大饭店时期是指（　）。

A．19世纪中叶至20世纪初　　B．19世纪

C．18～19世纪　　D．20世纪

4．大型饭店的客房一般在（　）间客房以上。

A．400　　B．500　　C．600　　D．700

5．下列对饭店集团经营方式表述正确的一项是（　）。

A．直接经营是饭店集团或饭店管理公司与饭店所有者签订合同，接受业主委托，根据饭店集团的经营管理规范和标准经营管理饭店，并获取管理酬金。

B．合同经营是饭店集团直接投资建造饭店或购买、兼并饭店，然后由饭店集团直接经营管理的形式。

C．租赁经营是饭店集团通过签订租约、交纳固定租金的形式，租赁业主的饭店，然后由饭店集团作为法人对其进行经营管理。

D．特许经营是独立的饭店业主之间通过契约的形式组织起来的饭店联合体。

二、填空题

1．在旅游业的构成中，主要包括旅行社业、______和______及其他相关部门。

2．旅行社组织和安排旅游活动的方式有两种，即______和______。

3．旅行社的性质有______、______和______。

4．世界上第一座现代化饭店是______，于1829年在______落成，为整个新兴的饭店行业确立了标准。

5．饭店管理集团的优势体现在______、营销优势、______和技术优势。

三、简答题

1．如何理解旅游业的概念？

2．简述国际旅行社的业务范围。

3．简述国内旅行社的业务范围。

4．如何理解饭店的概念？

5．简述旅游交通的任务和作用。

案例分析

奥运会对中国旅游业的影响

奥运会对旅游业的促进作用不可估量，对就业问题的解决起到了重要的作用。通过对近几届奥运会的研究分析发现，奥运会为主办国吸引来大量的旅游客源，因此直接带来可观的经济效益。

据资料显示，1984 年洛杉矶奥运会直接带动旅游收入 30 多亿美元；1992 年巴塞罗那奥运会期间，旅游外汇达到 30 多亿美元；2000 年悉尼奥运会旅游外汇收入达到 42.70 亿美元。由此看来，由于奥运会的拉动作用，旅游成为主办国家重要的外汇收入行业。

据有关资料记载，1992 年西班牙巴塞罗那奥运会，对于巴塞罗那而言“奥林匹克效应”是持久而长远的。在 1992 巴塞罗那奥运会之前，其旅游收入只占到 GDP 的 1%～2%。1994 年巴塞罗那入境游客增加了 4.25%，而奥运会 10 年后的 2002 年，巴塞罗那接待游客人次数增加了 500%。1992 年前巴塞罗那在世界旅游组织旅游目的地的排名是第 16 位，到 1993 年已经跃居到第 3 位。据澳大利亚旅游部的资料显示，2000 年以来澳大利亚的旅游者增加了 11%，而同年 9 月份悉尼的旅游者增加了 15%，在 11 万名专程为奥运会而来的游客中有 88% 为奥运会的回头客。

北京奥运会的成功申办，为中国提供了千载难逢的机会。与澳大利亚和西班牙相比，中国的旅游潜力更加巨大，中国 5000 年的历史高度集中体现在首都——北京。北京的长城、故宫过去的知名度就已经相当高了。因此，有理由相信，这次机遇将会最大程度地推动中国旅游市场的发展。

北京奥运会的申办成功，使“中国北京”在全世界声誉鹊起，越来越多的国家开始在北京设立旅游办事处。据国家旅游局统计数字，仅今年 1 月，中国入境旅游人数已达 848.43 万人次，比去年同期增长近一成五。其中，外国人、我国香港同胞和澳门同胞入境人数的同比增幅达到了两位数。

有关人士预测，2008 年北京的国际旅游人数将达到 604 万，旅游外汇收入将达 60 亿美元，将比 2000 年增长 114%。在奥运会准备期的 7 年内，每年旅游者可以增加 20%，旅游收入每年增加 20 亿美元，7 年共计 140 亿美元左右（接近 1300 亿人民币）。奥运会期间可再增加 100 万人，旅游收入达 50 亿美元（相当于 400 亿人民币），而由于奥运而增加的旅游总需求为 1700 亿人民币。此外“奥运旅游热”不仅会“点燃”北京，还会向全国各地的名胜景区扩散，伴随而来的当然是巨大的旅游效益。

从另一个方面来看，旅游者的消费结构呈现多层次的非单一结构特点。通常旅游者在旅游消费中涉及交通、住宿、餐饮、景点游览、购物、娱乐等消费，这些环节纵向组成了旅游的相关产业链。随着旅游业的发展和游客的巨增，就业问题也会得到相应缓解，大量的待业人员将在旅游、餐饮、交通、娱乐等行业就业。

由此可见，北京奥运会不仅推动了中国的旅游业飞速发展，而且缓解了就业问题，北京奥运会对中国的旅游和就业的影响是不可估量的。

北京奥运会已经成为举办最成功的奥运会之一，中国获得 51 枚金牌，名列金牌榜第一位，体育、旅游都取得了巨大的成就。请收集相关资料，说明奥运对中国旅游业带来的影响，以及我国旅游业的发展还面临哪些问题。

实训训练

请自由组合成 5～8 人的协作团队，推举团队负责人，由负责人在课外时间组织小组成员共同协作完成：

1．设计一份调查大学生寒暑假出游方式和目的地的问卷，对学校的同学进行调查。

2．再以小组成员为调查对象，验证问卷的可靠性。

3．根据调查，写出大学生出游方式和目的地的总结报告。

第6章

旅游市场

【学习要点】

- 旅游产品和服务的内涵
- 旅游市场
- 国际旅游市场的分布和特点
- 中国旅游市场的状况
- 旅游市场营销

导入案例

乐岛海洋公园的成功营销

秦皇岛乐岛海洋公园，2004年7月22日开业，营业额每年以100%的高速度增长，创下秦皇岛景区日接待量突破3.5万人次的最高记录，合作的核心旅行社由200多家增长到800多家，用3年时间完成了行业一流景区需要数年时间才能达到的业绩，并为中国主题公园的整体突围创造了一个成功样板。

乐岛的品牌定位就是：世界娱乐中心第四极——世界海洋娱乐荟萃。

为了方便与消费者进行沟通，塑造了一个可爱活泼的卡通人物——淘淘。并以淘淘为主形象包装出来的一系列海报、背景板、POP（售点广告），以及在各类媒体上的系列报道，都获得了极大的成功，让乐岛的品牌形象迅速传达到千家万户。

在营销上，乐岛通过主动营销的实施，构建了一个立体化的渠道体系，打破传统景区以自我为中心的单一的价格返点政策。乐岛在销售的精细化管理上，做到针对不同的重点客户和市场，做不同的销售策划、促销政策。在宣传工作上，在秦皇岛、北京、沈阳、郑州、济南、哈尔滨等地陆续成功举办了以“新海洋，新娱乐，新财富”为主题的乐岛品牌推介会，“五一”海底婚礼主题活动、“十一”乐岛狂欢周等活动给消费者传达了乐岛“创新、活力”的形象，乐岛的品牌形象更加丰满。

乐岛将成为融旅游—观光—休闲—度假—地产五个层次为一体的未来的第四代主题公园的发展方向。乐岛的成功，中国旅游实战营销体系的全程导入起到了巨大的作用，系统战营销思路已经成了中国景区品牌化营销运作的必由之路。

乐岛奇迹是如何创造的？中国的许多景区，特别是主题公园，娱乐产品线同质化，重复建设现象十分严重，大多数景区没有品牌运作思路，都还处在产品营销阶段，那么在旅游市场竞争激烈的今天，应该如何树立品牌形象和进行有效的旅游市场营销呢？

6.1 旅游产品

随着社会的发展，旅游业已成为全球经济发展中势头最强劲和规模最大的产业之一。随着旅游业在经济发展中的产业地位、经济作用逐步增强，对经济的拉动性、对社会就业的带动力，以及对文化与环境的促进作用日益显现。从国家宏观政策层面来看，旅游对拉动内需、扩大就业、促进经济结构调整、美化生态环境、扶贫致富、以及在西部大开发和振兴东北老工业基地中的地位和作用，越来越受到重视。那么，如何更好的发展旅游业呢？怎样才能满足旅游者的需求呢？设计满足旅游消费者不断变化需求的旅游产品就显得尤为重要。

6.1.1 旅游产品的概念

旅游产品是旅游业存在和发展的基础，同时也是旅游市场的一个重要组成部分。目前，对于旅游产品的定义表述，旅游学术界还存着一定的分歧，但通过综合分析，可以将旅游产品的概念理解为：“旅游产品是指旅游经营者凭借着旅游吸引物、交通和旅游设施，向旅游者提供的用以满足其旅游活动过程中需求的综合服务。旅游产品是个整体的概念，是以服务形式表现的无形产品。”

对于旅游产品，从不同角度分析，会产生不同的效果。现以最普遍的两种划分方法进行分析。

1．根据旅游供求双方对旅游产品的看法进行划分

旅游业是服务业的龙头产业，其所生产的旅游产品也就具有服务产品的共同特性。由于旅游产品供求双方（即旅游企业与旅游者）对旅游产品的看法不同，所以可以从两个方面来理解旅游产品：从旅游者一方看，旅游产品是旅游者为了获得物质和精神上的满足通过花费一定的货币、时间和精力所获得的一次旅游经历；从旅游企业一方看，旅游产品是旅游企业在旅游市场上销售、满足旅游者在旅游活动中的各种需要的物质产品和服务产品的总和。

旅游企业供给的旅游产品，有的是物质商品，如旅游纪念品和其他物品；有的是物质形态的劳动产品，如景观等；而大量的却是具有非物化形态的劳动产品及服务产品，如旅行社、交通部门、旅游饭店等提供的各种服务产品。必须强调的是，这里所说的旅游产品是一个总体概念，它不是指为了某个目的而提供的物质产品和服务产品，而是指为了实现一次旅游活动所需要的各种物质产品、服务产品的组合。对于旅游产品，市场营销观点强调的重点是产品所能给予人们的满足，而不是产品的本身。

2．根据旅游产品的概念进行划分

旅游学术界的有关研究普遍认为，在不同情况下，对于旅游产品的概念，需要从两个层次上去理解：一个层次是总体旅游产品，另一个层次则是单项旅游产品。

（1）总体旅游产品，是指旅游者以旅游目的地为核心，通过花费时间、金钱所获得的一次完整的旅游经历。

首先，当一个旅游目的地的政府机构在对外促销宣传时，推销的是包括目的地所有旅游供给因素在内的整个旅游环境。其次，组团旅行社在面向市场推销其所组织的综合包价旅游时，在大多数情况下使用的产品概念也是指总体旅游产品。最后，可以从供给（或旅游目的地）角度看，总体旅游产品是指旅游目的地为满足来访旅游者的需要而提供的各种旅游活动接待条件和相关服务的总和，如旅游设施、旅游目的地文化氛围等。

对于一个旅游目的地总体旅游产品的构成，有些西方学者提出可以用 4As（即 4 个以英文字母 A 为字首的词语）来表示：

- Attractions——以旅游景点为代表的当地旅游资源；
- Access——当地的交通运输设施和交通运输服务；
- Amenities——当地的住宿，餐饮、娱乐、零售，以及其他旅游生活设施和相应服务；
- Ancillary Services——当地旅游组织提供的相关服务（如旅游问讯中心）。

（2）单项旅游产品，是指旅游经营者凭借着一定的旅游资源、设施，向旅游者提供所需要的旅游服务。

如果一个企业是旅游企业，那么它面向旅游市场出售的产品和服务，就是旅游产品，例如，饭店业为旅游者提供的住宿接待服务，铁路部门为旅游者提供的交通客运服务，旅行社为旅游者提供导游服务等，都属于旅游产品的一项。只不过它们各自提供的这些旅游产品和服务并不能单独构成旅游者一次完整的旅游经历，而只是这一完整经历中的组成部分。一般情况下，将单个旅游企业所提供的旅游服务产品称为单项旅游产品。

6.1.2 旅游产品的构成

旅游业作为一个朝阳产业，蕴涵着巨大的潜力和广阔的市场前景。一般可以从两个角度对旅游产品的构成进行分析。

1. 旅游产品是综合性产品

旅游产品是由多种要素组合起来的一种特殊产品，主要是满足旅游者食、住、行、游、购、娱等精神需求和物质需求。

（1）旅游餐饮。民以食为天，由饮食服务业提供的饮食及各种服务，构成了旅游产品不可缺少的一个基本要素。随着旅游活动的发展，餐饮服务不仅满足人们的物质需求，而且成为一种饮食文化，其本身也构成了一种旅游资源，例如，很多游客首先是被某地的美食所吸引慕名而来，从而带动了该地区的旅游发展。所以说，旅游餐饮已上升为人们的一种精神享受了。

（2）旅游住宿。在旅游活动中，旅游者有相当一部分时间是在饭店、宾馆度过的，因而，饭店、宾馆在住宿、游乐及文体活动等方面，能否为旅游者提供舒适满意的服务是旅游产品质量的重要一环。

（3）旅游交通。旅游活动行为先，旅游交通是旅游活动能否进行的前提。由交通部门提供的从客源地到目的地及景点之间的空间转移成了旅游产品的重要内容，同时，旅游交通的现代化、安全、准点的服务也成为旅游者能否顺利进行旅游活动的重要保障。

（4）旅游景观。旅游活动的主要内容是游览，具体表现在旅游目的地的景观上。旅游景观是旅游产品的吸引物，它构成了旅游产品最直观的部分。景观是否丰富、独特，直接决定旅游产品的质量好坏。

（5）旅游购物。在旅游地购买旅游纪念品、工艺美术品、土特产等活动均为旅游购物，它是旅游产品设计、生产中不可缺少的重要内容。据旅游部门统计资料显示，国际旅游市场中旅游购物占旅游支出的 70%左右，而我国则不到 30%。旅游购物不仅能直接增加旅游业的收入，满足旅游者的需求，也对其本身起到自我宣传的效果。

（6）旅游娱乐。娱乐项目是旅游产品的基本构成要素之一，也是现代旅游的一项重要内容。只有娱乐项目的多样化、趣味化、新颖化，才能广泛地吸引各类旅游者。娱乐应根据本地区的资源特色，充分发挥优势，最终给旅游者带来愉悦身心的效果。

2．旅游产品的形式

旅游吸引物和旅游服务是旅游产品的核心部分，而旅游产品的质量、声誉、品牌等是激发旅游者的旅游动机、吸引旅游者进行旅游活动的外部动因。

（1）旅游吸引物代表各旅游地的特色和不同民族文化传统，是一个地区能否进行旅游开发的先决条件，是旅游者选择目的地的决定因素。

（2）旅游服务是依托旅游资源和旅游接待设施为旅游者提供的各种服务。

（3）旅游设施是旅游经营者直接服务于旅游者的凭借物，一般包括食、住、行及其他服务设施。

（4）可进入性是指旅游者进入旅游目的地的难易程度，具体表现为进入游览地、服务设施和参与旅游活动所付出的时间和费用。

6.1.3　旅游产品的特点

旅游产品属于服务性产品，同其他产业所生产的物质产品相比较，服务产品有许多自身的特点。正是由于这些特点的存在，决定了服务企业与物质产品生产企业在经营方法，特别是在开展市场营销策略上有所不同。因此，正确理解这些特点，对于旅游服务业的经营是十分重要的。

1．综合性

旅游产品的综合性，一方面它是由多种旅游吸引物和食、住、行等其他服务构成的复合型产品（既物质产品和服务产品的综合），又是旅游资源和旅游设施的结合；另一方面，旅游产品的生产涉及餐饮、娱乐、交通、旅行社等众多行业和部门。

2．无形性

旅游产品主要表现为旅游服务，具有无形性。旅游产品对于旅游者来说，是一种新经历、新感受；对于旅游企业或旅游目的地来说，是借助于一定的旅游设施或旅游条件所提供的服务。因此，旅游产品都属于无形产品。

3．不可转移性

由于旅游资源和旅游设施的空间位置无法移动，而旅游服务又离不开这些凭借物，因此，只有旅游者到达现场才能实现旅游产品的生产和消费，并且旅游者购买的只是旅游产品的暂时使用权，所有权并不发生转移。

旅游产品的物流和商流是分离的，物流只表现为旅游产品信息的流动而不是旅游产品的转移。

4．旅游产品生产与消费的不可分割性

旅游服务和旅游消费在时空上同时发生和同时结束，表现为旅游产品的生产和消费的不可分割性。旅游产品的生产过程，是以旅游者到达旅游目的地为前提的，旅游企业员工借助一定的旅游资源和旅游设施提供旅游服务，旅游者在消费的同时也参与了生产过程，旅游者离开目的地，则旅游生产与消费也立即终止。

5．旅游产品的不可储存性

旅游产品的核心是服务，因此不可储存。对于旅游产品的储存不能像储存其他一般商品那样，因为旅游者购买旅游产品后，旅游企业只在规定时间内交付产品的使用权，一旦旅游者未能按时使用，就需要重新购买旅游产品并承担因不能按时使用而给卖方所带来的损失。

6．旅游产品的敏感性

旅游产品受季节、假日、气候及政治、经济、战争等多种因素影响，具有较大的波动性。这些因素有旅游产品自身的，也有其他外部因素，任何一个要素的较小变化都会造成要素关系的失调，从而直接影响旅游产品的价值实现。

【案例 6.1】

2008 年雨雪冰冻灾害对旅游行业的影响

2008 年 2 月 13 日，全国假日旅游部际协调会议办公室发布了《2008 年春节黄金周旅游统计报告》。据该报告称，2008 年春节黄金周期间，全国共接待游客 8737 万人次，比上年春节黄金周下降 5.2%；实现旅游收入 393 亿元（未包括铁路客运收入），按可比口径计算，比上年同期下降 6.2%。在全国接待的 8737 万人次中，过夜旅游者（仅限于住在宾馆饭店和旅馆招待所）为 1995 万人次，一日游游客为 6742 万人次。北京等 39 个重点旅游城市，共接待游客 3783 万人次，其中过夜旅游者为 794 万人次，一日游游客为 2989 万人次。2008 年春节黄金周期间，我国旅游人次和旅游收入总体上都呈现出明显的下降趋势，而且这是自 1999 年我国实行黄金周制度以来，首次出现旅游指标双下降。

造成 2008 年春节黄金周旅游上述局面的主要由于以下因素：一是持续雨雪冰冻灾害导致春节黄金周旅游人次和旅游收入下降；二是闲暇制度调整也对春节黄金周旅游业产生一定负面影响；三是人们的出游选择也开始更为理性和成熟。

6.1.4 旅游服务内涵

1．旅游服务的概念

我国关于服务的定义大都是从经济角度来进行阐述的。

- 服务：又称做劳务，即不以实物的形式，而是以提供活劳动的形式满足他人某种特殊需求。（摘自《辞海》合订本）
- 服务：为满足消费者的需要，在同消费者接触中供方的活动和供方所有的活动的结果。（摘自《ISO9004》）

从上述定义可以看出其有共同之处：服务最主要的功能是满足他人的需求；服务不以具

体的物质形式来表现；服务是双方的，一方是消费者，一方是供给者。因此，可以进一步理解服务的概念：它是指以非物质形式实现的以满足他人需求为目的，并最终可以产生社会效益和使用价值的活动。

在旅游业高速发展的今天，能够清醒地认识到旅游服务在服务业所占的地位和作用。旅游者寻求旅游服务最主要的原因是可以获得物质和精神上的享受，从旅游发展史来看，现代旅游与古代旅行的根本区别在于有无专业化生产和经营的旅游服务。由此可以看出，旅游服务是各种单项服务组合而成的一体化系列服务，无论缺少哪一个环节，顾客都会感到不满意，旅游者对旅游经历的评价主要取决于他所感受到的服务质量。

旅游服务是依托旅游资源和旅游接待设施为旅游者提供的各种服务，以保障旅游者获得满意的综合性经营活动；也可以理解为旅行社通过组合景点、交通、住宿、饮食、购物、娱乐场所等旅游企业以相关部门对旅游者提供的一种服务。

2. 旅游服务的特点

（1）综合性。社会上各种服务行业的业务范围都较为单一，而旅游服务却具有综合性特点。其原因主要有两个方面：一是旅游消费必须在一定时间段内完成，需要各种不同服务环节紧密连接，这以组合成完整的旅游日程安排为典型；二是因为受到旅游者多样化需求的驱动，它以参加团体旅游的客人将一切事务都委托旅行社办理为突出表现。这就要求旅游服务必须具有完整性、系统性和科学性，不能有任何细微的疏忽和大意，否则会造成整个服务的失败。旅游业务有个公认的定理："100－1＝0"，说明在旅游服务整个过程的若干环节中，不能有一个环节脱扣，才会达到优质服务的效果。

（2）无形性。旅游本来是一种无形产品，是人的一种心理感受。旅游的产品与服务是一个统一体。比如寒冷的冬季到哈尔滨旅游，在旅游的过程中看到的美丽的冰雪风景是产品的有形性，而在旅游时感受到的当地的民族的文化、热情、豪爽的性格，就是无形性。由于服务的无形性、不可感知性、生产与消费的同时性特点，旅游服务一旦出现失误，在补救过程中必须遵循一些原则，例如，不管是谁造成的服务失误，旅游企业都应该义不容辞地及时改正；旅游服务出现失误后，要尽快对顾客的损失做出补偿；对顾客精神上造成的伤害给予关心和安抚；建立有效的服务补救系统，授予员工解决服务失误的权力。

（3）差异性。由于每个游客的需求不同，因此为其提供的旅游服务也要充分体现出个性化的一面，从而使旅游服务存在差异性。为了提高游客的满意度，就要以客人为本，设计出游客需求的线路、行程、收费标准。简单地说，只要为客人提供高于其收费标准的个性化服务，这样的安排客人是满意而又知足的。尽管客人和旅行社仅仅是服务与被服务的关系，但只要旅行社的外联人员和导游在旅游行程和导游讲解过程中，用心去观察和体会客人的言行举止，应该能够通过更深层次了解客人的一些真实想法，从而为以后的旅游接待工作打下良好的基础。当能够了解客人的旅游目的和动机后，在实际旅游接待过程中进一步为客人提供周到、细致、体贴的个性化旅游服务，是旅行社生存的根基、发展的基石。对旅行社而言，作为旅行社的外联人员和导游人员必须具备过硬的业务技术能力，敏锐的观察能力、坚忍不拔、吃苦耐劳的精神和为企业无私奉献精神。从服务差异化了解并认识到，在未来的新产品、新线路和为客人提供优质化、个性化服务的同时，应尽快适应旅游市场发展的需要和客人个性化服务要求。

（4）标准国际化。由于旅游服务质量的差异性，发展国际旅游的国家之间，在竞争中产生比较优势，因此，旅游服务质量是除产品和价格之外世界旅游业竞争的又一个焦点。能否与国际服务质量标准接轨，能否不断提高旅游服务质量，成为一国或地区旅游产品是否具有竞争力和吸引力的重要前提之一。由于各国旅游界人士的长期研究和实践，旅游服务的国际标准已经拥有丰富的内涵和具体的实施要求，但各旅游目的地国或地区要更快更好地与之接轨，还须不断努力。

6.1.5 旅游服务质量

1. 我国旅游服务质量的现状

纵观我国入境旅游、国内旅游、出境旅游三大旅游市场的发展历史，可以看出，中国旅游业起步虽晚，但发展速度惊人。1978 年，我国入境旅游人数排名世界第 41 位，2005 年，已跃升到世界第 4 位；2005 年，我国国内旅游人数高达 12.12 亿人次，一个世界上数量最大、增速最快、潜力最强的国内旅游市场已在中国形成；2005 年，我国内地居民出境总人数为 3102.63 万人次，中国已成为亚洲最大的客源输出国，备受世界关注。

在旅游业高速发展的同时，也要清醒地认识到，尽管政府有关部门和相关旅游企业近年来采取了各种积极措施，付出了很多努力，但是我国旅游服务质量整体水平仍不理想。2006 年 3 月中旬，零点调查公司与《东方企业家》杂志联合发布了《中国公众旅游服务传播指数 2005 年度报告》。报告显示，2005 年中国公众对国内旅游业的信任度为 67.6 分，其中，具有随团旅游经验者做出的评价仅为 67.4 分。调查发现，68.5%的人在最近一次旅游中有不愉快的体验，包括“约定项目减少”（38.1%）、“付费参观项目增多”（19.5%）、“导游擅自改变约定行程”（34.3%）和“导游安排了过多的购物活动”（30.3%）。这份调查报告还指出，消费者对于当前旅游服务信任度不高的主要原因有：签约容易履约难，费用和行程不透明，游客利益难以保障，以及投诉效果不理想等。

国家旅游局质监所公布的全国旅游投诉情况汇总情况显示，在 2004 年和 2005 年，三大旅游市场中，游客对国内旅游投诉量最大，较高的投诉比例足以说明，国内旅游服务质量与“以人为本”的服务理念和目标还有不小的差距；旅游者对旅游服务质量的投诉涉及旅游业基本要素的各个方面，其中对旅行社服务质量的投诉较多，问题集中在降低服务标准、导游未尽职责、擅自增减项目等方面……显然，我国旅游服务质量的现状并不令人乐观，如果现存的问题得不到妥善解决，必将阻碍我国旅游业的良性发展。

2. 影响旅游服务质量的因素

（1）我国旅游法制体系尚不完善。相关的旅游法律法规仍未健全，造成保障旅游服务质量的实现还有一定难度。旅游业涉及食、住、行、游、购、娱诸多要素，在整体上表现为综合性的组合型产品，一些旅游经营者利用旅游产品生产和销售过程的复杂性和我国现行旅游法规的缺失，不断打“擦边球”甚至直接钻法律的空子来牟取利润，而这些利润中的一部分是通过损害旅游消费者的合法权益实现的，这必定会引起旅游者的不满，抱怨和投诉随之而来。

（2）旅游企业缺乏品牌意识、质量意识和创新意识。旅行社日常经营中以打价格战为主要市场竞争手段，“零团费”、“负团费”频现于三大旅游市场，以至众多旅行社纷纷陷入损人不利己的降价竞争而不能自拔，如此恶性竞争不仅带来旅行社企业乃至整个行业利润低下的直接后果，还导致降低服务标准、擅自增减项目甚至哄骗欺诈游客等不良现象的屡屡发生。

（3）旅游企业薪酬制度不合理。在旅游企业工作的一线员工（如旅行社导游、饭店服务员等）在自身价值得不到承认、合理收入得不到保障的情况下，很难为客人提供高质量的服务。以旅行社为例，目前我国大部分旅行社的导游队伍以兼职导游员为主，固定导游的数量越来越少。而兼职导游的工资除有限的带团津贴外，一般不会从旅行社得到其他报酬。这就使导游想方设法多赚“回扣”，这种以“回扣”为主体的薪酬制度，在很大程度上造成导游和游客的“利益”冲突，降低了游客的旅游质量。

（4）旅游企业人才利用不合理。不少旅游企业在招聘和使用人才时往往采取现缺现招的办法，很难保证用人质量。员工招来后，企业管理层往往又不重视培养与选拔。可以想象，缺少必要技能培训的员工是很难提供标准化服务的，更别谈个性化服务了。同时，许多旅游企业只知用才，忽视留才，造成人才流失现象频频发生，最终影响服务质量和企业竞争力的提升。

3. 提高旅游服务质量的重要性

近年来，随着我国旅游业的迅猛发展，业内外关心旅游业的人士越来越重视旅游服务质量。旅游服务质量是指旅游者通过将其接受的服务水平与期望目标进行比较后得出的对某一特定服务的感知。旅游服务质量基本包括两个方面：一是行业服务质量，包括旅游产业要素所涵盖的各个行业，主要指旅行社、饭店、交通、旅游景区（点）、购物、娱乐业等；二是社会服务质量，包括社会环境、文化氛围、民众好客度、旅游活动的方便程度，以及社会对旅游包容程度和承载能力等。

旅游服务是旅游工作的灵魂。做好旅游服务工作，对于打造旅游品牌，提升国家和地区形象，推动旅游业的持续快速健康发展具有十分重要的战略意义。现在我国旅游业已进入一个新的发展阶段，加强旅游服务工作将对中国旅游业走向世界起到极其重要的作用。应该牢固树立“以人为本”的服务理念，紧紧围绕食、住、行、游、购、娱六要素，规范服务内容，严格服务标准，健全服务制度，明确服务措施，努力实现服务的规范化，突出服务的人性化，追求服务的个性化，使游客吃得顺心、住得舒心、行得放心、游得赏心、购得称心、娱得开心，推动我国旅游业向更高层次迈进。

综上所述，旅游企业只有不断向旅游者提供高质量服务，才能在激烈竞争的市场中站稳脚跟。随着旅游业发展环境进一步改善和市场经济体制渐趋成熟，我国旅游服务质量正在逐步提高，并将最终成为提升我国旅游业国际竞争力的积极因素。

【案例6.2】

游客对旅行社服务质量问题的投诉

刘某等24名游客在2007年国庆节期间，参加某旅行社组织的九寨沟四姑娘山九天豪华团，团费3920元/人。由于旅行社提供的服务存在质量问题，遂向旅行社投诉，在得不到及时解决情况下，向省质监所投诉。投诉内容包括：① 旅行社住宿安排严重违约，安排他们到一些无星级及卫生条件差的旅店入住；② 用餐条件差，三个正餐吃冷饭菜；③ 全陪服务水平不达标；④ 缩减行程安排；⑤ 作虚假广告宣传，欺骗游客。由于双方未能达成一致意见，交省质监所处理。

经质监所调查核实，旅行社存在以下质量问题：① 合同规定该团为豪华团，九寨沟和成都安排入住三星或相当三星标准酒店，四姑娘山住标准间，茂县和汶川入住二星或相当二星标准酒店。而实际上旅行社只在茂县和四姑娘山安排符合约定的标准以外，其余都安排入住无星级旅店；② 旅行社导游没有跟团往返，只在目的地陪同游客参观游览，没有提供全陪服务，且部分景点导游没有讲解；③ 部分用餐标准不达标；④ 没有按行程安排参观小熊猫馆等景点；⑤ 广告宣传有夸大成分，但不存在欺骗游客的问题。根据双方举证和《旅行社质量保证金赔偿暂行标准》第六条、第七条、第八条第 1 款、第十条及第十一条等规定，质监所做出了该旅行社应赔偿游客每人 410 元的处理决定。

刘某等游客对质监所的处理决定不服，上诉到人民法院，3 月 21 日法院就此案进行调解，最后当事人双方以旅行社给刘某等游客每人 800 元经济赔偿，诉讼费各付 50%为条件，达成和解。

目前，游客维护自己合法权益的意识逐步增强，旅行社必须对产品设计、导游管理、服务质量监控和投诉处理等环节引起足够重视。该案由于旅行社没有及时、有效的处理，引起游客投诉不断升级，最后起诉到法院，对簿公堂。纠纷虽然在法院的主持下得到调解，但旅行社为此耗费了大量的人力、物力和时间，支付了较大的经济赔偿，并严重影响了旅行社的声誉。

6.2 旅游市场概述

当今旅游业正在发展成为世界上最大和增长最快的产业之一。中国旅游市场在 21 世纪将进一步扩大，其不断发展的有利条件有：中国丰富的旅游资源不断得到开发；旅游产品结构不断完善；旅游产业规模不断扩大；发展旅游的大环境逐渐优化。这些都为中国旅游市场的扩大提供了坚实的保障。

6.2.1 旅游市场的概念

旅游市场工作是旅游业的核心和导向。现代旅游业的发展日新月异，令人惊叹，引领这种快速发展的是旺盛的市场需求。境内外旅游新的趋势，旅游消费新的变化，首先通过市场反映出来，进而引导旅游业创新理念，开拓领域，调整结构，统筹协调，和谐发展。如今，游客市场成了最重要的稀缺资源，处于旅游业的核心。围绕市场量身定做，根据需求打造产品，已成业内共识。旅游产业的各个环节、旅游行业的各个要素都必须围绕市场配套完善，发展壮大，发挥作用。发展旅游业的出发点是满足不同层次、不同类型游客精神文化和物质上的多种需求，其实现途径就是通过市场。因此，重视和加强旅游市场工作至关重要。

旅游市场是旅游产品交换的场所，是实现旅游供求平衡的重要机制。旅游市场存在的基本条件是：有旅游消费者和旅游经营者，有可供观赏的旅游资源，有可供利用的旅游设施，有可供享受的各种服务，以及具备旅游消费者和旅游经营者双方都能接受的价格。所以，旅游市场是由旅游需求市场和旅游供给市场构成的。

旅游市场一般可以分为广义市场和狭义市场两种：

广义的旅游市场，是指在旅游产品生产和交换过程中所反映的旅游者与经营者之间的各种经济行为和经济关系的总和。

狭义的旅游市场，是指在一定时间、一定地点和条件下，对旅游产品具有支付能力的消费者群体，也就是旅游客源市场。以下所说的旅游市场，都是指狭义的旅游市场。

6.2.2　旅游市场的特征

1. 旅游市场的多样性

旅游市场的主体是旅游者，而旅游者又是由不同的个体组成的。其在需求、偏好、文化素养、经济水平等方面各有差异，同时，由于旅游者对不同国家和民族、不同自然与人文景观的经历和感受的不同，以及旅游产品购买形式既有包价旅游、又有散客旅游等，都使得旅游市场呈现多样性。

2. 旅游市场的季节性

由于旅游市场的需求量在时间上的分布不均衡，使得旅游资源对旅游者的吸引力有很大的差别，如海滨旅游、冰雪旅游需要具备有特定的旅游季节。另外，旅游市场的季节性还可以根据旅游者的旅游需求来划分，这就形成了旅游市场的淡旺季。旅游市场的淡旺季会给旅游经营者带来一定的影响，例如，旺季游客大量涌入造成供不应求，淡季游客大量减少造成资源的闲置。

3. 旅游市场的波动性

旅游业是一个极易受到外界因素影响的行业，经济、政治、文化等因素和自然因素，都会对其产生一定的积极或消极作用。例如，1998 年东南亚金融危机直接影响了该地区旅游业的发展，海湾战争使中东旅游业下滑，海南博鳌论坛提高了该地的知名度，云南丽江地震曾在一段时间内使游客数量减少，但地震后又吸引了许多中外游客。

4. 旅游市场的全球性

由于旅游活动遍布于世界各地，从北极洲到南极洲、从沙漠到原始森林、从火山到海洋，都留下了不少探险旅游者的足迹。同时，由于世界经济的一体化，旅游产业作为各个国家和地区新的经济增长点甚至支柱产业，已经引起足够重视。此外，旅游产业还成为沟通各个国家、各个地区、各个民族之间相互了解、相互协作的纽带。几乎在全球的任何地点，都有旅游市场的存在。

5. 旅游市场的竞争性

由于旅游资源的范围和分布具有广泛性，各地区的旅游资源各有各的特色，可以分别开发成具有不同吸引力特点的旅游产品，成为旅游者需求的对象。因此，在国际旅游市场上，只有所占市场份额大小之别，而无垄断的现象。随着旅游市场由卖方市场向买方市场转变后，在非垄断的前提下，会使旅游市场竞争变得十分激烈。

6.2.3　旅游市场的细分

随着社会经济的发展和人们需求的多样化，以及激烈的市场竞争，越来越多的企业选择建立在市场细分基础上的目标市场营销。由于任何一个旅游目的地或旅游企业都不可能满足整个旅游市场和所有旅游者的需要，所以对旅游市场进行合理的划分，选择适合自己的客源对象作为目标市场，制定不同的营销组合和不同的旅游产品、价格、营销渠道、促销方法等，显得尤为重要。

所谓旅游市场细分，是指按照旅游者特点或需求的差异性，将一个整体旅游市场划分为两个或多个消费者群的过程。

1．旅游市场细分的原因

近年来旅游业取得很大发展，成为我国国民经济发展中的支柱产业。在中国960万平方千米的土地上，五千年文明史所蕴涵的丰富的自然与人文资源，使中国成为世界上屈指可数的旅游大国。但是，衡量旅游市场的大小并不是资源的丰厚与否，而是它所产生的现实的经济规模及其效益。在这方面我国与发达国家相比差距还很大。这说明，目前中国旅游业还处于有待开发与规范的不成熟阶段，还只是一个潜在的大市场。

中国旅游市场开发不足的一个重要原因是市场缺乏细分。一个成功的旅游企业不可能为所有的旅游者提供周到的服务。旅游企业既没有精力也没有足够的实力去面向整个市场。旅游企业最大的错误之一，就是把整体市场看成一个同质的市场而企图用一种产品和服务去满足所有旅游者的需要。没有市场细分，就谈不上市场开发。现代社会人与人之间由于年龄、性别、生活经历、经济条件与兴趣爱好等多方面的差异，以及生活方式的多样性，使旅游的内涵变得十分丰富。多样性与个性化成为现代旅游消费的主要特点。比如，有喜欢休闲度假的，有喜欢自然风光的，有喜欢体育运动的，有喜欢探险猎奇的等。所以，应以消费目的指向划分旅游市场，进行有针对性的开发。另外，由于我国旅游市场细分不够，价格划分单一，没有考虑到不同层次消费者的需求，造成一些旅游者的个性化需求得不到满足，限制了旅游业的发展，这些都是缺乏细分旅游市场造成的。

2．旅游市场细分的意义

对旅游市场进行细分，有利于旅游企业把握良好的市场契机，满足不同类型旅游者的需要，帮助旅游企业拓展市场，扩大市场占有率。同时，也有利于旅游企业或旅游目的地根据自身情况制定最佳的营销策略。

任何一个旅游企业都不可能为所有的消费者提供周到的服务，因为现代消费者由于个体差异不同，所以表现出的对于旅游企业的需求也不同。例如，由于每个消费者的经济能力不同，因此选择的消费标准也不同。举例来说，一家星级饭店很难同时提供二星级客房和五星级客房，因为这样会使服务员很难提供标准化的服务。这就说明，如果饭店目标市场不明确，宾客结构多样，在消费水平、生活习惯、精神享受等方面都会造成差异，都会使饭店很难提供完善的标准化服务，同时也会降低顾客的满意度。

3．旅游市场细分的标准

旅游市场细分的标准是多种多样的，由于每个旅游者都具有许多特点，如年龄、职业、文化程度、购买习惯等，这些特点正是导致旅游者需求出现差异的因素，因此进行市场细分，首先要发现不同旅游者之间的需求差别，然后把需求相同的旅游者进行归类，这样，每一类就形成一个小的细分市场。

旅游市场细分的标准有很多，最常见的是按地理环境划分、按旅游消费者的某些特征和行为特点划分。

（1）按地理环境划分。

旅游活动本身是以旅游者的空间位移为典型特征的，因此，按照地理因素对旅游市场进行细分有着非常重要的意义。根据世界上的主要地区，可将国际旅游市场划分为欧洲旅游市场、美洲旅游市场、东亚及太平洋旅游市场、中东旅游市场、非洲旅游市场和南亚旅游市场。根据国家进行划分，旅游市场可分为日本市场、美国市场、韩国市场、新加坡市场、德国市场等。如果按国界进行市场细分，则可以分为国内旅游市场和国际旅游市场。这是旅游目的地国家或地区细分国际旅游市场最常用的形式。此外，地区、城市、乡村、不同的气候带、地形地貌等都可以作为地理细分的标准。表 6.1 是世界旅游市场的比较分析。

表 6.1　世界旅游市场比较

地　区	优　势	劣　势
欧洲	历史悠久、文化绚丽、经济雄厚、交通发达、旅游业发达	语言复杂，价格昂贵
美洲	经济发达、旅游业发达水平仅次于欧洲	经济发展不均衡
东亚及太平洋地区	迅速发展，国际旅游者流向趋势明显加强，出境旅游者大幅增长	经济欠发达，竞争比较激烈
南亚	旅游资源较丰富，文化旅游颇具风格	旅游业起步晚、发展慢、起伏较大
中东	中东和平进程的推进，旅游业发展前景看好	受战争和恐怖活动制约，起伏不定、发展缓慢
非洲	具有丰富的旅游资源，潜力巨大	起步晚、基础差、发展缓慢

（2）按旅游消费者的某些特征和行为特点（如按消费水平、心理因素、地理因素、组织行式、购买行为因素、人口因素等）划分。

① 按消费水平划分。由于旅游者在文化、社会地位、职业、收入水平上存在差异，可将其划分为高、中、经济档三个层次。

高档旅游市场背受社会上层人士的青睐，他们追求的是高服务质量与享受，不关心旅游产品的价格，更多的是重视身份和地位的吻合；中档旅游市场则是针对那些具有稳定的中等收入的人群，他们既注重服务质量又关心旅游产品的价格；而经济档的旅游市场针对的是收入较低的人群，他们关心旅游产品的价格，不注重追求高服务质量与享受。

② 按组织形式划分。团体旅游市场、散客旅游市场是旅游市场最基本的细分形式。团体旅游也叫团体包价旅游，通常旅游者一次性向旅行社交付旅游所需费用，人数一般为 10 人以上。特点是旅游活动日程提前安排好，旅游内容丰富，价格较散客旅游优惠。散客是目前国际上方兴未艾的一种潮流，符合国际旅游业发展的主方向。散客旅游市场，是指以非团体的形式参加旅游活动，根据旅游者自身的个性与偏好选择旅游活动的内容，但价格较高，在欧美等发达国家和地区最常见。近年来，散客市场得到很大的发展，成为世界旅游市场的主题，在这一市场中形式也日益复杂多样，出现了独自旅游、结伴同游、家庭旅游、小组旅游等形式。

③ 地理因素。按地理因素细分旅游市场是一种传统且至今仍然得到重视的细分方法，主要以地域、距离、气候为划分依据。旅游景点、企业的接待对象来自世界上各个地区，分布于不同地区的旅游消费者，对同一类旅游产品或服务的需求、偏好存在着较大的差异，对旅游产品的价格、销售渠道和促销措施的反应也不同，而且地理因素相对来说是静态因素，使用比较容易，细分出的市场也较易辨认，按照细分市场所在地安排广告促销、布局销售网

点，费用合理，营销力量也比较集中。这是旅游景区（点）、企业细分市场遵循的重要因素。

④ 心理因素。旅游者在心理上具有许多不同的特征，如个性特征、生活方式、兴趣爱好等因素作为划分旅游者群的标准。由于消费者心理需求具有多样性、时代性、可诱导性等特性，因此有时心理因素是很难严格加以判定的，很难量化和把握。例如，有的人旅游是为了寻求刺激，有的人旅游是为了寻求安宁。根据旅游动机可以将在饭店住宿的客人分为公务客人和度假客人，与之对应的细分市场就是公务旅游市场和休闲旅游市场。饭店要根据自身的情况，确定自己的目标市场，进行产品定位和营销活动。因此，旅游经营者应利用这种差异对市场进行细分，创造不同的市场特色。

⑤ 购买行为因素。不同的旅游者在行为上往往会有很大的差异，因此按照旅游者的行为进行市场细分是很有效的。购买行为因素是指根据旅游者的旅游动机、旅游组织方式、购买时机、对企业营销的敏感程度、购买数量，以及对品牌的信赖程度等因素为基础进行市场细分。以旅游动机细分为例，包括探亲访友旅游、观光旅游、度假旅游、公务旅游、奖励旅游五类。探亲访友旅游客观条件影响较大，而观光旅游市场是最常见、最主要的旅游市场。度假旅游市场主要以休闲、疗养、健身为目的，更强调宁静、安全的环境，对价格、距离、活动安排都有一定的要求。公务旅游，即会展和商务旅游市场，比如，有些旅游者在旅游时只乘坐某一家航空公司的飞机或只住一家旅店，因此，航空公司和饭店可以按照这种行为习惯将旅游者分为坚定的品牌忠诚者、转移型的忠诚者和无品牌偏好者，然后通过一系列市场营销活动来扩大市场占有率。从目前该市场的规模和发展势头来看，该市场已成为国内外旅游市场中的一支生力军。

⑥ 人口因素。人口因素是一个复杂的变量系统，包括年龄、性别、职业、收入、教育、家庭状况、民族、国籍等。根据年龄和生命周期，旅游市场可以划分为青年旅游市场、中年旅游市场和老年旅游市场。青年旅游市场以求知、猎奇为主要动机，如探险、骑自行车、武术、修学旅游等颇受青年人欢迎。老年旅游市场是一个长期稳定的市场，疗养、度假、寻根是旅游的主要目的。旅行社也可以按照家庭生命周期将旅游市场划分为新婚家庭、中年家庭和老年家庭市场，从而相应地推出“新婚旅游”、“合家欢旅游”和“追忆往昔旅游”等不同的旅游产品来满足个性化的需要。

除此之外，旅游市场还可以根据性别划分为男性旅游市场和女性旅游市场。根据旅游目的，划分为观光旅游市场、度假旅游市场、探亲访友旅游市场和购物旅游市场等。根据生活方式，分为需求促使者、按外界标准行事者和按自我意图行事者旅游市场等。根据忠诚程度，划分为专一的忠诚者、动摇的忠诚者、转移的忠诚者和犹豫不定者旅游市场等。

4．旅游市场细分的原则

要使旅游市场细分真正发挥其作用，还必须符合某些原则，即一个有效的细分市场必须具备足够的容量，是可以区分、可以衡量的。

（1）可衡量性。是指各细分市场的需求特征、购买行为等能够明显地区分开来，各细分市场的规模和购买力大小等能够具体测量。要做到这一点，就要保证所选择的细分标准清楚明确，能够定量地测定，这样才能确定划分各细分市场的界限。另外，所选择的标准要与旅游者的某种或某些旅游购买行为有必然的联系，这样才能使各细分市场的特征明显，且范围比较清晰。

（2）可营利性。细分出的市场在顾客人数和购买力上足以保证企业取得良好的经济效益。

首先，必须保证细分市场的相对稳定性，也就是说，企业在占领市场后的相当一段时期内不改变自己的目标市场，以便企业制定较长期的经营策略。其次，不仅要保证企业的短期利润，还必须有一定的发展潜力，保持较长时期的经济效益，从而不断提高企业竞争能力。

（3）可进入性。即经过细分后所确定的目标市场能使旅游产品有条件进入，并能占有一定的市场份额。旅游企业必须从实际出发，以保证细分出的市场是企业的人力、物力、财力等资源所能达到的，是企业经营力所能及的，否则不能贸然去开拓。此外，企业营销人员有与客源市场进行有效信息沟通的可能，具有畅通的销售渠道，这对于具有异地性特征的旅游市场尤为重要。

旅游市场细分，实际上就是在对旅游市场进行市场调查的基础上，依据旅游者的需要、行为、习惯等方面的差异性，把整个旅游市场划分成若干个旅游者群的过程。另外，旅游市场细分，可以使旅游经营者更清晰地认识市场，通过对市场的各种特性进行整理、观察和分析，进而发现新的市场机会，挖掘新的市场特性。旅游需求属于较高层次的需求，旅游经营者可根据上述不同标准，对旅游市场进行细分，并在细分的基础上开发旅游市场。

【案例 6.3】

华山旅游市场细分

陕西省的华山景区是国家首批颁布的 44 家风景名胜区之一，多年来和许多名山大川一样在国内旅游市场中占有较高的地位。现结合华山的实际情况，探讨市场细分的因素。

地理因素。华山地处我国北方地区，是独特的山岳风景区，目前面对的市场主要是国内旅游市场，其占有额是相对稳定的黄河金三角地区。近年来，在陕西、山西、河南的主要城市都设立华山旅游服务咨询中心，与当地有一定影响的酒店、旅行社建立旅游协作关系，并通过一定形式的广告、信息宣传，使该地区成为华山旅游的重要客源市场，2000 年该地区游客量占到 52%。在气候方面，华山地处北温带地区，根据自身优势把旅游市场划分为南北两大市场。春夏的市场营销重心放在北方地区和交通较为便捷的地区，用秋冬品牌主打长江以南地区，效果非常明显。国外旅游市场的营销突出区别于其他景区（点）的旅游产品，华山攀岩就是一个推向国际市场相当好的产品。

人口因素。青年旅游市场以求知、猎奇为主要动机。2006 年的北京、上海两次促销活动中，一幅“千尺幢”景点照片，引起两个大都市许多青年旅游者前来攀登；一部《笑傲江湖》倾倒无数青年人来“华山论剑”，思过崖畔、铁剑寒情、飞花雪月正好满足了青年人的猎奇心理。老年旅游市场是一个长期稳定的市场，寻根旅游是老年旅游市场和海外华侨旅游市场的一个亮点。“天下杨氏出华阴”，前些年华山曾尝试举办过一次杨氏寻根祭祖活动，在国内引起较大反响，杨振宁博士还专门发来信函。

6.2.4　旅游市场营销

1．旅游市场营销的概念

市场营销是个人和群体通过创造并同他人交换产品和价值，以满足需求和欲望的一种社会和管理过程。旅游市场营销是发展旅游事业和获得经济效益的重要环节，研究旅游市场营销会对我国旅游事业的发展有着特别重要的意义。

旅游市场营销是以满足旅游消费者需求为导向，通过分析旅游市场供求关系，提供适销的旅游产品和服务，最终使旅游企业获得经济利益和实现社会目标的过程。旅游市场营销的主体包括旅游企业及旅游行政管理部门，如旅游景区、旅行社、宾馆酒店，以及旅游交通部门等。

2．我国旅游市场营销目前存在的问题

（1）国内旅游市场。目前国内旅游整体上处于粗放发展状态：一是发展迅速、规模很大，尤其是“黄金周”期间，旅游产品大有供不应求之势，旅游质量也没有很高要求，但由于需求市场庞大，发展后劲充足，反而不易向集约化方向转变；二是低层次、粗放型发展特征比较明显，表现为“一流资源、二流开发、三流服务”，旅游资源的开发、人均消费水平、旅游产品价格、旅游服务都处于明显的低层次；三是全国每年超过10多亿人次的旅游活动，尤其是节假日的旅游高峰时段，旅游安全形势非常突出。

（2）入境旅游市场。在“大力发展入境旅游”市场战略的指导下，入境接待和创汇稳步提升，2007年保持在世界第五位，但从加快建设旅游强国的发展要求看，入境旅游发展仍有明显的差距。这主要表现为国际竞争力还不强，旅游产业素质还不高。一是入境旅游保持了总体的较快增长；二是国际旅游竞争力不强，接待人均花费水平低于旅游发达国家约200美元，反映了我国入境旅游的产业素质还不高，个别地区虽然收入增幅高于接待增长，但基本是靠提高景区门票、限定饭店最低价等行政措施，入境客源虽保持了较快增长，但国内旅游企业自主开拓市场能力较低，仍然倚重境外旅行商和旅游产品价格的竞争；三是入境旅游的国际间竞争日趋激烈，不进则退。从全球范围的旅游发展态势看，虽然亚太地区的旅游增幅大于欧美国家，但旅游发达国家对入境客源的争夺一直没有放松。例如，西班牙在国家层面加强了旅游质量提升，日本提出观光立国战略，目的都是进一步提升入境旅游竞争力，这对中国旅游业是一个很大的发展压力。

（3）出境旅游市场。出境旅游虽一直强调“适度发展”的方针，并采取计划性和控制性手段，但由于人民群众生活水平提高以后有强烈的出境旅游需求，因此，发展势头一直比较强劲。由于出境游监管的环节主要是在境外，所以近年来暴露出很多的问题：一是严重损害旅游者的合法权益，由于削价竞争、零负团费等原因，发生了大量诱迫旅游者购物消费、观看黄色表演、增加自费旅游项目等；二是旅游安全事故时有发生，包括交通环节、自然因素、社会治安等原因，造成了一些旅游者的伤亡事故，对应急处置、寻求救护、善后处理等方面都提出了新的要求；三是假借出境旅游渠道的犯罪行为增多，如偷渡、非法滞留等，在一定程度上损害了国家声誉和旅游形象；四是出境游的快速增长，可能会引发旅游贸易逆差，使旅游创汇与旅游花汇相抵消，这种局面将对中国旅游业产生重大影响。因此，“适度发展”已不适应出境游的发展现状，也不能指导和解决出境旅游市场存在的问题。

3．我国旅游市场的营销战略

对于我国三大旅游市场的发展，首先从所占市场份额上看，国内旅游成为世界最大的市场，入境旅游已居世界第五位，出境旅游是亚洲第一；其次从结构上看，国内旅游与出境旅游迅猛发展，创汇以外的综合功能明显提升。当前旅游市场的发展战略是“大力发展入境旅游，适度发展出境旅游，积极发展国内旅游”。

（1）积极发展国内旅游。作为我国旅游业重要的发展基础，国内旅游现已超过10亿人次、占旅游总收入的70%，自20世纪末开始实施黄金周制度以来，假日旅游如狂飙般异军突起，从1999年“十一”到2004年“十一”，仅黄金周期间旅游人数就由4000万人次快速

攀升至1亿多人次。国内旅游到2007年达16.1亿人次，全国人均出游超一次，市场规模位居世界前列，使国内旅游快速向大众化消费方向发展。需求市场的扩张必将带来投资、产品、服务、管理等一系列的扩张、变化和调整，在这个过程中，旅游业将得到更大发展，但最基本的应该是如何更好地满足人民群众旅游消费的需求。积极发展国内旅游，要进一步加强旅游基础设施建设，提高旅游饭店管理水平和服务质量，完善旅游咨询服务、纠纷处理机制。

（2）大力发展入境旅游。入境旅游的发展事关旅游强国目标的实现。主要原因：一是进一步提升我国旅游国际竞争力。世界旅游强国的重要标志是做大做强入境旅游，包括在全球旅游业中的排位、对国民经济的贡献率、对社会进步的贡献。二是加快提升旅游产业素质。从我国入境旅游开始步入世界前十位，至今已有10多年时间，我国之所以还不能称为旅游强国，是因为产业素质与旅游强国还有较大差距。入境旅游是促进国内旅游质量提升的推动器，是拉动旅游产业素质的基础和起点，因此，抓入境旅游的提升就是抓整个产业素质。三是努力保持旅游外汇收支相对平衡。虽然国家外汇储备比较雄厚，但不意味着就可通过出境游渠道任意支出外汇（除特别情况外，任何一个国家都不会如此）。由于对出境旅游的发展规模缺乏有效的调控手段，也不能出台限制出境旅游的政策，因此，要保持旅游外汇收支相对平衡就必须坚持不懈地狠抓入境旅游。从这些方面看，坚持大力发展入境旅游具有重要的战略意义。

小资料

我国入境旅游人数从1978年的180.9万人次增加到2007年的1.32亿人次，增长72倍，其中，过夜旅游5472万人次，增长70倍。旅游外汇收入从1978年的2.62亿美元增加到2007年的419亿美元，增长159倍，成为世界第四大入境旅游接待国。

我国出境旅游从20世纪80年代起步，2007年达4095万人次，居亚洲第一位。2007年，旅游业总收入首次突破1万亿元人民币，达到1.09万亿元人民币。

（3）适度发展出境旅游。2007年，我国公民出境旅游目的地的国家和地区总数已达到132个，其中2006年新开放的目的地有15个，我国公民可组团前往的国家和地区达到86个。

为了适应出境游发展的现状，控制发展的规模已不现实，“适度发展”也只是徒有虚名，原因在于：首先是出境游目的地的增加和出境游经营主体的多元化等，从更长远一些看，随着生活水平的不断提高，对出境游的需求会进一步扩大；其次是加强了对出境游发展的指导，指明了今后一个时期出境旅游发展的方向，明确了出境旅游工作的重点。这些重点工作是：做好现已开放的出境旅游目的地国的各项事宜，建立双边旅游协作关系和工作渠道；加强整治出境游市场中的突出问题，严厉查处涉嫌非法滞留境外负有责任的组团社和相关人员；研究提出危机处理机制和调控手段；着手研究新形势下征收出境税问题，适时预设和启动出境游的调控闸门。

（4）充分重视旅游传媒在旅游市场营销中的作用。由于旅游景点的不可移动性，注定要通过信息的传递来让人们了解，激发旅游欲望，从而拓展旅游市场。媒体作为公众信息传播的载体，责无旁贷地承担起旅游信息传播的任务。报纸、电视、网络等媒体的传播加速了旅游信息的传递，通过信息的物化促进旅游产品的消费。当然，这也是经济发展和人们生活质量日益提高及旅游消费进入寻常百姓家带来的一系列变化的结果。可以说，需求拉动了旅游业的发展，媒体的传播进一步促进市场的需求。

① 重视品牌效应。在消费者选择旅游产品进行消费的过程中，十分重视旅游品牌的作

用。品牌塑造有很多的途径，但是唯一离不开的是媒体的传播。因为媒体传播可以加速旅游企业的信息沉淀，强化旅游企业品牌的美誉度。从旅游产品的属性来说，更需要电视、报纸、杂志等媒体的阐述、解说和视觉冲击，进而引导消费。在此过程中，一句话、一个形象标识，都会转化成品牌的因子，固化在消费者大脑中，圈定一批忠诚客户。

【案例 6.4】

打造“浪漫之都”品牌　大连旅游创新中走向和谐

经过3年的努力，大连终于在国家工商总局成功注册了“浪漫之都”旅游城市品牌和43个类别的“浪漫之都”系列产品商标，开创了世界旅游史的先河。大连旅游在创新中不断突破，被国家旅游局称为“大连模式”。

大连不是在城市里建几座公园，而是把整座城市建在一个大公园里。这就是大连发展旅游不同于其他城市的独特思路。2003年，大连开创性地提出打造“浪漫之都”旅游城市品牌。

为塑造城市品牌，大连旅游宣传及推广又出新招。大连旅游“大篷车”每到一地都引起了轰动，已成为大连旅游宣传促销的重要载体。大篷车不仅叫响了大连旅游，而且创造了旅游大篷车坚持时间最长、走过省市最多、行程最远等多项中国旅游促销之最。

北京申奥成功后，大连提出的“奥运在北京、观光到大连”口号又叫响海内外；同时，大连旅游促销团不断出现在日本、韩国、东南亚、欧美澳、中国的港澳台等国家和地区，使大连的海外客源持续增长。大连全力整合旅游资源和社会资源，陆续推出了以阳光、大海、沙滩为主体的夏季旅游3S产品和以温泉、运动、购物为主体的冬季旅游3S产品，并依托大连国际服装节、国际赏槐会、国际啤酒节、烟花爆竹节等大型节庆活动，搭建起面向旅游客源群体的有效促销载体。

大连的旅游效益，带动了以商贸、旅游和展览业为主的第三产业的飞速发展，创造了中国唯一或第一的旅游新产品：发现王国、老虎滩极地馆、旅游超市、女骑警、海军广场、世界和平公园、旅顺蛇博物馆都是中国唯一的；金石滩高尔夫、滨海路、棒棰岛、星海广场、贝壳博物馆、水上人间（海洋巨蛋）、圣亚海洋世界（圣亚极地世界）、珊瑚馆、森林动物园等也成为中国第一。这些大连旅游的经典之作，使大连成功地“把城市变成了风景，把风景变成了资本”。

② 选择主流媒体。越是主流的媒体，其公信力就越强，其传播的品牌的含金量就越高。旅游企业在发展初期，由于知名度不高，旅游企业自身赢利能力弱，没有更多的钱投放广告来提高知名度，这样就陷入恶性循环的怪圈。因此，在旅游企业发展初期需要强势媒体的介入，快速提升品牌形象。越是形成一定品牌影响力的旅游企业，才适合在多元化的媒体细水长流式地投放以巩固品牌形象。旅游企业的营销遵循市场营销的一般规律，同时又有其独特的产品特点。从来没有别的企业像旅游企业一样，注重事件的轰动性、炒作性，甚至不惜利用反面的轰动效应来提升自身的知名度。这是“事件”营销的典型特征，在旅游营销中总是屡试不爽。

③ 发展网络营销。凡利用互联网进行的营销工作，就可称其为互联网营销，营销中的诸多要素（如品牌、渠道、促销等）都会在互联网营销中体现，而互联网营销更为营销各要素带来新的形式与内容。互联网营销的优势在于它的信息流的优势：高速即时，互动，全球性，全天候，私人性。互联网通过将货币流和部分物流（如软件）转化成信息流，将互联网营销的优势扩大，并通过信息优势提高传统商品的流通效率和降低其流通成本。

综上所述，我国旅游事业蓬勃发展，现在进入到营销主导时代的中国旅游业必须用科学、先进的旅游市场营销来武装自己，从而促进中国旅游业迅速朝健康有序的轨道高速发展。中国加入 WTO 使中国的旅游市场融入世界旅游市场竞争当中，这就要求积极研究旅游市场营销，把现代先进的旅游市场营销理念引进中国旅游事业，充分利用互联网营销及其他营销方法，从而促进旅游市场的繁荣兴旺，为我国实现 2020 年旅游发展目标，全面建设小康社会起到推动作用。

6.3 国际旅游市场

国际旅游客流，是指国际旅游者借助交通工具从客源国向目的地国家或地区移动所形成的具有一定方向和一定数量的移动人群。国际旅游客流既呈现变化的一面，主要表现在各种因素（包括战争、经济、政治形势、气候及重大事件）都会使国际旅游客流的流量、流向发生变化，同时，国际旅游客流的移动又具有相对稳定的特征，呈现一定的规律性。

6.3.1 国际旅游客流量

随着世界各国经济的不断发展，人们的可支配收入的提高，闲暇时间的增多，使旅游活动在人们的日常生活扮演着重要的角色，国际旅游客流量呈现出上升趋势。据世界旅游组织统计，1950 年国际旅游人次为 2252.8 万人次，旅游收入 21 亿美元；2006 年，全球旅游人数达到了 8.42 亿人，比 2005 年增长 4.9%；2006 年，全球旅游收入 7350 亿美元，平均每天游客要消费 20 亿美元。

2007 年国际入境旅游者人数达 8.98 亿人次，比 2006 年增长 6%，超出预期目标。欧洲等成熟的旅游市场仍然是世界旅游的主要目的地，新兴经济国家及发展中国家的旅游业增长速度也非常快。

国际上为了便于分析旅游业的发展状况和旅游客流量的流向，根据地域将世界旅游市场划分为六大地区，即欧洲、美洲、东亚及太平洋地区、南亚、中东和非洲旅游市场。据世界旅游组织对 2001—2003 年全世界国际旅游客流和国际旅游收入的统计数字，位居前 10 位的国家或地区如表 6.2 所示。

表 6.2 世界国际旅游客流和国际旅游收入排名

国际旅游接待量	国家或地区	国际旅游收入	国家或地区
1	法国	1	美国
2	美国	2	西班牙
3	西班牙	3	英国
4	意大利	4	意大利
5	中国内地	5	德国
6	英国	6	中国内地
7	墨西哥	7	加拿大
8	加拿大	8	澳大利亚
9	德国	9	荷兰
10	波兰	10	泰国

欧洲旅游市场在前 10 位国家中的国际旅游接待量和国际旅游收入中分别占了 70%和60%，说明在世界旅游六大地区市场中，欧洲市场一直占主导地位。

2004 年世界各旅游地区市场的国际旅游接待增长率的排名为：亚太地区 29%，中东地区20%，美洲地区 10%，非洲地区 7%，欧洲地区仅为 4%。从中可以看出，亚太和中东地区的增长最为强劲。虽然亚太和中东地区的国家多数属于发展中国家，经济还比较滞后，但随着近几年的经济高速增长，各国政府不断加大旅游宣传，相信在不久的将来会成为倍受青睐的旅游目的地。

6.3.2 国际旅游客流分布

国际旅游客流的流向如何分布？主要流向了哪些旅游国家和地区？据世界旅游组织2000 年对国际旅游接待量的统计数字，排在前 10 位的如表 6.3 所示。

表 6.3 国际旅游接待量统计表

名　次	国家和地区	国际旅游接待量（百万人次）	占世界份额（%）
1	法国	75.5	10.8
2	美国	50.9	7.3
3	西班牙	48.2	6.9
4	意大利	41.2	5.9
5	中国内地	31.2	4.5
6	英国	25.2	3.6
7	俄罗斯	21.2	3
8	墨西哥	20.6	3
9	加拿大	20.4	2.9
10	德国	19	2.7

从表 6.3 不难看出，全球国际旅游客流的流向和分布状况，还是以欧洲旅游市场为导向。这说明欧洲是当今世界上接待国际旅游的中心地区，同时也是世界上国际旅游业最达的地区。但随着近几年亚太地区经济发展的加速，各国政府对旅游业的重视，其国际旅游接待量和国际旅游收入的增长率呈强劲的增长势头，呈现出可以同欧美两地相抗衡的态势。据预测，国际旅游重心在 21 世纪将向亚太地区转移。促成这一趋势变化的原因是多方面的，其中主要原因是：

（1）亚太地区的经济高速发展，旅游宣传力度不断加大。一方面，在这一地区除少数发达国家之外，中国、马来西亚、泰国都相继实现经济起飞，出国旅游者首先会考虑邻近国家，从而扩大了区内国际旅游客源。另一方面，随着各国政府对旅游业宣传的高度重视，不断开发区内旅游资源和改善旅游服务设施建设，特别是对外的宣传工作，不仅向欧美地区的旅游者提供了视觉感官等丰富的旅游资料，也激发了他们到亚太地区旅游的向往。

（2）欧美地区的经济增长速度放缓和旅游者不断追求新、奇、特的旅游目的地。自 20 世纪 80 年代以来，欧美地区各国的旅游增长速度一直放缓，主要是由于欧美地区的国际旅游客源主要为区内客源及欧美互为主要客源，因此在接待国际旅游数量方面很难有太大的发展。另外，欧洲地区的旅游业发展较早，其区内的旅游资源对于旅游者来说已不再满足他们追求更具有新、奇、特的旅游目的地，特别是对于东方文化的向往，加之其经济水平较高，都为他们进行远程旅游提供了条件。

6.3.3　国际旅游客源分布

进入 20 世纪 90 年代，尽管北美和西欧无论是从客源产生量还是从接待游客人次上都仍然占据国际旅游的首要位置，但随着国际旅游重心东移，亚太地区旅游业一枝独秀，其持续、高速增长令人瞩目，国际旅游业正在逐步形成欧、美、亚太地区三足鼎立的分布格局，国际旅游客源市场趋向分散化。

长期以来，国际旅游的主要客源市场在地区结构上一直以西欧、北欧和北美为主。欧美这两个地区作为现代国际旅游的发源地，其出国旅游人数几乎占国际旅游总人数的 3/4 左右。目前世界上最重要的旅游客源国中，除亚洲的日本、大洋洲的澳大利亚外，其余大多集中在上述两个地区，其中仅德国和美国两个国家，就占国际旅游消费总支出的 1/3 以上。国际旅游客源市场在地区分布上畸形集中的局面，同样也面临着严重的挑战，特别是当代世界经济正在迅速分化和重新改组，初步形成了北美、西欧、日本、独联体、东欧和第三世界等六大经济力量相抗衡的态势，直接影响各地区国际旅游客源的发生、发展、消长和转移，从而导致客源市场分布格局由目前的集中渐渐走向分散。21 世纪初，亚洲、非洲和拉丁美洲的一些脱颖而出的新兴工业国，随着人均国民收入的增加，可能逐渐取代传统的旅游客源国，而成为国际旅游的主体市场。中国目前私人出境旅游人数相对较少，但增长速度较快，出境旅游正在逐渐形成规模。

一个地区旅游业的发展程度与其经济发展水平紧密相连，经济发展水平的高低在很大程度上决定了旅游者的旅游消费。欧美不仅是国际旅游活动的主要目的地和接待地，也是最大的客源地。旅游活动是建立在一定经济基础和收入水平上的高层次的消费活动，它与一个国家或地区的经济水平呈明显的正比关系。

世界旅游组织预测，到 2020 年，中国将成为世界第一大旅游目的地国和第五大旅游客源国。2020 年世界十大客源国如表 6.4 所示。

表 6.4　2020 年世界十大客源国

名　次	国　家	出境旅游人次（万）	市场份额（%）
1	德国	16 350	10.2
2	日本	14 150	8.8
3	美国	12 330	7.7
4	中国内地	10 000	6.2
5	英国	9610	6.0
6	法国	3760	2.3
7	荷兰	3540	2.2
8	加拿大	3130	2.0
9	俄罗斯	3050	1.9
10	意大利	2970	1.9

6.3.4 国际旅游客流规律

国际旅游客流的移动呈现一定的规律性，其主流在发达国家之间移动，以短程移动居主导地位，且互动效应明显。从流向上看，国际旅游客流由北向南移动，由内陆向沿海地区及其岛屿移动。

1. 国际旅游客流主要在发达国家之间移动

首先，发达国家集中在欧洲旅游区和美洲旅游区，它们一直是国际旅游的重心。虽然从1950年的国际旅游者人数和国际旅游收入占世界旅游市场比重的96.6%和92.8%下降到1997年的74.3%和77%，使欧美等传统旅游区在世界市场的份额呈现下降的趋势，而东亚及太平洋旅游区、非洲旅游区和中东旅游在世界旅游业中的地位却在不断上升，但仍然没有改变国际旅游客流的主流在发达国家移动的格局。其次，世界输出国际旅游客源最多的七个国家（德国、美国、英国、加拿大、法国、意大利和日本）均为发达国家，同时发达国家旅游接待占世界旅游市场的份额超过了50%。1995年，七大旅游客源国输出的旅游者达2.32亿人次，占世界出境旅游总量的40.9%。与此同时，在接待方面，发达国家也占据国际旅游半壁以上的江山。虽然自20世纪90年代以来发达国家在世界旅游接待业中的地位有所下降，但少数发达国家接待的国际旅游者人次和收入仍超过了数量众多的发展中国家。

2. 国际旅游客流以短程移动为主导

从旅游学的角度来讲，旅游客流量的大小与距离影响力成反比关系，客源国与旅游目的地之间的距离越大，旅游客流量越少。客流量的大小与旅游距离之所以成反比，是因为随着离客源地距离的增加，旅行费用和时间逐渐增大，造成旅游吸引强度降低，阻碍了旅游者的可达性，影响到旅游目的地旅游业的发展。一般情况下，旅游客源国与接待国的经济差距越大，客源国对旅游目的国的旅游阻抗力越大，旅游目的国对客源国的旅游吸引力就越小。这样的结果便是客源流向的近域性。一个旅游目的地国家的邻国往往是它最大的客源国，例如，加拿大、墨西哥最大的客源国是美国；与此相应，加拿大出境旅游去美国者占绝大多数；法国人最推崇的旅游目的地依次是西班牙、英国、意大利；意大利人最喜欢去的旅游目的地，顺次是法国、西班牙、奥地利。而在亚洲，日本、韩国互为最大的客源国。另外，随着经济的发展，以及生活节奏的加快，现代人“有钱，没时间”的特征将进一步强化，忙里偷闲去邻近国家或地区旅游将成为大多数旅游者的选择。

3. 国际旅游客流由北向南移动

从经济地理的角度考察，“南”指发展中国家，“北”指发达国家。据估计，每年从发达国家流入发展中国家的旅游者人数约占国际旅游总人数的20%左右，而发展中国家居民到发达国家旅游的人数仅占总人数的5%左右。可见，由“北”向“南”移动的旅游客流呈现强劲势头。

从自然地理的角度考察，气候因素起着主导作用。“南”是指气候宜人、阳光充足的南方；“北”指气候寒冷、缺少阳光的北方。以欧洲为例，当北欧、西欧冰雪未融时，地中海一些国家已是春暖花开、阳光明媚。而当炎热的夏季到来之时，地中海沿岸国家（如西班牙、意大利）却是海风徐徐，令人心旷神怡。因此，在气候寒冷国家生活的居民会涌向地中海沿岸国家进行旅游度假，这也从另一个方面反应出旅游流是由“北”向“南”移动的。

此外，国际旅游客流还有由内陆向沿海地区及岛屿移动的、由民族的亲缘关系、同质语言文化、政治、社会、经济联系引起的国际旅游客源互动等国际旅游客流规律。

【案例 6.5】

欧洲生态旅游

欧洲是世界上吸引游客最多的地方，如今生态旅游已深入人心，欧洲越来越成为人们考虑度假地的首选。

旅游业是世界上增长速度最快的行业，早在 20 世纪 80 年代，人们就意识到它对全球环境的影响，生态旅游也应运而生，改变了国际旅游客源的流向，使原有的以涌向工商业发达城市为主的客流，改变方向而涌向大自然。生态旅游是让旅游者在尽情享受返璞归真的同时，尽可能地把对当地生态环境的影响降到最低，并通过旅游业的发展促进当地的生态保护和提高人们的生态意识，它是以一种可持续发展的方式来利用当地的自然和文化遗产。世界旅游组织称，目前生态旅游收入占世界旅游业总收入的比例为 20%左右，而且每年以 30%的速度递增。联合国还把 2002 年定为国际生态旅游年。

近年来，生态旅游业在我国也逐渐火热起来，越来越多的旅行社和自然景点打着生态旅游的旗号招揽游客。由于缺乏严格的认证，一部分生态游只是滥竽充数，而那些真正堪称生态游的景点，又因大兴土木和旅游者大量涌入而遭到严重的破坏。越来越多的专家学者和环保组织呼吁：“不要让生态旅游变成生态破坏游！”欧洲生态旅游已经深入人心，最近在对欧洲生态旅游的调查中发现了以下的成功经验。

不大兴土木，不留人为痕迹。生态游景点的旅游接待设施都尽量就地取材，本着简易的原则搭建，还要保证和当地的人文和建筑风格协调。法国诺曼底以乡村生态游著称，一座座村庄竟是由石头垒成的，从街道到房子的石块都来自海边，房屋低矮，一般不超过两层，而且外表也很粗糙，根本没有使用油漆经过精心的粉刷。尽管每天都有很多的游客慕名而来，但当地并没有为此扩建，而是在保持原有的村庄布局的基础上，把一些房屋改建成酒店、商店等设施。当地有限的接待能力有效地控制了游客过夜的人数。同样，在法国南部阿尔卑斯山区的周末游中，游客往往夜宿在类似羊舍的木屋里，而年轻人则更喜欢帐篷露营，旅游交通以步行为主。当地的旅游接待设施小巧，掩映在树丛中。在生态游中，人们时刻遵循着“留下的只有脚印，带走的只有照片”的响亮口号，即使开展一些像登山、自行车越野等体育运动，也是尽一切可能将旅游对当地生态的影响降至最低。有时在生态旅游目的地还会设置一些环保标牌，呼吁保护大自然。导游介绍当地特有的自然现象、特有的植物或野生动物的信息。这让游客在心情愉快的同时大大增强环境意识，从而使生态旅游区成为提高人们环境意识的天然大课堂。

6.4　中国旅游市场

旅游业的快速发展与国民经济的快速发展和居民生活水平的提高密切相关，我国 GDP 呈现逐年加快的趋势，2007 年增速达到 11.4%。居民收入增速也一直保持高速增长，收入的增加直接使居民在旅游行业的花费增加，进而带动旅游行业的发展。旅游业已成为当今中国经济发展的支柱产业之一，中国旅游业一直保持着较快的增长速度，三大市场全面增长。据预测至2015年，中国入境旅游人数可达1亿人次，出境旅游人数可达1亿人次左右，国内旅游人数可达28亿人次，中国将出现30亿人次以上的游客市场。到2020年，我国居民的出境旅游将显著增加，国内旅游收入将达到2500亿美元，总收入将超过3000亿美元，相当于国内生产总值的8%～11%。旅游需求将主要以休闲度假需求为主，同时居民出境旅游需求将显著增加。这意味着当前我国旅游需求正处于观光游向休闲游转变的阶段。

6.4.1 中国国内旅游市场

1．国内旅游市场基本特点

我国拥有全球极具活力、前景广阔的国内旅游市场。国内旅游是旅游总收入的主要来源，占全国旅游总收入的70%左右。2002～2006年5年间，中国国内旅游总人数累计达54.6亿人次，实现旅游总收入3136.7亿美元，分别增长12.3%和12.6%，其中2006年国内旅游人数13.94亿人次，全国人均出游次数超过1次，全国国内旅游出游人均花费446.9元人民币。国内旅游的发展为中国旅游业的持续发展奠定了重要基础。

（1）国内旅游市场的规模和速度。随着人们生活水平的提高，人均可支配收入的增长，我国旅游业尤其是国内游市场近几年发展较快。具体来看，2000～2007年，我国国内游总人数已经从7.44亿人次上升至16.1亿人次，提高了1倍；出游率由59%上升至123%，超过了100%。其中，城镇居民人数由3.29亿人次上升至6.12亿人次，农村居民人数从4.15亿人次上升到近10亿人次，其比例情况也由2000年的基本各占一半达到2007年的农村居民所占比例明显高于城镇居民。"黄金周"制度的实行，进一步推动了中国国内旅游的迅猛增长，并发展成为全球规模最大的国内旅游市场。2007年国内旅游收入达7771亿元人民币，增长24.7%，有力地拉动了内需，促进了消费，带动了相关产业发展。

（2）国内旅游市场的客源分布。从旅游的地域性和客源分布来看，国内旅游热点集中在经济较发达、知名度较高、旅游基础设施较完善的旅游胜地，如北京、江浙沪、广东等地。像敦煌、九寨沟、西双版纳、黄果树瀑布等风景点，由于交通不便且相对处于温冷点。从距离上看，一般以中近距离旅游为主，远距离旅游为辅，如桂林主要以粤湘鄂的旅游者为主，杭州主要以江浙沪的旅游者为主，北戴河以京津冀辽的旅游者为主。从客源分布来看，以大中城市和沿海地区为主，内地县镇为辅。旅游者停留时间较短，一般在2.5～3.5天，"一日游"也占有很大比重。

2007年，我国旅游行业从地区分布情况来看，广东、上海和江苏接待人次最多，而甘肃、青海和宁夏接待人数较少；但是增长率较高的地区是西藏和贵州等地，较2006年增长很快。从外汇收入情况来看，排名靠前的地区有广东、上海和北京等，而甘肃、青海和宁夏排名最后，但是，从增长率来看，实现旅游外汇收入增速较快的是西藏、安徽和福建等。在西部大开放的政策背景下，随着青藏铁路的成功开通，大大提高了西藏地区的优势景区资源和交通便利程度，西藏必将继续保持旅游收入高增长的速度。

2．国内旅游市场旅游资源、设施发展状况

截至2007年，我国共有A级景区2363个，其中1A级景区130个，2A级景区927个，3A级景区521个，4A级景区785个。我国旅游饭店行业实现营业收入1617.87亿元，在2006年的基础上稳步上升，其中五星级饭店实现营业收入374.26亿元，四星级和三星级分别高达

532.27 亿元和 478.62 亿元，增长速度均较快。随着中国旅游市场规模不断扩大，2008 年世界最大国际酒店管理公司——英国洲际酒店集团，在华开设酒店将达 125 家。目前，中国已成为洲际酒店集团在全球的第三大市场，在一定程度上这代表了世界旅游界对中国旅游市场资源和设施的认可。

3．国内旅游市场发展机遇

随着 2008 年法定假期调整的实施，即“两个黄金周、5 个小长假”，旅游企业正在对产品进行相应的调整，短途游将成为市场新亮点，4～6 天长线游也将影响旅游产品的格局。而春节、“十一”两大黄金周也将迎来历史上最火暴的出游热潮。此外，2008 年北京奥运会的召开及其随后几年的连带效应，必将带动奥运会举办城市尤其是北京市的旅游发展速度。2010 年上海世博会的举办也将为上海市成为重点旅游城市注入新的活力。预测 2008—2012 年，西藏地区旅游行业将继续保持高速增长的态势；北京市及几个奥运会赛事城市都迎来了旅游发展的高峰，接待人数将大大提高。

我国现阶段的经济水平决定了居民在中短期仍将以国内旅游为主要旅游方式。国家旅游局预测，2015 年国内旅游将从 2006 年的 13.9 亿增长到 28 亿人次，居民平均出游率由 1 次增长到 2 次，国内旅游市场发展前景广阔。

6.4.2 中国入境旅游市场

1．入境旅游市场基本状况

（1）入境旅游市场的规模和速度。

入境旅游是我国旅游业三大市场中开发最早、发展最快的市场，是中国旅游市场的重要组成部分，在中国旅游业产业地位的提高和强化方面均处于非常关键的地位。2007 年，我国入境旅游人数达 1.32 亿人次，与上年相比增长 5.5%，其中入境过夜旅游人数达 5472 万人次，增长 9.6%；旅游外汇收入达 419 亿美元，增长 23.5%，中国已成为全球第四大入境旅游接待国和第五大旅游创汇国。根据中国政府所制定的远景目标，到 2020 年，中国入境旅游人数将达到 2.1 亿人次，国际旅游外汇收入达到 580 亿美元。

（2）入境旅游市场的客源分布。2007 年 1～11 月，中国主要城市接待旅游人数为 3997 万人次，与上年同期相比增长 13.37%。其中，接待外国游客 2333 万人次，接待港、澳、台同胞 1663 万人次。在我国入境旅游市场中，港澳台市场占到我国入境市场的 84%以上，这足以说明港澳台市场在我国入境旅游市场中所占据的重要地位。

据 2006 年中国旅游局对我国入境人数的统计，排名前 10 位的客源国见表 6.5。

表 6.5 2006 年中国十大客源国

排　序	1	2	3	4	5	6	7	8	9	10
国　家	韩国	日本	俄罗斯	美国	马来西亚	新加坡	菲律宾	蒙古	泰国	英国

韩国自 1991 年同我国正式建立外交关系以来，便成为我国重要的国际客源市场。2004 年韩国旅华人数近 284.48 万人次，较 1991 年增长了 34 倍之多。中国的风土人情、名胜古迹众多，对韩国游客具有极大的吸引力。此外，随着中韩经贸关系的迅速发展吸引了越来越多的人士来华投资，随着两国间政治、经济、文化交流的进一步发展，韩国日益成为中国最大

的旅游客源市场。

日本是我国一衣带水的邻邦，交通便利，同时日本也是世界上仅次于美国的经济大国；在文化上同我国有着悠久的历史渊源。无论是在来华旅游的人次还是在旅游消费总额上，日本人在来华旅游的外国人中历年都居于前列。

俄罗斯同我国有着良好的交往历史和漫长的边界线，随着两国经贸关系的紧密合作，其作为我国重要客源国的地位也是不易动摇的。

另外，中国入境游客中外国人2393万人。其中，入境举行会议或商务活动的643万人，入境观光旅游的1204万人，探亲访友的72866人，入境的服务员工212万人，其他入境人数325万人。

（3）入境旅游者（外国人）特征。

以2000年为例，入境旅游者具有如下特征：

性别。2000年来华外国游客中，男性655.97万人次，同比增长18.6%；女性360.07万人次，同比增长24.1%。其中，男性占外国游客总数的64.6%，女性占35.4%，男性所占份额较上年减少1%。

职业。2000年来华外国游客中，专业技术人员77.17万人次，占总人数的7.6%；行政管理人员48.83万人次，占4.8%；办事员47.94万人次，占4.7%；商人171.10万人次，占16.8%；服务人员54.94万人次，占5.4%；农民3.42万人次，占0.3%；工人49.07万人次，占4.8%；其他职业人员500.33万人次，占41.0%：无职业人员63.23万人次，占6.2%。

年龄。2000年来华外国游客中，14岁以下年龄组的35.71万人次，占总人数的3.5%；15～24岁年龄组的82.43万人次，占8.1%；25～44岁年龄组的494.44万人次，占48.7%；45～64岁年龄组的343.53万人次，占33.8%；65岁以上年龄组的59.94万人次，占5.9%。

旅游目的。2000来华外国游客中，观光度假者占31.0%，商务活动者占7.9%，探亲访友者占11.9%，参加会议者占35.2%，健康疗养者占3.1%，宗教朝拜者占0.2%，文体科教交流者占2.7%，其他目的的占8.0%。

在华停留时间。2000年来华游客人均在华停留6.5天，比上年减少0.1天。其中：外国人平均停留7.0天，香港同胞平均停留3.7天，均与上年持平；澳门同胞平均停留3.8天，减少0.3天；台湾同胞平均停留8.2天，减少0.2天。

各月入境外国旅游人数。2000年来华的外国游客较多集中在8—11月，四个月来华游客达386.26万人次，占全年总流量的37.9%。此外，除1、2、12月份外，其他各月来华外国游客都保持在80万人次以上。

2．发展入境旅游市场的作用和影响因素

入境旅游是一个国家赚取外汇的重要途径，入境旅游人数及旅游外汇收入是衡量一个国家旅游实力和开放程度的重要指标。中国入境旅游保持持续稳定增长，增幅超过全球同期平均水平，中国已成为最具生机与活力的旅游目的地之一。如2002—2006年的5年间，中国累计接待入境过夜游客2.1亿人次，实现旅游外汇收入974.8亿美元，分别增长8.0%和13.5%，双双高于4.6%和11.1%的全球同期平均水平。2006年中国为成为第四大入境旅游接待国，旅游外汇收入居全球第五。旅游资源丰富、经济繁荣、社会稳定、“最安全旅游胜地”形象深入人心，国际交通日益便捷，都促使入境旅游近年来发展迅速。

1997年亚洲金融危机、2001年发生的“9•11”事件、2003年发生的伊拉克战争和非典

（SARS）疫情，导致世界旅游业陷入危机，仅 2003 年中国旅游业损失就超过 100 亿美元。因此，战争、传染病、政治等因素都会导致一个国家或地区的旅游形象受损，旅游市场面临低谷。

旅游危机的诱因归纳起来包括政治因素、经济因素、文化因素、灾害因素、疾病因素、社会生活环境因素六大类。

（1）政治因素。政治方面主要包括战争、恐怖主义活动、国际关系等因素。战争给旅游业带来的影响是：第一，战争给交战双方带来巨大经济损失，直接影响旅游发展；第二，战争造成自然资源、人文资源的大量破坏，例如，阿富汗因为宗教冲突造成两座世界上最高的石雕立式巴米扬佛像被摧毁，是人类文化遗产的一大损失；第三，战争导致旅游市场的萎缩，受伊拉克爆发战争的影响，澳大利亚约半年的旅游预约登记比同期减少了 22%，旅游收入减少了 24%；第四，恐怖主义活动影响区域旅游客源的组织，2001 年的“9・11”事件发生后，土耳其当年 10 月的美国旅游者同比下降 9.54%。

如果国与国之间关系良好，经济贸易往来频繁，政府支持两国人民的往来，则会促进旅游市场的良性发展。1998 年克林顿访华，促使美国人旅华市场得以扩大。俄罗斯与我国经贸往来近年逐渐增加，1997 年来我国的俄罗斯游客比上年增加了 46.4%。

（2）经济因素。汇率的波动、某国的货币贬值，导致出境旅游大大降低。为了防止外汇流失，客源国也会采取多种措施限制国民出国旅游。因为 1997 年亚洲金融危机的影响，1997 年全球国际旅游的接待人次为 6.17 亿，增长率仅为 3.8%，全球旅游收入为 4480 亿美元，增长率为 3%。此前的 10 年里，该地区这两项指标一直呈年均 10%的速度递增。

（3）文化因素。当文化的差异引起区域之间关系紧张时，就会制约国际文化旅游的发展，比较突出的是宗教冲突对地区性旅游业的影响。例如，中东、东南亚、南亚地区不时有宗教冲突发生，制约了这些地区宗教旅游的发展；相反，西欧、北美文化接近，相互成为重要的客源市场。

（4）灾害因素。由于自然或人为的因素所导致的对旅游景区、景点等旅游资源及生态平衡的破坏，进而危及到旅游资源生存的现象的过程称为旅游灾害。自然灾害包括：气象性灾害，如水灾、旱灾、台风、冷冻等；地质性灾害，如地震、滑坡、泥石流、水土流失等；生物性灾害，如森林病虫害等。例如，2001 年台湾发生的“9・21 大地震”使岛内当年 50 万旅游业从业人员生计受到影响。人为灾害包括：环境污染造成旅游环境恶化，建设性破坏及乱采乱伐导致多种不良后果，火灾，治安条件恶化，意外事故等。例如，1994 年的 3 月 31 日“千岛湖事件”，严重打击了当年千岛湖的旅游业发展；1999 年上海某动物园发生东北虎咬死一驾驶员事件，造成该园一段时期内游客减少。

（5）疫病因素。传染病的蔓延往往会引起区域性旅游危机，2003 年的 SARS 疫情导致新加坡航空公司 4 月份载客率同比下滑 27%。

3. 入境旅游市场的发展前景

我国入境旅游将呈现洲内市场较大增长、洲际市场稳定中保持适度增长、中国港澳台市场较大增长的总体格局。在洲内市场，东南亚市场及俄罗斯，韩国、日本始终是我国入境旅游的主要客源市场。欧洲市场在近几年的发展中得到了不断开发，发展迅猛尤以法德两国最为显著，但欧洲市场仍是我国最具开发潜力的市场，也是我国旅游国际化发展市场的重点之一。美洲市场增长较为缓慢，但也取得较为令人满意的增长，以美国为例，年平均增幅增长

3%左右。我国港、澳、台特定市场近年来保持着持续增长态势，在以后的发展中将保持稳中发展的趋势。中国国家旅游局预测，到 2015 年外国来华入境过夜旅游者将从 2006 年的 4991 万人次增长到 1 亿人次/年。

随着中非首脑论坛的举行和经贸的发展，非洲客源也是我国旅游市场未来客源新的增长点。

【案例 6.6】

2008 年奥运后我国旅游业发展的 SWOT 分析

SWOT 分析法是产业发展战略分析常用的一种方法。所谓 SWOT 分析，就是在产业发展战略选择前，通过对产业内部的优势 S（strengths）、劣势 W（weaknesses）和外部环境的机遇 O（opportunity）与挑战或者风险 T（threat）进行综合分析，从中得出相应的结论，并据此对备选战略方案做出系统评价，最终选出一种适宜战略的方法。表 6.6 列出 2008 年奥运后我国旅游业发展的 SWOT 分析结果。

表 6.6　2008 年奥运后我国旅游业发展的 SWOT 分析

优　势	劣　势
1．充足的旅游设施、丰富的旅游资源。 2．高等级旅游接待设施和服务水平的提升。 3．旅游资源数量的增加（如奥运遗产等）。 4．自然环境的优化	1．旅游产品较为单一，将主要集中于文化性观光旅游产品。 2．旅游相关产业连锁化水平低，奥运对旅游服务水平改善程度有限
机　遇	**挑　战**
1．奥运有助于提升我国形象。 2．奥运后国内经济稳步发展为国内旅游及出境旅游提供良好契机	1．奥运后旅游接待设施的供过于求。 2．各地大型展会对客源的分流作用

6.4.3　中国出境旅游市场

随着我国国际地位不断提升，旅游业对外开放进一步扩大和居民收入的提高，出游意愿愈加强烈，出境旅游得到快速发展。中国公民出境旅游从 1983 年内地居民自费赴中国港澳台游算起，出境旅游人士实现第一个 1000 万人次/年用了 17 年，第二个 1000 万人次/年用了 3 年，实现第三个 1000 万人次/年则不超过 2 年。中国游客的出境游正在改变世界旅业的格局，已经成为亚洲增长最快的新兴客源输出国。2006 年，中国出境总人数达 3452.4 万人次，其中因公出境 444 万人次，因私出境 2552 万人次，出境旅游增长速度大大高于世界平均水平。中国是亚洲第一大客源输出国和全球出境旅游市场增幅最快、潜力最大、影响力最广泛的国家之一。

1．我国出境旅游市场现状

截至 2007 年，中国公民出境旅游目的地国家和地区达 134 个，其中已实施 86 个，出境旅游组团社达 800 家。近 5 年，中国出境游人数每年平均增长率高达 22.7%，出境游已成为中国旅游业的主流业务。

（1）公民出境首站主要以亚洲国家与地区为主。截至 2007 年年底，中国公民出境游仍以周边国家或地区为主要目的地，中国公民首站赴亚洲国家和地区旅游人数占全部出境人数的 88.74%。亚洲仍是中国公民出境旅游的主要目的地，其中又以赴中国港澳台旅行的人数为主。远程出境市场增长也较迅速，其中非洲作为新型的目的地增长速度最快。欧洲仍然是最主要的远程目的地，中国公民首站赴欧洲的人数占全部远程出境旅行人数的 44.5%。

（2）因公出境人数不减。近年来，因私出境人数超过因公出境人数，但因公出境的人数也保持一定的增长。2007 年，因公出境人数为 603.0 万，比上年同期增长了 5.34%，占出境人数的 14.72%。2007 年，以“考察”、“访问”为主的公务出境市场出现新的特点，一是出境短期培训团有所增多，二是高端线团有所增加。赴西欧、南非、澳大利亚等地的公务出境旅行均已成为常规产品，赴北欧、东欧、北美和南美的公务出境旅行也在不断增多。

（3）美国成为中国公民出境旅游目的地国家。2007 年，中美两国在北京正式签署“关于便利中国旅游团队赴美旅游谅解备忘录”，这标志美国已成为中国公民组团出境旅游目的地国家。开放美国成为中国公民出境旅游目的地后，预计赴美旅游人数将会有一定数量的增加，将成为继欧洲之后又一受欢迎的远程旅游目的地。但同时考虑到赴美签证手续没有实质性的改变，仍较为烦琐，旅游产品价格相对较高，首批开放的客源地只有中国的部分省市，开放初期不会出现“井喷”现象。

（4）非洲等长线旅游目的地将越来越受到高端游客的欢迎。目前，赴非洲旅行的中国游客人数在出境总人数中所占的比例不高，但增长却十分显著，2007 年中国公民赴非洲出境人数比上年增长了 36.15%。中国游客前往非洲旅游相对较多的是埃及、南非、肯尼亚等国家，此外，也有一些游客前往毛里求斯、津巴布韦、坦桑尼亚、突尼斯、加蓬等非洲新兴的目的地。中国旅游业界人士非常看好非洲的市场前景，因为非洲拥有美丽的自然风光、种类繁多的野生动物，以及独特的人文风俗，有着巨大的旅游开发潜力。

2．我国出境旅游市场存在的问题

中国的出境旅游市场尽管增长快速，但还存在一些不够成熟的问题，主要包括：地缘覆盖面比较狭窄，比较集中在区域内出游，出境的时间高峰仍集中在三个黄金周，以及少数游客在国外有不够文明的举止等，都影响了出境游的发展。

本章小结

通过本章学习，理解旅游产品与旅游市场的概念、构成及其特点。旅游产品是一种综合性的产品，其特点是具有综合性、无形性、不可转移性、不可分割性、不可储存性和敏感性等。

旅游服务是指以非物质形式来实现的以满足他人需求为目的，并最终可以产生社会效益和使用价值的活动。旅游服务质量是影响旅游业发展的重要因素。

旅游市场指狭义的旅游市场，是在一定时间、一定地点和条件下对旅游产品具有支付能力的消费者群体，也就是旅游客源市场。旅游市场细分是指按照旅游者特点或需求的差异性，将一个整体旅游市场划分为两个或多个消费者群的过程。其划分标准有按地理环境划分、按旅游消费者的某些特征和行为特点划分。

旅游市场营销是以满足旅游消费者需求为导向，通过分析旅游市场供求关系，提供适销的旅游产品和服务，最终使旅游企业获得经济利益和实现社会目标的过程。

本章还介绍了国际旅游市场的内容，如国际旅游客流量、客流客源分布、客流规律等知识。认识我国旅游业在国际旅游市场竞争中存在的问题，以及如何进一步发展中国旅游市场。通过全面分析旅游市场，可以为科学地制定旅游市场营销策略提供依据。

重点名词

旅游产品　旅游服务　旅游市场　旅游市场细分　旅游市场营销　国际旅游客流量

复习思考题

一、选择题

1．旅游产品具有（　　）的特点。

A．无形性　B．不可转移性　C．综合性
D．不可分割性　E．不可储存性

2．旅游服务的特点包括（　　）。

A．无形性　B．差异性　C．综合性　D．国际化

3．旅游市场具有（　　）的特征。

A．多样性　B．季节性　C．波动性
D．全球性　E．竞争性

4．旅游市场细分的标准有很多，根据世界上的主要地区，可将国际旅游市场划分为（　　）

A．欧洲旅游市场　B．美洲旅游市场　C．亚太旅游市场
D．中东旅游市场　E．非洲旅游市场

5．旅游市场细分的原则包括（　　）。

A．可衡量性　B．可赢利性　C．可储存性　D．可进入性

6．旅游危机的诱因归纳起来包括（　　）。

A．政治因素　B．经济因素　C．文化因素
D．灾害因素　E．疾病因素

二、填空题

1．旅游吸引物和旅游服务是（　　）的核心部分，而（　　）的质量、声誉、品牌等是激发旅游者的旅游动机、吸引旅游者进行旅游活动的外部动因。

2．（　　）是依托旅游资源和旅游接待设施为旅游者提供的各种服务，以保障旅游者获得满意度的综合性经营活动。

3．旅游服务质量基本包括两大方面：一是（　　）质量、二是（　　）质量。

4．狭义的旅游市场是指在一定时间、一定地点和条件下对旅游产品具有支付能力的消费者群体，也就是旅游（　　）市场。

5．（　　）的主体包括旅游企业及旅游行政管理部门。

6．当前旅游市场发展战略是：“（　　）入境旅游，（　　）出境旅游，（　　）国内旅游”。

7．国际旅游客流的移动呈现一定的规律性，其主流在（　　）国家之间移动，以

（　　　　）移动居主导地位，且互动效应明显。

三、简答题

1．什么是旅游产品？在旅游活动中有什么作用？
2．为什么要对旅游市场进行细分？有何意义？
3．简述国际旅游客流的基本规律。
4．分析我国三大旅游市场有哪些特点？

案例分析

一、黄山市春季旅游产品异彩纷呈

黄山市是一座古老而又年轻的国际旅游城市，拥有以黄山为代表的优美的山水风光，以“徽文化”为代表的灿烂的历史文化，是全国唯一拥有两处世界遗产的省辖市。黄山市的前身是徽州，孕育了与藏文化、敦煌文化齐名的中国三大地方文化之一的徽文化。

当前，黄山正加快推动旅游产品、旅游营销、旅游服务、旅游资本和旅游人才国际化进程，迅速掀起了黄山旅游发展的第三次高潮。2007 年，全市共接待海内外旅游者 1535.16 万人次，比 2006 年同期增长 23.7%。其中，接待入境旅游者 68.55 万人次，同比增长 25.73%；接待国内旅游者 1466.61 万人次，同比增长 23.61%。

黄山云海

黄山的春景愈发迷人。通往各景区（点）的道路旁边梯田里的油菜花绽放片片金黄的笑脸，与一簇簇绿油油的茶树相呼应，渲染着黄山市春天的多彩美景。春游黄山，可品民俗风味。徽州人的民间生活有独特的徽州文化品味，春天是采茶的季节，清香扑鼻来，山歌满山飞，演绎着丰富多彩的民间习俗。现在的黄山人延续了古代徽商的民风，保持优良的传统。旅游者既可饱览徽州的徽派建筑和田园风光，又可欣赏淳朴民风和富有敞州特色的民俗风情，当然还可品味地道的徽州小吃，荷叶果、清明果、徽州毛豆腐，让你流连忘返。

春游黄山，产品丰富多彩。黄山有无与伦比的美景，当然也少不了品种多样的旅游产品。既有生态、绿色、健康观光休闲度假产品，又有人文、民俗、典雅寻古探谜游乐产品。2008 年，黄山市又包装提升了“黄山＋徽文化”的传统旅游产品，例如，世界遗产精品游，高尔夫温泉度假休闲游，牯牛降生态观光游，徽文化深度体验游，“两山一湖”魅力山水游，徽文化乡村体验游等。此外，中国国际徽商大会也首次在黄山市举办，对黄山市的社会和经济的发展将产生深远的影响；同时，黄山市各地还分别推出了“国际山地车节”、“徽菜美食节”、“黄山采茶节”、“太平湖湖鲜大赛”等系列活动。春天的黄山，正展开双臂欢迎海内外宾客的到来；灿烂的徽州文化，以其多姿多彩的民风民俗，期待着您的光临品赏。春游黄山，是美的享受，健康的追求。

（资料来源：黄山新闻网）

试分析黄山市开发旅游产品的成功因素？

二、浙西大峡谷

浙西大峡谷位于浙江与安徽交界的清凉峰国家级自然保护区内，属V字形峡谷地貌，山是黄山的余脉，水是钱塘江的源流，自然环境生态优越。有距沪杭等大都市距离最近的区位优势，定位于发展观光和休闲旅游。目前接待游客的仅是第一景段“龙井峡”，长约18千米，以自然观光休闲旅游产品为主，游乐项目按“快乐之旅”的理念设置，主要项目有听涛观瀑、竹排戏水、水车接龙、悬桥探高、观鹿逗鼠、高空走钢丝、皮筏漂流、攀岩、打油米、空中巴士、农家乐等，吸引了大量城市游客。

浙西大峡谷

浙西大峡谷的商业化开发运转已趋于成熟，景区有详细的景点介绍、游客须知、购票须知、漂流须知，并为旅游者提供景区平面图、景区里程图和景观示意图；对散客出行的考虑和照顾也无微不至。同时，浙西大峡谷采取了主动型的营销策略，区域线路整合和网络营销都是浙西大峡谷的营销亮点。掌握开发权的临安浙西大峡谷旅游有限公司抢注了“www.xiagu.com.cn”的一级域名，在线为旅游者提供景区的餐饮住宿等详细资料和联系方式，还有详细的购物指导和“驴友”论坛，并利用BBS的形式开展网络摄影大赛，提供在线票务预订。在线路设计上，为杭州、上海及江苏的游客特别设计的游线，为浙西大峡谷吸引了更多的眼光和得到了更多的肯定。

（资料来源：http://www.gxtc.edu.cn）

讨论题：

试分析浙西大峡谷旅游营销优势？

实训训练

1. 选择家乡或者熟悉的某一旅游地，为其设计旅游产品。
2. 通过分析我国旅游市场的规律，制订一个短期发展计划。

第 7 章

旅游的影响

【学习要点】

- 旅游对经济的影响
- 旅游对社会文化的影响
- 旅游对环境的影响

导入案例

北京国际旅游文化节

从 1998 年到 2008 年，北京国际旅游文化节已经举办了 11 届。北京市旅游局为什么每年都要举办这些大型活动？举办旅游文化节大型活动是不是“得不偿失”？旅游文化节在北京的发展过程中究竟产生了哪些影响？它为打造北京国际化大都市的形象发挥了哪些作用？

北京每年有几百个节日，颇有知名度的有北京的音乐节、舞蹈节、戏剧节、马拉松，各种各样的合唱节、风情节、西瓜节等，当然也包括国际旅游文化节。目前促进旅游的主要是三大节庆活动，即北京旅游文化节、北京风情舞动世界、国际旅游博览会，各有不同的功能和作用。旅游文化节的主要功能是请进来，把世界文化打包请到中国来；北京风情舞动世界是走出去，把北京的文化打包推向世界，其目的是借文化的推广营销北京；国际旅游博览会的作用是在一个会场上对北京进行集中的展示。

参加北京国际旅游文化节的国家超过 110 个，30 000 多人直接参与，如果按每人在北京购买 2000 元（约 250 美元）的东西，其直接收入超过 6000 万元。国内 31 个省市也都派出表演团参加，甚至吸引不少地、市、县级单位参加。相比传统的广告方式，口碑的广告效应非常高。参加了这个活动的海外人士在世界各地宣传北京的文化。通过大型旅游活动把 100 多年历史的高跷、200 多年历史的太平鼓带到世界上，弘扬了民族文化。

旅游文化节为企业和大众提供很多服务，吸引了更多的海外旅游者，创造了更多的价值，向国家缴纳更多的税款。同时，吸引了许多外商来北京投资，他们通过太平鼓还知道了北京有一个门头沟。

不仅北京市利用旅游文化节这种旅游旅游资源进行文化传播，在招商引资方面取得了很大的成效，其实国内外许多其他地方也都广泛借用旅游业的发展来促进经济的增长。你能举出几个典型的例子吗？旅游除了对社会的经济做出贡献外，还会对哪些方面产生影响？旅游有没有副作用？

7.1 旅游对经济的影响

旅游业是一个综合性行业，融劳动密集、资金密集和技术密集为一体，所以，处于不同发展水平的国家和地区都可以在其中找到自身的位置和发展余地来参与竞争。据 WTO/OMT 最新预测，到 2010 年全球旅游人数将突破 12 亿，旅游国际收入将超过 1.6 万亿美元。旅游业对世界经济及社会发展将产生不可估量的影响。旅游业属于第三产业，也是目前发展迅速的产业，它是以提供食、住、行、游、购、娱为主的综合性服务行业。旅游的发展，使消费需求增加，随之刺激供给增加，从而带动国民经济其他部门的发展，最终使人民的生活水平得以提高。由此可以看出，旅游与经济之间存在着一种非常密切的关系，因为旅游消费本身就是一种经济行为。一个地区的经济水平决定旅游业的发展水平，同时，旅游业又推动了经济的发展。

7.1.1 旅游对经济的积极作用

1. 增加经济收入

据世界旅游组织的预测，到 2020 年，我国将接待海外游客 1.3 亿人次，占全球市场的份额超过 8%，我国旅游总收入将达到 3.6 万亿元，相当于届时 GDP 的 8%，中国将成为世界第一大旅游目的地国和第四大客源输出国。据测算，旅游收入每增加 1 元，第三产业产值相应增加 10.2 元之多。大力发展国内旅游业，鼓励人们在旅游方面多消费，将会给国家、社会实现更多的利润，从而为国家经济建设积累资金。同时，由于旅游业具有特殊的产业功能，发展旅游业所产生的乘数效应对提高全社会的经济效益作用更为明显。旅游业的大发展，有利于促进经济发达地区的人流、物流和资金流导向欠发达的地区，无论是发展国际入境旅游还是发展国内旅游，都有利于提高区域经济水平，促进区域间经济合作和社会的协调发展。以深圳为代表的国内旅游经济产业，在短短的几年时间里迅猛发展，深圳具有原创风格的世界文化主体公园、世界之窗等优秀旅游景点，为国内旅游业发展起了创新和带头作用。深圳每年接待大批国内外游客，为该地区的经济发展起了相当大的促进作用，也使人们看到旅游经济在拉动内需、促进经济发展过程中所起的重要作用。可以说，沿海经济发达地带，无一不是旅游业发达的地带，海南、深圳、珠海、东莞、上海、大连、青岛等著名旅游地区，都在大力度积极维护旅游的发展。

2. 增加大外汇收入，平衡国际收支

旅游业具有很强的创汇能力和换汇成本低的特点。例如，2007 年我国国际收支总顺差为 4453 亿美元，我国服务贸易收支仍主要集中在运输和旅游服务项目，两项收支占合计占服务贸易总规模的 56%，旅游业成为平衡我国对外贸易国际收支的最重要支点。目前各国都在努力创造更多的旅游外汇收入，减少旅游外汇支出，从而平衡贸易逆差。我国一些学者认为旅游业是“出口风景”，而风景是永远输出不完的，它主要靠经营服务，吸引外国游客上门，就可以把本国的劳务和物资迅速转化为外汇。2007 年年末，外汇储备资产较上年末增加了 4619

亿美元，达到 15 282 亿美元。作为一个发展中的大国，通过发展旅游赢得外汇收入非常重要，因为这是增加国家财富的重要途径。

外汇收入的增多可以缓解国家的国际收支中出现的逆差现象，弥补国家部分赤字。旅游业对国际收支盈余起到很大作用。

3．优化产业结构

旅游业是竞争性、综合性很强的产业，因此具有很多的关联带动作用。例如，旅游者的流动直接带动了交通运输业的发展，增加了运输业的收入；由于旅游业的发展，游客的增多，必然对旅馆业发展提供一个很好的消费群；要增加旅馆的数量，旅馆业和建筑业就会得到更好的发展。旅游业的发展能刺激旅游者的消费，从而可以形成和扩大新的消费市场。要满足因旅游业的发展而扩大的消费，就要增加生产、扩大服务。例如，西藏的旅游业呈现高速发展的态等，在国民经济中所占比重不仅可以与第一、二产业抗衡，同时也远远高出了全国平均水平。旅游业不仅成为西藏国民经济的支柱产业，还带动了电信、商业、饮食服务业、金融、保险，以及文教卫生等其他第三产业部门的发展，优化了国民经济产业结构。

据世界旅游组织公布的资料，旅游部门直接收入每增加 1 元，相关行业的收入就能增加 4.3 元；旅游部门每增加 1 个直接就业人员，社会就能增加 5 个就业机会。旅游业的关联带动功能主要因为旅游活动本身包括“食、住、行、游、购、娱”六大要素，所以它一方面给交通运输、饭店宾馆、餐饮服务、商业网点等带来客源，另一方面也带动影响了轻纺工业、建筑业、加工制造、邮电通信、房地产、金融保险业、文体事业等的发展，起到“一业带百业”的作用。由于旅游消费是一种较高水平的消费，对消费品和服务的要求，无论是从质量上还是从数量上说都比较高，这就对生产和服务部门提出更高的要求。因此，旅游消费这种新形式就成了推动生产发展的新动力，为其他部门、行业开辟新的生产门路提供可能。同时，旅游业的发展还会促进各种经济信息的交流，为新产业的产生提供条件，最重要的是起到对产业结构进行优化的作用。

4．缩小地区差距

旅游对经济所产生的直接影响，还表现为使经济发达地区的社会产值流向经济发达程度较低的地区。旅游业在一定的程度上充当了平衡配置生产力的因素，这样就促使经济不发达地区的经济得到发展。此外，因地制宜发展旅游业，促进本地经济的发展，使一些经济水平较低而旅游资源又较丰富的地区，通过发展旅游业繁荣本地的经济。例如，陕西省汉中地区的南郑县，曾经是一个长期吃国家财政补贴的贫困县，但近年来，工农业总产值却跃居汉中地区之首，成为全省财政收入突破 5000 万元的强县。实现这一巨大变化的原因之一，是这几年南郑县新开辟一个南湖风景区，大力发展旅游业。再如，西藏农民参与旅游经营，给农牧民的生活方式带来了深刻影响，从白天当衣晚上当被的羊皮袄到讲究四季着装，从单一口粮糌粑到白花花的米饭馒头，从帐篷、低矮的土坯房到舒适型楼房，从毛驴板车到汽车、拖拉机……旅游区牧民的衣食住行都在迅速改变。

随着旅游地被开发，不仅增加了贫困地的经济收入，提高了当地居民的生活水平，同时也创造了新的就业机会，扩大了就业率。促进当地的经济向多元化方向发展，催生当地的企业和服务业，改善当地的基础设施建设。从一定程度上改善了投资环境，吸引其他企业参与开发，使当地人摆脱贫困。

5. 扩大就业机会

（1）旅游业需要更多的就业人员。

由于旅游对相关产业的带动作用，也就需要更多的就业人员，所以对就业形成良好的影响，可以缓解就业的压力。这主要是因为：① 旅游业属于劳动密集型产业；② 季节性强的旅游活动可以提供一些兼职机会；③ 旅游业就业层次较多，包含多部门的产品需求；④ 旅游业是个具有关联带动性的产业，还可以连带其他产业提供就业机会。

（2）旅游业劳动力需求的特点。

旅游业不仅具有劳动力需求量大的特点，而且具有就业领域广、就业成本低的特点。尤其是旅游交通、旅游餐饮、旅游商品、旅游景区等行业，大多数就业岗位技能和年龄要求不太苛刻。

（3）旅游业的就业现状及展望。

有关资料表明，与旅游业相关的产业多达 130 多种。世界上每 9 个就业者就有 1 人从事旅游业，每 1 个直接从业岗位可以拉动 9 个间接就业岗位，各国国内生产总值的十分之一以上是旅游业创造的。

世界旅游理事会的报告指出，1999 年，全球旅游就业人数达 1.92 亿人，占全球就业人数的 8%。到 2010 年，全世界旅游就业人数将达到 2.54 亿人，将有 9%的社会就业依赖于旅游业。

2006 年，我国旅游直接从业人员 1000 万人、间接从业人员 4900 多万人，旅游就业总量近 6000 万人，约占全国就业总数（7.64 亿人）的 7.8%，旅游业正在成为吸纳社会就业的基础性产业之一。特别是近年来，由于乡村旅游、红色旅游、生态旅游、文化旅游、工农业旅游的蓬勃发展，有力地促进了广大农村地区、中西部地区和工矿企业富余劳动力转移，成为提供新的就业机会的一个重要途径。据统计，2006 年全国有 600 多万农村人口通过发展旅游业获得了新的就业岗位。其中，四川省仅“农家乐”经营户就有 2 万家，吸纳旅游就业 14.96 万人。成都“三圣花乡”旅游景点使当地 60%农村劳动力转移到旅游行业就业，温江、郫县、都江堰等地约有一半的农户从事乡村旅游相关产业，其中大多数是农村富余劳动力。

国家旅游局“十一五”规划发展目标中也明确指出，我国每年旅游新吸纳就业人员 50 万人，到 2010 年旅游直接就业人数将达到 1000 万。通过以上数字可以看出，旅游业开拓了许多的就业岗位。

6. 促进农村发展，节约资源

我国广大的农村地区，既是奇山秀水、名胜古迹、风情民俗等传统旅游资源的富集地，又是自然生态、田园风光等现代旅游资源的分布地。依托农村地区在旅游资源方面拥有的特殊优势，大力发展乡村旅游，实现“大农业”与“大旅游”的相互渗透融合，是加快发展我国现代农业的一条有效途径。开展乡村旅游，对促进当地的经济发展和文明进步、增加农民收入、保护生态环境等方面都起到了积极作用。通过乡村旅游，农民可以将一般的生产和生活资料转化为经营性资产，从中直接受益，创造财富。同时，农民直接开发、经营乡村旅游，打破这些地区的对外封闭状态，变投资的“输血”功能为“造血”功能。例如，湖南省龙山县抓住 2008 年北京举办奥运的契机，着力巩固退耕还林成果，建设生态龙山，促进旅游业发展，主抓能源沼气建设。主要以 209 国道沿线红岩溪、桂塘坝等风景区为重点，推广修建精品工程沼气池 825 口，沼气池可产生四大效益：一是能源效益，825 口沼气池共产沼气 41 立方米，供应农村 825 户 3700 余人的生活用能；二是经济效益，沼气前推养殖业，后促种植业，每年增加收入 1000 元；三是林业生态效益；825 口沼气池共计节省柴 0.33 万吨，保护山林 2734.7 公顷，有效地防止水土流失，维护生态平衡，促进生态农业的发展；四是社会卫生效益，人畜粪便入池密封，抑制蚊虫滋生，杀灭病菌，减少疾病，有效地改善农村家庭厕所卫生状况；五是减轻了农村妇女劳动强度，促进了农村脱贫致富步伐和小康建设进程，使农民群众享受到庭院经济高效化、生态农业无害化的实惠，从而实现农村旅游业迅速发展。

7.1.2　旅游对经济的消极作用

旅游活动和旅游业对经济发展影响的大小取决于自身的经济结构和供给能力，如果不顾自身条件，片面地强调积极作用，会产生适得其反的作用。

1．旅游过度超前发展

经济欠发达而旅游资源充足的地区，旅游过度超前发展，旅游业配套设施投资巨大，旅游门槛高，对经济就不会起到应有的推动作用。随着人们生活水平的不断提高，越来越多的人们希望长假期间进行休闲度假。这种某一时间集中于某一地域的消费状况，一方面导致旅游旺季接待服务设施短时间供不应求、航班不足、旅游车荒、自驾游服务体系缺乏、景点景区宣传与事实相去太远等，进而吸引一些商家盲目兴建、扩建景点和宾馆；另一方面，又造成旅游旺季后旅游资源和旅游设施的大量闲置，使社会资源得不到合理有效的充分利用，产生资源浪费。

例如，实行黄金周制度后，人为造成的旅游供给设施的常年性、稳定性与黄金周旅游需求的集中性、跳跃性之间的矛盾更加突出。黄金周期间的供不应求与黄金周之后的供过于求周而复始地出现，长此下去将会损伤我国旅游可持续发展的资源、环境、经营和消费基础。著名的景区景点，无论是自然的、历史的还是新建的，几乎无一不是黄金周内车水马龙、人满为患，节后车马稀少、门庭冷落。特别是世界遗产、国家级景点，超负荷的接待与经营无疑会加速资源的损耗、环境的破坏，严重地损害旅游资源的保护和可持续利用。在黄金周内出游，景点人山人海、摩肩接踵，既导致旅游质量下降，又增加了不安全因素，长此下去势必挫伤国民对旅游持续消费的积极性。如果按照黄金周的需求量建设交通、住宿等旅游供给设施，势必造成常年性的过剩；如不能满足黄金周的集中需求，则势必形成客房爆满、车船拥塞。前者形成企业的经营性亏损，后者引起企业的破坏性运营，两者同样导致经营成本提高。这种两难境地使旅游企业长期陷入低利甚至亏损运行的窘境，损害旅游企业可持续发的的经营基础。这种现象说明，旅游业的过度超前发展的同时我国休闲产业又远远跟不上社会发展的需要，使其供给规模超过市场需求，市场竞争激烈，许多企业为了占有市场，都在以微利甚至亏本经营，导致大部分国民的休闲旅游需求很难得到满足。

2．过分依赖旅游业，影响国民经济稳定

发展旅游也可能使产业结构发生不利的变化。例如，一方面因为从事旅游服务业的收入比务农的收入要高的多，所以大量的劳动力就会放弃耕作农田而去从事旅游服务业，严重损害农业的正常生产；另一方面，因建饭店、旅馆等占用了耕地而影响了农业的生产，随着旅游对农副产品的需求增多，农作物的生产却在相对减少，这就必然引起农副产品的价格上涨。

此外，旅游是一项极不稳定的产业，一旦经济危机、战争、自然灾害等因素发生突变，都会导致旅游业需求大幅度下降，旅游业及其相关产业将遭受致命打击。黄金周期间旅游、娱乐、餐饮、购物的集中花费，尽管使消费市场火爆一时，但是社会的总消费量在一定时段内基本上是一个恒数，因此节日期间消费的火速升温总是伴随着节后的急剧降温。从全社会一个较长时段来看，几个短时段的集中或超前消费（而且这种消费容易形成低质、高价），并不能从根本上刺激和扩大消费总量。这种突击性的消费并不能夯实国民长期、稳定、可持续消费的基础。虽然旅游的发展为社会提供了较多的工作机会，但旅游业是随季节波动较大的行业，特别是受地理环境的影响，旅游“淡旺季”明显，可能造成从事旅游行业的人员淡季时没有收入来源。

因此，过分依赖旅游业会影响国民经济的稳定。

小资料

进入2008年，受一系列突发事件的影响，我国旅游业快速发展的步伐突然间被打乱了。地震对四川旅游业造成了严重的影响，5月份旅游收入同比下降65%，重点景区游客规模同比下降超过4成。5月份，四川接待入境旅游规模同比下降72%，国内旅游规模同比下降69%，旅游总收入下降65%。入境游客数量、国内游客数量急转直下：4月份入境游客增长1.2%，5月份下降23%；4月份国内游客增长9.3%，5月份下降了13%。

3. 引起物价上涨

一般来说，旅游者的收入水平是比较高的，他们有很强的消费能力，能以较高的价格来购买食、宿、行中所需的物品，所以难免会引起旅游地的物价上涨，这势必会影响当地居民的经济利益。

（1）随着旅游业的发展，地价也会迅速上升。很多国家的大量事实证明，在某些最初来访游客不多的地区兴建旅馆时，对土地的投资只占全部投资的1%，但是在这一地区旅游业发展起来后，新建旅馆的地皮投资很快上升到占全部投资的20%。由此而造成的地价上涨，显然会影响到当地居民的住房建设和发展。

（2）黄金周期间不采取行政限价措施，势必会使消费价格上涨、甚至暴涨，导致游客不满。但这种行政式的限价又违背供求规律，不符合市场经济法则。黄金周期间的突击性、超负荷供给，势必加大企业的经营成本（能源、设备损耗、人力成本），如果强制限价必然影响企业群体的近期效益和长远利益。这一矛盾在全面走向市场经济体制的条件下，势必越来越突出。因此，只要旅游业的相关因素引起旅游接待地物价上涨，那么当地的居民将是最大的受害者。

同任何其他事物一样，旅游的发展对一个国家的经济既有其积极方面的影响，也有其消极方面的影响。总之，要正确认识旅游对经济发展的作用，要对旅游业的发展加强宏观调控和总体规划，扬长避短，使其发挥相应的作用。

7.1.3　旅游乘数效应

1．旅游乘数理论

（1）乘数与乘数效应。乘数概念最早由英国经济学家卡恩（R.F.Kahn）于 1931 年提出，后经凯恩斯利用和发展。鉴于旅游业的综合性强和涉及面广的特性，在一些旅游经济学的著述中，尤其重视旅游业的投资乘数作用，并常以此来说明旅游业具有促进国民经济各部门倍数增长的优势。凯恩斯在 20 世纪 30 年代提出的所谓“乘数原理”，本来是考察投资增量与国民收入增加量的倍数关系的一种宏观经济模型，而乘数原理应用于旅游研究时，主要考察旅游收入的增量和国民收入增量的倍数关系，或者考察旅游就业的增量和国民就业增量的倍数关系。其潜在假设是：旅游的新发展带来的产业内变化，将会以各种途径导致其他产业的连带变化。

乘数（multiplier），又称倍数，是现代经济学中用于分析经济活动中某一变量的增减所引起的经济总量变化的连锁反应程度。在经济运行过程中，常会出现这样的现象，即一种经济量的变化可以导致其他经济量相应的变化。

乘数效应也叫倍数效应或增值效应，是指国民收入函数中的某个自变量的变化而引起国民收入终值的乘数或倍数的变化。

（2）旅游乘数。用以测定单位旅游消费对旅游接待地区各种经济现象影响程度的系数，它是产出、收入、就业和政府税收的变化与旅游支出的初期变化之比。

（3）漏损。指的是旅客的旅游消费以外来资金的形式“注入”接待国的经济之中，不会对其经济发展产生任何刺激作用的那一部分。其另外一种形式，则表现为购买进口商品和服务及其他有关对外支付的支出额。当“注入”与“漏损”处于平衡状态时，经济也就达到平衡，而经济增长是在“注入”大于“漏损”的情况下产生的。

旅游区域经济影响评价主要研究旅游收入在区域内的形成与流转的过程，如果按影响的正负方面来划分，则“乘数”和“漏损”分别是两个重要的组成部分。“乘数效应”即指旅游收入在区域内的形成与流转能够给区域经济带来的实际增长，而“漏损”是指旅游收入在流转过程中移出旅游地经济系统的现象。

旅游活动中之所以会产生乘数效应，是因为各个经济部门在旅游活动中是相互关联的。某一笔投资不仅会增加本行业的收入，而且会在国民经济的各个部门中引起连带反应，从而增加其他部门的收入，最终使国民收入总量成倍地增加。由此可见，旅游行业的发展必然会促进一系列同该行业相关的间接部门的生产，从而带动整个国民经济的协调发展。

2．旅游乘数的类型

（1）营业额或营业收入乘数。用以测定单位旅游消费对接待国经济活动的影响。

（2）产出乘数。是测定单位旅游消费同由其所带来的接待国全部企业经济产出水平增长程度之间的比例关系。例如，旅游者在某个旅游直接影响行业部门中的单位消费所引起的各旅游相关部门总产出量的变化值之和，在一定程度上，可视为该旅游直接影响行业部门的旅游产出的乘数值。

（3）收入乘数。单位旅游消费同其所带来的接待国净收入变化量之间的比例关系。

（4）就业乘数。就业乘数包括两种含义：第一，表示某一特定数量的旅游消费所创造的就业人数；第二，表示由某一特定数量的旅游消费所带来的直接就业人数与旅游相关的总就业人数（间接就业人数＋直接就业人数）之比。

① 直接就业人员。直接接待旅游者的旅游饭店、旅行社、旅游车船公司、旅游商贸服务公司、旅游行政管理部门等旅游企事业单位的从业人员。

② 间接从业人员。间接为旅游者提供服务的企事业单位（如银行、电信行业等）的员工。

3．旅游收入乘数效应

（1）旅游收入乘数效应的含义。

旅游收入乘数效应，是用来衡量旅游收入在国民经济领域中，通过初次分配和再分配的循环周转，给旅游目的地国家或地区的社会经济发展带来的增值效益和连带促进作用的程度。自20世纪60年代以来，旅游业在全世界各地发展迅速，并成为许多国家重要的经济部门之一，对其他经济部门和整个社会经济产生了较大的促进和带动作用。因此，旅游经济学家把乘数效应概念引入旅游经济活动的分析之中，从而产生旅游收入乘数效应的概念。旅游业是“无烟工业”，但它必须靠“有烟工业”——物质生产部门的支持，才能得以存在和发展。旅游者的交通，要依靠飞机和机车制造业，而这些制造业又要依赖黑色金属和有色金属（钢铁、铝、铜等）工业的发展；旅游者的住宿要依靠建筑业来建造饭店；旅游者的膳食要农业部门提供丰富多样的农副产品；旅游者的购物也要轻工业和手工业提供各种旅游商品。由此可见，旅游业的发展必然会促进一系列同旅游相关的间接部门的生产，从而带动整个国民经济的发展。正是由于旅游业的发展，对旅游业间接有关的部门发生了影响，增加了有关部门的收入，因而可在经济整体上用旅游收入乘数来衡量旅游业的地位和作用。

通常，旅游者的一笔消费支出进入旅游经济运行系统中后，经过多个环节，使原来的货币基数发挥若干倍的作用，在国民经济各部门中引起连锁反应，从而增加其他部门的收入，最终使国民总收入成倍增加。例如，旅游者在饭店里食宿，饭店职工从旅游者花费中获得工资，工资的一部分用于饭店职工的生活支出，其生活支出又注入本地经济；而餐厅对食品饮料的进货，又会使农民的收入增加，农民收入的增加又会促进社会消费品销售量的增加。这种通过旅游者的花费对某一地区的旅游业的货币注入而反映出来的国民收入的变化和经济影响，就是旅游收入乘数效应。

（2）旅游收入乘数的种类。

旅游收入的乘数效应，使一个国家或地区增加一笔旅游投入会相应引起该地区经济的增长，使国民收入总量增加，并反映出国民收入的变化和经济影响。这种影响作用，主要通过以下几种常用的乘数模式，从不同侧面对国民经济产生相应的经济影响。

① 营业收入乘数。营业收入乘数是指增加单位旅游营业收入额与由此导致其他产品营业总收入增加额之间的比例关系，该乘数表明一地区旅游业的发展对整个地区营业总收入的作用和影响。

② 居民收入乘数。居民收入乘数是指增加单位旅游收入额与由此导致的该地区居民总收入增加额之间的比例关系。该乘数表明了这一地区旅游业的发展而给整个地区的居民收入增加带来的作用和影响。

③ 政府收入乘数。政府收入乘数是指增加一单位旅游收入对旅游目的地国家或地区政府净收入所带来的影响。该乘数用来测定旅游目的地国家和地区政府通过税金从旅游经济活

动中得到的效益，即旅游收入对政府税金增加所产生的作用和影响。

旅游乘数研究着眼于计算入境游客支出，探讨目的地国家直接获得的入境旅游收入总量及其对目的地国家国民经济的宏观影响。实际上，旅游对收入和就业的贡献不仅来自入境旅游，也来自国内旅游，而且很多时候后者的实际贡献都要超过前者。因为乘数的大小随研究区域的大小而变化，所以越小的区域所获得的乘数效应也就越弱，只有在国家这一层次上，乘数才能表达出独特的参考价值。例如，对一个区域而言，仅具有很高的旅游乘数是不够的。假设一个区域中的旅游企业主要由小企业组成，那么，因为这些小企业主要都是销售本地区的商品，收入漏损较低，所以可能使得该区域拥有很高的旅游收入乘数；然而，由于每一笔收入绝对额度都不高，实际上这些小企业能够创造的经济财富可能并不多。反之，假设一个区域中主要都是高级酒店和娱乐场所，因为存在货品上的进口漏损，区域旅游收入乘数可能比较低，但是由于每一笔旅游收入都相对较高，那它也可能创造相对较多的区域经济收入和就业机会。

旅游乘数分析并不能展现旅游对地方经济影响的全貌，它只反映一种不对等和不完整的经济影响景观。

4．旅游收入漏损

（1）旅游收入漏损的原因。

旅游收入漏损是指旅游目的地国家或地区的旅游部门和企业，用于购买进口商品和劳务，在国外进行旅游宣传，支付国外贷款利息等原因而导致的外汇收入的减少。对任何一个国家或地区来说，旅游外汇的收入和支出通常是同步发生的。在经营国际旅游业务的时候，必然将旅游外汇收入的一部分用于正常的经营支出中，此外，也有一些其他的原因会导致外汇收入的外流，这样就出现了旅游收入的漏损。

旅游收入的漏损，表现为旅游外汇的流失，从国民经济和旅游经济运行的角度，旅游外汇的流失主要有以下原因：

① 由于本国经济体系和生产结构不完善，对经营国际旅游所需要的物资数量、质量、品种和功能都不能给予保证，必须支付外汇从国外进口某些设施、设备、原料、物料和消费品，才能保证旅游业所需的物资和设备等。

② 在大量引进外资进行旅游基本建设和旅游项目开发的同时，每年又必须拿出大量外汇用于还本付息、支付投资者红利等。

③ 为提高经营管理水平，在引进管理技术和管理人才的同时，又必须以相当数量的外汇支付外方的管理费用和外籍管理人员的工资、福利，以及经营国际旅游业务中，支付海外旅游代理商的佣金、回扣等。

④ 为了开拓国际旅游市场，争取更多的国际旅游客源，需要直接在海外进行旅游宣传促销，就要用外汇支付海外促销费用。除此之外，还要用外汇支付海外常住旅游机构活动费用和人员的工资等。

⑤ 本国居民出境旅游也会使一定数量的外汇流向国外。

⑥ 外汇管理不力，会使黑市交易猖獗，造成国家外汇存量减少。或者由于企业间盲目削价竞争而导致旅游部门和企业外汇收入的减少，都会使国家旅游外汇收入隐性流失。

（2）旅游收入漏损的控制。

为保证一个国家旅游收入的稳定和增长，有必要对旅游外汇的流失进行严格控制。目前世界上许多国家，特别是把旅游业作为国民经济重要支柱产业的国家，都制定了一系列的政策，采取相应措施，对旅游外汇的流失问题进行控制和改善，以减少和避免旅游收入的漏损。主要的措施有以下几项：

① 积极发展本国经济，调整本国生产结构和产品结构，不断提高本国产品的质量，努力改进和提高生产技术，生产满足旅游经营活动所需要的各种产品，尽量减少进口产品的数量。

② 加强对引进外资、外来项目的审批工作。对引进项目的收益、成本、风险及先进性、急需性、可行性要认真分析评估，避免盲目引进、肥水外流，使国家和旅游企业外债负担过重。

③ 努力培养通晓国际管理方法、掌握现代管理技术、具有现代市场经营观念的旅游管理专门人才，逐步减少对外方管理人员的引进，从而减少相应的外汇支出。

④ 采取合理的价格，引导本国居民多参与国内旅游，用国内旅游来替代国际旅游，适当控制出境旅游的数量。在外汇缺乏或外汇收支逆差的情况下，也可采取相应政策限制本国居民出境旅游，以减少旅游外汇收支逆差。

⑤ 制定完善的经济法规和外汇管理制度、方法，对违反国家政策法规规定、扰乱金融秩序和市场环境的不法行为给予严厉的法律和经济制裁，以建立良好的外汇市场秩序，控制外汇的流失。

5. 旅游乘数、旅游收入乘数的计算

（1）旅游乘数的计算。

根据英国著名经济学家凯恩斯提出的乘数基本模型，旅游乘数的计算是用实际旅游收入总量除以其溢出当地经济体系的漏损量，即

$$旅游乘数=(1-a)/(1-b+c)$$

式中 a——直接漏损量（包括支付对方人员的工资、支付外国贷款的利息和外国旅游公司参与经营管理所获收入）；

b—边际消费倾向（即在所增加的收入中用于消费的比例）；

c——边际进口倾向（即在所增加的收入中用于购买进口品及其他对外支出的比例）。

显然，在上述计算公式中，漏损量越大，旅游乘数的值就越小。换言之，在所得旅游收入中的储蓄量、纳税额及用于进口和其他对外支出的数量越大，旅游乘数效应就越低。

（2）旅游收入乘数的计算。

旅游收入乘数效应，可通过计算旅游收入乘数来判定，通常用 K 表示旅游收入乘数，则根据一定的投入增量和收入增量，即可计算旅游收入乘数，计算公式如下：

$$K=\Delta Y/\Delta I$$

式中 ΔY——收入增量；

ΔI——投入增量。

旅游收入乘数表明旅游目的地对旅游行业的投入所导致的本地区综合经济效益最终量的增加。但应该指出，乘数效应的形成必须以一定的边际消费倾向为前提。因为无论是海外游客还是国内游客在某旅游目的地的消费都是对旅游行业的投入，当这笔资金流入旅游目的地国家或地区的经济运行中，就会对生产资料和生活资料生产部门，以及其他服务性企事业单位产生直接或间接影响，进而通过社会经济活动的连锁反应，导致社会经济效益的增加。

如果把这笔资金的一部分储蓄起来或用于购买进口物资，使资金离开经济运行过程或流失到国外，就会减少对本地区经济发展的注入和作用。也就是说，边际储蓄倾向和边际进口物资倾向越大，对本地区的经济发展的乘数效应就越小。根据以上乘数原理，计算乘数的公式可进一步表述为

$$K=\frac{1}{1-\mathrm{MPC}} \text{ 或 } K=\frac{1}{\mathrm{MPS}} \text{ 或 } K=\frac{1}{\mathrm{MPS}+\mathrm{MPM}}$$

式中　MPC——边际消费倾向；

MPS——边际储蓄倾向；

MPM——边际进口物资倾向。

上述公式表明：乘数与边际消费倾向成正比，与边际储蓄倾向成反比。边际消费倾向越大，乘数效应就越大；边际消费倾向越小，乘数效应就越小。边际储蓄倾向越大，乘数效应就越小；边际储蓄倾向越小，乘数效应就越大。

例如，某旅游目的地旅游边际消费倾向为 70%，即表示在这个地区的旅游收入中，70%的资金在本地区的经济运行系统中运转，而余下 30%的资金用于储蓄或购买进口物资，或是离开了本地区的经济运行。则

$$K=\frac{1}{1-\mathrm{MPC}}=\frac{1}{1-0.7}=3.3$$

$$\text{或 } K=\frac{1}{\mathrm{MPS}}=\frac{1}{0.3}=3.3$$

即旅游收入经过初次分配和再分配获得了 3.3 倍于原始收入量的经济效果。如果把 80%的资金投入经济运行中，仅有 10%的资金用于储蓄，10%资金用于购买进口物资。则

$$K=\frac{1}{1-\mathrm{MPC}}=\frac{1}{1-0.8}=5$$

$$\text{或 } K=\frac{1}{\mathrm{MPS}+\mathrm{MPM}}=\frac{1}{0.1+0.1}=5$$

即把该笔资金经过初次分配和再分配，可获得 5 倍于原始收入量的经济效果。

7.1.4　影响旅游乘数效应的因素

1．漏损量的大小

因为游客的旅游消费注入接待国的经济之中后，使当地的收入得以增加。这些直接收入继而又导致一连串的“消费—收入—消费”过程的发生。根据凯恩斯提出的乘数基本模型，旅游乘数的计算是用旅游消费量除以其逸出当地经济体系的漏损量，即

$$\text{乘数}=1/(1-c+m)$$

式中　c——边际消费倾向（即在所增加的收入中用于消费的比例）；

m——边际进口倾向（即在所增加的收入中用于购买进口品及其他对外支付的比例）。

在这个模型中，漏损量有两种表现形式：一种形式表现为储蓄即 $1-c$。需要说明的是，这里的储蓄指从游客的旅游消费所带来的增加收入中节余下来的部分，它不但不用于消费，而且在规定期间内（通常为一年）不贷放给其他用款人；另一种形式，则表现为购买进口商品和服务及其他有关对外支付的支出额。

实际上，游客在接待国的全部旅游消费（即接待国的直接旅游收入）并非都进入该国的

经济之中。在真正进入该国经济之前，便已有一部分漏损出国外，例如，旅游企业支付外方人员的工资、支付外国贷款利息，以及外商独资旅游企业的大部分收入等。这种在进入该国经济之前的漏损一般称为直接漏损。因此，上述乘数基本模型也可以写成：

$$\text{乘数}=(1-L)/(1-c+m)$$

式中 L——直接漏损。

显然，无论是直接漏损部分还是后来的储蓄部分和用于购买进口商品和服务的部分，都不会起到刺激当地经济发展的作用。所以，在上述模型中，漏损量越大，乘数的值也就越小。换言之，在所得收入中储蓄量及用于进口和其他对外支付的数量越大，乘数效应也就越低。

2．接待国的产业结构和生产能力

如果接待国的经济实力很强、技术先进，并且生产门类齐全，经济上自给的程度很高，无论是在数量上还是在质量上都能够满足国内旅游企业、居民及外来旅游者对各种物质商品和服务的需要，便有可能使游客的旅游消费所带来的收入更多地留在目的地经济中，减少对进口商品和服务的购买。自给的程度越高，旅游乘数的值也就越大。反之，如果接待国经济落后，生产门类不全甚至单一化，不能满足人们对有关商品和服务的需要，在这种情况下，该国势必会在这些方面依赖进口，因而旅游乘数效应必然很低。

当然，除上述决定因素外，由于经济活动的复杂性，不少其他因素（税收问题），也会对旅游乘数的大小有所影响。但一般来说，它们的影响相对较小，因而只能说是影响因素而不能形成决定因素。旅游乘数的作用，是用来测定一个目的地旅游业目前的经济绩效及旅游业的发展变化对当地经济产生的近期影响，特别是用于研究外来游客的旅游消费对接待地区全部有关企业的营业收入、净收入、就业机会增长情况等方面的经济影响。虽然旅游乘数理论本身以某些在某种程度上不现实的假设为前提，并且在实施计算过程中难以取得全面而准确的数据资料，但乘数分析仍不失为分析旅游对接待地区经济影响的有力工具，从而可为旅游政策和旅游发展规划的制定和决策提供有价值的参考依据。

综上所述，旅游是人类高层次的消费活动，属于精神需要的范畴，作为一种特有的生活方式，它主要是满足旅游者高层次的精神需求和文化享受，是一种以审美为特征的消闲活动，最基本的形式是游览观光。因此，在旅游业的发展过程中要正确合理引导，提高旅游景区景观和旅游文化的内涵及品味，形成具有地域特色的旅游业品牌，满足旅游者多方面的消费需求，增强对旅游者的持久吸引力。旅游产业关联度高、带动力强，其经济乘数效应远高于其他行业，能够直接带动交通、通信、建筑、餐饮、商业、饭店、娱乐等多个产业的发展，带动周边土地升值，对国民经济的拉动作用十分明显。旅游业的建设和发展，不仅可以带来直接的经济效益，还会改善城市基础设施、市容市貌、人居环境及投资环境。据旅游行业的不完全统计，约有 37.4%的游客对投资感兴趣，旅游业可以成为吸引大量投资者兴业发展的媒介。大力发展旅游业，有效地促进经济技术和谐、政治文化和谐、城乡发展和谐、人际关系和谐、生态环境和谐。

【案例 7.1】

大连旅游经济增长 2007 年旅游收入 325 亿元

2007 年的年终岁尾，大连市旅游业再传捷报。2007 年大连市旅游经济指标呈现持续增长的态势，共接待海外游客 84 万人次，比上年增长 20%，接待国内游客 2480 万人次，比上年增长 15.3%。实现旅游总收入 325 亿元，比上年增长 25%。

2007 年有五大亮点助推大连市旅游支柱产业的快速发展。

（1）着力推进“双十五”工程建设，即建设 15 个高端旅游项目和提升改造 15 个重点海滨浴场的“双十五”工程建设势头良好，西雅图•海洋之星、步云山温泉度假区二期、白银山温泉城等 6 个项目去年开业或局部开业，6 个项目正在续建，3 个项目 2008 年将启动。

（2）大力改善旅游软环境。大连先后出台了一日游经营、导游员工作“八不准”和旅行社、星级饭店、A 级景区优质服务“十项承诺”，对大连市 700 多名旅游企业负责人进行了重点培训。进一步加大了旅游行政执法力度，去年上半年共注销 11 家旅行社，取消 9 家饭店的星级，处罚导游员 26 人，查处问题广告 24 件。

（3）旅游节庆活动亮点吸引力大。服装节开幕式焰火晚会、巡游表演和赏槐会开幕式及其巡游表演别具特色。国际沙滩文化节期间，14 个海滨浴场分会场同时互动，更加方便市民和游客参与。国际啤酒节连续成功举办，已成为各大厂商、酒商行业聚首，广大市民游客亲朋聚会的盛大城市节日，进一步增强了城市的吸引力。

（4）唱响“城乡和谐游”主题活动。在长海县、岔鞍村、东沟村、驼山乡等特色乡镇和村屯开展海岛游、采摘之旅、踏青之旅、怀旧之旅、农家生活之旅、学农之旅等活动。

（5）参与区域旅游合作成果丰硕。大连市率先倡导开展了旅游合作，打造无障碍旅游区域，已经开始实施 7 城市的游客互换、巴士直通、联合促销等具体工作。大连市旅游局已多次赴东北主要城市进行了“联合促销、开发新线路、建立旅游投诉协调处理机制”等具体工作的落实，并开始分步实施。

（资料来源：http://news.veryeast.cn）

7.2 旅游对社会文化的影响

7.2.1 旅游对社会文化的积极影响

现代旅游业的发展，使不同的国家和地区、不同民族和文化的交往日益增多，从而消除了一些社会和民族偏见，促进了相互理解。游客和旅游地居民的跨文化交流，在引起旅游地文化的适应性变化的同时，保护并振兴了当地的传统文化。有些旅游区的文化自成体系，并具有浓厚的民族和地域色彩，对游客具有无穷的魅力。旅游业的发展对社会带来的影响，表现在价值观、个人行为、家庭关系、生活方式、道德观念、宗教语言、健康等方面的变化。由于旅游是不同国家、不同宗教、不同种族，以及不同生活方式的人们之间直接交往的手段，因而有助于增进国际间的了解，加强国与国之间的和平友好关系，促进民族文化的保护和发展，推动科学技术的交流和发展。

1. 有助于提高民族素质

随着现代生活节奏的加快、竞争的激烈，人们紧张工作之余，迫切需要利用余暇时间改变一下生活，到清新幽静、赏心悦目的大自然中去疗养、休养、度假、娱乐，使紧张疲劳的身心得到放松和调节。旅游是一种高层次的消费活动，也是一种审美活动，有利于人们得到美的陶冶。在满足人们文化精神生活需要的同时，一方面旅游者在旅游过程中，通过领略这些地区的秀丽山河、民俗风情、历史文物，可以增强民族自豪感和爱国主义情操；另一方面，旅游者给当地居民带来新的思想观念、新的生活方式、新的信息、新的思维，使当地居民开阔眼界，促进当地居民物质生活水平及精神文明的提高。旅游的发展不仅能弘扬民族优秀的传统文化，传播文明，美化环境，还能使游客对国家、民族、大好河山、悠久的历史文化产生情感上的交流；此外，旅游对文化层次的高要求，能够激发当地居民自觉学习文化知识的热情，有效地提高居民的文化素质。

2．有助于促进民族文化的发展

旅游业是经济文化型产业。我国有 56 个民族，各个民族都有独具特色的民族文化，包括生活方式、婚丧习俗、节庆活动、音乐舞蹈、宗教信仰等各方面，都是吸引外部游客的重要因素，也是旅游开展的重要条件。旅游活动和旅游业的发展，使人们加深了对各民族文化的了解，提高了保护本民族文化的自觉性。受旅游产业经济优势的带动，各国及地方政府重视民族文化的开发和保护，并采取一系列挖掘和利用措施。因此，世界旅游组织指出，具有文化价值和旅游价值的东西，旅游有能力保护、拯救和复兴他们。政府为了发展旅游业，对民族和历史等文化资源会采取更实际的措施，对民族和历史文化的保护越来越具有群众性。旅游业的发展使对文化的保护有了充足的资金，通过旅游，民族文化产生了明显的经济效益和社会效益，使当地居民认识到了历史文化的价值，增强了自豪感，促使本民族自觉地去保护、传承、弘扬民族文化。因此，发展旅游业，可以使不可再生的历史文化传承得以发扬光大。

3．增进国际交往，促进世界和平

旅游是人类的和平交往，是人类文化最理想的交流方式。通过人群之间的直接往来，有利于消除一些社会、民族偏见，促进相互理解，有利于世界和平。人们通过旅游，特别是国际旅游，促进了各种文化、学术信息及先进科技成果的传递。我国的国内游和入境游的客源大多来自于国内外发达地区，这必然会推动地区与外地的科技文化交流。如贵州省 2004 年举办“中国・贵州乡村旅游国际论坛”，与世界交流经验，探讨发展。另外，中国与挪威、新西兰、法国、爱尔兰、奥地利等国在贵州进行乡村旅游示范项目合作，这对西南地区与世界的科技文化交流无疑起到很大的推动作用。

4．人员流动促进旅游业发展

移民问题是旅游对接待地社会生活影响的一个较为明显方面。旅游的开发，不但帮助社区留住了将要迁移的人员，而且将那些寻求工作与发展机会的外来人也吸引进来，这在某种程度上加速了那些处于边远地带的旅游接待地的城市化进程。旅游业使人们在城市就业的机会增多，使许多人从农村迁到城市。另外，旅游改变了当地妇女对自我原有角色的认识，旅游业为妇女走出家庭、提供就业创造了机会，改变了她们原有的经济地位和社会地位。

7.2.2 旅游对社会文化的消极影响

1．不良的示范效应

旅游者通过旅游活动将其价值观、人生观和道德观带进旅游目的地，对当地居民产生潜移默化的影响。示范效应是指旅游者以其自身的意识形态和生活方式介入旅游接待地社会中，

引起接待地居民的思想变化，从而产生各种影响。示范效应是旅游对接待地社会文化发生影响的主要途径。旅游接待地的居民对旅游者的模仿最直接、最明显地表现在日常生活的言行当中，这种模仿包括动态的（如言语、表情、手势等），也包括静态的（如衣着、仪表等）。例如，旅游者在自由和物质上的优越感，会导致接待地居民尤其是年轻人模仿游客的消费方式和行为，为了达到游客的消费水平，可能会导致越来越多的当地人在服务业中找工作。

一些旅游者不良行为的示范效应，会对旅游地人们的生活方式、价值观念等产生不好的影响。

2. 使当地文化遭到不同程度的破坏

旅游业及其跨文化传播对地方居民会产生不同程度的影响，通常表现在对地方建筑景观的影响。例如，为满足国际旅游者的心理需求，发展国际标准化的宾馆、酒店和旅游交通等接待服务设施，而在那些传统文化相对薄弱的新开发地区（如深圳等新城市地区），以及老城市内部的新城区（如上海浦东），则在发展都市旅游的同时，将城市填满了各种外来文化的符号信息。例如，广告牌、霓虹灯、摩天大楼、各种绚丽商业橱窗、娱乐消闲吧、麦当劳式的快餐店等都可能对当地的消费方式、人际沟通模式、劳动力结构等多方面的认同心理产生影响。旅游作为一种跨文化传播的方式对旅游接待地文化的认同会产生各种影响，这种复杂的影响使旅游地逐渐丧失个性和特色。比如旅游对当地居民语言的影响，旅游者的大量涌入冲淡了当地方言，当地方言被旅游“腐蚀”了。旅游虽对促进语言的统一大有贡献，但却不利于语言文化多样性的保护，会冲淡本土语言的纯洁性和严密性。如在云南大理古城、西安等地都受此影响。

此外还有旅游对民俗风情的影响。在旅游发展过程中，经过商业包装的民俗风情丧失了原有的文化内涵，主要表现在民族文化的同化、民族文化的商品化、民族文化的庸俗化、民族文化价值观的退化与遗失。尤其是民族民俗旅游和文化旅游，把民俗商品化，破坏了地方文化和人际关系的真实性。随着旅游业的发展，原本真实的民族形象被包装了，其文化传统和自然环境被曲解了。还有旅游对传统工艺的影响，旅游业的发展引起了接待地工艺美术的风格和形式上的变化，原来富有宗教和礼仪意义的工艺品成了商品，改变了这些传统工艺原来的意义。那些为了适合旅游者的情趣而产生的所谓民族工艺品，有的已失去了民族风格，显得不伦不类，特别是那些粗制滥造、已不能表现民族风格和制作技巧，却仍以民族工艺为表现形式的旅游纪念品充斥于市，这会严重损害和贬低当地工艺品的形象、声誉和价值。

3. 直接或间接导致旅游接待地社会道德水平下降

旅游业的发展致使旅游接待地人民的道德水准下降，甚至出现犯罪率上升和赌博成风等现象。自然风景区内的犯罪类型，主要是偷盗、抢劫、贪污、受贿和黑市交易。由于受旅游者思想文化的冲击，以及旅游发展带来的经济利益驱使，旅游接待地的价值标准和道德确实发生了变化，引起社会道德标准的下降，带来了一些社会问题。

总之，要正确认识旅游活动在社会文化中的作用，增强自我保护和自我发展能力，适度发展旅游业，充分调动其积极因素，引导旅游业健康、有序的发展，造福于全世界人民。

【案例 7.2】

旅游对目的地的文化影响——以丽江宁蒗县泸沽湖景区个案为例

现代人类对新奇感和异质性的追求一直是旅游活动产生的一个重要原因。旅游流的一个主要特征就是异质地区间游客的相互流动，如城市⟷乡村，发达国家⟷发展中国家，繁华之地⟷偏远之地。云南众多的少数民族为旅游业带来特殊的发展机遇。而在少数民族地区，旅游业的发展同样影响了文化遗产的保持和传承，以及这些地方的现代化进程。

以丽江宁蒗县泸沽湖景区为例，在落水村旅游的发展已对当地产生了影响。落水村的居民参与导游和提供住宿，还有一些村民提供游客划船和骑马。这些活动带来的收益由全家人分享。有时候几家人共有一艘木船，轮流为旅游者划船。最常走的路线是到有庙宇的小岛上去，或在船上捕鱼。落水村的旅馆是由摩梭人和彝族人经营的，但摩梭人担心由于彝族人口多，彝族会越来越多地参与旅游经营，甚至有一天彝族的经营会超过摩梭人。

当地的 72 户居民全民参与旅游业，很多家庭每天能获得几百元的旅游收入，与泸沽湖周围没有参与旅游业的村落形成了强烈的经济对比悬殊。旅游业的发展增强了摩梭人的文化自我认知和文化自信心，以至于当地一些汉族也开始乐于自称为摩梭人。旅游的发展已冲击当地文化传统的保存，例如，热衷于旅游活动使当地人淡漠了对祭祀、宗教、传统仪式的热情。原来，村里对老人十分尊重，但现在作为家庭主要经济支柱的年轻人的控制地位已明显上升。但旅游并不是造成当地文化变迁的唯一原因，这一区域已能收看到电视。这里有电视塔，有些建筑甚至安装了卫星天线（也是富裕的象征，可能是由于旅游业的发展）。许多家庭在还未通自来水时就通了电并买了电视机。电视会加速文化的变迁，也会造成文化碰撞，因为很多电视节目是反映汉族生活的，传达着汉族的家庭价值观。旅游业的发展对当地走婚习俗的保持没有明显的影响。据当地官员说，现在 80%的摩梭人仍然保持走婚习俗。据介绍，不久前落水村管理机构制定了一条地方民约，要求每个摩梭人都恢复到走婚的生活方式。这项民约的合理性和可行性尚待探讨。

7.3 旅游对环境的影响

我国近几年大力支持和推动旅游业的发展，各地政府也积极维护和推进旅游产业的发展。西部大开发战略，更以生态建设和环境保护为根本点和切入点。国家把生态环境建设、结构调整和资源开发结合起来，不断加强对自然生态环境的建设和保护，制定了《全国生态环境建设规划》，全面实施天然林资源保护工程，生态环境的综合治理，实施退耕还林等工程。坚持生态环境建设与水利、水电资源开发相结合，与发展林业、畜牧业相结合，与旅游资源开发相结合的原则，从根本上保证了旅游业的发展。

7.3.1 旅游对环境的积极影响

自然环境是由各种自然因素构成的，主要涉及水质、大气、土壤、地质、植被、野生动物状况等生态环境及水资源等自然资源状况，是旅游业赖以生存和发展的基础，如果能够对旅游环境进行合理开发和规划，将有助于维护和改善旅游接待地的环境状况，使旅游对自然环境具有重要的积极影响。

1. 保护旅游景区的自然环境和历史古迹

为了吸引更多的旅游者并提高他们的满意程度，从而为旅游景区带来更多的经济效益，许多风景区、野生动物区和历史古迹作为旅游点，其保护问题自然引起旅游经营者的高度重视。大自然的优美环境对旅游者具有特别的吸引力，但是并非所有的自然地理环境都能很好地满足旅游者的需要，必须加以整治、修缮和管理，才能成为供旅游者亲临其境进行游览观赏的旅游的环境。发展旅游业能够带来丰厚的收入，其中一部分可以用于旅游风景区环境的优化、野生动物区的保护、历史古迹的维护、恢复和修整，从而使旅游景区的环境保护有了资金保障。目前，在一些国家和地区，环境保护工作的资金很大一部分来源于旅游业收入。

2．改善旅游基础服务设施

旅游的发展既能改善地方的基础设施，如机场、道路、通信、用水系统和污水处理系统等，又可以促进当地休闲娱乐、住宿餐饮等服务设施的建设，从而使地方经济水平得以提高，地方人居环境得以改善。

3．提高环境质量

发展旅游业客观上可以提高旅游景区环境质量，既可以通过植树造林、建设生态园区扩大绿化面积，又可以通过控制空气污染、噪声污染、水体污染、垃圾污染和其他环境问题，促使环境的全面净化。为了向旅游者提供满意的体验，迫使旅游接待地采取必要措施强化环境管理，提高环境质量。例如，我国重点旅游城市杭州，为了保护西湖的独特景观，搬迁了西湖周围的 10 多家有排污的工厂，沿湖各单位污水全部纳入环湖截流管道，疏导西湖，放养水草和食草浮游动物来净化水质；开拓隧道引钱塘江水冲灌西湖。结果纯净了西湖之水，确保了“绿色明珠”的特色，从而提高了杭州的环境质量。再如，秦岭主峰太白山自古以来就是著名自然景观，山高林密，飞瀑轰鸣，一向有“一日历四季，十里不同天”之说，环境质量绝对上乘。新中国成立后一度辟为木材生产基地，环境质量大大下降。20 世纪 80 年代后，旅游开发替代木材采伐，环境质量又有上升。如今，太白山已成为国家级森林公园，可以说，没有旅游开发，太白山的环境质量恐怕还要继续恶化下去。

4．强化人们的环保意识

一些来自发达国家和繁华都市的旅游者，为了调节都市的喧闹和紧张工作的压力，希望到清新优美、鸟语花香的大自然中去，领略大自然，体验大自然，享受大自然。通过投身于大自然之中，会使他们深切认识到大自然与人类自身的密切关系，深刻体会人类对大自然的依赖，从而备加珍惜大自然的一草一木，提高环境保护意识。此外，对旅游业来说，自然环境是旅游业赖以生存的基础，是吸引旅游者的重要因素，随着社会生产和旅游业的发展，自然环境的破坏已危及旅游业的生存和发展，人们已经越来越重视自然环境与旅游业的利害关系，各国政府都在积极宣传和立法加强环境保护，并采取种种措施保护自然环境。如我国的《风景名胜区管理条例》，这个专门保护旅游环境的法律法规，不但为保护旅游环境提供了法律依据，也同《森林法》、《草原法》、《环境保护法》等一般法律法规一起推动了环境保护工作的开展。

7.3.2　旅游对环境的消极影响

在肯定旅游业对环境产生诸多积极因素外，所面临的实际环境问题也不容乐观，在一些地区，生态破坏和环境污染的影响甚至限制了旅游业的进一步发展。

1．人为因素加剧自然环境的破坏

在经济发展过程中，工业生产排放的废物及产生的噪声污染了旅游区的自然环境，扰乱了旅游区应有的宁静。一方面，旅游接待地丧失了以往清新的空气、透明的水体、静谧的氛围；另一方面，游客游览的兴致因环境污染而降低。旅游活动对旅游区环境的影响，主要在于旅游过程产生的垃圾对景点环境的污染，以及旅游活动本身对景点自然生态平衡及旅游环境的影响。由于旅游区本身设施的不完善和游客素养不高，随着旅游活动规模的扩大，景点垃圾遗弃量日益增加。旅游区内大量垃圾随意抛撒堆积，破坏了自然景观，污染了景点水体，使旅游区水体富营养化。我国许多旅游区水体都遭到了不同程度的污染，其中相当一部分旅游水体的透明度、色度、嗅味等指标均超过国家规定的旅游水体标准，漂浮物、悬浮物、油迹污染物已经影响游客感官，使其旅游兴致降低。

2．恶化旅游地的生态环境

首先，需要了解什么叫做旅游环境承载力。旅游环境承载力是指在某一旅游地环境的现存状态结构组合不发生明显有害变化的前提下，在一定时期内旅游地承受的旅游活动的强度。例如，进入旅游区的旅游者数量超过了当地的承载力，就会加重当地基础设施的负担，同时对旅游接待地的生态环境破坏影响也很大。这种超规模接待就会破坏旅游区自然生态系统平衡，超过其承载能力的旅游活动将使旅游区生态系统结构发生变化，旅游区旅游功能丧失。主要表现：在大量游人将旅游区土地踏实，使土壤板结，树木死亡；大量游人在山地爬山登踏，破坏了自然条件下长期形成的稳定落叶层和腐殖层，造成水土流失，树木根系裸露，山草倒伏，从而对旅游区生态系统带来危害。

其次，旅游业发展兴旺，增加了旅游接待地的流动人口。旅游交通的频繁和飞机、汽车、游艇等交通工具废气排放量的增大，致使旅游接待地的空气污染、噪声污染和水质污染的加剧，这不仅加重了旅游区的生态负担，还可能造成物种稀少甚至灭绝，最终会严重破坏旅游区生态平衡。

下面是造成旅游环境破坏从而导致旅游业受到影响的几个方面：

（1）森林面积减少。由于过度的滥砍滥伐，中国的森林面积每年以 5000 平方千米的速度减少，全国森林覆盖率仅为 14%，远远低于世界 25%的平均水平。

（2）草原沙化。目前中国草原的 1/3 由于过度放牧，只放牧不养草，许多草原被毁于一旦，联合国开发计划署警告称，再不采取紧急措施，中国草原的沙化率将上升 30%，势必严重破坏西部地区的部分自然景观和人文古迹。

（3）珍稀动植物保护不力。由于人口的增长，不断侵占动物栖息地，在联合国登记的 630 种濒临灭绝的珍稀动物中中国有 56 种，它们的生存环境越来越恶化。

（4）垃圾处理。目前中国不少旅游城市及景区的垃圾，尚没有完善的处理方法和流程，每到旅游旺季人多之时，漫山遍野垃圾成堆，亟待用法律形式加以规范。

（5）大气污染。许多城市的空气污染严重到令人害怕的程度。例如，北京这座具有悠久历史的古都，由于严重的污染而很难看到蓝天，许多外国游客一提到北京的环境问题，都为之可惜。再如，山西的著名旅游景点，从市区到景点的途中烟雾腾腾，日本游客不得不戴上口罩坐在封闭的旅游车里，怨声四起。

3. 不当开发旅游资源，造成人为破坏

忽视旅游资源的生存环境保护，使区域经济结构类型、生产力布局方式、城市发展方向与旅游业持续发展对环境条件的要求不相适应。例如，在云南石林旅游区建设大型水泥厂，在北京周口店猿人遗址建设灰窑、煤窑等。在旅游资源开发利用过程中，有关设施建设与旅游区整体不协调，造成旅游资源、旅游区生态环境特别是旅游气氛环境的破坏，其主要表现：是古迹复原处理不当，新设项目与旅游区景观不协调，改变或破坏了旅游区特有的且应当保留的历史、文化、民族风格和气氛。而城市建设破坏旅游气氛，则主要表现在新建建筑与旅游城市的整体建筑风格不协调，使作为旅游对象的城市失去其本来面目。在开发利用旅游资源时，忽视旅游区的整体协调及其所蕴涵的内涵，盲目开发，造成景点的不伦不类，进而丧失其旅游价值，使游客的兴致锐减。目前，由于国内外许多房地产、旅游开发商的不当开发，造成景区面积萎缩。还有一些地区为了追求近期经济发展效果，在风景名胜区迅速扩建高档宾馆、饭店、疗养所和培训中心，以及索道、滑道、城市娱乐设施等，出现了一些高污染、高消耗、低效益的旅游企业，破坏了旅游资源。另外，一些热点旅游区超规模接待游客，旅游区人满为患、拥挤不堪，旅游气氛丧失，将风景名胜资源的保护推向难以承受的风险之中，实质上也危害了当地经济的可持续发展。

我国旅游业面临良好的发展机遇，有令人鼓舞的发展前景。当前旅游业的发展，不仅有明显的经济功能，而且有重要的社会功能；旅游业的发展不仅能够增加收入、刺激消费、增加就业，还能够平衡地区经济发展，满足人们的文化需求，保护旅游地的环境，提高人们的生活质量，促进社会的和谐与进步。随着我国旅游业对外开放步伐的加快，我国已经成为亚洲地区快速增长的新兴客源输出国，中国公民自费组团可以前往旅游的国家和地区越来越多，旅游业实现了从旅游资源大国到旅游大国的转变。同时，我国的旅游产业结构日益合理，旅游业的功能日趋多元化，发展模式日趋正规，旅游业逐渐走向成熟。但是必须认识到，我国的旅游业发展依然面临许多新的挑战，有不少矛盾需要认真研究和处理，如怎样处理好发展旅游所带来的多重影响特别是负面影响，怎样促进旅游发展的国际合作，怎样真正实现旅游业的可持续发展等。

总之，旅游业是充满生机和活力的朝阳产业，旅游消费已经成为我国的消费热点和新的经济增长点。发展文化品位高的旅游消费，有利于提高消费质量，促进人们的身心健康和全面发展，促进社会主义市场经济的健康发展。随着 2008 年奥运会、2010 年世博会、广州亚运会的相继举行，来华旅游人数不断增多，都会掀起中国旅游的高潮，这些活动将引领旅游业快速增长。

【案例 7.3】

西安“旅游污染”

西安，古称长安，是中国历史上建都朝代最多、历时最久的城市。西安这个古老的城市，而今已成为国际化的大都市，每年吸引世界各地的友人们来此观光。众所周知，西安的旅游资源得天独厚，是著名的世界历史名城。近年来，西安在旅游业正蓬勃兴起的时候，却带来了巨大的环境污染。

1. 污水排放

西安目前平均每人每天要排放 0.4 吨的污水，如果按 100 多万游客每人每天仅产生 0.3 吨污水来计算，每天需排放 30 多万吨污水。由于旅游宾馆大多建在风景优美的地方，比较分

散，污水难以集中处理。目前西安的吨钢废水排放量为0.89吨，按此计算，年产2000万吨的钢铁项目每天仅排放出不到5万吨废水，还不到旅游业废水的1/6。

2. 大气污染

旅游业真是“无烟”行业吗？不会对大气造成污染吗？答案是：“不!!!”

（1）燃煤污染。为100万游客提供热水和餐饮需要消耗燃料，100升水升高15℃大约需要烧2kg标准煤，如果加上餐饮用的燃煤，每人每天烧煤不会少于2kg。按这个标准计算每年要烧掉73万吨标准煤，其排气污染可想而知。

（2）旅游车的尾气污染。按平均每车乘20人计算（考虑有自驾车的游客），每天接待100多万游客需要5万多辆高负荷运转的大排量豪华旅游车。根据国家环保局的报告，对北京空气质量所做的调查反映出，在非采暖期，汽车排放的有害气体CO、HC和NO*x*分别占所有污染源排放总量的60%、86.8%和54.7%。这些结果说明机动车辆的废气排放已成为城市的主要污染源，可见旅游车对大气的污染只会比其他燃料污染更严重。

（3）旅游业带来的其他污染。香客烧香、饭店排出的油烟、烧烤摊的烟气等，也会对大气质量造成污染。

3. 垃圾污染

按每位游客每天产生0.5kg垃圾计算，每年会产生近20万吨的生活垃圾。

4. 不文明游客带来的污染

以上分析的仅是文明旅客造成的污染，实际上还有不文明游客带来的许多污染。

（1）垃圾污染。垃圾污染主要是游客乱扔的易拉罐、包装盒、塑料袋、啤酒瓶、电池、零星垃圾等。特别需要指出，塑料袋是典型的“白色污染”，扔在地里后几百年都不能降解。

（2）人文景观的破坏。漫步在风景秀丽的景区，游人不文明现象随处可见：乘坐公共交通工具时争抢拥挤，购物、参观时插队，观看表演后垫座位的废纸不带走；在交通工具、餐饮住宿、观光景点等公共场所高声接打电话、呼朋唤友、扎堆吵闹；在寺庙等宗教场所嬉戏、玩笑，不尊重当地居民风俗；大庭广众之下脱去鞋袜、赤膊袒胸，把裤腿卷到膝盖以上，酒足饭饱后毫不遮掩地剔牙；说话脏字连篇，举止粗鲁专横，遇到纠纷或不顺心的事时恶语相向，动辄吹胡子瞪眼，捋袖子伸拳；强行拉外国人拍照、合影；涉足色情场所，参加赌博活动；不消费却长时间占据消费区域，吃自助餐时多拿少吃（眼大肚子小）造成浪费；离开宾馆饭店时带走非赠品；随处抛丢垃圾，到处吐痰、擤鼻涕、吐口香糖；无视禁烟标志，想吸就吸；攀登到公共建筑和名胜古迹上拍照，踩踏绿地，折枝摘花，在树木和古迹上乱写乱画以示留念。这些不文明行为使得一些风景如画、松柏苍翠、花团锦簇的地方果皮壳满地、废纸乱飞，波光粼粼的池水变成了臭气熏天的污水。

由于我国公民的文化素质和生活习俗差异较大，文明旅游不可能一蹴而就，也不会立竿见影，这需要在抓旅游经济发展的同时重视旅游道德建设，提升公民旅游文明素质。政府要坚持把旅游文明建设作为发展旅游经济的重要组成部分，当做旅游经济发展的大事来抓，做到开拓旅游市场与提升旅游文明同步，改变当前旅游经济建设与游人文明素质培养“一手硬一手软”的现象，让“文明旅游”成为旅游经济的重要指标，切实把文明旅游纳入旅游经济发展计划，纳入旅游经济指标体系，纳入旅游公司资质和业绩考核评比项目，纳入旅游从业人员工资福利高低的标准，并实施优者重奖、劣者重罚，真正让“文明旅游”实起来、硬起来。

套用一句宣传词“我美丽，西安美丽；我文明，西安文明”，希望西安变得更加美好。

坚持以科学发展观为指导，用“四化”理念进一步提升境界，提高标准，振奋精神，狠抓落实，不断推进西安市经济社会全面、协调、可持续发展，为把西安建成具有历史文化特色的国际性现代化大城市而共同奋斗。

（资料来源：新浪网）

本章小结

本章分析了旅游发展对接待地所产生的各种影响，包括旅游对经济、社会文化、环境的影响。其中既有积极因素也有消极因素，这就需要我们正确对待，从而采取有效措施进一步推动旅游业的发展。

旅游对经济的积极作用：增加经济收入，扩大外汇收入，平衡国际收支，优化产业结构，缩小地区差距，扩大就业机会和促进农村发展，节约资源。

旅游对经济的消极作用：旅游过度超前发展、过分依赖旅游业，影响国民经济稳定和引起物价上涨。

旅游乘数是用以测定单位旅游消费对旅游接待地区各种经济现象影响程度的系数，是指产出、收入、就业和政府税收的变化与旅游支出的初期变化之比。

旅游对社会文化的积极影响：有助于提高民族素质，有助于促进民族文化的发展，增进国际交往，促进世界和平和人员流动，促进旅游业发展。

旅游对社会文化的消极影响：不良的“示范效应”使当地文化遭到破坏并导致旅游接待地社会道德水平下降。

旅游对环境的积极影响：保护旅游景区的自然环境和历史古迹，改善旅游基础服务设施，提高环境质量，强化人们的环保意识。

旅游对环境的消极影响：加剧自然环境的破坏，恶化旅游地的生态环境，不当开发旅游资源，对环境造成人为破坏。

重点名词

旅游乘数　　旅游收入乘数效应　　旅游收入漏损

复习思考题

一、选择题

1．旅游对经济的积极作用表现在（　　）。

A．增加经济收入　　B．扩大外汇收入　　C．优化产业结构

D．缩小地区差距　　E．扩大就业机会

2．旅游对经济的消极作用表现在（　　）。

A．旅游过度超前发展　　B．过分依赖旅游业

C．引起物价上涨　　D．易受不确定因素的影响

3．旅游乘数的类型包括（　　）。

A．营业收入乘数　　B．产出乘数　　C．收入乘数

D．就业乘数　　　　E．投资乘数

4．旅游对社会文化的积极作用表现在（　　）。

A．提高民族素质　　　　B．促进民族文化的发展

C．增进国际交往　　　　D．促进旅游业发展

5．旅游对社会文化的消极作用表现在（　　）。

A．不良的“示范效应”　B．引起物价上涨　　　　C．服务质量不高

D．使当地文化遭到不同程度破坏　　　　E．导致旅游接待地社会道德水平下降

6．旅游对环境的消极影响表现在（　　）。

A．加剧自然环境的破坏　　　　B．恶化旅游地的生态环境

C．不当开发，造成人为破坏　　　　D．强化人们的环保意识

二、填空题

1．________是一个综合性行业，融劳动密集、资金密集和技术密集为一体。

2．________用以测定单位旅游消费对旅游接待地区各种经济现象影响程度的系数。

3．________指的是旅客的旅游消费以外来资金的形式“注入”接待国经济之中，不会对其经济发展产生任何刺激作用的那一部分。

三、简答题

1．怎样看待旅游对经济的积极影响与消极影响？

2．如何理解旅游乘数效应？

3．旅游对接待地的社会文化起到哪些积极影响？

4．旅游对于接待地的环境恶化表现在哪些方面？

案例分析

碧峰峡

雅安市位于四川盆地西部，它东接眉山，西南连峨眉、乐山，北望成都，西靠芦山。碧峰峡风景区位于雅安市北 8 千米，离成都 128 千米。雅安市有国家级川藏、川滇公路和省级雅洪、成雅公路穿境而过。2000 年成雅高速公路建成通车，使成都到雅安的时间大大缩短，由原来的 3 个多小时缩短到现在的 1 个多小时。碧峰峡开发之初，交通十分不便，游客到景区游览需乘坐开往上里镇的客车，在碧峰峡处下车。后来景区开通了从雅安到碧峰峡景区的旅游专线车。2001 年，国家从总理基金中拨款 3000 万元，修建从雅安至碧峰峡的公路。现在有成都直接发往碧峰峡的旅游专线客车。

碧峰峡景区由左右两条呈 V 形的峡谷组成，海拔 700～1971 米，有 600 公顷森林，森林覆盖率达 90%。区内动植物资源丰富，瀑布流水随处可见。主要开发的景点有：黄龙巨佛是碧峰峡入口处的一尊天然成像的山峰，由民间传说中黄龙助大禹治水故事得名；天仙桥位于白龙谷和兰草沟交汇处的两座石拱桥；老鹰峰是一座高 100 米的山峰，山形如雄鹰展翅欲飞；和尚壁是一面高 100 米、宽 80 米的山壁，崖壁陡峭，是过去住在此处的和尚检验轻功之处；白龙潭瀑布高 30 米、宽 10 米，水由上而下落下，激起浪花万千，状似白龙；一线天涌水岩是碧峰峡内最狭窄的地带，有两面高耸入云的山崖如佛手相合，崖间水流淙淙；女娲池是天

然游泳池，长80米、宽30米，是传说中的女娲游泳处。

碧峰峡自1999年12月26日开业以来，历经了几个黄金周大假及暑期的考验，知名度、美誉度、游客满意度不断提高，游客人数、经营收入不断创出新高。由一个名不见经传的普通省级风景名胜区，一跃成为中国旅游业的一颗耀眼新星，成为四川省重点风景区的第3名；由最初的4680万元注册资本增至24亿元固定资产；由最初的年接待游客万余人，收入10余万元，发展为年游客近百万人次，收入6000余万元；每年给雨城区创造的综合效益约3亿元，带动全区农民收入增长3～5个百分点；由单纯的风景区扩展至集珍稀野生动植物观赏、繁育、加工、风景区、康复疗养、温泉休闲、科技娱乐、极限体育、基因工程、文化传说为一体的生态度假区和生态乐园。

（资料来源：http://www.tonism.com）

讨论题：

根据上述案例，试分析旅游对经济的影响。

实训训练

1．试举自己所在地区旅游对经济的积极与消极影响。
2．旅游对接待地社会文化的消极影响是否会改变当地居民的生活？
3．调查你学校或家乡旅游接待地是怎样减轻旅游对环境的破坏的？

第8章

旅游组织

【学习要点】

- 旅游组织的类型及其功能
- 中国旅游组织及其功能
- 国际性旅游组织

导入案例

界旅游组织在马德里纪念成立60周年

世界旅游组织总部

2006年12月13日，世界旅游组织在其位于西班牙首都马德里的总部举行历史回顾展，纪念该组织成立60周年。

时任联合国秘书长安南的代表在展览开幕式上宣读了安南的贺信。安南说，今天，尤其是在发展中国家，旅游已经成为一个重要的产业和很多人生活中不可或缺的组成部分。旅游能在很大程度上帮助人们摆脱贫困，从而为实现联合国千年发展目标做出重要贡献。

安南表示，自1969年联合国大会批准将其改为政府间组织以来，世界旅游组织取得了许多成绩，如制定《全球旅游业道德守则》和实施“可持续旅游—消除贫困”行动计划等。

世界旅游组织秘书长弗兰贯利发表讲话，详细追溯了该组织60年的发展进程，并预祝世界旅游组织及其全体成员在新的一年里更上一层楼。

世界旅游组织是联合国系统的政府间国际旅游组织，其前身是国际官方旅游联盟，1975年改为现名。

（资料来源：新闻图片网）

除了上述提到的世界旅游组织（WTO）外，国际上还有世界旅行旅游理事会（WTTC）和国际社会旅游组织（BITS）等许多与旅游相关的组织，世界各国也都有各种各样的旅游组织。你还知道哪些国际旅游组织？中国的旅游组织你了解多少？你知道它们的作用和功能吗？

8.1 旅游组织的类型及其功能

世界经济的一体化促进旅游业的国际化，从而导致旅游经济的全球化。随着旅游活动规模的不断扩大，旅游业在经济发展中的作用越来越重要。世界各国政府及旅游目的地的地方政府都对旅游和旅游业的发展给予极大的关注，并对旅游业的发展采取积极的干预政策。为了加强对旅游业的领导和管理，促进旅游业的发展，二战以后，世界上几乎所有的国家和地区都建立了全国性的旅游管理机构和旅游管理组织，以及与旅游业的各个行业相关的各种行业组织，它们在促进旅游业发展中起着非常重要的作用。

8.1.1 旅游组织的类型

1．旅游组织及其职能

（1）旅游组织的内涵。

国家对旅游业的领导，主要是通过一个以发展全国旅游事业为主，能协调国家管理机关中与旅游活动有密切关系的各部门的管理机构来实现的。旅游组织是指一个国家中为国家和政府所承认的负责管理全国旅游行政事务的组织。通常而言，一个国家的最高旅游行政管理机构都代表这个国家的旅游组织。

为加强国家对旅游业的领导和管理，促进旅游业的健康发展，二战以后，几乎所有的国家和地区都建立了国家旅游组织。由于各国的政治制度不同，旅游业发达程度不同，旅游业在国民经济中的地位不同，因而旅游组织的组织形式也不一样。例如，由政府直接设立并把旅游组织作为国家政府的一个部门或机构，以菲律宾、墨西哥、泰国等的最高旅游行政管理机构为典型；代表政府执行全国性旅游行政事务的半官方组织，以欧洲的英国、爱尔兰、瑞典、挪威等国的国家级旅游局为典型，它们不属于政府机构，但它们主要负责人的任命是由国家政府部门来负责的；代表政府行使旅游行政管理职能的民间组织，是由民间自发组成的全国性的旅游协会，德国、新加坡的国家旅游组织就是由这种民间组织兼任的。

（2）旅游组织的职能。

虽然各国旅游组织的设立形式不同，地位、权限也不同，但它们都是国家政府承认的，都是代表国家政府工作的，执行国家政府制定的旅游政策，使本国的旅游业朝着最优化的方向发展。因此，它们的职能、作用基本是相同的，只是侧重点有所不同，侧重的程度有所不同而已。

① 负责制定国家旅游发展的总体规划、方针、政策。

② 负责旅游业的宏观调控。

③ 确定需要国家重点扶持的旅游开发地区，并负责国家财政资助的旅游项目的审批、监督和控制。

④ 对旅游市场进行调研分析，做好预测工作。

⑤ 规定和控制旅游服务的质量标准和价格标准。

⑥ 支持和资助旅游教育培训工作，满足不同层次专业人才的需要。

⑦ 开拓国际市场，开展国际旅游促销。

⑧ 就旅游业发展的配合问题同其他相关部门进行协调。

2. 旅游组织的类型

（1）旅游组织按区域分类。

旅游组织按区域可分为四类：世界性旅游组织，世界地区性旅游组织，全国性旅游组织和国内地方旅游组织。

① 世界性旅游组织。世界性旅游组织是指在世界上获得广泛认可，能妥善协调、处理世界范围内旅游及旅游相关事务的组织。世界性旅游组织有狭义和广义之分。广义的世界性旅游组织，是指他们的工作或服务范围全部或部分地涉及世界或多个国家旅游事务的国际性组织。狭义的世界性旅游组织，是指由多个国家的政府、组织、企业和个人成员或由他们所组成的专门为世界或多个国家的旅游业正常运转而服务和工作的国际性组织。

世界性旅游组织被世界上大多数国家所认可，它主要负责规划、研究、组织、协调全球性的旅游及旅游相关事务，组织开展世界性的旅游活动，具有较高的权威性。

② 世界地区性旅游组织。世界各大洲或经济发达、人员往来比较频繁的大区域也成立了一些旅游组织，它们也主要从事本地区的与旅游相关的事务，如亚太旅游协会、亚洲旅游协会、东亚旅游协会、欧洲旅游委员会、欧洲运输部长会议、北欧旅游局、泛美旅游大会、美洲饭店及汽车旅馆协会、加勒比地区旅游组织等。

③ 全国性旅游组织。全国性旅游组织，是指在全国范围内从事旅游事务及处理与旅游相关的所有事务的政府组织和行业组织。包括以国家旅游局为主的全国旅游业行政管理组织和全国旅游行业组织，如中国旅游协会、中国旅行社协会、中国旅游饭店业协会、中国旅游车船协会、中国旅游报刊协会、中国旅游文学研究会等。

④ 国内地方旅游组织。国内地方旅游组织主要是指国内各省市区的旅游局，它们是省级行政区域内的旅游业行政管理机构。

（2）按旅游组织的职能分类。

旅游组织按职能可分为旅游行政组织、旅游行业组织和政府间组织。

政府间旅游组织是由国家与国家之间签订条约，出于共同的利益而成立的国际旅游组织。因此，各国政府就是政府间旅游组织的成员。该旅游组织可以召集各国政府参加国际会议，协调国际旅游事务，规划国际旅游业的发展前景，制定国际性的旅游公约等。

在旅游组织中，世界旅游组织与其他行业组织有所不同，它是联合国开发计划署的执行机构，是政府间旅游组织。

8.1.2 旅游行政组织

1. 旅游行政组织的定义

旅游行政组织是由各级政府依据一定法律，按照一定程序设置的负责各地区旅游事务的组织机构。旅游行政组织代表国家行使权力，管理与旅游相关的各项事务，是行使国家权力所设置的旅游组织、机构或部门，世界各国设有旅游局、旅游部、观光局、旅游促进局和旅游发展局等，这些都属于旅游行政组织。

旅游行政组织是由政府认可并成立的组织，它有系统性和网络性的特点。系统性是指组织结构是纵向的、垂直的，是宝塔形的，是从上到下的。例如，我国的国家旅游局是国务院直属的代表国家进行旅游行业管理的行政机构，它可以统管各省市区的所有旅游事务，同时各省市的旅游局也可管理各县旅游局的旅游事务。网络性是指组织结构是横向的、交错的，如各地方旅游局的行政部门是并列的，他们都受国家旅游局的管理，但业务上他们只负责本行政区内的旅游业管理工作。

小资料

南太平洋旅游组织（简介）

南太平洋旅游组织（以下简称“南太平洋旅游组织”为“南太旅游组织”）是政府授权的旅游部门，负责帮助发展南太平洋地区的旅游业，总部设在斐济苏瓦，成员国包括库克群岛、斐济、基里巴斯、新喀里多尼亚、纽埃、萨摩亚、所罗门、大溪地（法属波利尼西亚）、汤加、瓦努阿图和巴布亚新几内亚（巴新），中国也是其成员国之一，此外还有200多个私人企业成为南太旅游组织的会员。目前中国政府已经授权核准了对中国公民游客前往南太地区旅游的8个岛屿国，它们分别是斐济、库克群岛、汤加、瓦努阿图、萨摩亚、巴布亚新几内亚、密克罗尼西亚联邦、法属波利尼西亚。

（资料来源：新闻图片网）

2．旅游行政组织的职能

（1）主要负责旅游业的宏观调控，进行行业立法，制定旅游业发展方针、政策和行政法规。

（2）指导国际旅游市场的开拓、培育和完善国内市场。

（3）规划行业发展的目标和旅游发展的战略。

（4）制定行业标准，监督和检查旅游业市场，维护旅游者权益。

（5）对旅游资源进行普查，并进行旅游业统计。

（6）审批重要的旅游企业，管理出入境旅游事务。

（7）指导和管理旅游教育和培训。

（8）承办国家的其他事项。

小资料

中文成为世界旅游组织官方语言

2007年12月1日世界旅游组织全体大会已通过决议将中文列入官方语言。

国家旅游局副局长杜江表示，中文是联合国和世界卫生组织、世界银行、联合国教科文组织等联合国专门机构的官方语言，为此，中方要求世界旅游组织参照联合国通行做法，将中文列入其官方语言。

他说，中文成为世界旅游组织官方语言既有利于中国在世界旅游组织乃至国际旅游事务中发挥更加积极的作用，也有利于进一步提升世界旅游组织的权威性。中文成为世界旅游组织官方语言，有利于中国与其他成员国的交流与合作，有利于世界分享中国旅游发展的经验和机遇，同时也有利于把各成员国旅游业发展的经验和情况及时介绍给中国，以促进中国与其他成员国之间的良性互动与合作共赢。

在世界旅游组织日前召开的全体大会上，多国表示支持把中文列为世界旅游组织官方语言。大会一致通过将中文列为世界旅游组织官方语言的提议，并同意对世界旅游组织章程进行相应修改。

按照世界旅游组织章程规定，在全体大会通过决议后，该决议仍需三分之二以上成员国的政府批准后才能正式生效。国家旅游局局长邵琪伟表示，希望世界旅游组织积极敦促各成员国政府尽快履行相关手续，促使修改后的章程尽快付诸实施。

（资料来源：新闻图片网）

8.1.3 旅游行业组织

1. 旅游行业组织的定义

旅游行政组织之外的其他旅游组织均属于旅游行业组织。旅游行业组织是旅游行业内部的、非官方的、由民间设置的、主要从事旅游行业之间沟通与协调工作的一种组织，是由有关的社团组织在平等自愿的基础上组织成立的各种行业协会。就性质来说，旅游行业组织都属于非营利的社会组织，具有独立的社团法人资格，在所属行业范围内有较大的影响力。

由于旅游业涉及的范围太广太大，所以这个行业内部的事务相应地也就很多。行业组织不同于行政组织可以由国家统一管理，它不带有行政指令性和法律性，它主要是由各行业协会来管理和工作的。世界旅行社协会联合会是世界上规模较大的国际旅游行业组织之一，它的正式会员是世界各国的全国性旅行社协会。

2. 旅游行业组织的主要职能

（1）组织行业的交流活动，交换行业之间的信息。

（2）调查和协调行业内部的关系。

（3）阻止行业内部的不合理竞争，解决行业业务中的事务和问题。

（4）建立行业标准和规范，并据此进行仲裁与调解。

（5）推广新技术，进行行业间的技术指导。

（6）统计行业数据。

（7）预测行业未来的发展趋势。

（8）组织行业专业研讨、培训和专业咨询服务。

（9）开展联合推销和市场开拓活动等。

小资料

世界旅游组织：中国旅游发展为全球提供了经验

2007 年 8 月 1 日，世界旅游组织亚太部主任徐京日前在广西南宁召开的 2007 年泛北部湾经济合作论坛上说，中国城乡双管齐下的旅游业发展思路，对通过旅游消除贫穷的全球性努力，实现联合国新千年发展目标，将做出巨大的贡献。中国的旅游总体发展思路为世界提供了经验。

（资料来源：新闻图片网）

8.2 中国旅游组织及其功能

我国现行的旅游管理体制是国家旅游局作为我国旅游行政管理机构，负责统一管理我国的国际国内旅游业，同时各省、直辖市、自治区成立地方旅游局，受地方政府和国家旅游局双重领导，另外还有一些全国性的行业组织和若干地方行业组织。因此，我国的旅游组织主要分为旅游行政组织和旅游行业组织两大类。

8.2.1 中国的旅游行政组织

我国的旅游行政组织主要是由国家旅游局及各省、直辖市、自治区及地方旅游行政机构组成，负责管理全国旅游业的发展。

1. 国家旅游局

我国的国家旅游局是国务院直属的主管旅游业的旅游行政管理机构。在国际上它代表我国的旅游组织，在国内主管我国的旅游业。

（1）国家旅游局职能的变迁。

随着国家工作重点的转移，针对我国旅游业的发展和改革，国家旅游局在组织机构和职能范围上做过多次调整。

① 1964 年 12 月，我国成立了“中国旅行游览事业管理局”，是我国国家旅游局最早的前身。当时，中国旅行游览事业管理局与中国国际旅行社总社是“两块牌子，一套人马”，即双方共同行使行政管理权并进行业务经营。当时在呈报中央的《关于开展我国旅游事业的请示报告》中提出：“改组和扩大国际旅行社总社（国旅总社）为旅游事业管理局，直属国务院，负责对外国自费旅行者的旅游管理工作，领导各有关地区的国际旅行社和直属的服务机构的业务，组织我国公民出国旅行，负责有关旅游的对外联络工作和旅行宣传工作。”由此可以看出，当时的旅行游览事业管理局的职能范围是十分有限的，虽然名义上是旅行游览事业管理局，但实际上是扩大了国际旅行社的业务。分析请示报告中有关职能问题的表述可知，一是说明这一时期我国主要施行政企合一的体制；二是说明了在当时的情况下工作的重点只是负责政治性的外事接待活动，反映了政府对旅游业认识和理解的程度。

② 1978 年 3 月，中国旅行游览事业管理局改为中国旅行游览事业管理总局，归国务院直管，并同意各省、直辖市、自治区成立旅游局。这一时期我国正处于三中全会之后，我国实行了改革开放政策，国家的工作重点转移到经济建设上来，旅游活动成为独立的经济活动，于是我国的旅游管理体制和旅游行政机构的职能也发生了变化。

③1982 年年初，中国旅行游览事业管理总局与国际旅行社正式分开，它作为国家的旅游行政机构，负责统一管理全国的旅游工作，不再承担旅行社的组团和接待任务，从而确立了旅游总局作为国家旅游行政组织的地位。1982 年 8 月，全国人民代表大会常务委员会做出了《关于批准国务院直属机构改革实施方案的决议》，其中决定将中国旅行游览事业管理总局更名为“中华人民共和国国家旅游局”，简称“国家旅游局”。

（2）国家旅游局的职能。

国家旅游局作为国务院主管全国旅游行业的直属机构，目前它的主要职能是：

① 研究拟定旅游业发展的方针、政策和规划，拟定旅游业管理的行政法规、规章并监

督实施。

② 研究拟定国际旅游市场开发战略，对外宣传我国作为旅游目的地的整体形象，组织、指导重要旅游产品的开发和重大促销活动，指导我国驻外旅游办事处的市场开发工作。

③ 培育和完善国内旅游市场，研究拟定国内旅游的发展战略措施并指导实施，指导地方旅游工作。

④ 组织旅游资源的普查工作，指导重点旅游区域的规划和开发工作，组织、指导旅游统计工作。

⑤ 拟定各类旅游景区景点、度假区及旅游住宿、旅行社、旅游车船和特种旅游项目的设施标准和服务标准并组织实施，审批经营国际旅游业务的旅行社，组织和指导旅游设施的定点工作。

⑥ 研究拟定我国公民出国旅游、赴中国香港和澳门特别行政区与台湾地区的旅游及开展边境旅游的政策并组织实施，审批外国在我国大陆境内设立的旅游机构和港澳特别行政区、台湾地区在内地设立的旅游机构，负责旅游涉外事务和涉及港澳特别行政区及台湾地区的旅游事务，代表国家签订国际旅游协定，指导旅游对外交流与合作。

⑦ 监督、检查旅游市场秩序和旅游服务质量；受理旅游者投诉，维护旅游者的合法权益。

⑧ 指导旅游教育和培训工作，制定旅游从业人员的职业资格制度和等级制度并指导实施；管理局属院校的业务工作。

⑨ 负责局机关及在京直属单位的党群工作。

⑩ 承办国务院交办的其他事项。

（3）国家旅游局职能司的职责。

1994 年和 1998 年国家旅游局进行了体制改革，精简了机构，调整了职能，基本确立了适应市场经济要求的中国旅游业管理体制。国家旅游局为了更好地履行其职责，目前下设了六个职能司（室）和机关党委，这些司、室各行其责，使国家旅游局成为一个机构设置完备、精干、职能范围明确的旅游行政管理机构，负责统一管理我国的国际国内旅游业。六个职能司（室）分别为办公室、政策法规司、旅游促进与国际联络司、规划发展与财务司、质量规范与管理司、人事劳动教育司。

① 办公室。协助局领导处理日常工作，负责局内外联络、协调、会议组织、文电处理、政务信息、信访、保密等行政事务工作，承办机关党委的日常工作。

② 政策法规司。研究拟定旅游业发展的方针和政策，拟定旅游业管理的行政法规、规章并监督实施，研究旅游体制改革，组织和指导旅游统计工作。

③ 旅游促进与国际联络司。拟定旅游市场开发战略，组织国家旅游整体形象的宣传，指导旅游市场促销工作，组织、指导重要旅游产品的开发、重大促销活动和旅游业信息调研，指导驻外旅游办事处的市场开发工作，审批外国在我国大陆和港澳特别行政区及台湾地区在内地设立的旅游机构，负责旅游涉外及涉香港特别行政区及澳门、台湾事务，代表国家签订国际旅游协定，指导与外国政府、国际旅游组织间的合作与交流，负责日常外事联络工作。

④ 规划发展与财务司。拟定旅游业发展规划，组织旅游资源的普查工作，指导重点旅游区域的规划、开发、建设工作，引导旅游业的社会投资和利用外资工作，研究旅游业重要财经问题，指导旅游业财会工作，负责局机关财务工作。

⑤ 质量规范与管理司（旅游质量监督管理所）。研究拟定各类旅游景区景点、度假区及

旅游住宿、旅行社、旅游车船和特种旅游项目的设施标准、服务标准并组织实施，审批经营国际旅游业务的旅行社，组织指导旅游设施定点工作，培育和完善国内旅游市场，监督、检查旅游市场秩序和服务质量，受理旅游者投诉，维护旅游者合法权益，负责出国旅游、赴香港特别行政区及澳门、台湾旅游、边境旅游和特种旅游事务，指导旅游文娱工作，监督、检查旅游保险的实施工作，负责重大旅游安全事故的救援与处理，指导优秀旅游城市创建工作。

⑥ 人事劳动教育司。指导旅游的教育和培训工作，管理局属院校的业务工作，制定旅游从业人员的职业资格标准和等级标准并指导实施，指导旅游业的人才交流和劳动就业工作，负责局机关、直属单位和驻外机构的人事、劳动工作。

⑦ 机关党委。负责局机关及在京直属单位的党群工作，办事机构设在办公室。

另外，国家旅游局还在国外一些国家设立了驻外办事机构。它们是：中国驻法兰克福旅游办事处、中国驻巴黎旅游办事处、中国驻洛杉矶旅游办事处、中国驻纽约旅游办事处、中国驻多伦多旅游办事处、中国驻英国伦敦旅游办事处、中国驻马德里旅游办事处、中国驻新加坡旅游办事处、中国驻悉尼旅游办事处、中国驻东京旅游办事处、中国驻大阪旅游办事处、中国驻苏黎世旅游办事处、中国驻加德满都旅游办事处，以及亚洲旅游交流中心。

小资料

世界旅游组织：2020年中国成为全球首选旅游地

如今，出国旅游、体验异国风情已成为越来越多人的选择，世界旅游组织2007年1月29日宣布，2006年全球跨境旅游人数达8.42亿人次，创历史新高。该组织还预测，中国到2010年可能超过西班牙，成为世界上第二大旅游目的地国；到2020年，中国甚至还可能超过法国，成为全球最受青睐的旅游首选地。

当天，总部设在马德里的世界旅游组织公布的年度旅游统计数据显示，2006年全球各个国家和地区的出境游人数总共达到8.42亿人次，比2005年增加了4.5%，创下了新的历史纪录。值得一提的是，世界旅游组织的统计数据显示，尽管人民币汇率上升，但2006年赴中国旅游的外国游客人数依然较上年增长了6%，共计4960万人次。

世界旅游组织秘书长弗兰贯利和世界旅游组织的市场推广总监都特别指出，中国旅游业快速发展，目前已与美国并列成为世界第三大旅游目的地国。他们预测，到2010年，中国将取代西班牙，成为全球第二大受欢迎的旅游目的地国家。

据悉，2006年赴西班牙旅游的外国游客总数也上升了4.5%，增长至5840万人次。但该组织预测，来中国旅游人数的增长速度将进一步加快，特别是2008年举行的北京奥运会，将为中国入境旅游业注入新的动力。未来4年内，赴中国旅游的游客人数将超过西班牙。

而且，世界旅游组织预测说，中国旅游市场潜力巨大，中国到2020年甚至可能超过目前排名第一的法国，成为世界上最受欢迎的旅游目的地国。

（资料来源：中国户外运动网）

2. 省、直辖市、自治区旅游局

我国各个省、直辖市、自治区都设有旅游局或旅游管理委员会，是省、直辖市、自治区人民政府授权对全省旅游行业进行行业管理的工作机构。它们分别主管其所在省、直辖市、自治区的旅游行政工作。它们都是继国家旅游局成立之后而成立的地方旅游行政管理机构，受地方政府和国家旅游局的双重领导，以地方政府为主，在组织上属于地方政府部门的编制，在业务工作上接受地方政府的领导和国家旅游局的指导。

以省旅游局为例，各地方旅游局都设有办公室、政策法规处、规划处、旅行社饭店管理处、出境旅游管理处、市场开发处、综合处、人事处（与监察室、征检组合署）等八大职能处（室）。

省、直辖市、自治区旅游局的职能是：把发展旅游经济作为工作的重点，加强本省、市、自治区旅游行业的宏观管理和调控；负责本省、市、自治区旅游业发展的规划、开发、旅游业管理工作，以及旅游宣传和促销等工作；加紧旅游业发展战略的研究和对提高旅游服务质量的管理。把属于自主经营范围内的权限进一步下放给企业，同时将原来直接管理的直属企业交给省、市、自治区旅游集团公司来管理。

省、直辖市、自治区旅游局的职责是：

（1）贯彻执行国家关于旅游事业的政策、法规，研究、拟定旅游工作政策和地方性法规，拟定并组织实施行业管理规章。

（2）会同有关部门编制发展旅游事业的中长期规划和年度计划，负责旅游行业统计、信息工作；拟定调整优化旅游产业结构的方案，组织协调旅游产品（商品）的开发。

（3）指导旅游景点、旅游度假区的规划和建设；会同有关部门审核、报批限额以上旅游景点建设项目，安排景点建设专项资金的使用。

（4）负责旅行社、旅游饭店星级评定的审核、审批，监督旅游服务质量。

（5）制定开拓国内、国际客源市场的规划、计划并组织实施，指导开拓国内外旅游市场和重大促销宣传工作。

（6）管理旅游涉外事宜，办理旅游签证和出入境旅游业务。

（7）指导旅游行业队伍建设、旅游行业体制改革和精神文明建设，组织、指导旅游从业人员的职业资格培训工作。

（8）管理直属单位，指导省、直辖市、自治区旅游协会等有关旅行社团组织的工作。

（9）承办省、直辖市、自治区人民政府和国家旅游局交办的其他事项。

3. 省级以下的地方旅游行政机构

在省级以下的地方层次上，很多的市、县也设立了旅游行政管理机构，它们负责各自行政区域范围内的旅游业管理工作。我国有 200 多个旅游重点城市也设立了旅游行政管理机构。在未设立专职旅游行政机构的市、县，有关旅游方面的事务则在其上级政府旅游行政部门的指导下，由当地政府配合承担。

【案例 8.1】

英国航空公司是世界领先的航空公司之一。该航空公司自 1987 年私有化以来，呈现明显的由高峰及低谷波浪式发展的历程，我们也许能从中得到一些有意义的启示。

20 世纪 70 年代，该航空公司属于国有性质，亏损严重，乘客稀少。1979 年，新的保守党政府首相撒切尔夫人宣布该公司将进行私有化。当时，多数国有的航空公司在欧洲航空市场上获得了很大发展。经过了 8 年的私有化进程，该公司作为一个商业实体开始运作。私有化过程中，该公司经历了消减成本和改变公司文化两个艰难的阶段。

该公司在坎贝尔-史密斯（Campbell-Smith）的率领下，迫于贸易联盟的压力推出了低价位等级的旅游航线。内部研究表明，公司管理人员的工作高度专业化，部门之间缺乏沟通，英国航空公司在法律上宣布破产。

在这种情况下，劳德·金（Lord King）和科林·马歇尔（Colin Marshall）受命于危难之中。1980 年，劳德·金被任命为董事长，科林·马歇尔被任命为首席执行官，英国政府把他们看做该公司的拯救者。科林·马歇尔来自一个颇为成功的汽车租赁服务公司，这对英国航空公司来说，意义是十分重大的，因为该位置给予了来自航空公司以外的人，意味着会带来新鲜的血液。

1983 年，该公司成立了一个指导小组去研究在英国航空公司市场上提供顾客服务的方式。顾客服务被确认为该公司的基石。

指导小组建议采取两种行动路线实现公司的决策：一是成立了市场政策研究小组，目的是对公司进行重组；一种是在公司内部灌输“认识第一要素”的理念。这些举措导致公司管理机构的变化和公司文化理念的变化。公司管理结构的变化表现在高层 100 个管理人员中 60 人离开了公司，整个管理结构老龄化问题得到改善，实现了以能力选拔公司管理人员。公司文化的革命性变化在于要树立“顾客第一”的服务理念。

为了提高服务标准，公司开始一场市场调查的战役，这场战役的展开，证明了公司经营管理理念的变化。市场调查针对顾客态度和经验，主要集中于以下几个方面进行调查：

（1）顾客服务标准监控；

（2）常规商务旅行者调查；

（3）广告形象控制；

（4）为满足和适应服务需要变化而完善产品发展计划。

8.2.2 中国的旅游行业组织

我国的旅游行业组织既是非政府机构，又是非营利性机构，具有独立的社团法人资格，是由有关社团组织与企事业单位在平等自愿的基础上组成的并接受政府指导的各种民间旅游行业协会。它们的职能主要表现为代表职能、沟通职能、协调职能、监督职能、公证职能、统计职能、研究职能和服务职能。它们主要是起着加强行业间的协作与行业的经营管理研究、扩大行业影响、提高行业信誉与效益，并向国家旅游行政主管部门提供建议和咨询的作用。目前全国性旅游行业组织有中国旅游协会、中国旅游饭店业协会、中国旅行社协会、中国旅游车船协会、中国旅游报刊协会等。

1. 中国旅游协会（CTA）

中国旅游协会（China Tourism Association,CTA），是由中国旅游行业的有关社团组织和企事业单位在平等自愿基础上组成的全国综合性旅游行业协会，是我国第一个旅游全行业组织，具有独立的社团法人资格。它是 1986 年 1 月 30 日经国务院批准正式宣布成立的一个旅游全行业组织。1999 年 3 月 24 日经民政部核准重新登记。会址设在北京。协会接受国家旅游局的领导及民政部的业务指导和监督管理。

中国旅游协会
CHINA TOURISM ASSOCIATION

（1）中国旅游协会的宗旨。

中国旅游协会遵照国家的宪法、法律、法规和有关政策，代表和维护全行业的共同利益和会员的合法权益，开展活动，为会员服务，为行业服务，为政府服务，在政府与会员之间发挥桥梁和纽带作用，促进我国旅游业的持续、快速、健康发展。

（2）中国旅游协会的主要任务。

① 对旅游业发展的战略、管理体制和有关的方针政策、国内外旅游业发展的态势和实践经验等进行调研，向国务院、国家旅游主管部门和有关方面提供建议和咨询。

② 向政府有关部门反映国内外旅游者的意见和建议，承担政府和旅游主管部门交办的任务，接受旅游企事业单位委托的当办事宜。

③ 向业务主管部门反映会员的愿望和要求，向会员宣传政府的有关政策、法律、法规并协助贯彻执行。

④ 收集国内外本行业的基础资料，开展旅游市场的调研和预测，协助业务主管单位规范市场行为，为建立公平有序的市场竞争环境创造条件。

⑤ 接受业务主管部门的委托，建立旅游信息网络，搞好质量管理工作，开展规划咨询、职工培训工作，组织技术交流，举办展览、抽样调查、安全检查，并对旅游专业协会进行业务指导，加强旅游经济的理论研究，开展学术交流活动。

⑥ 联系各旅游专业行业组织、旅游学术团体，以及旅游企事业单位进行经验交流，研究有关问题，探索解决方法，促进旅游经营管理水平的提高。

⑦ 组织会员订立行规行约并监督遵守，维护旅游市场秩序。

⑧ 以中国旅游业的民间代表身份开展与国外旅游同行业组织的友好交往，促进旅游科技交流与合作。

⑨ 开展有关旅游产品和服务的信息收集、分析评价和报送反馈工作，推动和督促会员提高服务质量。

⑩ 编辑出版有关行业情况介绍的信息资料、刊物，传播旅游信息和研究成果。

（3）中国旅游协会的组织机构。

① 最高权力机构。中国旅游协会的最高权力机构是会员代表大会，每四年召开一次会议。理事会是会员代表大会的执行机构，由大会选举产生。理事会每届任期四年，每年召开一次会议。理事会闭会期间，由常务理事会行使其职权。常务理事会由理事会选举产生，每年召开两次会议，下设办公室作为办事机构，负责日常具体工作。本届常务理事会由会长、副会长（9 名）、常务理事（84 名）和秘书长组成。

中国旅游协会现有理事 163 名，各省、直辖市、自治区和计划单列市、重点旅游城市的旅游管理部门、全国性旅游专业协会、大型旅游企业集团、旅游景区（点）、旅游院校、旅游科研与新闻出版单位，以及与旅游业紧密相关的行业社团都推选了理事。协会的组成具有广泛代表性。

② 分会和专业委员会。中国旅游协会根据工作需要下设了旅游城市分会、旅游区（点）分会、旅游教育分会、妇女旅游委员会和旅游商品及装备专业委员会等 5 个分会和专业委员会，分别进行有关的专业活动。

③专业协会。在中国旅游协会的指导下，成立了 4 个相对独立开展工作的专业协会：中国旅游饭店业协会、中国旅行社协会、中国旅游车船协会和中国旅游报刊协会。

④协会的直属单位。中国旅游协会的直属单位有：中国旅游出版社、中国旅游报社、时尚杂志社、旅游信息中心和中国旅游管理干部学院。

⑤协会的主要活动。中国旅游协会的主要活动是积极开展有关旅游体制改革、加强旅游行业管理、提高旅游经济效益和服务质量等方面的调研工作；支持地方建立旅游行业组织，

以及提供咨询服务；与一些国家和地区的旅游行业机构建立友好关系，发展与国际民间旅游组织的联系与合作；编辑出版旅游书刊等。

⑥ 会员及协会的主要出版物。中国旅游协会的会员为团体会员。凡在旅游行业内具有一定影响的社会团体和企事业单位，以及与旅游业相关的其他行业组织等，均可申请入会。中国旅游协会的主要出版刊物有《中国旅游报》和《时尚杂志》。

根据国务院对社团组织加强管理和整改的精神，中国旅游协会于2000年1月14日召开了第四届理事会第一次会议，选举产生了协会新的领导机构成员，研究确定了新世纪旅游行业协会的工作方针任务。协会要当好政府旅游主管部门的参谋和助手，努力做好服务、协调、监管、自律等工作，为我国旅游业的大发展做出应有的贡献。

2．中国旅游饭店业协会（CHTA）

中国旅游饭店业协会（China Tourist Hotels Association,CTHA），是中国境内的饭店和地方饭店协会、饭店管理公司、饭店用品供应厂商等相关单位，按照平等自愿的原则结成的全国性的行业协会，是非营利性的社会组织，具有独立法人资格，其主管单位为中华人民共和国国家旅游局。

中国旅游饭店业协会原名中国旅游饭店协会，1986年2月25日经中华人民共和国民政部登记注册正式成立，会址设在北京。1997年11月第四届会员代表大会上将“中国旅游饭店协会”更名为“中国旅游饭店业协会”。协会接受国家旅游局的领导、民政部的监督管理和中国旅游协会的业务指导。

目前，中国旅游饭店业协会共有会员2669家、理事277人、常务理事71人。中国旅游饭店业协会于1994年正式加入国际饭店与餐馆协会（英文缩写为IH&RA），成为其国家级协会会员。

（1）中国旅游饭店业协会的宗旨。

中国旅游饭店业协会遵守国家的宪法、法律、法规和有关政策，遵守社会道德风尚，代表和维护中国旅游饭店行业的共同利益，维护会员的合法权益，倡导诚信经营，引导行业自律，规范市场秩序。在主管单位的指导下，为会员服务，为行业服务，在政府与会员之间发挥桥梁和纽带作用，为促进我国旅游饭店业的健康发展做出积极贡献。

（2）中国旅游饭店业协会的主要任务。

① 宣传并贯彻国家关于旅游业发展的方针和旅游饭店行业的政策、法规，向业务主管单位反映会员的愿望和要求。

② 组织会员订立行规行约并监督遵守，维护旅游行业的市场秩序。

③ 进行饭店业的调查研究，向政府有关部门提供会员单位经营管理的成功经验，协助饭店业务主管单位搞好行业管理。

④ 总结、交流旅游饭店的工作经验，收集国内外饭店业的信息，开展与海外饭店餐馆协会等相关行业组织之间的交流与合作。

⑤ 组织开展饭店的培训、研讨、考察工作，领导下设的专业委员会开展业务活动。

⑥ 编辑会刊和信息资料，为会员单位提供信息服务。

⑦ 承办业务主管单位委托的其他工作。

（3）组织机构。

① 最高权力机构。中国旅游饭店业协会的最高权力机构是会员大会，每四年召开一次。理事会是会员大会的执行机构，在会员大会闭会期间领导本会开展日常工作，每年召开一次会议；常务理事会由理事会选举产生，对理事会负责，每年召开一次会议；秘书长在常务理事会领导下主持本会的日常工作。此外，协会还下设饭店金钥匙专业委员会。

② 专业委员会。中国旅游饭店业协会下设饭店金钥匙专业委员会。

③ 协会的主要活动。中国旅游饭店业协会为会员服务主要体现在：对行业数据进行科学的统计和分析；对行业发展的现状和趋势做出准确的判断和预测，引导和规范市场；组织饭店专业研讨、培训及考察；开展与海外相关协会的交流与合作；利用中国旅游饭店网和协会会刊《中国旅游饭店》向会员提供快捷资信，为饭店提供专业咨询服务。

④ 会员及协会的主要出版物。协会实行团体会员制，凡在中国境内经注册批准、依法经营、无不良信誉的旅游饭店、地方饭店协会、饭店管理公司、饭店用品供应厂商等相关单位，均可申请入会。中国旅游饭店业协会现有2669家饭店会员。协会会员中聚集了全国饭店业中知名度高、影响力大、服务规范、信誉良好的星级饭店，国际著名饭店集团在内地管理的饭店基本上都已成为协会会员。中国旅游饭店业协会的会刊是《中国旅游饭店》。

小资料

甘比亚旅游关注组织是一个地方性组织，成立于20世纪90年代中期。它出版了自己名为《关注》的旅游杂志，该杂志由“bumsters”和沙滩中向旅游者兜售商品的男孩出售。它使人回想起英国《大争论》杂志的销售方式，是典型的自助式。1996年与甘比亚旅游关注组织的创始人亚当·巴赫（Adama Bah）的会谈中，他从一个有趣的角度谈到该组织背后体现的民族精神。他说，“在我们的国家，有许多关于旅游的错误的观念。有时，旅游者从旅行社那里得到的消息可能是不真实的、不准确的消息，因此，我们感到旅游关注的作用之一就是教育旅游者亲自来甘比亚看一看，体验一下。我们也希望看到如果旅游关注组织能对制定政策做出贡献，能为政府提出合理化建议，那就能防止旅游产业中的未来问题。”

3. 中国旅行社协会（CATS）

中国旅行社协会（China Association of Travel Services,CATS），是由中国境内的旅行社、各地区性旅行社协会或其他同类协会等单位，按照平等自愿的原则组成的全国性的行业专业协会，具有独立的社团法人资格。中国旅行社协会正式成立于1997年10月，会址设在北京。协会接受国家旅游局的领导、民政部的监督管理和中国旅游协会的业务指导。

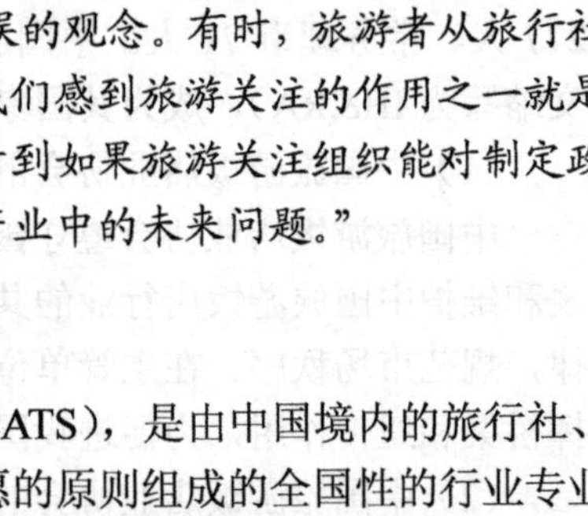

（1）中国旅行社协会的宗旨。

中国旅行社协会遵守国家的宪法、法律、法规和有关政策，遵守社会道德风尚，代表和维护旅行社行业的共同利益和会员的合法权益，努力为会员服务，为行业服务，在政府和会员之间发挥桥梁和纽带作用，为中国旅行社行业的健康发展做出积极贡献。

（2）中国旅行社协会的主要任务。

① 宣传贯彻国家旅游业的发展方针和旅行社行业的政策法规。

② 总结交流旅行社的工作经验，开展与旅行社行业相关的调研，为旅行社行业的发展提出积极并切实可行的建议。

③ 向主管单位及有关单位反映会员的愿望和要求，为会员提供法律咨询服务，保护会员的共同利益，维护会员的合法权益；制定行规行约，发挥行业自律作用，督促会员单位提高经营管理水平和接待服务质量，维护旅游行业的市场经营秩序。

④ 加强会员之间的交流与合作，组织开展各项培训、学习、研讨、交流和考察等活动。

⑤ 加强与行业内外的有关组织、社团的联系、协调与合作。

⑥ 开展与海外旅行社协会及相关行业组织之间的交流与合作。

⑦ 编印会刊和信息资料，为会员提供信息服务。

⑧ 承办业务主管单位委托的其他工作。

（3）组织机构。

① 最高权力机构。中国旅行社协会的最高权力机构是会员大会，每四年召开一次。理事会是会员大会的执行机构，在闭会期间领导本会开展日常工作，每年召开一次会议。常务理事会由理事会选举产生，对理事会负责，每年召开一次会议。秘书长在常务理事会领导下主持本会日常工作。

② 会员及协会的主要出版物。中国旅行社协会实行团体会员制及对会员实行年度注册公告制度。凡在中国境内依法设立，守法经营，无不良信誉的旅行社及与旅行社经营业务密切相关的单位和各地区性旅行社协会或其他同类协会，均可申请入会。协会的会刊是《旅行社之友》（月刊）。

【案例 8.2】

太平洋亚洲旅游协会

太平洋亚洲旅游协会（PATA）被认为是世界上最有效的地区性超政府旅游代理机构。有趣的是，它创立于国际旅游从兴起到迅速成长前夜的1981年。因此，它是积极的、卓有远见的、开创性的组织，它的创建和发展促进了这个旅游业相对落后地区的发展与崛起。

PATA是实行会员制的组织，包括公共和个人的部门，有近2000个会员，包括42个国家政府、66家航空公司和旅行公司。另外，PATA在全世界有80多个分会，17000位旅游专家。这些分会的会员能参加PATA的教育和促进活动。

PATA采取一系列行动帮助该地区旅游发展，同时也特别给自己的成员单位带来额外的业务。

（1）促销活动。

（2）组织旅游展览会推广亚太地区市场。

（3）研究成果。

（4）教育培训。

（5）PATA年会。

（6）职业帮助。

（7）PATA基金。

（8）环境与文化工作办公室。

（9）倡导亚太地区的旅游业发展。

4. 中国旅游车船协会（CTACA）

中国旅游车船协会（China Tourism Automobile And Cruise Association,CTACT），是由中国境内的旅游汽车、游船企业和旅游客车及配件生产企业、汽车租赁、汽车救援等单位，在平等自愿的基础上组成全国性的旅游车船行业专业协会。它是非营利性的社会组织，具有独立的社团法人资格。中国旅游车船协会正式成立于1988年1月，会址设在北京。协会接受国家旅游局的领导、民政部的监督管理和中国旅游协会的业务指导。

（1）中国旅游车船协会的宗旨。

中国旅游车船协会遵守国家的宪法、法律、法规和有关政策，遵守社会道德风尚，广泛团结联系旅游车船业界人士，代表并维护会员的共同利益和合法权益，努力为会员、为政府、为行业服务，在政府和会员之间发挥桥梁和纽带作用，为把我国建设成为世界旅游强国，促进国民经济和社会发展做出积极贡献。

（2）中国旅游车船协会的主要业务。

① 宣传贯彻国家有关旅游业发展的方针政策，向主管单位反映会员的愿望和要求。

② 总结交流旅游车船企业的工作经验，收集国内外本行业信息，深入进行调查研究，向主管单位提供决策依据和积极建议。

③ 组织会员订立行规行约并监督遵守，维护旅游市场秩序，协助主管单位加强对旅游市场的监督管理。

④ 为会员提供咨询服务，加强会员之间的交流与合作，组织开展培训、研讨、考察和新经验、新技术及科研成果的推广活动，沟通会员间的横向联合，促进行业间的业务联网。

⑤ 指导下设的专业委员会开展业务活动，加强与行业内外的相关组织、社团的联系与合作。

⑥ 开展与国际旅游联盟（AIT）组织等海外相关行业组织之间的交流与合作。

⑦ 编印会刊和信息资料，为会员提供信息服务。

⑧ 承办业务主管单位委托的其他工作。

（3）组织机构。

① 最高权力机构。中国旅游车船协会的最高权力机构是会员大会，每四年召开一次；理事会是会员大会的执行机构，在闭会期间领导本会开展日常工作，每年召开一次会议；常务理事会由理事会选举产生，对理事会负责，每年召开一次会议；秘书长在常务理事会领导下主持本会日常工作。

② 分会。1992年，协会正式加入国际旅游联盟（AIT）。2002年，协会成立了中国汽车俱乐部协作网（CMCN）。为了指导我国汽车俱乐部业健康有序的发展，协会成立了中国旅游车船协会汽车俱乐部分会。

③ 会员及协会的主要出版物。协会实行团体会员制，凡在中国境内经注册批准、依法经营、无不良信誉的旅游汽车、游船企业、旅游客车、配件生产企业、汽车租赁、汽车救援等企业，以及与旅游车船行业相关的单位，均可申请入会，现有会员单位200多家。协会的

会刊是《中国旅游车船》。

5. 中国旅游报协会（CATJ）

中国旅游报刊协会（China Association of Tourism Journals,CATJ），是由中国境内与旅游信息传播相关的报纸、期刊、大众传媒单位及相关单位报刊，按照平等自愿的原则组成的全国性的行业专业协会。它是非营利性的社会组织，具有独立的社团法人资格。

中国旅游报刊协会正式成立于1993年8月25日，会址设在北京。协会接受国家旅游局的领导、民政部的监督管理和中国旅游协会的业务指导。

（1）中国旅游报刊协会的宗旨。

中国旅游报刊协会遵守中华人民共和国的宪法和法律，遵守国家有关旅游和新闻的法规，遵守社会道德风尚，代表和维护会员的共同利益和合法权益，努力为会员服务，为政府服务，为行业服务，在政府部门和会员之间发挥桥梁和纽带作用，团结全国各类传播旅游信息的报刊和大众媒体，为促进旅游业持续、快速、健康发展做出积极贡献。

（2）中国旅游报刊协会的主要任务。

① 维护旅游信息传播工作者的合法权益，向政府部门反映旅游信息传播工作者的意愿和要求，向会员宣传政府的有关法律、法规和政策。

② 收集与旅游信息相关的基础资料并调研有关情况，向主管单位提出发展的建议，协助推动旅游信息传播工作的协调发展。

③ 加强旅游报刊和传媒之间的联系和团结，总结交流有关经验，开展信息交流、专题调研、学术研讨、作品评奖、业务培训等活动，提高旅游信息服务的质量。

④ 组织旅游信息传播工作者学习我国旅游业的方针政策，进行实地考察和现场采访，报道我国旅游业的发展和成就，宣扬我国旅游行业的先进典型，促进社会主义精神文明建设，积极参与纠正旅游行业不正之风。

⑤ 协调会员关系，编辑信息资料，出版会刊，建立网站或网页，为会员提供信息、咨询服务。

⑥ 提高大众传媒传播旅游信息的积极性，协助他们开展活动，不断扩大旅游信息服务的影响。

⑦ 加强与有关组织、社团的联系与合作，开展同海外相关行业组织之间的交流与合作。

⑧ 承办业务主管单位委托的其他工作。

（3）组织机构。

① 最高权力机构。协会的最高权力机构是会员大会，每四年召开一次。理事会是会员大会的执行机构，在闭会期间领导本会开展日常工作，每年召开一次会议。常务理事会由理事会选举产生，对理事会负责，每年召开一次会议。秘书长在常务理事会领导下主持本会日常工作。

② 会员及协会的主要出版物。协会实行团体会员制，凡在中国境内经注册批准、无不良信誉的从事与旅游信息传播直接有关的企事业单位、在旅游信息传播领域内有一定影响的相关单位或区域性的同类协会和旅游企事业单位的内部报刊，均可申请入会。现有会员单位200多家。协会的会刊是《协会通信》。

从以上的全国性旅游协会看，中国旅游协会是具有总会性质的综合性组织，中国旅游饭店业协会、中国旅行社协会、中国旅游车船协会和中国旅游报刊协会是专业协会，都要接受中国旅游协会的业务指导。

除了上述全国层次的旅游行业协会外，还有全国各地的旅游协会。这些地方层次的旅游协会，一般都挂靠于当地旅游局并在工作上接受当地旅游行政组织的指导。

8.3 国际性旅游组织

国际性旅游组织有狭义和广义的区别。广义的国际性旅游组织，是指他们工作或服务的范围全部或部分地涉及世界或多国旅游事务的国际组织。狭义的国际性旅游组织，则是指由多个国家的政府、组织、企业和个人成员等所组成的专门为世界或多个国家的旅游业正常运转而服务和工作的国际性组织。

本节主要介绍政府间旅游组织和民间性旅游组织。

8.3.1 政府间旅游组织——世界旅游组织（WTO）

1. 世界旅游组织的成立

为巩固世界上最强的事业之一的旅游业，世界旅游组织为各国政府和旅游界提供了一个制定必要的政策和规定不可或缺的场所。

世界旅游组织（World Tourism Organization,WTO），是全球最大和唯一政府间的国际旅游组织，也是联合国下属的一个执行机构，总部设在西班牙首都马德里。它的前身是1947年成立的国际官方旅游联盟，1975年1月正式改用现名，2003年11月成为联合国专门机构。

2. 世界旅游组织的宗旨

世界旅游组织的宗旨是促进和发展旅游事业，使之有利于经济发展、国际间相互了解、和平与繁荣，以及不分种族、性别、语言或宗教信仰、尊重人权和人的基本自由。在贯彻这一宗旨时，要特别注意发展中国家在旅游事业方面的利益。

世界旅游组织致力于促进和发展旅游，使之成为增进各国间的理解与和平、推动经济发展和国际贸易的重要途径。

小资料

世界旅游组织呼吁：消除旅游服务贸易壁垒

旅游业贸易是实现全球贸易体制可持续性发展的一个重要因素，尤其是对最贫困的国家更是如此。但是，旅游业的这一作用现在还没有得到真正的认可。为此，世界旅游组织秘书长弗朗加利呼吁有关机构消除旅游服务业贸易壁垒。

弗朗加利说，世界旅游组织为实现这一目标进行着不懈的努力，随着世界旅游组织成为联合国的专门机构，他们将更加有能力争取这一待遇。

世界旅游组织参加了2003年9月10日至14日在墨西哥南部海滨旅游城市坎昆举行的世界贸易组织第五次部长级会议。日前弗朗加利在日内瓦与世界贸易组织总干事进行了会晤，他敦促世界贸易组织在处理旅游业这一跨行业复杂性方面取得实质性进展。

弗朗加利说，世界旅游组织2002年在参加“世界可持续发展峰会”时提出的有关消除旅游贸易壁垒的内容仍然具有现实意义。这些内容包括消除所有阻碍旅游增长的障碍，为各国旅游服务业创造平等的竞争条件。另外一个重要的概念，是对旅游服务业贸易中存在的收入流失现象进行评估，防止旅游业对经济和社会发展的积极作用被低估。

此外，弗朗加利还强调要消除所有妨碍跨国界旅游消费者不合理的障碍，为各国创造平等的旅游促销机会，重视政府发布的针对旅游目的地的旅行警告。

他还指出，旅游业与自由的交通体制、全面平等的信息流通渠道和足够的设施等因素是密不可分的。他希望世界旅游组织和世界贸易组织密切合作使旅游业在全球服务业贸易中获得应有的地位。（资料来源：中国旅游报）

3．世界旅游组织的任务

（1）负责收集和分析旅游数据，定期向成员国提供统计资料、研究报告。

（2）负责制定国际性旅游公约、宣言、规则、范本，研究全球旅游政策。

（3）支持旅游设施的发展，以鼓励提高旅游质量。

（4）促进自由贸易的积极性，以刺激旅游的发展。

（5）消除或缩小阻碍国际旅游发展的障碍。

（6）研究市场和统计。

（7）促进旅游适度发展，以保护环境。

（8）为培养旅游业训练有素的高质量的专业人才提供教育和培训的教师和教材及其他便利条件。

4．世界旅游组织的组织机构

世界旅游组织的组织机构包括全体大会、执行委员会、秘书处及地区委员会。

（1）最高权力机构。世界旅游组织的最高权力机构是全体大会，每两年召开一次，审议该组织的各种有关旅游发展的重大问题。执行委员会是世界旅游组织的领导机构，由大会按照每五个正式成员国选举一个的比例选举产生，任期四年，每年至少开两次会议。执行委员会在全体大会休会期间可以行使大会的职权，负责处理世界旅游组织的日常行政和技术问题。秘书处负责日常工作，秘书长由执委会推荐，大会选举产生。秘书处的工作由世界旅游组织秘书长领导，秘书长由大会指派，并经与会成员2/3以上赞同通过，方可出任，任期为4年。地区委员会是非常任机构，每年召开一次会议。共有六个地区委员会，它们是欧洲委员会、非洲委员会、中东委员会、南亚委员会、东亚及太平洋委员会、美洲委员会。它们的主要任务是在各自的地区内负责执行全体大会及执行委员会的决议和建议，负责协调、组织本地区的研究会、工作项目和地区性活动。各地区委员会还设有地区秘书处，这些秘书处的主要工作是帮助地区委员会召开地区会议。

（2）成员及主要出版物。按照世界旅游组织的章程，世界旅游组织成员分为三种：第一种是正式成员，是指主权国家的政府旅游部门；第二种是联系成员，是指无外交实权的领地；第三种是附属成员，是指直接从事旅游业或与旅游业有关的组织、企业和机构。联系成员和附属成员对世界旅游组织事务无决策权。截至 2005 年 11 月，世界旅游组织有正式成员 144 个。

出版的刊物有《世界旅游组织消息》(月刊，英文、法文、西班牙文)、《旅游发展报告(政策与趋势)》(年刊，英文、法文、西班牙文)、《旅游统计年鉴》(年刊，英文、法文、西班牙文)、《旅游统计手册》(年刊，英文、法文、西班牙文)和《旅游及旅游动态》(季刊，英文、法文、西班牙文)。

另外还有旅游宣传小册子：《旅游安全注意事项》、《旅游者在国外的健康》、《90 年代便利伤残人之旅游》、《世界旅游全景——世界和区域旅游发展概况》。世界旅游组织每年还出版大量的专著和报告。

5. 世界旅游组织与中国的关系

1975 年 5 月，世界旅游组织承认中华人民共和国为中国唯一合法代表。1983 年 10 月 5 日，该组织第五届全体大会通过决议，接纳中国为正式成员国，成为它的第 106 个正式会员。1987 年 9 月，在第 7 次全体大会上，中国首次当选为该组织执行委员会委员，并同时当选为统计委员会委员和亚太地区委员会副主席。1991 年，再次当选为该组织执委会委员。2003 年至今，中国同世界旅游组织的关系继续发展。

6. 世界旅游日

1971 年，世界旅游组织的前身——国际官方旅游组织联盟根据非洲国家官方旅游组织的意见，提出创立世界旅游日的设想。

经过大量的准备工作之后，1979 年 9 月，世界旅游组织第 3 次代表大会正式决定 9 月 27 日为“世界旅游日”。选择这一天是为了纪念国际官方旅游组织联盟 1970 年 9 月 27 日在墨西哥城的特别代表大会上通过了将要成立的世界旅游组织的章程，此外，这一天又恰好是北半球旅游旺季刚过，而南半球旅游季节又刚刚到来之际，即这正是世界各国人民度假的好时节。

1983 年 10 月，中国被世界旅游组织接纳为正式成员。此后，每年的 9 月 27 日前后，中国也都开展世界旅游日的纪念活动。

世界旅游组织确定每年的 9 月 27 日为世界旅游日，目的在于给旅游宣传提供一个机会，引起人们对旅游的重视，促进各国在旅游领域的合作。为不断向全世界普及旅游理念，形成良好的旅游发展环境，发展国际、国内旅游，促进各国文化、艺术、经济贸易的交流，增进各国人民的相互了解，推动社会进步，该组织每年都推出一个世界旅游日的主题口号，世界各国旅游组织根据宣传口号和要求开展活动，以便突出旅游宣传的重点。1980～2007 年的旅游日主题口号如下。

1980 年：旅游为保存文化遗产，为和平及相互了解作贡献

1981 年：旅游业与生活质量

1982 年：旅游业的骄傲：好的客人与好的主人

1983 年：旅游和假日对每个人来说既是权利也是责任

1984 年：为了国际间的理解、和平与合作的旅游

1985 年：年轻的旅游业：为了和平与友谊的文化和历史遗产

1986 年：旅游：世界和平的重要力量

1987 年：旅游与发展

1988 年：旅游：公众教育

1989 年：旅游者的自由活动创造了一个共融的世界

1990 年：认识旅游事业，发展旅游事业

1991 年：通信、信息和教育：旅游发展的动力

1992 年：旅游促进社会经济一体化，是各国人民相互了解的途径

1993 年：争取旅游发展和环境保护的和谐

1994 年：高质量的服务、高质量的员工、高质量的旅游

1995 年：通过负起责任而受益

1996 年：旅游业：宽容与和平的因素

1997 年：旅游业：21 世纪创造就业与保护环境的引导产业

1998 年：政府与企业的伙伴关系，旅游开发与促销的关键

1999 年：旅游：为了新世纪，保护世界遗产

2000 年：技术与自然：21 世纪旅游业面临的双重挑战

2001 年：旅游业：为和平与文明之间的对话而服务的工具

2002 年：生态旅游：可持续发展的关键

2003 年：旅游业：一种消除贫困、创造就业与社会和谐的驱动力

2004 年：旅游拉动就业

2005 年：体育与旅游——促进相互理解、文化和社会发展的力量

2006 年：旅游：让世界受益

2007 年：旅游向妇女敞开

从 1985 年起，中国在北京、上海、重庆、成都、沈阳等城市设立主会场，并在全国各地设分会场，举办欢庆世界旅游日的活动，并围绕当年世界旅游组织确定的旅游活动主题开展旅游宣传活动。

小资料

中国被推举为世界旅游组织执委会成员国

2007 年 11 月 26 日下午，中国国家旅游局局长邵琪伟率团参加在哥伦比亚卡塔赫纳举行的世界旅游组织第 17 届全体大会期间，以东亚太地区委员会主席的身份，主持召开了第 46 次东亚太地区委员会会议。

来自中国、日本、韩国、澳大利亚和马来西亚等 13 个东亚太地区委员会成员国和世界旅游组织联系成员的代表出席了本次会议。世界旅游组织秘书长弗朗加利到会并讲话。会议的主题是：总结本年度工作，选举产生新一届东亚太地区委员会主席国、副主席国，以及代表本地区参加世界旅游组织各专门委员会的代表。

邵琪伟首先主持通过了大会议程，并就东亚太地区旅游发展态势发表了自己的见解。在此后的议程中，各成员国积极发言，讨论热烈而富有成效，并圆满完成了大会既定的各项议程。

大会最终选举泰国为下届东亚太地区委员会主席国，日本和澳大利亚为副主席国。中国被东亚太地区委员会推举为下届世界旅游组织执委会成员国和附属成员资格评审委员会成员国。

会议结束时，各成员国纷纷向邵琪伟祝贺中国被推荐为下届执委会成员国，并感谢中国在担任东亚太地区委员会主席国期间所做出的积极努力和杰出贡献。

26 日晚，邵琪伟率领中国代表团出席了世界旅游组织第 17 届全体大会开幕式。开幕式现场隆重而热烈，哥伦比亚总统乌里韦亲自到会，向世界各国的与会代表表示热烈欢迎。世界旅游组织秘书长弗朗加利在开幕式上致辞。其间，邵琪伟与阿塞拜疆旅游部部长、俄罗斯联邦旅游署署长及非洲等国的旅游部长进行了亲切友好的交谈，进一步加强了中国与上述国家政府旅游部门的联系。（资料来源：中国旅游报）

8.3.2 民间性旅游组织

1. 世界旅行社协会联合会（UFTAA）

世界旅行社协会联合会（Universal Federation of Travel Agents，Association-Uftaa,UFTAA），是最大的民间性国际旅游组织。其前身是 1919 年在巴黎成立的欧洲旅行社和 1964 年在纽约成立的美洲旅行社，1966 年 10 月由这两个组织合并组成，并于 1966 年 11 月 22 日在罗马正式成立。总部设在比利时的布鲁塞尔。

世界旅行社协会联合会的宗旨是：团结各国的旅行社协会和组织，协助他们解决会员之间的业务纠纷，负责国际政府间或非政府间旅游团体的谈判事宜，代表旅行社业同有关的旅游组织和企业建立联系和合作，尽一切努力给予他们职业的指导和技术的援助，保证旅行社业务最大限度地得到发展，并为旅行社业的利益服务，最大限度地维护这一职业的声誉。

世界旅行社协会联合会每年召开一次全体大会，全体大会是该联合会的最高权力机构。主要任务是交流经验、互通情报。理事会由选举或协商产生，主要负责处理日常的工作，处理那些不能拖延到下次理事会解决的问题。理事会下设总秘书处，由秘书长负责，具体执行理事会和执行委员会的决定。该会出版发行《世界旅行社协会联合会议使报》（月刊）。

该联合会自 1974 年以来一直与我国保持友好联系。1995 年 8 月，中国旅游协会正式加入该组织。

2. 亚洲及太平洋旅游协会（PATA）

亚洲及太平洋旅游协会（Pacific Asia Travel Associaion,PATA），是具有广泛代表性和影响力的民间国际旅游组织，是 1986 年由成立于 1951 年的原太平洋旅游协会改名而来的。总部设在美国旧金山。两个分部一个在菲律宾的马尼拉，一个在澳大利亚的悉尼，分别主管东亚地区和南太平洋地区的事务。该组织在整个亚太地区以至世界的旅游开发、宣传、培训与合作等多方面发挥重要作用。

该协会的宗旨是：促进世界各国的游客进入亚太地区旅游及亚太地区内部的国际旅游，并促进整个亚太地区旅游业的发展，加强会员国之间的业务联系，分析和研究市场行情，发展本地区国家监督业务和文化联系。该组织致力于联合亚洲及太平洋地区所有热心旅游事业的团体，鼓励和支持本地区旅游业的发展，保护本地区特有的旅游资源。

亚洲及太平洋旅游协会的最高权力机构是每年一次的大会。管理机构为理事会（由 49～51 名成员组成），其职能是在两届年会之间开展协会的工作。协会下设四个委员会：管理工作委员会、市场营销委员会、开发工作委员会、调研工作委员会。为加强各地区联系，提高工作效率，协会在亚洲的新加坡、太平洋地区的悉尼、欧洲的摩纳哥和美洲的旧金山都设立了办事处。协会出版发行各种旅游教材、研究报告、宣传材料、旅游指南及多种期刊，主要有《太平洋旅游新闻》。

中国旅游局于1993年加入该协会，正式成为它的官方会员。

3. 妇女旅游组织国际联合会（IFWTO）

妇女旅游组织国际联合会（International Federation of Womens Travel Organizations,IFWTO），是世界范围的、独立的妇女旅游组织，1968年在美国旧金山成立。1970年召开了第一次年会，会议的主题是“人比地方更重要”，这是联合会全体会员共同关心的问题。

国际联合会广泛吸收在旅游业中就职的妇女。凡在旅游业从事推销或促进工作的妇女，以及成立一年以上的妇女旅游组织，都可申请加入联合会。

国际联合会设研究、教育、旅游业务、公共关系等委员会。联合会的理事长、常务理事及地区分会的正副会长均由积极热心的会员担任，以扩大其交际范围，提高领导能力。国际联合会每年上半年举行一次年会。另外，各个地区，如大西洋、中美洲、太平洋等地每年都在本地区内举行一次秋季研讨会，所有成员均可参加。年会的最重要活动之一是“贸易交易会”。代表们可以在交易会上展出各自的产品和服务项目，并和其他公司代表取得业务联系。

其成员的任务是促进旅游的发展，推销旅游有关产品并提供服务。联合会出版两种刊物：一份名为《精神》的刊物，分发给每个成员组织及个人；另一份《旅游业务》报纸，寄给俱乐部成员及选定的旅游业代表。两种刊物均为半年一期。

联合会倡导并组织旅游教育。主要目的是：使其成员获得专业知识，从而在工作中不断提高素质，发挥有效的经营和管理才能，提高领导技巧；鼓励其成员踊跃参加正在兴旺发展的旅游业。同时，发展成为一个全球性联络网。

教育计划包括分组讨论、实习和知名人士的演讲报告。

4. 世界一流酒店组织（LHW）

世界一流酒店组织（The Leading Hotels of the World,LHW），是世界性的一流酒店和订房组织，1928年在瑞士成立，创办时有近50家成员，总部设在纽约。

世界一流酒店组织的宗旨是：吸收世界上最佳的旅馆为成员，促进世界各地的一流酒店提高和保持其卓越地位、一流服务和优良的传统；每年召开一次年会，交流经验，相互学习，相互促进；组织成员之间可以相互介绍客人。

该组织设有股东会、执委会、国际顾委会等机构。主要是欧洲国家投股，委托美国管理集团进行管理。为方便客人预订房间，还在纽约、伦敦、法兰克福、中国香港、东京、新加坡、悉尼、里约热内卢等地设有18个办事处，各地的办事处通过地球卫星通信系统由电脑互联，能非常正确、及时地提供每个世界一流酒店里的客房信息，并能处理、确认宾客的预订。

目前该组织已有200多个成员。要申请作为“世界一流酒店组织”的成员，必须在位置、组织、管理、服务、烹饪、装饰和环境等方面都具备最佳条件和最高标准，要求设备先进、管理技术现代化、格调高雅、豪华、舒适及一流的服务水平，经过专门的严格检查和审定，提交执委会讨论通过，合格者才能被接纳为该组织的正式成员。我国广州白天鹅宾馆于1986年7月1日被接收为该组织成员，北京贵宾楼饭店和王府饭店也被接收为该组织的正式成员。

5．国际旅游联盟（AIT）

国际旅游联盟（Alliance Internationae De Tourisme,AIT），是一个旅游协会的联合组织，于1898年在瑞士日内瓦成立，参加该联盟的成员有140个协会，总人数达5000万人，会员遍及85个国家和地区。

国际旅游联盟的宗旨是：研究国际旅游中出现的一切问题，提出建设性的改革意见，扶持旅游业的发展，保护旅游业的利益。

6．国际旅游科学专家协会（IASEI）

国际旅游科学专家协会（International Association of Scientific Esperts Intourism,IASEI），是由国际上致力于旅游研究和旅游教学的专家组成的学术团体，于1951年5月31日在罗马成立，总部设在瑞士的伯尔尼。

该协会的宗旨是：加强成员之间的友好联系，鼓励成员之间的学术活动，通过个人相互接触，相互交流经验，提高会员之间参与科研的积极性，支持具有学术性质的旅游研究机构，以及其他有关旅游研究与教育的组织的活动。

会员大会是该协会的最高权力机构，每年举行一次。该协会在47个国家中有400多名会员。它在旅游理论研究上享有很高的威信，如著名的“艾斯特”定义。协会还定期出版发行《旅游评论》季刊和会议年度纪要等与旅游业发展、旅游销售有关的论著。

7．国际饭店协会（IHA）

国际饭店协会（International Hotel Association,IHA），是1946年3月成立的一个世界性饭店行业组织，总部设在法国巴黎。该协会早期受欧洲一些大饭店的控制，发展缓慢。随着世界旅游业发展，饭店集团开始发挥其主导作用，现正朝着全球饭店协会和国际饭店集团方向发展。

国际饭店协会的宗旨是：为了促进世界饭店业的迅猛发展，加速与国际有关组织的协调与合作，加强国际饭店业之间的联系与交流，研究全球饭店业的发展，共同参与饭店业的管理、国际金融结算、保险货币兑换、建立业务评估制度等活动，召开专业性座谈会和通报饭店业信息。

协会最高权力机构是会员代表大会，理事会主持常务工作，秘书处负责处理日常工作。

该协会在20世纪90年代中期有4500个会员，分布在世界145国家和地区。我国于1994年3月以国家会员的资格加入该组织。

小资料

邵琪伟会见世界旅游组织秘书长

2006年6月12日，国家旅游局局长邵琪伟在中国澳门会见了世界旅游组织秘书长弗朗加利，就加强国家旅游局与世界旅游组织的合作深入交换了意见。

邵琪伟首先向世界旅游组织一直以来对中国旅游业发展的关心和支持表示感谢。邵琪伟说，近年来，中国旅游业持续高速发展，对经济社会发展的积极作用日益显现。把旅游业培育成为国民经济的重要产业，已成为我国“十一五”时期旅游业发展的重要任务。国家旅游局愿进一步加强与世界旅游组织的合作，积极参与世界旅游组织的有关活动，积极借鉴其他国家旅游业发展的经验，更快更好地推进中国旅游业发展，并为世界旅游业发展做出积极贡献。

弗朗加利感谢邵琪伟专程率团来中国澳门出席世界旅游组织第 44 次东亚太地区委员会会议，并感谢中国国家旅游局长期以来对世界旅游组织和他本人工作的支持。他说，中国及其所在的亚太地区已成为世界旅游业增长最快的国家和地区之一。中国旅游业持续快速发展，有力地促进了世界旅游业的繁荣，对世界旅游业的贡献越来越显著。世界旅游组织将积极支持中国旅游业的发展，愿与中国开展更为广泛的交流和合作。

双方还就合作开展中国最佳旅游城市评定、共同推动旅游标准化和旅游卫星账户等方面的工作，交换了意见。（资料来源：中国旅游报）

本章小结

随着旅游活动规模的不断扩大，旅游业在经济发展中的作用越来越重要。旅游业要想持续稳定地发展，就必须有政府的干预，世界各国政府及旅游目的地的地方政府都对旅游和旅游业的发展给予了极大的关注，并对旅游业的发展采取了积极的干预政策。因此，世界上建立了世界性的旅游组织，各国也建立了全国性的旅游管理机构和旅游管理组织，同时旅游行业内部也建立了与旅游业相关的各种行业组织，它们在促进旅游业发展中起着非常重要的作用。如果按组织区域可分为世界性旅游组织、世界地区性旅游组织、全国性旅游组织和国内地方旅游组织四类；如果按组织职能可分为旅游行政组织、旅游行业组织和政府间组织。

在我国旅游业的发展中，也建立了旅游行政组织和旅游行业组织，并在自己的管理范围内各司其责，共同促进我国旅游业的发展。

国际性旅游组织包括政府间组织和民间性组织。国际性旅游组织在世界旅游发展中的作用更是举足轻重的。各组织相互协商，共同维护世界旅游业的发展。

重点名词

旅游组织　世界性旅游组织　世界地区性旅游组织　全国性旅游组织　国内地方旅游组织　旅游行政组织　旅游行业组织

复习思考题

一、填空题

1．旅游组织按区域可以分为________、________、________和________四类。

2．世界旅游组织是全球唯一的________国际旅游组织，也是联合国下属的一个执行机构，总部设在西班牙首都__________。

3．世界旅游日是______月______日，2007 年世界旅游日的主题是__________。

4．中国旅游协会是由中国旅游行业的有关社团组织和企事业单位在__________基础上组成的全国综合性旅游行业协会，是我国第一个旅游全行业组织，具有独立的________资格。

二、简答题

1. 简述旅游组织的职能。
2. 简要介绍中国国家旅游局的职能。
3. 简要介绍中国主要的旅游行业组织。

案例分析

世界遗产地旅游管理与可持续发展国际会议

由世界旅游组织、联合国教科文组织、中国国家旅游局和安徽省人民政府共同主办，安徽省旅游局和黄山市人民政府承办的“世界遗产地旅游管理与可持续发展国际会议”于2008年3月24日至27日在黄山市召开。

世界旅游组织与联合国教科文组织共同就遗产地问题举行会议在中国尚属首次，规模大、规格高，意义深远。

此次会议的主要内容有：①遗产地旅游经济利益最大化与负面环境影响最小化研究；②黄山案例研究；③联合签署《黄山宣言》；④建立世界旅游组织“世界遗产地旅游可持续发展黄山观测站”；⑤世界遗产地——黄山风景区、西递、宏村实地考察。

会议通过国内外专家及演讲代表的说明演示、案例研究和实地考察等多种形式，为所有与会者提供遗产地旅游规划与管理方面的重要信息，从而在一定程度上避免旅游发展过程中产生的负面或非可持续性的后果。

参加此次会议的嘉宾200余人，其中境外代表80人左右，包括来自世界旅游组织、联合国教科文组织的官员及工作人员，国际演讲者、世界旅游组织亚太区成员国代表、相关国际及区域性机构或组织代表等；境内代表120人左右，国家旅游局等国家相关部委、安徽省政府及省直有关部门各级领导，国内演讲者、国内主要旅游大学（学院）、社会机构等知名专家和学者，国内主要国际旅游目的地、世界遗产地、友好省市、全国优秀旅游城市等所在地省市政府官员和企业代表出席了会议。

（资料来源：搜狐网）

根据上述案例，说明世界旅游组织在倡导全球遗产地贯彻旅游可持续发展原则，学习交流世界各国遗产地旅游可持续发展的先进经验，推动世界遗产的保护和永续利用有哪些作用？我国的各类旅游组织在促进旅游发展方面，做出了哪些贡献？

实训训练

1. 到熟悉的某一旅游组织，如旅行社协会、饭店业协会，调查其职能，了解它们在旅游发展中的作用。

2. 你的学校有学生旅游社团吗？如果没有，组织班级的同学成立一个旅游协会；如果已经有了旅游社团，请开展1～2项旅游知识专题讲座。

第 9 章

旅游的可持续发展

【学习要点】

- 可持续发展的基本理论
- 世界旅游业发展模式与趋势
- 中国旅游业发展模式与趋势
- 提高我国旅游业竞争力的方法

导入案例

可持续发展

1980 年 3 月 5 日，联合国向全世界发出呼吁："必须研究自然的、社会的、生态的、经济的及利用自然资源工程中的基本关系，确保全球可持续发展"。1983 年 11 月，联合国成立了包括科学、教育、经济社会及政治方面的 22 位成员组成的环境与发展委员会（WCED），并要求该组织以"持续发展"为基本纲领，制订"全球变革日程"。1987 年该委员会把长达 4 年的研究，经过充分论证的报告《我们共同的未来》（Our Common Future）提交联合国大会，正式提出了可持续发展的模式。该报告对当前人类在经济发展和保护环境方面存在的问题进行了全面和系统的评价，一针见血地指出，过去我们关心的是发展对环境带来的影响，而现在我们则迫切地感到生态的压力，如土壤、水、大气、森林的退化对发展所带来的影响。在不久以前我们感到国家之间在经济方面相互联系的重要性，而现在我们则感到在国家之间的生态学方面相互依赖的情景，生态与经济从来没有像现在这样相互紧密地联系在一个互为因果的网络之中。

根据这个观点，来学习可持续发展的理论，了解旅游业的发展模式。

小资料

环发大会

环发大会，是"联合国环境与发展大会"的简称，是联合国于 1992 年 6 月 3 日至 14 日，在巴西的里约热内卢召开的一次关于世界环境与发展问题的国际会议，也称"第二次人类环境会议"。

此次会议有 183 个国家的代表团和联合国及其下属机构等 70 个国际组织的代表参加，102 位国家元首或政府首脑亲自与会，因此，也称为“地球首脑会议”或“地球高峰会议”。

这次会议距第一次人类环境会议整整过了 20 年，整个世界环境保护事业已发生了很大变化，环境污染也出现了新的形势。20 年来，不仅发达国家在环境保护方面做了很多工作，环境污染治理成效显著。很多发展中国家也做了大量工作。但是纵观全球环境污染的形势仍然相当严峻，摆在人类面前的事实是：不仅很多国家局部性的污染没有彻底治理，水、气、声、渣四害仍在横行，而且全球性的环境污染问题进一步加剧。例如，气候变暖明显、臭氧层破坏加速、酸雨范围扩大、荒漠化日益严重、森林物种剧减、人口急剧膨胀等，这些环境问题的前景令人担忧，也向人类提出了严峻的挑战。可以说，人类对环境的破坏已经到了必须悬崖勒马的地步。里约环发大会就是在这种环境背景下召开的。环发大会通过和签署了五个国际性的环境保护文件，它们是：《里约环境与发展宣言》、《21 世纪议程》、《关于森林问题的原则声明》、《气候变化框架公约》和《生物多样性公约》。

这次大会增强了各国对环境问题及采取措施保护人类环境迫切性的认识，使环境保护与经济发展密不可分的道理被各国广泛接受，启动了南北对话，增强了发展中国家的团结，维护了发展中国家的利益，并为将来取得更大的成功奠定了基础。它是自 1972 年第一次联合国人类环境会议之后举行的规模最大、级别最高的一次世界环境与发展的国际会议。这次会议对人类的环境与发展具有深远影响。

9.1 旅游可持续发展的基本理论

近些年来，人类赖以生存和发展的环境和资源遭到了越来越严重的破坏，人类不同程度地尝到了环境破坏的苦果。在社会发展的同时，人们把经济、社会与环境割裂开来，只顾谋求自身的、局部的、暂时的经济利益，而不考虑给人类及后代带来的环境恶化甚至灾难。目前摆在世界各国面前的一个重大问题就是资源短缺、环境污染和生态恶化，经济发展、资源利用及环境保护所构成的矛盾已经成了世界各国共同面临的重大挑战。可持续发展的理论正是在环境生态危及人类生存和发展，传统发展模式严重制约经济发展和社会进步，人类对环境保护呼声日益高涨的背景下逐步形成的。在《我们共同的未来》一文中，正式提出了可持续发展的模式。联合国环发大会（UNCED）通过的《21 世纪议程》，更是凝聚了当代人对可持续发展理论认识深化的结晶。

旅游业作为全球的新兴产业在我国发展虽然只有短短 20 年历史，但这 20 年间，中国旅游业取得了突飞猛进的发展，中国作为全球最大的发展中国家正在向旅游大国悄然迈进。然而，随着我国旅游业的发展，旅游业对环境、社会、经济、文化的负面影响正逐渐被人们所意识到。生态环境恶化，不良思想泛滥，传统文化遗失，管理体制混乱，这些问题就像一把利剑挡住了中国旅游业前进的步伐，而打破这种僵局的办法就是旅游的可持续发展。

9.1.1　可持续发展的内涵

1．可持续发展理论的科学理念

（1）可持续发展的缘起。

“可持续发展”（sustainable development）一词，是 20 世纪 80 年代中期首先在欧洲一些发达国家提出来的，经过许多国家之间的争辩，最终在 1989 年 5 月联合国环境规划署第 15 次理事会上达成了共识。

可持续发展，首先是从环境保护的角度来倡导保持人类社会进步与环境保护共同发展。它号召人们在增加生产价值的同时，必须注意生态环境的保护与改善。明确提出要变革人类沿袭已久的生产方式和生活方式，并调整现行的国际关系。这种调整与变革要按照可持续性的要求进行规划和运行。

“持续”一词（sustain）来自拉丁语 sustenere，意思是“维持下去”或“保持继续提高”。针对资源与环境，则应理解为保持或延长资源的生产使用性和资源基础的完整性，意味着使自然资源能够永远为人类所利用，不至于因其耗竭而影响后代人的生产与生活。

1972 年，联合国在斯德哥尔摩通过了《联合国人类环境会议的宣言》，第一次提出了环境与发展的主题。1982 年，联合国的三个高级专家委员会分别发表了《我们共同的危机》、《我们共同的安全》、《我们共同的未来》三个纲领性文件，提出为了保障安全、克服危机和创造未来都必须实施可持续发展战略。1993 年，联合国又召开了环境与发展会议，形成了《关于环境与发展的里约热内卢宣言》和《21 世纪议程》。1997 年 6 月 27 日，联合国第 19 次特别大会重申《21 世纪议程》是可持续发展战略的基础。

目前，可持续发展战略已经成为世界性的世纪性话题，引起了世界各国的广泛关注和普遍重视。中国政府对此也做出了积极的反应和努力。在环发大会上，中国政府做出了履行《21 世纪议程》的庄严承诺，并于 1994 年通过了世界第一部国家级可持续发展战略——《中国 21 世纪议程》。

（2）可持续发展的定义。

与“可持续发展”有关的定义近百种，但这些定义的方向大体是一致的。世界自然保护同盟、联合国环境署和世界野生动物基金会在 1991 年共同发表的《保护地球——可持续生存战略》中指出：“在生存不超出维持生态系统涵容能力的情况下，改善人类的生活品质”。1992 年联合国环境与发展大会（UNCED）的《里约宣言》中对可持续发展进一步阐述为：“人类应享有与自然和谐的方式过健康而富有成果的生活权利，并公平地满足今后世代在发展和环境方面的需要，求取发展的权利必须实现”。世界环境和发展委员会（WCED）在《我们共同的未来》的报告中指出：“既满足当代人的需求又不危及后代人满足其需求的发展。”

我国的几位可持续发展战略研究专家认为，可持续发展一词比较完整的定义是：“不断提高人群生活质量和环境承载力的、满足当代人需求又不损害子孙后代满足其需求能力的、满足一个地区或一个国家的人群需求又不损害别的地区或别的国家的人群满足其需求能力的发展”。

综上所述，可持续发展是一种从环境和自然资源角度提出的关于人类长期发展的战略和模式，它特别强调环境和自然资源的长期承载能力对发展进程的重要性以及发展对改善生活质量的重要性。可持续发展从理论上结束了长期以来把经济发展同保护环境与资源相互对立起来的错误观点，并明确指出它们应当是相互联系和互为因果的关系。

“可持续发展”一词一经提出，就在世界范围内逐步得到认可并成为大众媒介使用频率最高的词汇之一，这反映了人类对自己以前走过的发展道路的怀疑和否定，也反映了人类对今后选择的发展道路和发展目标的憧憬和向往。人们逐步认识到过去的发展道路是不持续的，或至少是持续不够的，因而是不可取的，唯一可供选择的道路是可持续发展。人类的这一反思是发自内心的，反思所得出的结论具有划时代的意义。这正是可持续发展的思想得以在全世界不同经济水平和不同文化背景的国家取得共识的根本原因。可持续发展是发展中国家和发达国家都可以争取实现的目标，多数发展中国家积极投身可持续发展的实践中，也正是可持续发展理论风靡全球的重要原因。

可持续发展理论的意义包含两大方面的内容：一是对传统方式的反思和否定；二是对合理的可持续发展模式的理性设计。就合理设计而言，可持续发展具体表现在：工业应当是高产低耗，能源应当被循环利用，粮食需要保障长期供给，人口与资源应当保持相对平衡等许多方面。

小资料

《21 世纪议程》

《21 世纪议程》是由环发大会通过的又一个重要的国际性文件。该《议程》是一个涉及内容广泛的实施可持续发展战略的行动计划，其基本思想是：人类正处在历史的抉择关头，或者继续实施现行的政策，保持国家之间的经济差距，在世界各地增加贫困、饥饿、疾病和文盲，从而继续使人类赖以维持生命的地球生态系统恶化；或者改变现行的政策，改善所有人的生活水平，更好地保护和管理生态系统，争取一个更为安全、更加繁荣的未来。该议程从后者出发，为世界各国提供了一个从现在起至 21 世纪全球持续发展各个领域的蓝图。全文由 4 部分共 40 章 20 余万字组成。每一章分为数个项目，每一项目还包括行动基础、目标、应采取的行动等。有些项目还包括了资金和费用估算。它是一项庞大的、包罗万象的纲领性文件。《议程》虽然不具有法律约束力，却为各国制订环保和发展战略，保护环境、增强国力、加快经济增长提供了权威性的原则指导和依据，对各国此后环境政策与立法都将产生重要影响，对国际环境法的发展也将产生积极作用。我国于 1994 年 3 月 25 日由国务院通过了《中国 21 世纪议程》，并纳入国民经济与社会发展计划中予以实施。

2. 可持续发展的内容

可持续发展指的是：“满足当前需要而又不损害子孙后代满足其需要之能力的发展，而且绝不包含侵犯国家主权的含义”。1992 年的联合国环境与发展大会通过了《21 世纪议程》，就是将可持续发展作为全球的行动战略，强调人、社会、自然三者的和谐发展，要求实现全人类国际间发展机会平等条件下的协调的发展和共同的进步。虽然这两种表述有些不同，但重点强调了确保各国各地区长远的乃至人类国际间协同的持续发展方面的意见是一致的。可持续发展不是单一的某一方面的发展，而是一个复合性的概念，可持续发展的内容主要包括生态的可持续发展、经济的可持续发展和人类社会的可持续发展三个方面及三者有机的统一。

（1）生态的可持续发展。生态的可持续发展就是指建立在自然资源的可持续利用和良好的生态环境的基础上，以保护和维持好整体的生物生命支撑系统和生态系统，保护自然资源和生物多样性，有效利用自然资源以保证可持续发展，形成生态环境的良性循环和发展。因此，它要求重视资源与环境承载力的研究，建立科学的环境保护标准，防止环境污染与破坏，再利用新技术来恢复和重建已经被污染和破坏的生态系统，通过保护和重建自然环境，为人类可持续利用自然资源和环境提供基础条件。

（2）经济的可持续发展。经济的可持续发展，要求的不仅是重视经济数量的有效增长，更应该重视其质量的提高，节约资源，保护环境，优化配置，增加效益等。从生态经济学的视角看，经济的传统发展明显和可持续发展存在不同，前者主要强调的是高速度、高效率甚至高消费的工业化、城市化走向。而后者主要强调发展持续均衡的全息的生态经济（或绿色经济），坚决杜绝环境污染和生态失衡。经济的可持续发展为生态的可持续发展提供良好条件，在过去为经济发展所牺牲的环境还需要经济来赔偿，对过去“已污染破坏”了环境的进行“后治理”是必须的，因为如果没有后治理，任其恶化，可能导致可利用资源的进一步减少，经济的可持续发展将失去基础.

（3）人类社会的可持续发展。人类社会的可持续发展，是指国内和国际的社会稳定的发展，这是可持续发展全过程的综合体现。因为可持续发展是以不断改善和提高人类生活质量为目标的（包括精神的和物质的），所以我们必须努力实现自然、经济与社会发展的和谐统一，构建人类与自然生态天人合一的社会共同体。只要社会在每一个时间段内都能保持资源、经济、社会同环境的协调，那么这个社会的发展就符合可持续发展的要求。

可持续发展这三方面内容，是相互促进又相互制约的。生态可持续发展为经济可持续发展提供基础，生态和经济的可持续发展为社会的可持续发展提供基础；反过来说，社会的可持续发展又为经济的可持续发展提供了条件，经济的可持续发展为生态可持续发展提供条件。而整个社会的可持续发展，既是一个全局性综合过程，又具有永恒的目的，即谋求经济发展与人口、资源、环境的相互协调，实现经济和社会的持续、稳定、健康、协调、快速的发展，在满足人类自身物质需求和精神需求的同时，求得资源的循环利用和环境的良性发展，最终达到真正意义上的人与自然的“和谐共生”。

3. 可持续发展观的内涵与哲学原理

（1）可持续发展观的内涵。可持续发展就是指既要考虑当前发展的需要，又要满足未来发展的需要，不能以牺牲后代人的利益作为代价来满足当代人的利益。可持续发展的核心思想是实现经济、社会和人口、资源、环境的协调发展。经济的发展必须与人口、环境、资源统筹考虑，不仅要安排好当前的发展，还要为子孙后代着想，为未来的发展创造更好的条件，绝不能走浪费资源和先污染后治理的路子。可持续发展观的一个重要特点是研究了人类的代际关系，即这一代与后一代人的关系问题，以及人与自然的关系问题。可持续发展观强调以未来的发展来规范现在的行动。换句话说，就是使发展成为在今天是现实的、合理的，同时又能使明天的发展获得可能的空间和条件。

（2）可持续发展观的哲学原理。从哲学的角度讲，一切事物都是运动的，运动是绝对的，静止是相对的。发展就是事物的一种运动状态，但它又不是一般的事物运动，而是向前的、向上的、推陈出新的、发生质的变化的、保持一定速度的运动。也就是说，发展是特指事物由小到大、由低级向高级、由旧质到新质、由落后到先进的螺旋式上升的运动变化过程。当然，发展也有快、有慢，有片面的、有全面的，有不平衡的、有均衡的，有不协调的、有协调的，有一时的、也有持续的。

从辩证法的意义上讲，发展应当是辩证的发展，科学的发展观应该是辩证的发展观。发展是矛盾的统一体，矛盾是一切事物存在的根本规律。事物发展的根本原因，在于事物本身的内在矛盾，矛盾是事物存在的普遍法则，矛盾无处不在、无时不有；矛盾是事物发展的根本原因，旧矛盾解决了，新矛盾又产生了；矛盾是客观存在的，不以人的意志为转移的。辩证的发展观实质上是矛盾的发展观。具体讲，旧矛盾解决，新矛盾又出来了，往复循环，事物才向前发展，有矛盾才发展，事物是以矛盾发展为动力的。发展就是事物内部矛盾不断产生、发展和解决的过程。所以，可持续的发展观就是科学的发展观。

9.1.2 旅游可持续发展的概念

1. 旅游可持续发展的概念

随着可持续发展的观念在全世界范围内受到广泛的关注，旅游可持续发展也日益成为世界各国频繁讨论的论题。目前有许多专家学者正在研究旅游可持续发展的概念。

可持续发展大会通过的《旅游业可持续发展行动战略》草案提出：旅游可持续发展是在保持和增强未来发展机会的同时满足目前游客和旅游地居民的需要。世界旅游组织（WTO）顾问爱德华·英斯基普认为，可持续旅游就是要“保护旅游业赖以发展的自然资源、文化资源、其他资源，使其为当今社会谋利的同时也能为将来所用”；世界旅游组织 WTO 在 1993 年出版的《旅游与环境丛书》中对旅游可持续发展给出的定义是“指在维持文化完整、保持生态环境的同时，满足人们对经济、社会和审美的要求。它能为今天的主人和客人们提供生计，又有保护和增进后代人的利益并为其提供同样的机会”；1995 年联合国教科文组织、环境规划署和世界旅游组织在西班牙加那利群岛的兰沙罗特岛召开的“可持续旅游发展世界会议”上通过的《旅游可持续发展宪章》和《旅游可持续发展行动计划》中明确指出“旅游可持续发展的实质就是要求旅游与自然、文化和人类生存环境成为一个整体”。

从上述关于旅游可持续发展概念的阐述，可以看出：虽然各自的表达不尽相同，但他们对旅游可持续发展的实质揭示还是一致的，即旅游、资源、人类生存环境三者的统一，以形成一种旅游业与社会经济、资源、环境良性协调的发展模式。旅游业的可持续发展不是单纯的经济发展、产值增加，而是生态、社会和经济三维复合系统的可持续性和综合性的发展。

综上所述，可以把旅游可持续发展的概念表述为：在充分考虑开发旅游资源、维持文化完整、保持生态环境平衡的前提下，把旅游开发建立在生态环境承受能力之上，满足人们对经济、社会和审美的要求，既能为今天的主人和客人们提供生计，又能保护和增进后代人的利益并为其提供同样的机会，努力谋求旅游业与资源、人类生存环境的协调发展，并能造福于后代子孙的一种旅游经济发展模式。

2. 旅游可持续发展的特点

旅游可持续发展有公平性、持续性、和谐性、统一性、合作性的特点。

（1）公平性。公平性强调的是本代人的公平、代际间的公平及公平分配有限的旅游资源，特别是公平分配那些不可更新旅游资源（这里的公平分配不是指公平占有，主要指满足人们旅游需求的公平机会），在未找到替代性资源以前尽可能地延长旅游资源的生命周期，避免不可更新资源过早地出现枯竭的现象。

（2）持续性。旅游可持续发展的核心就是持续性。它强调的是对旅游资源的合理的开发利用。由于旅游资源是不可再生的稀缺性资源，所以在开发中要尽量地保持原有的特色，强调持续性，避免任何不可逆转的开发或破坏行为的发生，以保证旅游资源的永续利用，并对子孙后代的发展不构成生存的威胁。

（3）和谐性。旅游可持续发展的根本目的就是和谐性。旅游可持续发展不仅要求和社会、经济的和谐，也要求与生态环境和资源的和谐。很多旅游资源在实现自身经济价值的同时，还会随着合理有效的开发利用而变得更加有价值，更加有利于人类、环境和资源的整体的和谐与协调。

（4）统一性。旅游可持续发展的实质内容是统一性，这是由旅游业的综合性所决定的。旅游是一个大产业，内在的关联性很强。

（5）合作性。旅游可持续发展的必然要求是合作性。实施旅游可持续发展战略，不仅要求政府、旅游部门、旅游者和环保部门齐心协力，而且要求地方、区域、国家甚至全球性的通力合作。因为某个地区的旅游开发可能会给另一个地区带来积极或消极影响，旅游开发成为环境的整体规划和统筹管理，只能通过各方共同合作才能够保证。

可持续发展作为全球发展的总目标，它所体现的精神是共同的，实现这一总目标必须采取全球共同的联合行动，既尊重所有各方的特色与利益，又要在保护全球环境与发展体系方面采取国际统一行动，进一步发展共同的认识和共同的责任感，反对狭隘的政治观、区域发展观和缺乏共同性的民族观，它更接近于把地球作为一个整体来对待，体现的是全人类的共同利益和发展需求。

3．旅游可持续发展的意义

现代旅游可持续发展的提出，在建立人类与地球的新型关系及确立当前人类对子孙后代的生态责任观方面，无疑具有非常重要的意义。

（1）作为一种新观念，可持续旅游发展的提出有助于改正人们长期以来对旅游资源可再生性的片面理解，重新构成旅游开发的理论和政策导向。当某些普通的资源被作为旅游资源开发时，它的根本属性就是它的原始性和自然状态。它们的开发必然会依托各种人为重建的古迹及表演化了的旧俗民风，虽然它们也构成了旅游产品，但已经不是原来的满足旅游需要的那种资源了，因此其价值必然会打很大的折扣。就是说，从纯粹的旅游价值观来看，旅游资源主要是不可再生性的资源，一旦遭到破坏，很长时间都不可能得到恢复，

（2）旅游可持续发展的提出，对发展中国家加强旅游开发的宏观管理，从而保护全球旅游生态系统的完整性和永续性尤其具有深远的意义。一方面发展中国家拥有目前世界上绝大多数的自然文化遗产，而西方发达国家在旅游开发方面已基本接近于过度开发这一事实，发展中国家的旅游资源因其更接近原始或自然状态而对全球旅游资源的保护更具重要性。另一方面，发展中国家迫于经济压力而将旅游业作为优先发展项目这一事实，也暗示对全球旅游资源存在着潜在的危险。

（3）旅游可持续发展有利于促进经济与社会、环境的协调发展。旅游可持续发展强调的是要以旅游资源的自然环境为基础，与生态环境承载能力相协调，应用必要的经济、技术、法律手段，努力减缓自然资源的衰耗速度，维护良好的生态环境及和谐的人与人、人与自然的关系，使每个人都能享有清洁、安全、舒适的生活环境，使旅游活动与自然、文化和人类生存环境融合为一个整体，在全球范围内实现旅游经济与社会、生态环境的协调发展。

【案例 9.1】

黄山宣言

2008 年 3 月 25 日，世界遗产地旅游管理与可持续发展国际会议在黄山市举行，会议就“信息管理和旅游可持续发展指标——黄山案例研究”议题进行了演讲和讨论。

市委常委、黄山风景区管委会党委书记、副主任程迎峰在会上作了题为《强化保护管理，适度开发利用，努力实现黄山旅游可持续发展》的演讲，通过对黄山长期保护、开发与管理的实践和理论研究，深入浅出地探讨了黄山在遗产地保护与开发上的基本做法和几种关系的处理。黟县县委常委、副县长章德辉作了《旅游对社区型世界遗产地的经济社会影响分析——以皖南古村落西递、宏村为例》的演讲，探讨了社区特征遗产地保护和管理中面临的共性问题及地方政府在实践中的解决方法。

澳大利亚 Simon Mcarthur 先生就相关情况进行了介绍，中山大学教授保继刚、清华大学教授杨锐等就黄山世界遗产保护、黄山旅游负面影响最小化等议题作了演讲；黄山旅游发展股份有限公司汪永明、黄山国际大酒店喻黎曙、黄山市翡翠谷旅游有限公司张贵军等在会上作了发言。

来自世界各地的与会人员还就黄山遗产保护等问题进行了交流和讨论。

3 月 24 日，世界遗产地旅游管理与可持续发展国际会议经过两天的研讨，基于大会所总结的经验和达成的共识，为确保世界遗产地可持续发展，会议原则通过了《黄山宣言》。

《黄山宣言》倡议，加强世界遗产地的保护，提高全社会对遗产资源突出价值的认识；在国际、国内政策及法律框架内，制定世界遗产地综合管理及发展规划，以控制旅游的过度开发和调控游客总量；减少或避免世界遗产地受到的来自过度旅游发展、不足或不当基础设施建设、遗产地周边和缓冲区的发展项目及其他新的挑战所带来的影响；确保遗产地保护与可持续发展二者间的平衡；鼓励社区和公众参与世界遗产地的管理；以尊重遗产地价值、注重其环境和文化的方式促进开发高质量、多样性的旅游服务、旅游产品、手工艺品和基础设施；高标准建设遗产地展示中心；通过联合国世界旅游组织和联合国教科文组织及其咨询机构的一致行动和协作，也通过负责遗产地保护和旅游政策问题的部门及通过私人旅游机构，实现世界遗产地旅游的长期可持续发展。

《黄山宣言》指出，保护世界遗产、全面发展旅游是利在当代、功在千秋的宏伟大业，更是人类社会的共同期盼。面对新的世纪，我们将义无反顾、不断开拓创新，竭尽全力做好各项工作，为世界遗产地的保护管理与旅游事业的可持续发展做出新的贡献。

9.1.3 旅游可持续发展的目标和原则

1. 旅游可持续发展的目标

1990 在加拿大召开的 Globo’90 大会上（加拿大全球大会），比较全面地系统地表述了旅游可持续发展的目标：

（1）强化其生态意识，增进人们对旅游所产生的环境效应与经济效应的理解；

（2）促进旅游的公平发展；

（3）改善旅游接待地区的生活质量；

（4）向旅游者提供高质量的旅游经历；

（5）保护未来旅游开发赖以生存的环境质量。

旅游可持续发展的核心目标，是在为旅游者提供高质量的旅游环境的同时，力争改善当地居民的生活水平和生活环境。旅游业的可持续发展就是要使四方受益，即旅游者、当地百姓、未来的旅游者及未来的当地居民，涉及同代人不同利益群体之间、同一利益群体代际之间和不同利益群体代际之间的公平问题。

旅游可持续发展是一个多层次的，多元构成的目标体系，其目标体系是其思想的重要组成和实际体现。我国旅游可持续发展的目标体系，应当体现旅游业发展的稳定性、多样性、连续性和独立性，体现旅游业发展与社会系统及其内部要素的协调性，体现旅游业由小到大的渐进性，体现民族特色与国际规范接轨的国际性。具体表述为：

(1)改变人们的生活态度和生活习惯，使人的行为规范和实践符合旅游可持续发展的标准；

(2) 保持旅游资源的多样性和生存能力，减缓非可更新资源的衰竭速度，改善增长的质量，解决以破坏环境和资源为代价的非持续性发展问题；

(3) 国家要建立综合发展与保护的总体框架，促进旅游的公平发展；

(4) 千方百计地满足旅游地居民的需要，提高生活质量；

(5)提高旅游业管理水准，改善服务质量，以使旅游者在旅游践行中得到旅游需求的满足；

(6) 在独立自主、自力更生的基础上积极推进中国旅游可持续发展事业，同时也应积极吸纳国际上各种有利因素，加强国际合作。

2. 旅游可持续发展的原则

在众多的可持续发展概念的定义及概念的演变过程中，有三条基本原则贯穿始终。

(1) 公平性原则。既要强调国际间的公平，保证不同代的人之间在旅游资源和旅游收入上的公平分配，还要体现多代内公平，即一部分人的发展不能损害另一部分人的利益，也就是说，旅游要“能为现在的主人们和客人们提供生计，又能保护和增进后代人的利益，并为其提供同样的机会”。

(2) 持续性原则。旅游活动必然对旅游资源与环境产生一些影响，要保持旅游持续发展，就不能超越旅游资源与环境的承载力。发展一旦破坏了旅游所赖以存在的生态环境，发展本身就会衰退，需求就难以满足。

(3) 共同性原则。由于各国文化、历史和社会经济发展的水平不尽相同，实现旅游可持续发展目标的具体模式和道路也是不同的，但旅游可持续发展作为全球旅游业发展的总体目标，它所体现的公平性和持续精神却是共同的。

【案例 9.2】

人类面临的全球环境问题主要有那些

到目前为止，已经威胁人类生存并已被人类认识到的环境问题主要有：全球变暖、臭氧层破坏、酸雨、淡水资源危机、能源短缺、森林资源锐减、土地荒漠化、物种加速灭绝、垃圾成灾、有毒化学品污染等。

(1) 全球变暖。全球变暖是指全球气温升高。近 100 多年来，全球平均气温经历了冷—暖—冷—暖两次波动，总体看为上升趋势。进入 20 世纪 80 年代后，全球气温明显上升。1981～1990 年，全球平均气温比 100 年前上升了 0.48℃。导致全球变暖的主要原因是：人类在近一个世纪以来大量使用矿物燃料（如煤、石油等），排放出大量的 CO_2 等多种温室气体。由于这些温室气体对来自太阳辐射的短波具有高度的透过性，而对地球反射出来的长波辐射具有高度的吸收性，这就是常说的“温室效应”，导致全球气候变暖。全球变暖的后果，会使全球降水量重新分配，冰川和冻土消融，海平面上升等，既危害自然生态系统的平衡，更威胁人类的食物供应和居住环境。

（2）臭氧层破坏。在地球大气层近地面约 20～30 千米的平流层里存在一个臭氧层，其中臭氧含量占这一高度气体总量的十万分之一。臭氧含量虽然极微，却具有强烈的吸收紫外线的功能，因此，它能挡住太阳紫外辐射对地球生物的伤害，保护地球上的一切生命。然而人类生产和生活所排放出的一些污染物，如冰箱空调等设备制冷剂的氟氯烃类化合物及其他用途的氟溴烃类等化合物，它们受到紫外线的照射后可被激化形成活性很强的原子而与臭氧层的臭氧（O_3）作用，使其变成氧分子（O_2），这种作用连锁般地发生，臭氧迅速耗减，使臭氧层遭到破坏。

南极的臭氧层空洞，就是臭氧层破坏的一个最显著的标志。到 1994 年，南极上空的臭氧层破坏面积已达 2400 万平方千米。南极上空的臭氧层是在 20 亿年里才形成的，可是在一个世纪里就被破坏了 60%。北半球上空的臭氧层也比以往任何时候都薄，欧洲和北美上空的臭氧层平均减少了 10%～15%，西伯利亚上空甚至减少了 35%。因此科学家警告说，地球上空臭氧层破坏的程度远比一般人想象的要严重的多。

（3）酸雨。酸雨是由于空气中二氧化硫（SO_2）和氮氧化物（NOx）等酸性污染物引起的 pH 值小于 5.6 的酸性降水。受酸雨危害的地区，出现土壤和湖泊酸化，植被和生态系统遭受破坏，建筑材料、金属结构和文物被腐蚀等一系列严重的环境问题。

酸雨在 20 世纪五六十年代最早出现于北欧及中欧，当时北欧的酸雨是欧洲中部工业酸性废气迁移所至，70 年代以来，许多工业化国家采取各种措施防治城市和工业的大气污染，其中一个重要的措施是增加烟囱的高度，这一措施虽然有效地改变了排放地区的大气环境质量，但大气污染物远距离迁移的问题却更加严重，污染物越过国界进入邻国，甚至飘浮很远的距离，形成更广泛的跨国酸雨。此外，全世界使用矿物燃料的数量有增无减，也使受酸雨危害的地区进一步扩大。全球受酸雨危害严重的有欧洲、北美及东亚地区。在 80 年代，我国酸雨主要发生在西南地区，到 90 年代中期，已发展到长江以南、青藏高原以东及四川盆地的广大地区。

（4）淡水资源危机。地球表面虽然 2/3 被水覆盖，但是 97%为无法饮用的海水，只有不到 3%是淡水，其中又有 2%封存于极地冰川之中。在仅有的 1%淡水中，其中 25%为工业用水，70%为农业用水，只有很少的一部分（约 5%）可供饮用和其他生活用途。然而，在这样一个缺水的世界里，水却被大量滥用、浪费和污染。加之，区域分布不均匀，致使世界上缺水现象十分普遍，全球淡水危机日趋严重。

目前世界上 100 多个国家和地区缺水，其中 28 个国家被列为严重缺水的国家和地区。预测再过 20～30 年，严重缺水的国家和地区将达 46～52 个，缺水人口将达 28～33 亿人。我国广大的北方和沿海地区水资源严重不足，据统计我国北方缺水区总面积达 58 万平方千米。在全国 500 多座城市中有 300 多座城市缺水，每年缺水量达 58 亿立方米，这些缺水城市主要集中在华北、沿海和省会城市及工业型城市。

世界上任何一种生物都离不开水，人们贴切地把水比喻为“生命的源泉”。然而，随着地球上人口的激增，生产迅速发展，水已经变得比以往任何时候都要珍贵。一些河流和湖泊的枯竭，地下水的耗尽和湿地的消失，不仅给人类生存带来严重威胁，而且许多生物也正随着人类生产和生活造成的河流改道、湿地干化和生态环境恶化而灭绝。不少大河（如美国的科罗拉多河、中国的黄河）都已雄风不再，昔日“奔流到海不复回”的壮丽景象已成为历史的记忆了。

（5）资源、能源短缺。当前，世界上资源和能源短缺问题已经在大多数国家甚至全球范围内出现。这种现象的出现，主要是人类无计划、不合理地大规模开采所至。

20世纪90年代初，全世界消耗能源总数约100亿吨标准煤，2000年能源消耗量翻一番。从目前石油、煤、水利和核能发展的情况来看，要满足这种需求量是十分困难的。因此，在新能源（如太阳能、快中子反应堆电站、核聚变电站等）开发利用尚未取得较大突破之前，世界能源供应将日趋紧张。此外，其他不可再生性矿产资源的储量也在日益减少，这些资源终究会被消耗殆尽。

（6）森林锐减。森林是人类赖以生存的生态系统的一个重要的组成部分。地球上曾经有76亿公顷的森林，到1976年已经减少到28亿公顷。由于世界人口的增长，对耕地、牧场、木材的需求量日益增加，导致对森林的过度采伐和开垦，使森林受到前所未有的破坏。

据统计，全世界每年约有1200万公顷的森林消失，其中绝大多数是对全球生态平衡至关重要的热带雨林。对热带雨林的破坏主要发生在热带地区的发展中国家，尤以巴西的亚马逊情况最为严重。亚马孙森林居世界热带雨林之首，但是，到90年代初期这一地区的森林覆盖率比原来减少了11%，相当于70万平方千米，平均每5秒就有差不多有一个足球场大小的森林消失。此外，在亚太地区和非洲的热带雨林也在遭到破坏。

（7）土地荒漠化。简单地说，土地荒漠化就是指土地退化。1992年联合国环境与发展大会对荒漠化的概念作了这样的定义：荒漠化是由于气候变化和人类不合理的经济活动等因素，使干旱、半干旱和具有干旱灾害的半湿润地区的土地发生了退化。

1996年6月17日—第二个世界防治荒漠化和干旱日，联合国防治荒漠化公约秘书处发表公报指出：当前世界荒漠化现象仍在加剧。全球现有12亿多人受到荒漠化的直接威胁，其中有1.35亿人在短期内有失去土地的危险。荒漠化已经不再是一个单纯的生态环境问题，而且演变为经济问题和社会问题，它给人类带来贫困和社会不稳定。

到1996年为止，全球荒漠化的土地已达3600万平方千米，占整个地球陆地面积的1/4，相当于俄罗斯、加拿大、中国和美国国土面积的总和。全世界受荒漠化影响的国家有100多个，尽管各国人民都在进行同荒漠化的抗争，但荒漠化却以每年5～7万平方千米（相当于爱尔兰的面积）的速度扩大，到20世纪末，全球将损失约1/3的耕地。

在人类当今诸多的环境问题中，荒漠化是最为严重的灾难之一。对于受荒漠化威胁的人们来说，荒漠化意味着他们将失去最基本的生存基础——有生产能力的土地。

（8）物种加速灭绝。物种就是指生物种类。现今地球上生存着500～1000万种生物。一般来说，物种灭绝速度与物种生成的速度应当是平衡的。但是，由于人类活动破坏了这种平衡，使物种灭绝速度加快，据《世界自然资源保护大纲》估计，每年有数千种动植物灭绝，到2000年地球上10%～20%的动植物（即50～100万种动植物）将消失。而且，灭绝速度越来越快。世界野生生物基金会发出警告：20世纪鸟类每年灭绝一种，在热带雨林每天至少灭绝一个物种。物种灭绝将对整个地球的食物供给带来威胁，对人类社会发展带来的损失和影响是难以预料和挽回的。

（9）垃圾成灾。全球每年产生垃圾近100亿吨，而且处理垃圾的能力远远赶不上垃圾增加的速度，特别是一些发达国家已处于垃圾危机之中。美国素有垃圾大国之称，其生活垃圾主要靠表土掩埋。过去几十年内，美国已经使用了一半以上可填埋垃圾的土地，30年后，剩余的这种土地也将全部用完。我国的垃圾排放量也相当可观，在许多城市周围，排满了一座座垃圾山，除了占用大量土地外，还污染环境。危险垃圾，特别是有毒、有害垃圾的处理问题（包括运送、存放），因其造成的危害更为严重，产生的危害更为深远，而成为当今世界各国面临的一个十分棘手的环境问题。

（10）有毒化学品污染。市场上约有7～8万种化学品，对人体健康和生态环境有危害的约有3.5万种，其中有致癌、致畸、致突变作用的约500余种。随着工农业生产的发展，如今每年又有1000～2000种新的化学品投入市场。由于化学品的广泛使用，全球的大气、水体、土壤乃至生物都受到了不同程度的污染、毒害，连南极的企鹅也未能幸免。自20世纪50后代以来，涉及有毒有害化学品的污染事件日益增多，如果不采取有效的防治措施，将对人类和动植物造成严重的危害。

9.1.4 旅游可持续发展的实践形式——生态旅游

旅游业的发展严重出现了只注重旅游的经济利益而忽视了旅游的社会效益和生态效益等问题，严重阻碍了旅游业的进一步发展。为此，旅游学界的专家学者开始对传统的大众旅游方式进行反思，倡导一系列新兴的旅游方式。生态旅游就是在这样的背景下产生的。

早在20世纪90年代，旅游业已经成为世界第一大产业，因此旅游业的发展受到世界各国政府、业界、学术界及普通公众的注意。几乎就在同一时期，环境与发展的关系也被严肃地摆在各国政府和公众面前，于是产生了具有深远意义的《21世纪议程》。这个具有划时代意义文献的核心就是实现“可持续发展”。为了响应《21世纪议程》，世界旅游组织、世界旅游理事会和地球理事会等国际机构，发布了《关于旅游业的21世纪议程》，进一步申明可持续旅游发展的理念和实现可持续旅游发展的具体行动方案，成为指导世界旅游业发展的重要纲领性文献。十多年的实践表明，实现可持续旅游发展的途径很多，而生态旅游的诞生与发展，却能很好地体现可持续旅游发展的原则，代表可持续旅游发展的方向。正像世界旅游组织所确定的《2002年主题》所指出的那样：“生态旅游：可持续发展的关键”。生态旅游作为旅游可持续发展的一种实践形式，是实现旅游业可持续发展的首要的、必然的选择，得到世界的普遍关注，并得到了迅速的发展，成为了21世纪国际旅游的主流。

1. 生态旅游的概念和内涵

关于“生态旅游”的概念是由谁最早提出的，目前尚无定论。大多数观点认为“生态旅游”一词是由国际自然保护联盟（IUCN）特别顾问、墨西哥专家谢贝洛斯·拉斯喀瑞（Ceballos-Lascurain）在20世纪80年代初首次提出的。但是，直到1992年“联合国世界环境和发展大会”的召开，在世界范围内提出并推广可持续发展的概念和原则之后，生态旅游才作为旅游业实现可持续发展的主要形式在世界范围内被广泛的研究和实践。

生态旅游是针对旅游业对环境的影响而产生和倡导的一种全新的旅游业。1988年，给生态旅游的定义是：生态旅游作为常规旅游的一种特殊形式，游客在观赏和游览古今文化遗产的同时，置身于相对古朴、原始的自然区域，尽情考察和享受旖旎风光和野生动植物。这时期生态旅游的概念是指一种旅游业中的“回归自然”、“返璞归真”的观念。越来越多的旅游者更愿意到大自然中游览而不是去现代的城市和海滨度假，强调发展旅游业中对自然景观的开发。1993年，国际生态旅游协会把生态旅游定义为：具有保护自然环境和维护当地人民生活双重责任的旅游活动。生态旅游的内涵更强调的是对自然景观的保护，是可持续发展的旅游。生态旅游不应以牺牲环境为代价，而应与自然相和谐，并且必须使当代人与后代人具有平等享受旅游的自然景观与人文景观的机会，即不能以当代人享受和牺牲旅游资源为代价，剥夺后代人本应合理地享有同等旅游资源的机会，甚至当代人在不破坏前人创造的人文景观和自然景观的前提下，为后代人建设和提供新的人文景观。并且，生态旅游的全过程中，必须使旅游者受到生动具体的生态教育。

世界自然基金会研究人员伊丽莎白·布（Elizabeth Boo）把生态旅游定义为“生态旅游是以欣赏和研究自然景观、野生生物及相关文化特征为目标，为保护区筹集资金、为当地居民创造就业机会、为社会公众环境教育，有助于自然保护和可持续发展的自然旅游”。世界生态旅游学会（Ecotourism Society）1992 年将生态旅游限定为“为了解当地环境的文化与自然历史知识，有目的地到自然区域所做的旅游，这种旅游活动的开展在尽量不改变生态系统完整的同时，创造经济发展机会，让自然资源的保护在财政上使当地居民受益”。

谢贝洛斯·拉斯喀瑞指出，生态旅游是“游客位于相对原始的自然区域，学习、欣赏和享受风光、野生动植物及当地古今文化的旅游”，世界旅游组织秘书长弗朗加利在世界生态旅游峰会的致词中指出“生态旅游及其可持续发展肩负着三个方面的迫在眉睫的使命：经济方面要刺激经济活力、减少贫困；社会方面要为最弱势人群创造就业岗位；环境方面要为保护自然和文化资源提供必要的财力。生态旅游的所有参与者都必须为这三个重要的目标齐心协力地工作。”

“生态旅游”的概念一经提出之后，世界上很多组织和研究者都从不同的角度对生态旅游进行了界定，至今尚没有一个统一认可的定义，对生态旅游的内涵也众说纷纭。不过，关于生态旅游的目标却得到了基本的认同：生态旅游应该保护自然资源和生物的多样性，维持资源利用的可持续性，实现旅游业的可持续发展。为了更好的实现这一目标，生态旅游应该促进地方经济的发展，唯有经济发展之后才能真正切实地重视和保护自然；同时，生态旅游还应该突出对旅游者的环境教育意义，生态旅游的经营管理者也更应该重视和保护自然。

综上所述，虽然研究者对生态旅游的文字表述不尽相同，但都反映了生态旅游的内涵。随着人们“回归自然”热情的高涨，以及生态旅游中出现的各种破坏生态问题，人们认识到有必要对生态旅游进行严格的定义，认为生态旅游的旅游者应认识并考虑自身行为对当地文化和环境的影响。1993 年 9 月，在中国北京召开的“第一届东亚国家公园自然保护区域会议”对生态旅游定义为：倡导爱护环境的旅游，或者提供相应的设施及环境教育，以便旅游者在不损害生态系统或地域文化的情况下访问、了解、鉴赏、享受自然及地域文化。

2. 我国生态旅游的现状

我国的生态旅游主要是依托自然保护区、风景名胜和森林公园等发展起来的。

（1）我国具有发展生态旅游的良好条件。

我国幅员辽阔，生态环境复杂多样，为开发生态旅游提供了丰富的资源基础。从 1956 年开始建立了第一批自然保护区以来，截止到 2007 年年底，我国已建立 2531 个自然保护区，其中经国务院批准建立的国家级自然保护区已达到 303 个，其中，鼎湖山自然保护区、卧龙自然保护区、西双版纳、九寨沟等 26 个自然保护区被列入“国际人与生物保护区网络”；2008 年扎龙、向海、洞庭湖等 36 个自然保护区被列入《国际主要湿地名录》。自 1982 年国家计委批准建立了我国第一个森林公园——张家界国家森林公园以来，我国森林公园得到了迅速的发展。2004 年，我国已建立各类森林公园 1540 处，其中，国家级 503 处。这些条件既创造了多种多样的生态旅游环境，也为旅游者提供了广阔的生态旅游空间。

我们依托丰富多样的生态旅游资源，开发了丰富多彩的生态旅游活动项目，主要有观赏型、科教型、探险型、保健型、农业型、民俗型六大类型；另外，还推出了许多生态景区，如五岳、湖泊、森林、草原、海洋、滑冰、漂流、徒步、观鸟、赏花、观日出等。

（2）我国生态旅游的开展情况。

中国生态旅游协会的成立，标志着生态旅游引起了我国的重视。生态旅游协会倡导在中国开展生态旅游，并同时与国外许多著名生态旅游组织进行广泛的交流和联系。

国家旅游局规定1999年为生态旅游年，其主题是“走向自然，认识自然，保护自然”，大幅度推进了我国的生态旅游实践。

2002年被联合国确定为“生态旅游年”。中国特别举办了生态旅游论坛，主题是“关注全球热点，实现持续发展”。

近年来，生态旅游在我国已成为一种正在迅速发展的新兴的旅游形式，以走向保护区、亲近大自然为主题的“生态旅游热”正在全国兴起。

小资料

中国生态旅游发展的未来

生态旅游作为一种新的旅游形式在中国得到了迅速的发展。虽然也曾出现这样或者那样的问题，但是，我们有理由相信，这种旅游形式将在未来获得更加广阔的发展空间。

首先，我国可持续发展战略的实施为生态旅游提供了坚实的社会基础，生态旅游的发展不可能脱离我国整个可持续发展的进程而一枝独秀。事实上，生态旅游这一概念也是在1992年里约会议之后，作为旅游业实现可持续发展的方式之一而在国内得到广泛接受的。目前，可持续发展不仅是我国的基本国策，也是全人类追求的理想目标。我国可持续发展战略的实施，必将为生态旅游的发展提供坚实的社会基础。

其次，环保意识和绿色消费潮流的兴起，为生态旅游提供了广阔的市场空间。目前，在我国环保意识不断增强，绿色消费也已初见端倪。人们开始更多地关注自然、热爱自然、走进自然、保护自然，提倡绿色消费，倾向于选择不受污染的生态产品。这种市场需求的转变为生态旅游提供了广阔的市场空间。

再次，环保技术的不断进步和革新，为生态旅游提供了良好的产业基础。随着我国环境产业的兴起，人们在保护环境的同时，致力于不断探索合理利用环境的新技术和新方法。环保新技术也将被应用到生态旅游的开发和经营过程中去，为生态旅游产品的生产者提供了生产上的可能性，为生态旅游的进一步发展提供了良好的产业基础。

（资料来源：国家环保网）

（3）我国生态旅游发展过程中存在的问题。

① 环境破坏严重。生态旅游的开发对于自然环境的破坏主要集中在以下几个方面：第一，由于规划开发不当造成生态系统破坏；第二，游客过度进入（超过环境承载力）造成破坏；第三，消费者进入以后产生的垃圾污染没有得到很好的回收和管理而造成的破坏。一些地区还大兴土木，大造人文景观，破坏了自然美。在已经开展生态旅游活动的自然保护区中，有44%的保护区存在垃圾公害，12%出现水污染，11%有噪声污染，3%有空气污染。很多保护区尚未设定游客容量的上限，所以游客接待量已接近或超过极限值。

② 生态旅游被当作标签。通过发展当地经济从而更好地保护生态环境是生态旅游目的

所在。因此，促进当地经济的发展成为生态旅游的又一个重要目标。生态旅游是通过吸纳当地企业和个人参与生态旅游产品的开发及经营与管理等，最终达到“开发一方、造福一方”的目的。可是在现实发展中，很多地方没有认真研究开发的可行性，而是把生态旅游当成一种标签和市场上招徕客源的幌子，以迎合旅游者向往自然、回归自然的心理。这种做法一时间吸引了众多的“眼球”，获得了可观的经济收益，但是这种做法不仅对旅游者产生了误导，还严重损害了当地的声誉，造成环境的永久性破坏，不利于当地旅游业的长远发展。

③ 旅游者牢骚满腹。从旅游者角度来看，生态旅游是通过旅游者走进自然、认识自然，从而达到自觉保护自然的目的。但是，目前我国的生态旅游开发远未达到这样的标准。首先，缺乏必要的环境教育设施。同时，设施所提供的知识内容也残缺不全、挂一漏万，展示手段更是保守落后、形式单调，无法满足游人的需要。其次，缺乏专业人员。不仅生态旅游区的许多导游没有经过专业训练，大多是牵强附会、胡编乱造，达不到让游客认识自然、增强环保意识的目的，就连生态旅游区的经营管理人员有时候自己也不是十分清楚生态旅游的本质内涵。这种现状必将使旅游者对生态旅游产生误解，乘兴而来，扫兴而归，牢骚满腹。

④ 当地人尚未真正参与其中。我国生态旅游的开发是依赖于自然保护区、国家森林公园、风景名胜区等资源基础的。由于目前管理体制的原因，当地人参与的主要形式只是停留在出售一些旅游纪念品的阶段，这种散兵游勇式的参与又导致了市场管理的严重混乱，有时候还给游客留下了极其恶劣的印象。此外，生态旅游要求要高素质专业化的从业人员，而很多生态旅游区尚未建立起生态旅游从业人员的培训教育体系，使当地居民因缺乏相应的知识而难当重任。

小资料

期待“黄金周”成为“环保周”

“‘十一’黄金周这 7 天，天安门广场的垃圾要是平铺在地面上，能没过脚踝！”一位值守天安门广场的清洁工人如是说。最新统计显示，黄金周期间，天安门广场日产垃圾最高峰达19吨，近乎平时的5倍。

“黄金周”是什么？在商家眼里，它是一场盛宴；在游客心中，它是一场狂欢，然而，戴上环保主义的“变色镜”来看，或许，黄金周就成了一次污染环境的集体行动！这种看法绝非耸人听闻。

一逢黄金周，在热点景区，我们不难看到这样的景象：数以吨计的垃圾——包括塑料袋、饮料瓶、罐头盒、果皮、纸屑、口香糖等，随着游人所到之处而“上山下乡”，正在不断地加剧景区的环境污染。此情此景，实在令人痛心。

从某种意义上说，天安门广场是“幸运的”，至少，比较许多大山深处的自然景区，天安门广场因其特殊意义而受到了最为精心的呵护。即便如此，天安门广场尚有不堪忍受垃圾侵袭之虞，因此，那些不过被当地视为“提款机”、被游人视为“游乐场”的自然景区，其境况之糟也就可想而知了。

事实上，黄金周的种种负面影响已经浮现，正在逐渐为公众所认识。遗憾的是，黄金周带来的垃圾高峰、污染高峰，由于其负面影响的潜在性、长期性，却常常遭到忽视，没有引起公众的紧迫感，这种状况让人担忧。

面对黄金周，我们必须擦亮眼睛，不能对当地逐“利”、游人取“娱”所加剧的环境污染视而不见，忘记了爱护自然、保护环境的“大义”。更何况，只要每位游客都怀有一颗“环保心”，拒绝污染就不过是举手之劳，三尺童子、七旬老人尚且可以轻松为之，何况我们年轻人？

从自己做起，从身边小事做起，我们期待，今后每年两个“黄金周”，能成为真正的“环保周”。

（资料来源：国家环保网）

3．生态旅游的意义

生态旅游是旅游可持续发展的一种实践形式，就要做到经济上可靠、环境上适宜、社会文化上可以接受。如果没有游客的积极体验，旅游者就不会再来；如果经济上不可靠，旅游者所需要的设施和服务就没有人提供，生态旅游对提供者和当地人的潜在经济收益也就无法实现；如果环境没有得到保护，就破坏了生态旅游赖以存在的基础；如果不是文化上可以接受，就很难得到当地人的支持，他们甚至会对旅游产生敌意而加以抵制。因此，发展生态旅游的意义是非常深远的。

（1）生态旅游的发生地大自然是一切科学发展的源泉。生态旅游将有助于进行水资源的保护、生物资源的保护、人文形态的保护、历史与古迹的保护、原始环境的保护、游览观光资源的保护，以及土地资源的保护等。

（2）生态旅游是对不可再生资源的保护。旅游景观不仅是一种有限的资源，而且遭到破坏就无法复原，具有不可逆性。同时，旅游景观的改变具有持久性，因此，它就具有了非再生性资源的特点。

（3）生态旅游是对历史资源的传承和延续。当我们在西方文明的侵袭下慢慢失去民族传统特点的时候，属于我们的旅游资源也渐渐地消失，旅游资源是经由中华民族祖先的血汗、智慧及梦想建造而成的。从旅游当中可以感受到各个历史阶段的痕迹，这些痕迹具有不可替代的教育意义、象征意义和潜作用力，生态旅游也给后世子孙留下最好的宝贵财富。

（4）生态旅游能够满足人类对生活品质的不断需求。旅游活动包括在大自然环境中的自然欣赏及在文化环境中对人文景观的欣赏。为了满足人们精神上和物质上的需求，人类情愿花钱去获得更好的旅游质量。

（5）生态旅游的经济影响体现在直接、间接和交叉的影响上。直接影响反映在单个旅游者会由于生态旅游环境和行为而增加支出；间接影响体现为提高其他的旅游消费行为；交叉影响是生态旅游带来的诸如“口碑效应”等潜在影响。

小资料

游够了名山古刹、园林遗迹，未来，我们游什么呢？

专家建议，不妨将目光锁定在以下五个方面。一是游空气。城市中的空气污染和热岛效应极大地影响身体健康，呼吸新鲜空气可能成为旅游内容之一。二是游阳光。长期躲在钢筋水泥的“丛林”里，人们的免疫力会大大降低，容易患上流感、抑郁症等疾病。适度接受阳光照射，有益人体健康。三是游海洋。海洋将成为人类生活的“第二领地”，旅游活动将向大海扩展。四是游天空。作为一种新兴项目，热气球运动悄然升温。我国《通用航空管制条例》出台后，乘坐热气球、滑翔伞旅游将成为可能。五是游极地。正在制定中的《国家南极活动管理条例》一旦公布，我国的南极旅游活动将步入法制管理轨道，人们的极地旅游梦想将成为现实。

9.2　旅游业的发展趋势

9.2.1　世界旅游业的发展趋势

目前，世界旅游业正朝着区域化、多样化趋势发展。具体包括如下几方面的变化趋势。

1．世界旅游业具有较大的发展潜力和发展空间

21 世纪世界经济进入了新一轮的上升阶段，为旅游业的发展提供了极其广阔的市场空间。据世界旅游组织的预测，未来几年内，全球旅游业仍将保持较高的增长速度，世界旅游市场仍具有巨大的发展潜力。即使到2020年，国际旅游人口也只占世界潜在旅游人口的7%，其中，欧洲为 14%，美洲为 8%，东亚为 10%，南亚为 1%，整个旅游市场仍然拥有广阔的空间。2010 年全球国际旅游人次将达到 10 亿人次，2015 年 12 亿人次，2020 年 16 亿人次。2000—2020 年国际旅游活动的年均增长率为 4.4%，其中，2000—2010 年的年均增长率为 4%，2010—2020 年的年均增长率为 4.8%。2020 年全球国际旅游消费收入将达到 2 万亿美元，国际旅游收入年均增长率为 6.7%，远远高于世界财富年均 3%的增长率。届时，国际旅游人口将占世界总人口的 3.5%，欧洲将继续保持世界最大的旅游目的地位，但是欧州的国际旅游年均增长率（3.1%）将低于世界旅游增长率，东亚太地区将成为第二大国际旅游目的地，中国将成为最大的国际旅游目的地国家和第四大旅游客源国。

2．世界市场格局的新变化

世界旅游组织把旅游业划分为六大区：欧洲、美洲、东亚及太平洋（简称“东亚太”）、非洲、南亚及中东。

欧洲和北美是世界旅游业的两大传统市场，从区域整体发展情况看，欧美的份额在下降，东亚太的份额在增长。20 世纪 80 年代之前，欧美几乎垄断了世界旅游市场，接待人数和收入都占到世界总数的 90%左右。80 年代以后，崛起了一大批新兴的旅游市场，使得国际旅游业在世界各个地区的市场份额出现了新的分配组合。1950—1998 年旅游接待增长最快的地区是东亚太，该地区在 1950—1998 年间国际旅游接待人次的年均增长率为 13.45%，其他年均增长速度高于全球平均水平的地区依次是南亚、中东和非洲。美洲和欧洲在这一期间的增长率则低于全球年均增长率，不过，它们仍然保持全球旅游的主导地位。

迄今为止，旅游开发和发展最为成功的是东亚，其国际旅游接待人次的市场份额从 1960 年的 1%、1970 年的 3%发展到 1998 年的 13.6%。2002 年东亚太地区的国际旅游接待量第一次超过美洲跃居世界第二。按照世界旅游组织的预测，在未来 10 年里，该地区的旅游接待量将超过美洲，成为世界第二大国际旅游接待地。

在 21 世纪的发展中，欧洲和北美地区在国际旅游市场上的份额将呈现进一步缩小之势，旅游重心由传统市场向新兴市场转移的速度将会加快。随着经济重心正从大西洋地区转移到太平洋地区，势必导致国际旅游市场重心也相应东移，使得亚太地区成为未来国际旅游业的

“热点”地区。世界旅游市场将由过去传统的“北美到西欧，欧洲到美洲”两大主流逐渐转移到欧洲、东亚太和美洲市场三足鼎立的格局。

3．世界旅游方式发生变化

近年来，随着世界各国经济的发展和人民生活水平的提高，人们更愿意通过旅游来减少自己平常的紧张感，增加一些新鲜感、亲切感和自豪感，人们把旅游作为他们紧张生活的调剂品，用他们自己喜欢的方式出游，旅游方式就更加多样化、个性化，于是新颖独特的旅游方式便应运而生了。散客旅游逐渐多于团体旅游；短线旅游多于长线旅游；地区性旅游和中程旅游将成为旅游的主体；自助、半自助旅游将代替包价旅游；商务、会议旅游将成为团体旅游的主体；人们外出旅游的次数将增多。除一些传统旅游项目外，文化旅游、商务旅游、生态旅游和网络旅游等特色旅游，将以其新颖、别致、时代性强和内容丰富多彩等特点而成为新亮点。从1997年开始，法国推出“网络旅游”服务项目，国内数百个自然风景区、人文景点、文化设施和娱乐休闲环境等全部进入网页，形成“虚拟景观”。

小资料

国外的特色旅游

战迹旅游

越南政府利用战争遗迹创造的旅游业别开生面，独具特色。一是“胡志明小道”，这条小道长600千米，是战争期间越南军队获得补给的秘密通道，靠着这条通道打得敌人心惊胆战，望风而逃。二是首都河内的战争博物馆，博物馆陈列了当年（1975年）解放西贡（今胡志明市）首先冲破越南总统府大门的坦克、前苏联的火箭发射装置，还有被前苏联火箭击落的美国战斗机。各种战争陈列品均附有越文、英文两种文字的说明。通过这种旅游观光，仿佛看到当年越南战争期间，越南人民浴血奋战、如火如荼的战争生活。

航天旅游

俄罗斯航天中心向游人开放，并可以租借航天员训练的飞机。这架“伊尔—76”训练机，舱长14米，宽、高均为3.5米，翼展50米，共有20只轮子，载重量40吨。停在机场上，看上去就像一只大鸟伫立在那里。希望体验航天生活的游客，从陡峭的金属扶梯爬进半明半暗、没有座位、也没有窗户的机舱，去经历五次失重体验。这种旅游，打破了历来都是航天员独享失重感受的局面，使普通人也有机会分享一下。

化妆旅游

日本的化妆旅游，就是让游客穿上与特定地点和时空相关的服装，将当事人置于旅游环境之中，以大自然主人的心态来欣赏周围迷人的风光，提高游客的兴趣和乐趣。日本一家旅游组织，举办东京和京都旅游。到了京都，就让女游客集体穿上歌舞艺妓的服装，化妆成她们的模样，走在古色古香的城市里参观古迹，仿佛回到了古代，为游客增添很多乐趣。

4．旅游的信息化更受青睐

旅游业是信息密集型的产业，信息是旅游业得以生存和运转的基础，它贯穿了旅游活动的全过程，是旅游系统的灵魂。由于现代信息技术的发展和广泛运用给旅游业带来了新的机遇，才使得旅游业能迅速发展。信息技术和网络技术的发展，使得旅游管理手段、思维方式发生了革命性的变化。

国际航空、旅游和饭店业市场在近几十年中经历了几次大的信息技术应用变革。第一次是 1959 年美利坚航空公司和 IBM 公司联合开发了世界上第一个计算机定位系统，这是旅游业信息化萌芽的标志；第二次是 1978 年美国推出了航空管制取消法案，游客购买机票的选择范围增大，并使电脑预订系统延伸到旅行代理商，到 1982 年几乎有 82%的代理商都在使用电脑预订系统，到 1985 年电脑预订系统业务进一步得到发展，包括订购机票、预订客房、租车等，其销售额也不断扩大；第三次是建立专门的旅行社银行结账法（也称饭店清算系统）来完成支付结算。信息高速公路出现后，民航旅游界又研究利用互联网来取代并最终取代 BSP，使之以极快的速度完成查询、预订和支付等全部工序。与此相应，一些传统的经营、营销、管理方法也因信息技术革新而逐渐向高智能化、网络化、集团化转变。1994 年年底，美国开始出现新式的“电子机票”，实行“无票旅行”方式。由于现代信息技术的应用，一方面将可以更好地了解旅游者的个性特征及需求偏好，更好地对客源市场进行统计分析和市场细分；另一方面，国外旅游目的地信息系统也将得到迅猛发展，新系统将可以提供食、住、行、游、购、娱六要素的综合信息，其功能也逐渐集查询、检索、预订等于一身。

小资料

未来五年内世界旅游业的发展新趋势

英国：带着宠物去旅游

英国约有 4900 万只宠物，宠物食品和护理用品的消费支出达到 27 亿英镑（约 54 亿美元），宠物已成为英国人生活中不可或缺的组成部分。因此带着宠物去旅游的呼声日渐强烈，成为英国国内旅游业必须面对的新课题，更是旅游业借此创收的大好时机。英国旅游业界将考虑提供相应的旅游设施与服务，满足这一需求。

亚洲：旅游项目进手机

亚洲目前是世界上手机拥有量最大的地区，几乎达到 10 亿部。手机的大众化和手机短信的低廉费用使手机成为继电视和电脑之后的“第三屏幕”，旅游服务运营商将利用手机作为联系消费者和推销旅游项目的重要渠道。

北美：偏爱享乐式旅游

北美地区许多居民崇尚“玩命工作、疯狂享乐”的信条，或希望抓住青春的尾巴延长无拘无束的生活；或希望仿效名人休闲方式，在酒店游泳池边举办派对；或喜欢租艘豪华游艇，呼朋唤友狂饮至天明。报告认为，加勒比地区的度假胜地对北美这些追求享乐的游客充满吸引力。

南美：“世界尽头”的诱惑

世界最南端的城市位于阿根廷，名叫乌斯怀亚，被称为“世界尽头”。由于全球媒体都在关注气候变暖问题，加上《帝企鹅日记》等电影的热映，当地旅游业趋热，特别是来自北美和欧洲喜爱冒险的游客希望从这里出发，进行极地探险。游轮业和酒店连锁业也瞄准了这一新兴旅游目的地。

9.2.2　中国旅游业的发展趋势

随着改革开放的日趋深入和经济现代化的加速，我国旅游业已进入一个全新的发展时期，不仅已成为亚洲的旅游强国，而且正在跻身世界旅游强国之列。据统计，2005 年中国入境旅游人数达1.2亿人次，出境旅游者达3100万人次，旅游总收入达7680亿元。当前中国已经实现了从资源大国向旅游大国的转变，正在从旅游大国向旅游强国前进，随着旅游业的开放程度进一步加快，未来旅游业的发展会呈现出一种新的发展趋势。

1．旅行社业的竞争走向国际化趋势

21世纪，我国的旅行社无论在行业规模、数量、接待质量，还是作为旅游业龙头地位的确立，均有了长足的进步。跨国旅游集团纷纷开进中国市场，势必形成国内市场竞争国际化，国际市场竞争国内化的局面。根据国家旅游局的规定，自2007年7月1日起，我国取消对外商投资旅行社设立分支、机构的限制，并对外资旅行社的注册资本实行国民待遇。这意味着外资在注册资本上与国内旅行社享受同等的待遇，外资旅行社进入中国市场的准入门槛大幅度降低。外资旅行社在中国业务的开展始于1997年。为实现入世的承诺，我国的旅游市场要向世界开放，国外旅行商会在国内集团立足未稳之际抢占市场份额，一些国外的合作伙伴会成为竞争对手，如果没有具备实力强大的组团——接待能力和全国联网的旅行社集团与之抗衡，其结果可能是国内旅行社市场的彻底丧失。目前，中国外资旅行社的数目已由加入世贸组织前的9家增加到25家，他们已经开展培养代理商、经营入境订票、发展会展旅游等各项活动。据世界旅游组织预计，2020年中国将成为世界上第一大旅游目的地和第四大旅游客源地。旅行社不仅满足于单纯的国际接待业务，而要通过派驻国外子公司或办事处等方式开发所在国客源市场，以从根本上解决客源不稳的问题。像中国这样庞大的旅游市场，势必会吸引更多境外旅行社在中国设立分支机构，而且外资旅行社具有明显的品牌优势（资金、人才、技术、服务等方面），对国内旅行社将构成很大的竞争压力，随着国内旅游需求市场的壮大，出境旅游会越来越兴旺，旅游市场会随着入世将会经历重新洗牌，使中国旅行社业的竞争走向国际化趋势。

2．旅游业务走向精细化、个性化和规范化

面对日益激烈的国际竞争和飞速发展的旅游需求，旅游产品的开发日益凸显其精细化和特色化，旅游服务强调个性化和亲情化。工业旅游、农业旅游、森林旅游、生态旅游、休闲旅游、商务旅游、探险旅游、休学旅游，随着人民生活水平的提高及整个社会消费个性化时代的到来，越来越多的消费者已经不再满足于传统的组团旅游。传统的旅行社组团旅游，虽然可以让旅游者免去为交通、住宿等诸多琐事而操心，但旅游者看到的几乎是相同的东西，个人的需求难以得到满足。他们更愿意在旅游代理商的帮助下自己设计旅游路线，自己安排旅游时间。专家分析，旅游产业将逐渐步入个性化时代。

3．休闲旅游将成为旅游时尚

改革开放30年来，中国旅游业的发展大致分为三个阶段。第一阶段，20世纪70年代末至90年代初，旅游的方式大体上是观光旅游，走马观花，来去匆匆。第二阶段，90年代中期以来，旅游产品日趋多样化，休闲、度假观念开始兴起。第三阶段，未来5～10年，休闲度假将逐步成为旅游市场的主体产品。那时，人均GDP达到2000美元，旅游形式开始向休闲旅游转化，进入出国旅游增长期。休闲旅游是建立在旅游基础之上的行为情趣，是以休息、娱乐、学习、交往、欣赏大自然等活动形式，放松身体、满足好奇心和接触大自然的一种旅行方式，人们的休闲需求和消费能力日益增强并多样化，目的地选择更在乎环境的幽雅和设

施的品位，逗留时间将大大增加，其目的不再是为了猎奇或是长见识，而是休憩身心，尽享天伦和自然之乐，借以提高自己的生活品质。休闲旅游的人会越来越多，他们自由地安排游玩地点和项目，开始步入休闲生活。

4．区域旅游发展趋势

随着经济全球化和区域经济一体化的发展，开展以“市场开放、客源互送、优势互补、合作共戚”为原则的区域合作。区域旅游盛行不衰的原因是多方面的。首先，国家之间政治、经济、文化联系更为紧密；其次，区域旅游时间短、花费少。这就加强了区域旅游的替代性。随着世界旅游业的发展，跨区域旅游的绝对数量也会相应增加。世界航空业的发展也将给未来洲际旅游的扩展创造条件。区域旅游由于其“地利、人和”的优势，总会以更高的速度增长，在可以预见的将来，区域旅游仍将是世界旅游业的发展主流。

5．节庆会展业成为旅游业发展的增长点

会展业，包括会议业、展览业和奖励旅游业，是世界上一个非常巨大的产业，会展业也是当今世界都市旅游业的重要组成部分。因此，各国旅游部门非常重视会展旅游业的发展，有些国家或地区旅游管理部门还专门成立了会展旅游管理部门。

我国会展旅游业的起步比较晚，但发展非常快，特别是会展旅游业的硬件设施建设大有超前发展的态势。近几年，在国内无论是旅游交易会还是旅游博览会，无论是国际性的、全国性的还是区域性的，都已成为旅游业发展的一个重要平台。目前，我国会展旅游业才刚刚起步，其中有很多问题亟待解决。例如，外部环境亟待改善，重硬件轻软件，重展轻会，国际化品牌的会展少，对会展业缺乏科学研究，市场化不够等问题严重阻碍了会展旅游业的健康发展。因此，国家和地区旅游管理部门专门成立了旅游会展管理部门。

6．旅游业的现代化

旅游业的现代化主要体现在旅游产品现代化、旅游环境现代化、旅游管理现代化、旅游宣传现代化和旅游信息的现代化等。目前，中国旅游业正在经历着规模到效益、由数量到质量、由粗放到精细、由国内到国际的产业的提升阶段，要实现由旅游大国到旅游强国的成功跨越，必须以先进的信息技术、科学的管理手段、新颖的拓展理念来推动旅游业的健康快速发展。旅游电子商务已经成了旅游业发展不可逆转的趋势，电子商务的便捷性、低成本、覆盖面广等优势与传统旅游方式是不可比拟的，旅游电子商务已经成为整个电子商务领域最大、最突出的部分。

9.2.3　提高我国旅游业的竞争能力

旅游业是当今世界经济发展最快的产业之一。自改革开放以来，我国的旅游业获得了长足的发展，旅游业已经成为国民经济各个产业中最具有活力和最具发展潜力的新兴行业，正在成为我国国民经济新的增长点。伴随着国民收入的持续增长、休闲设施和国民闲暇时间的增加、国际间交往的扩大、信息化程度的提高，我国的旅游业将得到更进一步的发展。据世界旅游组织预测，中国在 2010 年将成为世界第一旅游接待大国和第四客源输出国。未来十年中国旅游业还将继续成为世界上发展速度最快的国家之一，到 2020 年将成为全球最大的入境旅游目的地。

但是，也应该看到，面对市场开放所带来的激烈竞争，我国旅游业发展与国外先进国家相比存在着一定差距，在我国旅游业蓬勃发展的同时，还存在着各种各样的问题。

1．我国旅游业存在的问题

（1）旅游业的发展缺乏活力。一方面，在管理体制上，行业管理权威性不强，行业间协调及整体活动能力较差，旅游景点普遍存在多头管理的问题；另一方面，在旅游企业改革上，全国大型旅游集团仅有50多家，这与发达国家相距甚远。

（2）整体形象宣传力度不够，众多景点知名度不高。旅游经济实际上是一种知名度经济，而宣传促销是整个旅游业的“牛鼻子”，是统帅旅游各个环节的“纲”。我国的世界遗产已达37项，居意大利、西班牙后，列世界第三位。可是除西安秦始皇兵马俑、万里长城、北京明清故宫、四川九寨沟等少数景观在世界上颇具盛名外，其他的则知名度偏低。

（3）旅游业的发展存在区域不平衡、结构不尽合理的问题。旅游业发展的不平衡现象主要是供需在地区上的不平衡。比如，一部分老旅游地人满为患，一部分新旅游地游人稀少；一部分老旅游地的旅游产品已到了生命周期的后期，而周围地区新旅游地（产品）又缺乏明显的取代意识。

另外，全国各地区旅游投入的差异性也加剧了旅游发展的不平衡。比如，旅游项目的重复建设，无锡有“三国城”，镇江也有“三国城”；有些项目因选址不当，或本身缺乏吸引力，效益很不理想，如南京的西游记城，耗资2500万元，从1996年建成以来就没辉煌过，现已被拆除。

（4）我国旅行社长期以来存在“小、多、散、差、弱”的现象。全国有16846多家旅行社，近7000家属于中小型，这些中小旅行社的人、财、物力有限，其经营活动却涉及从产品设计开发到旅游接待的各个环节，规模局限造成他们管理能力和经营效益都比较差，浅层次的产品开发直接影响其对旅游者的吸引力，接待的不周更造成了社会公众对旅行社的不良印象，减少了回头客。旅行社在这种恶性循环中求生存，必然举步维艰，盲目的竞争必然使利润率逐年下降。

（5）电子商务发展缓慢。目前，旅游电子商务已经在很多国家得到广泛利用。在美国，几乎所有旅行社都已经使用全球分销系统，欧盟国家的旅行社也普遍使用了，即使在应用程度较低的英国也达到了60%，而我国却不到15%。世界旅游组织商务理事会的一份报告指出，今后五年世界主要旅游客源地的1/4的产品订购将通过互联网进行，创建全功能的网上销售旅游产品已经迫在眉睫。

2．提高我国旅游业竞争能力的策略

近年来，我国旅游业的发展十分迅猛，已成为世界上最大的国内旅游市场和第四大入境旅游接待国。为了进一步提高我国旅游业的竞争力，就要采取一定的策略。

（1）加大管理力度，制定政策法规，提高旅游企业的活力。能够进入中国的国外旅游企业，有些是百年老店，有些是后起之秀，但基本上是世界级顶尖企业。他们在管理模式、管理手段、管理人才及管理理念等方面，相对于我国的旅游企业来说都具有较强的优势。

目前，旅游企业的数量伴随着居民出游的增加而不断增加，新企业的加入对原有企业无疑是一种挑战，加剧了企业之间的竞争。本来竞争有利于提高企业产品质量和企业的经营管理水平，但是由于我国的旅游法尚未出台，有关行政部门不能有效地约束企业的行为。不正

当竞争，导致旅游市场混乱，致使旅游产品出现质量问题，由于无法可依，也很难解决。虽然有求助于消费者协会，有求助于新闻机构，使一些投诉得到了妥善解决，但是花费的时间太多，所以更多的消费者，发生问题后往往是自认倒霉而不了了之。

（2）加大景点宣传力度，提高知名度。提高旅游业竞争力的重点在于旅游推荐和旅游品牌宣传营销，特别是现代旅游市场的竞争是形象的竞争，所以要加大对景点的宣传促销力度，加大对景点内涵挖掘的力度，不断拓展景点的文化底蕴，挖掘和开发有特色的旅游资源，全力打造"旅游品牌"，通过新闻发布会、参加各种交易会和博览会举办各种展示，在报纸、杂志、电视台等媒体上系统宣传景点资源的开发建设情况，使公众进一步了解景区景点，使景点的旅游形象更加鲜明，旅游品牌更加突出，使在国内外的影响力和知名度进一步得到扩大和提升。

强化旅游基础设施建设，提高旅游景区景点的档次，做好旅游软环境的建设和城市基础设施、环境的综合整治工作，优化旅游环境、提升旅游城市形象、扩大知名度，使旅游产业呈现出跨越式快速发展的良好态势。

（3）调整旅游业的地区发展不平衡。针对我国旅游业地区发展不平衡的状况，应制定相应的策略进行调整。要使我国的旅游业良好发展，就要根据各地区的旅游供给与需求等情况，制定相应策略，再进行规划和开发。我国许多地区旅游资源的丰富程度、品位、知名度都相当高，各地区应当依据本地旅游资源的供给，结合国际、国内旅游需求，对旅游资源进行重点开发，深度开发现有旅游资源，积极寻找新型的旅游资源。同时，应根据各地区的具体情况开发新的景区景点，提高景点知名度，疏散游客，把热点变为名点，把冷点变为热点。

我国出境旅游已初具规模，在此形势下，应当积极研究、探索适合我国国情的出境旅游业务，积极培养这方面的人才，总结好的经验，为出境旅游业的正常发展打下基础。

（4）调整旅游经营管理体系，改善旅行社"小、散、弱、差"的局面，发展旅游集团公司。要切实转变国内旅行社存在"小、散、弱、差"的窘迫状况，必须调整旅游经营管理体系。旅游企业要适应网络化趋势，建立网络销售体系，扩大销售渠道。同时，要改变以往简单信息发布的做法，针对旅游者的多样化、特色化需求，在创造新信息、引导旅游者方面下大力气。旅游企业要将现有的知识与信息融入管理过程中，加速旅游管理的知识化和高智能化。要重视对从业人员的培训教育，树立他们正确的经营理念。

另外，在旅行社经营管理上，要提高经营的组织化程度。现有旅行社可通过合并、兼并或与同行或其他旅游组织（如饭店等）进行组合，形成一定规模和人、财、物一体化的紧密型旅游集团。这既有利于发挥集团在采购、预订、营销、资金、人才等方面的优势，获得规模经济，也有利于提高自身和整个行业产品开发与市场开拓的力量，建立畅通及时的信息网络，避免分散的重复劳动和小规模竞争，为旅游者提供迅捷服务，为旅行社的角色转换打下基础。

（5）加快旅游电子商务的步伐。互联网、电子商务时代为旅游业的发展带来了契机，为了推动旅游业走向电子商务时代，国家就应该建立旅游电子政务系统，完善旅游资源数据库，促进全国旅游业的共同发展。积极创新旅游企业在网上的旅游服务，除了可以提供各类旅游预订服务外，还要能够提供旅游线路的设计和自助旅游的安排等项目，以满足日益发展的"个性化旅游"需求。同时，还要积极引导我国旅游消费者进行网上支付，各大银行介入旅游电子商务，为旅游企业的网上营销提供信用担保。旅游企业也应与银行积极合作，借鉴发达国家的经验，普及信用卡、电子现金、电子支票等电子支付方式，使网上付款变得安全、方便、高效。

本章小结

世界环境和发展委员会在《我们共同的未来》的报告中指出：可持续发展就是既要满足当代人的需求，又不危及后代人满足其需求的发展。可持续发展不是单一的某一方面的发展，而是一个复合性的概念，包括生态的可持续发展、经济的可持续发展和人类社会的可持续发展及三者有机的统一。

旅游可持续发展是旅游业发展的必由之路和唯一正确选择，旅游可持续发展是在充分考虑开发旅游资源、维持文化完整，保持生态环境的前提下，把旅游开发建立在生态环境承受能力之上，满足人们对经济，社会和审美的要求，既能为今天的主人和客人们提供生计，又能保护和增进后代人的利益并为其提供同样的机会，努力谋求旅游业与资源、人类生存环境的协调发展，并能造福于后代子孙的一种旅游经济发展模式。

生态旅游是旅游可持续发展的实践形式，是针对旅游业对环境的影响而产生和倡导的一种全新的旅游业。它离不开游客的积极体验，也离不开生存的环境，它是旅游与生态、环境、经济相协调的旅游形式。

分析了旅游的可持续发展，阐述了旅游业的发展模式，最后给大家揭示的是旅游业的发展趋势和前景。世界旅游业具有较大的发展潜力和发展空间；世界旅游市场将由过去传统的“北美到西欧，欧洲到美洲”两大主流逐渐转移到欧洲、东亚太和美洲三足鼎立的市场格局；旅游方式就更加多样化、个性化；旅游的信息化更受青睐。中国随着旅游业的开放程度进一步加快，未来旅游业的发展会呈现出一种新的发展趋势：旅行社业的竞争走向国际化趋势；旅游业务精细化，旅游服务个性化、规范化和情感化；休闲旅游将成为旅游时尚；会展旅游成为旅游业发展的增长点。在此基础上，应加大管理力度，制定政策法规，提高旅游企业的活力；加大景点宣传力度，提高知名度；调整旅游业的地区发展不平衡；调整旅游经营管理体系，改善旅行社的局面，发展旅游集团公司；加快旅游电子商务的步伐，提高我国旅游业的竞争力。

重点名词

可持续发展　旅游可持续发展　生态旅游

复习思考题

一、填空题

1．“可持续发展”最早是在________年代中期由欧洲一些发达国家提出来的，它是从__________的角度来倡导保持人类社会进步与__________共同发展。

2．可持续发展的内容主要包括__________、__________和__________。

3．旅游可持续发展是在充分考虑开发旅游资源、维持文化完整，保持生态环境的前提下，把旅游开发建立在_______________之上，满足人们对经济，社会和审美的要求，既能为今天的主人和客人们提供生计，又能保护和增进后代人的利益并为其提供同样的机会，努力谋求旅游业与__________、____________的协调发展，并能造福于后代子孙的一种旅游经济发展模式。

4．旅游可持续发展有________、________、________、________、________的特点。

5．“生态旅游”的概念最早是由墨西哥专家________________提出的。

二、简答题

1．可持续发展观的内涵是什么？

2．旅游可持续发展有什么意义？

3．我国生态旅游的现状如何？

4．简要说明中国旅游业的发展趋势。

案例分析

武陵源风景区

由我国第一个国家森林公园张家界和天马山、索溪谷两个自然保护区组成的武陵源风景区，是国家的风景名胜，1992 年 10 月联合国教科文组织正式批准列入《世界遗产名录》。

前些年，由于忽视开发和保护的关系，在主要景点附近不断新建饭店和商业网点，致使景区“城市化”、“人工化”、“商业化”的现象越来越突出，环境污染日益严重。1998 年，联合国教科文组织官员在武陵源进行遗产监测时，对风景区的“城市化”、“商业化”提出了尖锐的批评，认为“武陵源风景区的自然环境已经像一个被围困的孤岛，局限于深耕细作的农业和迅速发展的旅游业的范围内，其城市化对其自然环境正在产生越来越大的影响。”1999 年国务院两参事对张家界世界遗产保护情况进行调查后指出：“武陵源世界自然遗产资源非常珍贵，不可再生，要采取比一般景点更为严格的保护措施。”2001 年 4 月，朱镕基总理视察张家界时特别就生态环境保护做出重要指示，要求加快武陵源风景区内建筑物的拆迁步伐，加大退耕还林和绿化力度。目前，武陵源旅游产业发展有限公司负责管理的山庄、酒店已全部拆除。

请用上述案例分析保护自然资源对发展旅游产业的意义。

实训训练

请自由组合成 5～8 人的协作团队，推举团队负责人，由负责人在课外时间组织小组成员共同协作完成：

1．设计一份调查当地旅游可持续发展的具体情况的问卷，对某个社区进行调查。

2．再以小组成员为调查对象，验证问卷的可靠性。

3．根据调查，写出当地旅游可持续发展的总结报告。

参 考 文 献

[1] 李天元，王连义.旅游学概论［M］. 天津：南开大学出版社，2003.

[2] 王洪滨. 旅游学概论［M］. 北京：旅游教育出版社，2004.

[3] 刘伟. 旅游概论［M］. 北京：高等教育出版社，2003.

[4] 谢彦君. 基础旅游学［M］. 北京：中国旅游出版社，2004.

[5] 魏向东. 旅游概论［M］. 北京：中国林业出版社，2000.

[6] 查尔斯 R. 戈尔德耐，罗伯特·麦金托什等. 旅游业教程——旅游业原理、方法和实践，第 8 版［M］. 大连：大连理工大学出版社，2003.

[7] 董观志. 旅游学概论［M］. 大连：东北财经大学出版社，2007.

[8] 李伟. 旅游学通论［M］. 北京：科学出版社，2006.

[9] 田里. 旅游学概论［M］. 北京：高等教育出版社，2005.

[10] 陶汉军. 新编旅游学概论［M］. 北京：旅游教育出版社，2001.

[11] 马勇. 旅游学概论［M］. 北京：高等教育出版社，1998.

[12] 肖星，严江平. 旅游资源与开发［M］. 北京：中国旅游出版社，2005.

[13] 李冠瑶，刘海鸿. 旅游学教程［M］. 北京：北京大学出版社，2005.

[14] 李天元. 旅游学，第 2 版［M］. 北京：高等教育出版社，2006.

[15] 马耀峰，宋保平，赵振武. 旅游资源开发［M］. 北京：科学出版社，2005.

[16] 杨冠杰，旅游学概论［M］. 北京：中国广播电视出版社，2005.

[17] 陈国生，黎霞. 旅游资源学概论［M］. 武汉：华中师范大学出版社，2006.

[18] 中国旅游报［J］. 2007 年（各期）.